SCHWERPUNKTE BAND IX Wessels · Strafrecht – Besonderer Teil – 2

SCHWERPUNKTE

Eine systematische Darstellung der wichtigsten Rechtsgebiete anhand von Fällen
Herausgegeben von
Professor Dr. Harry Westermann † und Professor Dr. Hans-Jürgen Papier

Strafrecht
Besonderer Teil - 2

Straftaten gegen Vermögenswerte

9., völlig neubearbeitete Auflage

von
DR. JOHANNES WESSELS
o. Professor an der Universität Münster/Westf.

C. F. MÜLLER JURISTISCHER VERLAG
HEIDELBERG 1986

CIP-Kurztitelaufnahme der Deutschen Bibliothek

Wessels, Johannes:
Strafrecht, besonderer Teil / von Johannes Wessels. – Heidelberg,
Karlsruhe: Müller, Juristischer Verl.
2. Straftaten gegen Vermögenswerte. – 9., völlig neubearb. Aufl. – 1986.
  (Schwerpunkte; Bd. 9)
  ISBN 3-8114-5186-3

© 1986 C. F. Müller Juristischer Verlag GmbH, Heidelberg
Gesamtherstellung: Koelblin-Druck, Baden-Baden

ISBN 3-8114-5186-3

VORWORT

Für die Neuauflage ist die gesamte Darstellung überarbeitet, ergänzt und verbessert worden. Schrifttum und Rechtsprechung sind bis Juli 1986 berücksichtigt. Neu eingearbeitet wurde das 2. Gesetz zur Bekämpfung der Wirtschaftskriminalität vom 15. 5. 1986 (BGBl I 721).

Meinen Mitarbeitern, den Herren *Dr. Wilhelm Degener, Franz-Josef Herberhold* und *Hans Ulrich Wessels* sowie Frau *Elisabeth Weitzell,* danke ich für ihre Unterstützung und das Lesen der Korrekturen.

Münster, im August 1986   *Wessels*

VORWORT DER 1. AUFLAGE

Dieses Buch enthält die STRAFTATEN GEGEN VERMÖGENSWERTE. Es ergänzt den bereits vorliegenden Band 8 der Titelreihe, in welchem die STRAFTATEN GEGEN PERSÖNLICHKEITS- UND GEMEINSCHAFTSWERTE behandelt sind. Die Darstellung beschränkt sich auch hier auf solche Schwerpunkte, die das Bild der Strafrechtspraxis bestimmen und die erfahrungsgemäß für den akademischen Unterricht wie für die Anforderungen im Examen von Bedeutung sind. Die Wuchertatbestände (§ 302a), die bislang über ein Schattendasein nicht hinausgekommen sind, wurden daher ausgeklammert; zu ihrer Neufassung durch das 1. WiKG vom 29. 7. 1976 wird auf die Abhandlung von *Sturm* verwiesen (JZ 77, 84). Die Rechtsprechung zu den einzelnen Vermögensdelikten ist umfassend eingearbeitet. Bei den Literaturangaben mußte aus Raumgründen auf Vollständigkeit verzichtet werden; sie sind so ausgewählt, daß dem Lernenden möglichst über Einzelschriften und neuere Abhandlungen das reichhaltige Quellenmaterial erschlossen wird.

Meinen Beitrag innerhalb der SCHWERPUNKTE-Reihe widme ich dem Andenken meiner Eltern, deren Geburtstag sich in Kürze zum einhundertsten Male jährt. In ihrem arbeitsreichen Leben, das von unermüdlicher Pflichterfüllung geprägt war, galt ihr ganzes Streben dem Wohl ihrer sechs Kinder. Ihr Vorbild hat mir die Kraft gegeben, dieses Werk neben meiner starken dienstlichen Beanspruchung zu vollenden.

Dank schulde ich meinen Mitarbeitern, den Herren *Franz-Josef Flacke, Heinz Hagemeier* und *Dr. Ulrich Womelsdorf*. In ihren Händen lag das Lesen der Korrekturen und die Erstellung des Sachregisters. Ihre Anregungen waren für mich eine wertvolle Unterstützung.

Münster, im März 1977 *Wessels*

INHALTSVERZEICHNIS

Seite

Abkürzungsverzeichnis. XVII
Literaturverzeichnis. XX
(zum Festschriftenverzeichnis siehe Band 7, S. XXIV)

Einleitung 1

TEIL I STRAFTATEN GEGEN DAS EIGENTUM

1. Kapitel: Sachbeschädigungs- und Computerdelikte

§ 1 Sachbeschädigung, Zerstörung von Bauwerken, Datenveränderung und
Computersabotage. 5

I. Einfache Sachbeschädigung. 5
   1. Geschütztes Rechtsgut 5
   2. Gegenstand der Tat. 6
   3. Tathandlungen 6
   4. Abgrenzung zur bloßen Sachentziehung. 9
   5. Subjektiver Tatbestand 10

II. Zerstörung von Bauwerken. 10
   1. Verhältnis zu § 303 10
   2. Begriff des Bauwerkes 10
   3. Tathandlung. 10

III. Gemeinschädliche Sachbeschädigung 10
   1. Schutzgut und Schutzzweck 11
   2. Unrechtstatbestand 11

IV. Datenveränderung und Computersabotage 12
   1. Löschen von Daten und andere Beeinträchtigungshandlungen 12
   2. Computersabotage 13

2. Kapitel: Diebstahl und Unterschlagung

§ 2 Der Grundtatbestand des Diebstahls 14

I. Systematischer Überblick. 14
   1. Gegenüberstellung von Diebstahl und Unterschlagung 14
   2. Qualifizierte und privilegierte Diebstahlsfälle 15

II. Das Diebstahlsobjekt. 15
   1. Begriff der Sache 16
   2. Beweglichkeit. 16
   3. Fremdheit. 16

			Seite
III.	Die Wegnahmehandlung		17
	1. Wegnahme- und Gewahrsamsbegriff		17
	2. Sachherrschaftsverhältnisse bei Eigentum und Gewahrsam		18
	3. Einzelprobleme und Erscheinungsformen des Gewahrsams		18
		a) Tatsächliche Sachherrschaft	18
		b) Gewahrsamswille	19
		c) Verkehrsanschauung	19
		d) Besitz und Gewahrsam	20
		e) Mitgewahrsam	21
		f) Abgrenzungskriterien zur Unterschlagung	21
		g) Gewahrsam bei verschlossenen Behältnissen	23
		h) Gewahrsamsverlust	24
	4. Vollendung der Wegnahme		24
		a) Bruch fremden Gewahrsams	25
		b) Begründung neuen Gewahrsams	26
	5. Vollendung und Beendigung des Diebstahls		29
IV.	Der subjektive Unrechtstatbestand des Diebstahls		29
	1. Der Tatbestandsvorsatz		29
	2. Die Entwicklung des Zueignungsbegriffs in Wissenschaft und Rechtsprechung		30
		a) Substanz-, Sachwert- und Vereinigungstheorie	30
		b) Eigene Stellungnahme	31
	3. Die Einzelelemente des Zueignungsbegriffs		32
		a) Aneignung	32
		b) Enteignung	33
	4. Der Absichtsbegriff im Diebstahlstatbestand		35
		a) Handeln mit *animus rem sibi habendi*	36
		b) Veräußerung der entwendeten Sache an Dritte	36
		c) Rückveräußerung an den Eigentümer	36
		d) Entwendung von Legitimationspapieren	37
		e) Entwendung von Ausweispapieren	38
		f) Entwendung von Geldautomatenkarten	39
		g) Grenzen der Sachwerttheorie	41
		h) Hinweise zum Selbststudium	43
	5. Die Rechtswidrigkeit der erstrebten Zueignung		44
	6. Maßgeblicher Zeitpunkt in subjektiver Hinsicht		45
§ 3	Besonders schwere Fälle des Diebstahls		45
I.	Die Reform des § 243 und die Bedeutung der Regelbeispielsmethode		46
	1. Die Tatbestandskasuistik des § 243 a. F.		46
	2. Der Übergang zur Regelbeispielsmethode in § 243 n. F.		46
	3. Die Indizwirkung der Regelbeispiele		48
	4. Teilnahmeprobleme		50
II.	Die einzelnen Regelbeispiele		50
	1. Einbruch, Einsteigen, Nachschlüsselverwendung und Sichverborgenhalten		50
	2. Überwindung besonderer Schutzvorrichtungen		54
	3. Gewerbsmäßigkeit		56
	4. Sog. Kirchendiebstahl		56
	5. Gemeinschädlicher Diebstahl		57

		Seite

		6. Ausnutzung der Hilflosigkeit, eines Unglücksfalles oder gemeiner Gefahr	57
		7. Vorsatzerfordernis und Konkurrenzen	57
III.	Die Ausschlußklausel des § 243 II		57
	1. Objektive und subjektive Voraussetzungen des Geringwertigkeitsbezuges		57
	2. Geringwertigkeitsbegriff		59
	3. Problematik des Vorsatzwechsels		60

§ 4 Diebstahl mit Waffen und Bandendiebstahl 61

I. Diebstahl mit Waffen 61
    1. Beisichführen von Schußwaffen 61
    2. Diebstahl mit anderen Waffen und Werkzeugen 63

II. Bandendiebstahl 64
    1. Bandenbegriff 65
    2. Tatausführung und Konkurrenzen 65

§ 5 Unterschlagung und Veruntreuung 66

I. Einfache Unterschlagung 66
    1. Geschütztes Rechtsgut 66
    2. Tatobjekt 66
    3. Gewahrsamserfordernis 66
    4. Tathandlung 67
    5. Tatbestandsvorsatz 69

II. Veruntreuende Unterschlagung 69
    1. Anvertrautsein von Sachen 69
    2. Teilnahme 70

III. Ausgleich von Kassenfehlbeträgen mit Fremdmitteln 70
    1. Standpunkt der h. M. 71
    2. Abweichende Ansichten 71
    3. Stellungnahme 71

IV. Wiederholbarkeit der Zueignung 73
    1. Wandel der Rechtsprechung 74
    2. Auffassung der Rechtslehre 74

§ 6 Privilegierte Fälle des Diebstahls und der Unterschlagung 75

I. Haus- und Familiendiebstahl 75
    1. Verletzung Angehöriger 76
    2. Häusliche Gemeinschaften 76

II. Diebstahl und Unterschlagung geringwertiger Sachen 76

III. Irrtumsfragen 77

Seite

3. Kapitel: Raub

§ 7 Der Grundtatbestand des Raubes 77
I. Die Unrechtsmerkmale des Raubes 78
    1. Besonderheiten im Vergleich zum Diebstahl und zur Nötigung 78
    2. Gewalt gegen eine Person. 79
    3. Drohung mit gegenwärtiger Gefahr für Leib oder Leben 80
    4. Subjektiver Tatbestand 80
    5. Vollendung und Versuch 81
    6. Handtaschenraub 81
II. Sachentwendung bei einer fortwirkenden, nicht zu Raubzwecken geschaffenen Zwangslage 81
    1. Fortdauer der Gewaltanwendung 81
    2. Bloßes Ausnutzen einer fortbestehenden Zwangslage 82

§ 8 Raubqualifikationen 82
I. Schwerer Raub 82
    1. Raub mit einer Schußwaffe 83
    2. Raub mit einer sonstigen Waffe. 83
    3. Gefährlicher Raub 84
    4. Bandenraub 84
II. Raub mit Todesfolge 85
    1. Tatbestandserfordernisse 85
    2. Konkurrenzen. 85

4. Kapitel: Raubähnliche Sonderdelikte

§ 9 Räuberischer Diebstahl und räuberischer Angriff auf Kraftfahrer 86
I. Räuberischer Diebstahl 86
    1. Rechtsnatur 86
    2. Objektiver Tatbestand 87
    3. Subjektiver Tatbestand 88
    4. Vollendung und Versuch 89
    5. Täterschaft und Teilnahme 89
    6. Erschwerungsgründe 89
    7. Konkurrenzen und Abgrenzungsfragen 89
II. Räuberischer Angriff auf Kraftfahrer 90
    1. Tatbestandserfordernisse 91
    2. Vollendung 92
    3. Tätige Reue 92

TEIL II STRAFTATEN GEGEN SONSTIGE SPEZIALISIERTE VERMÖGENSWERTE

5. Kapitel: Gebrauchsanmaßung

§ 10 Unbefugter Gebrauch von Fahrzeugen und Pfandsachen 93

I. Unbefugter Fahrzeuggebrauch 93
    1. Schutzzweck und Schutzobjekt 93
    2. Begriff des Berechtigten 94
    3. Tathandlung 94
    4. Vollendung und Versuch 95

II. Unbefugter Gebrauch von Pfandsachen 95

6. Kapitel: Verletzung von Aneignungsrechten

§ 11 Jagd- und Fischwilderei 95

I. Jagdwilderei 95
    1. Rechtsgut und Schutzfunktion 95
    2. Grundtatbestand (§ 292 I) 96
    3. Verletzung fremden Jagdrechts 97
    4. Sichzueignen gefangenen oder erlegten Wildes seitens Dritter 97
        a) bei Erlegung durch den Jagdberechtigten 97
        b) bei lebender Beute in einer Wildererfalle 97
        c) bei Erlegung und Besitzergreifung durch einen Wilderer 98
    5. Vorsatz und Irrtumsfälle 98
        a) Zueignung bei *alternativem* oder *generellem* Vorsatz 98
        b) Zueignung eines irrig für herrenlos gehaltenen Tieres 99
        c) Zueignung eines irrig für fremd gehaltenen, objektiv herrenlosen Tieres ... 100
    6. Geringwertigkeit des Tatobjekts 100

II. Erschwerungsgründe 101
    1. § 292 II 101
    2. § 292 III 101

III. Fischwilderei 101

7. Kapitel: Vereiteln und Gefährden von Gläubigerrechten

§ 12 Pfandkehr, Vollstreckungsvereitelung und Konkursstraftaten 102

I. Pfandkehr 102
    1. Schutzfunktion 102
    2. Täterkreis und Tathandlung 103
    3. Subjektiver Tatbestand 103

			Seite
II.		Vereiteln der Zwangsvollstreckung	103
	1.	Schutzgut und Gläubigerbegriff	103
	2.	Äußerer Tatbestand	104
		a) Drohen der Zwangsvollstreckung	104
		b) Tathandlung	104
		c) Täterschaft und Teilnahme	105
	3.	Subjektiver Tatbestand	105
	4.	Verfolgbarkeit und Konkurrenzen	105
III.		Konkursstraftaten	106
	1.	Überblick	106
	2.	Rechtsnatur der Konkursdelikte	106
	3.	Bankrott	106
	4.	Verletzung der Buchführungspflicht	111
	5.	Gläubigerbegünstigung	111
	6.	Schuldnerbegünstigung	114

TEIL III STRAFTATEN GEGEN DAS VERMÖGEN ALS GANZES

8. Kapitel: Betrug und Erpressung

§ 13		Betrug und Computerbetrug	115
I.		Schutzgut und Tatbestandsaufbau des Betruges	115
II.		Der objektive Betrugstatbestand	117
	1.	Täuschung über Tatsachen	117
		a) Tatsachenbegriff	117
		b) Täuschung durch aktives Tun	118
		c) Täuschung durch Unterlassen	119
	2.	Erregen oder Unterhalten eines Irrtums	120
	3.	Vermögensverfügung	122
	4.	Vermögensbeschädigung	125
		a) Vermögensbegriff	125
		b) Schadensberechnung	126
		b.1 Schutzrichtung, Wertvergleich und Schadenskompensation	126
		b.2 Berücksichtigung der individuellen Verhältnisse	128
		b.3 Soziale Zweckverfehlung	128
		b.4 Verlust widerrechtlich erlangter Werte und nichtiger Forderungen	130
		b.5 Gutglaubenserwerb und Vermögensgefährdung	132
		b.6 Weitere Einzelfälle	133
III.		Subjektiver Tatbestand	133
	1.	Vorsatz	133
	2.	Bereicherungsabsicht	134
	3.	Rechtswidrigkeit des erstrebten Vorteils	134
	4.	Unmittelbarkeitsbeziehung	135

			Seite
IV.	Strafbarkeit und Verfolgbarkeit		135
	1. Sicherungsbetrug		135
	2. Besonders schwere Fälle		135
	3. Antragsdelikte		136
V.	Computerbetrug		136
	1. Schutzbereich und Tatmodalitäten		136
	2. Mißbrauch von Geldautomatenkarten		137

§ 14 Abgrenzung zwischen Betrug und Diebstahl 137
I. Sachbetrug und Trickdiebstahl 138
    1. Abgrenzungskriterien und Einzelfälle 138
    2. Vortäuschen einer Beschlagnahme 140

II. Diebstahl in mittelbarer Täterschaft und sog. Dreiecksbetrug 142
    1. Abgrenzungskriterien 142
    2. Diebstahl in mittelbarer Täterschaft 144
    3. Dreiecksbetrug 144

§ 15 Versicherungsbetrug und Erschleichen von Leistungen 146
I. Versicherungsbetrug 146
    1. Schutzgut 146
    2. Tatobjekte 146
    3. Tathandlungen 147
    4. Subjektive Merkmale 147
    5. Konkurrenzen 148

II. Erschleichen von Leistungen 148
    1. Tatbestandsüberblick 148
    2. Erschleichen als Ausführungshandlung 149
    3. Subjektive Merkmale 150
    4. Versuch und Verfolgbarkeit der Tat 150
    5. Zutrittserschleichung 150
    6. Automatenmißbrauch 150

§ 16 Subventions-, Kapitalanlage- und Kreditbetrug 151
I. Subventionsbetrug 151
    1. Schutzzweck und Deliktsnatur 151
    2. Subventionsbegriff 152
    3. Tathandlungen und Strafbarkeit 152

II. Kapitalanlagebetrug 153
III. Kreditbetrug 153

Seite

§ 17 Erpressung und räuberische Erpressung 154
I. Erpressung.. 154
   1. Deliktsstruktur und Schutzgüter........................ 154
   2. Objektiver Tatbestand................................. 154
   3. Subjektiver Tatbestand................................ 156
   4. Rechtswidrigkeit der Tat.............................. 157
   5. Vollendung und Versuch................................ 157
   6. Konkurrenzen.. 157
II. Räuberische Erpressung..................................... 158
   1. Abgrenzung zum Raub................................... 158
   2. Kombination zwischen Drohung und Täuschung............ 159
   3. Ausnutzen einer fortwirkenden Drohung zu Erpressungszwecken........ 159
   4. Rechtsprechungshinweise............................... 160

9. Kapitel: Untreue und untreueähnliche Delikte

§ 18 Die Tatbestände der Untreue und der übrigen Delikte............ 161
I. Übersicht zu § 266... 161
   1. Schutzgut und Deliktsnatur............................ 161
   2. Tatbestandliche Ausgestaltung......................... 161
II. Mißbrauchstatbestand....................................... 162
   1. Verpflichtungs- und Verfügungsbefugnis................ 162
   2. Vermögensbetreuungspflicht............................ 162
   3. Mißbrauchshandlung.................................... 162
   4. Nachteilszufügung..................................... 165
III. Treubruchstatbestand...................................... 166
   1. Abgrenzung zum Mißbrauchstatbestand................... 166
   2. Treueverhältnis und Vermögensbetreuungspflicht........ 166
   3. Nachteilszufügung..................................... 167
   4. Vorsatz... 168
   5. Vollendung, Täterschaft, Rechtfertigungsgründe, Konkurrenzen........ 168
IV. Vorenthalten und Veruntreuen von Arbeitsentgelt............ 169
   1. Vorenthalten von Sozialversicherungsbeiträgen......... 169
   2. Heimliches Nichtabführen einbehaltenen Arbeitsentgelts an Dritte.... 169
V. Mißbrauch von Scheck- und Kreditkarten..................... 169
   1. Früherer Meinungsstand................................ 169
   2. Gesetzliche Neuregelung............................... 169

10. Kapitel: Begünstigung und Hehlerei

§ 19 Begünstigung 170
I. Übersicht... 170
   1. Gesetzesreform.. 170
   2. Schutzgut und Deliktseinordnung....................... 170

		Seite
II.	Unrechtstatbestand.	171
	1. Merkmale der Vortat	171
	2. Tathandlung.	172
	3. Tatbestandsvorsatz	172
	4. Begünstigungsabsicht	172
	a) Absichtsbegriff	172
	b) Unmittelbarkeitsbeziehung zwischen Vortat und Vorteil	173
	5. Tatvollendung.	173
III.	Selbstbegünstigung und Begünstigung durch Vortatbeteiligte	174
	1. Selbstbegünstigung	174
	2. Auswirkungen der Vortatbeteiligung	174
IV.	Verfolgbarkeit.	174
	1. Strafverfolgungsvoraussetzungen	174
	2. Bagatellfälle	174

§ 20 Hehlerei 175

I.	Schutzgut und Wesen der Tat.	175
	1. Gesetzesreform.	175
	2. Schutzgut und Unrechtsgehalt der Tat.	175
II.	Gegenstand und Vortat der Hehlerei	176
	1. Tatobjekt	176
	2. Vortaten zur Hehlerei.	176
	3. Fehlerhaftigkeit und Unmittelbarkeit des Erlangtseins der Sache	177
	a) Surrogate (Ersatzsachen) als Tatobjekt.	177
	b) Umsetzung gestohlener Sachen in Geld	178
	c) Wegfall der „Bemakelung" durch einen Erwerb von Bestand	178
III.	Hehlereihandlungen	179
	1. Sich oder einem Dritten verschaffen	180
	a) Erlangung eigener oder fremder Verfügungsgewalt im Einvernehmen mit dem Vortäter	180
	b) Mitverzehr von Nahrungs- und Genußmitteln	181
	c) Abgrenzung zwischen abgeleitetem und eigenmächtigem Erwerb	181
	2. Ankaufen	182
	3. Absetzen und Absetzenhelfen	182
	a) Begriffliche Abgrenzung	182
	b) Vollendung des Absetzens trotz erfolgloser Bemühungen	183
	c) Absatzhilfe und Beihilfe zur Hehlerei	184
IV.	Subjektiver Tatbestand.	185
	1. Vorsatz	185
	2. Bereicherungsabsicht	186
V.	Vollendung und Versuch	186
VI.	Täterschaft, Teilnahme und Konkurrenzen	187
	1. Vortäterschaft und Hehlerei	187

			Seite
	2.	Vortatteilnahme und Hehlerei	187
	3.	Rückerwerb der Beute durch den Vortäter	188
VII.	Verfolgbarkeit und Strafschärfung		188
	1.	Verweisung auf §§ 247, 248a	188
	2.	Gewerbsmäßige Hehlerei	188
Sachregister			189

ABKÜRZUNGSVERZEICHNIS

a.A.	anderer Ansicht
aaO.	am angegebenen Ort
abl.	ablehnend
Abs.	Absatz
abw.	abweichend
AE	Alternativ-Entwurf eines Strafgesetzbuchs
a.F.	alte Fassung
AG	Amtsgericht
AktG	Aktiengesetz
Alt.	Alternative
Anm.	Anmerkung
Art.	Artikel
AT	Allgemeiner Teil (Strafrecht)
BayObLG	Bayerisches Oberstes Landesgericht
BayObLGSt	Entscheidungen des Bayerischen Obersten Landesgerichts in Strafsachen
BBG	Bundesbeamtengesetz
Bd.	Band
BeurkG	Beurkundungsgesetz
BGB	Bürgerliches Gesetzbuch
BGBl	Bundesgesetzblatt (Teil, Seite)
BGH	Bundesgerichtshof
BGHSt	Entscheidungen des Bundesgerichtshofes in Strafsachen
BGHZ	Entscheidungen des Bundesgerichtshofes in Zivilsachen
BJagdG	Bundesjagdgesetz
BNotO	Bundesnotarordnung
BT	Besonderer Teil (Strafrecht)
BT-Drucks.	Bundestags-Drucksache
BVerfG	Bundesverfassungsgericht
BVerfGE	Entscheidungen des Bundesverfassungsgerichts
BVerwG	Bundesverwaltungsgericht
BVerwGE	Entscheidungen des Bundesverwaltungsgerichts
BWaffG	Bundeswaffengesetz
BZRG	Bundeszentralregistergesetz
bzw.	beziehungsweise
CuR	Computer und Recht
DAR	Deutsches Autorecht
d.h.	das heißt
Diss.	Dissertation
DJT	Deutscher Juristentag
DJZ	Deutsche Juristenzeitung
DR	Deutsches Recht
DRiZ	Deutsche Richterzeitung
DRZ	Deutsche Rechtszeitschrift
DStR	Deutsches Strafrecht
E 1962	Entwurf eines Strafgesetzbuches 1962
EGStGB	Einführungsgesetz zum Strafgesetzbuch vom 2. 3. 1974 – BGBl I 469 –
Einl.	Einleitung
Erg.	Ergebnis
evtl.	eventuell

XVII

FamRZ	Zeitschrift für das gesamte Familienrecht
Festschr.	Festschrift
ff.	fortfolgende
FGG	Gesetz über die Angelegenheiten der freiwilligen Gerichtsbarkeit
GA	Goltdammer's Archiv für Strafrecht
GG	Grundgesetz für die Bundesrepublik Deutschland
GmbH	Gesellschaft mit beschränkter Haftung
GmbHG	Gesetz betreffend die Gesellschaften mit beschränkter Haftung
GrS	Großer Senat für Strafsachen
GS	Der Gerichtssaal
GVG	Gerichtsverfassungsgesetz
HESt	Höchstrichterliche Entscheidungen in Strafsachen
HGB	Handelsgesetzbuch
h.L.	herrschende Lehre
h.M.	herrschende Meinung
HRR	Höchstrichterliche Rechtsprechung (zitiert nach Jahr und Nummer)
Hrsg.	Herausgeber
i.d.F.	in der Fassung
insb.	insbesondere
i.S.	im Sinne
JA	Juristische Arbeitsblätter
JGG	Jugendgerichtsgesetz
JMBl NW	Justizministerialblatt für das Land Nordrhein-Westfalen
JR	Juristische Rundschau
JurA	Juristische Analysen
Jura	Juristische Ausbildung
JuS	Juristische Schulung
JW	Juristische Wochenschrift
JZ	Juristenzeitung
KG	Kammergericht
KO	Konkursordnung
KTS	Konkurs-, Treuhand- und Schiedsgerichtswesen
Lb	Lehrbuch (Strafrecht)
LG	Landgericht
LJagdG NW	Landesjagdgesetz Nordrhein-Westfalen
LK–	Leipziger Kommentar zum Strafgesetzbuch (–Bearbeiter)
Lkw	Lastkraftwagen
LM	Entscheidungen des Bundesgerichtshofes im Nachschlagewerk von Lindenmaier, Möhring u.a.
LZ	Leipziger Zeitschrift
MDR	Monatsschrift für Deutsches Recht
MschrKrim	Monatsschrift für Kriminologie und Strafrechtsreform
m.w.N.	mit weiteren Nachweisen
NdsRpfl	Niedersächsische Rechtspflege
n.F.	neue Fassung
NJW	Neue Juristische Wochenschrift
Nr.	Nummer
NStZ	Neue Zeitschrift für Strafrecht
NZWehrR	Neue Zeitschrift für Wehrrecht
OGHSt	Entscheidungen des Obersten Gerichtshofes für die Britische Zone in Strafsachen
oHG	Offene Handelsgesellschaft
ÖJZ	Österreichische Juristenzeitung

OLG	Oberlandesgericht
OLGSt	Entscheidungen der Oberlandesgerichte zum Straf- und Strafverfahrensrecht
OWiG	Gesetz über Ordnungswidrigkeiten
Rdnr.	Randnummer
RG	Reichsgericht
RGBl	Reichsgesetzblatt (Teil, Seite)
RGSt	Entscheidungen des Reichsgerichts in Strafsachen
RGZ	Entscheidungen des Reichsgerichts in Zivilsachen
RPflG	Rechtspflegergesetz
Rspr.	Rechtsprechung
S.	Satz, Seite
ScheckG	Scheckgesetz
SchlHA	Schleswig-Holsteinische Anzeigen
SchlHOLG	Schleswig-Holsteinisches Oberlandesgericht
Sch-Sch-	Schönke-Schröder, Strafgesetzbuch (–Bearbeiter)
SchwZStr	Schweizerische Zeitschrift für Strafrecht
SJZ	Süddeutsche Juristenzeitung
SK–	Systematischer Kommentar zum Strafgesetzbuch (–Bearbeiter)
sog.	sogenannt
StGB	Strafgesetzbuch
StPO	Strafprozeßordnung
StrÄndG	Gesetz zur Änderung des Strafrechts
StrRG	Gesetz zur Reform des Strafrechts
StrVert	Strafverteidiger
SubvG	Gesetz gegen mißbräuchliche Inanspruchnahme von Subventionen (Subventionsgesetz)
teilw.	teilweise
u.a.	unter anderem, und andere
usw.	und so weiter
u.U.	unter Umständen
vgl.	vergleiche
VRS	Verkehrsrechts-Sammlung
VVG	Gesetz über den Versicherungsvertrag
VW	Volkswagen
WiKG	Gesetz zur Bekämpfung der Wirtschaftskriminalität
wistra	Zeitschrift für Wirtschaft, Steuer, Strafrecht
ZAkDR	Zeitschrift der Akademie für Deutsches Recht
z.B.	zum Beispiel
ZPO	Zivilprozeßordnung
ZRP	Zeitschrift für Rechtspolitik
ZStW	Zeitschrift für die gesamte Strafrechtswissenschaft
z.T.	zum Teil
zust.	zustimmend
ZVG	Gesetz über die Zwangsversteigerung und Zwangsverwaltung

LITERATURVERZEICHNIS

Arzt/Weber	Strafrecht, Besonderer Teil, LH 3: Vermögensdelikte, 2. Auflage 1986; Strafrecht, Besonderer Teil, LH 4: Wirtschaftsstraftaten, Vermögensdelikte (Randbereich), Fälschungsdelikte, 1980
Binding	Lehrbuch des gemeinen deutschen Strafrechts, Besonderer Teil I, 2. Auflage 1902
Blei	Strafrecht II, Besonderer Teil, 12. Auflage 1983
Bockelmann	Strafrecht, Besonderer Teil/1, Vermögensdelikte, 2. Auflage 1982
Dreher-Tröndle	Strafgesetzbuch, 42. Auflage 1985
Eser	Strafrecht IV, Vermögensdelikte, 4. Auflage 1983
Frank	Das Strafgesetzbuch für das Deutsche Reich, 18. Auflage 1931
Haft	Strafrecht, Besonderer Teil, 2. Auflage 1985
Kienapfel	Grundriß des österreichischen Strafrechts, Besonderer Teil II, Delikte gegen Vermögenswerte, 1980
Kohlrausch-Lange	Strafgesetzbuch, 43. Auflage 1961
Krey	Strafrecht, Besonderer Teil/2, Vermögensdelikte, 6. Auflage 1985
Lackner	Strafgesetzbuch, 16. Auflage 1985
Leipziger Kommentar	Strafgesetzbuch, 10. Auflage 1978-86, herausgegeben von *Jescheck, Ruß* und *Willms* (zitiert: LK-*Bearbeiter*)
v. Liszt-Schmidt	Lehrbuch des Deutschen Strafrechts, 25. Auflage 1927
Maurach-Gössel	Strafrecht, Fälle und Lösungen, 4. Auflage 1983
Maurach-Schroeder	Strafrecht, Besonderer Teil, Teilband 1, Straftaten gegen Persönlichkeits- und Vermögenswerte, 6. Auflage 1977; Teilband 2, Straftaten gegen Gemeinschaftswerte, 6. Auflage 1981
Otto	Grundkurs Strafrecht, Die einzelnen Delikte, 2. Auflage 1984 (zitiert: *Otto*, BT)
Preisendanz	Strafgesetzbuch, 30. Auflage 1978
Samson	Strafrecht II, Wiederholungs- und Vertiefungskurs, 5. Auflage 1985
Schmidhäuser	Strafrecht, Besonderer Teil, 2. Auflage 1983
Schneider	Kriminologie, Jugendstrafrecht, Strafvollzug. Rechtsfälle in Frage und Antwort. 2. Auflage 1982 (zitiert: Rechtsfälle)
Schönke-Schröder	Strafgesetzbuch, 22. Auflage 1985, fortgeführt von *Lenckner, Cramer, Eser* und *Stree* (zitiert: Sch-Sch-*Bearbeiter*)
Systematischer Kommentar	Strafgesetzbuch, Band 2, Besonderer Teil, 3. Auflage 1985, herausgegeben von *Rudolphi, Horn* und *Samson* (zitiert: SK-*Bearbeiter*)
Welzel	Das deutsche Strafrecht, 11. Auflage 1969

EINLEITUNG
Straftaten gegen Vermögenswerte

Als **Vermögensdelikte** bezeichnet man diejenigen Straftaten, die sich gegen das Vermögen oder gegen einzelne Vermögenswerte eines anderen richten. Diese Bezeichnung wird in einem *engeren* und in einem *weiteren* Sinn gebraucht, je nachdem, ob der Eintritt eines **Vermögensschadens** bei den angesprochenen Deliktsgruppen zu den Voraussetzungen der Strafbarkeit gehört (wie etwa beim Betrug, bei der Erpressung und der Untreue) oder nur eine *regelmäßige* Begleiterscheinung des tatbestandlichen Verhaltens bildet, ohne aber dessen notwendige Folge zu sein. Letzteres trifft für die **Eigentumsdelikte** zu, deren Besonderheit gegenüber den Vermögensdelikten i.e.S. sich vor allem darin zeigt, daß sie (wie etwa der Diebstahl und die Sachbeschädigung) auch den Schutz *wirtschaftlich wertloser* Sachen mit einschließen (Beispiel: Entwendung von Liebesbriefen, Zerreißen fremder Erinnerungsfotos usw.). Demgemäß läßt sich die **Einteilung** der Vermögensstraftaten i.w.S. nicht frei von Überschneidungen durchführen; bei ihrer Zusammenfassung in Form einer Übersicht pflegt man zwei große Gruppen zu unterscheiden:

I. Straftaten gegen das **Eigentum** und gegen **einzelne Vermögenswerte**

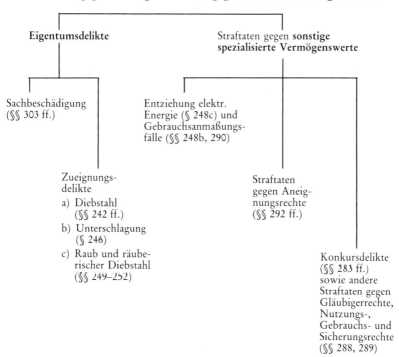

Einleitung

Neben dem spezifischen Eigentumsschutz ist für die vorstehend genannten Deliktsgruppen kennzeichnend, daß das Vermögen dort nicht als Ganzes, sondern nur in seinen **einzelnen Erscheinungsformen** Schutz genießt, wie etwa als *Gebrauchsrecht*, als *Aneignungsrecht* oder dergleichen.

II. Straftaten gegen das **Vermögen als Ganzes**

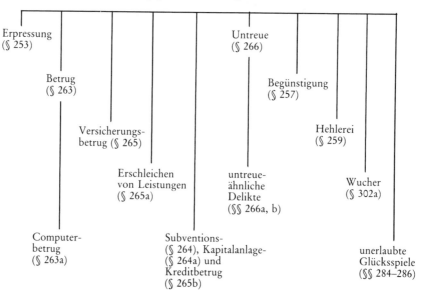

In diesem Bereich wird das **Vermögen in seiner Gesamtheit** als *Inbegriff aller wirtschaftlichen Güter* eines Rechtssubjekts geschützt, so daß im Regelfall (insbesondere bei der Erpressung und beim Betrug) beliebige Vermögensbestandteile den Gegenstand der Tat bilden können, wie z.B. Sachen, Forderungen, Rechte, Anwartschaften und andere Positionen wirtschaftlicher Art.

Hier leidet die Einteilung jedoch an den schon erwähnten Überschneidungen. So ist etwa die Einordnung der Begünstigung (§ 257) in den Kreis der Vermögensdelikte nur mit gewissen Einschränkungen möglich, da die ihr zugrunde liegende Vortat sich nicht unbedingt gegen fremdes Vermögen gerichtet haben muß und als Begünstigungsobjekte nicht nur Vermögensvorteile in Betracht kommen, wenngleich dies zumeist der Fall ist. Als nachträgliche Unterstützung der Vortat verletzt die Begünstigungshandlung vor allem das *Interesse an der Wiederherstellung des der Rechtsordnung entsprechenden Zustandes*. Auf den Vermögensschutz allein ist § 257 infolgedessen nicht beschränkt.

Während der Schutz des Eigentums im StGB neben seiner wirtschaftlichen Funktion auch das Interesse des Eigentümers an der freien Verfügungsmöglichkeit über die Sache umfaßt, wird der Vermögensinhaber im Bereich der Vermögensdelikte i.e.S. nur vor der **Zufügung wirtschaftlicher Nachteile** durch bestimmt umschriebene Verhaltensweisen geschützt. Die Verfügungsfreiheit als solche erfährt durch die dort getroffene Regelung keinen Schutz; für sie verbleibt es bei § 240, der die Freiheit der Willensbetätigung lediglich gegen Gewalt und Drohungen abschirmt. So kommt es beim Betrug (§ 263) entscheidend auf den Eintritt eines **Vermögensschadens** als Folge der irrtumsbedingten Verfügung an; es genügt nicht, daß der Getäuschte zu einer Vermögensverfügung veranlaßt wird, die er ohne die Täuschung nicht vorgenommen hätte (BGHSt 16, 321; näher unten § 13 II 4 b.1).

Einen *lückenlosen* Eigentums- und Vermögensschutz kennt das Gesetz nicht. Die bloße Besitzentziehung ist z. B. gar nicht, die Gebrauchsanmaßung nur teilweise mit Strafe bedroht (siehe dazu unten § 1 I 4 und § 10 I, II).

Der Anteil der Vermögensstraftaten i.w.S. an der **Gesamtkriminalität** ist überaus hoch; allein beim Diebstahl beträgt er fast zwei Drittel aller registrierten Rechtsverletzungen. Für das Jahr 1985 weist die Polizeiliche Kriminalstatistik der Bundesrepublik Deutschland dazu folgendes aus:

Straftaten	erfaßte Fälle	Anteil in %	Aufklärungsquote
insgesamt (ohne Verkehrsdelikte)	4 215 451		
Sachbeschädigung	342 309	8,1	24,6
Diebstahl ohne erschwerende Umstände	1 089 387	25,8	48,8
Diebstahl unter erschwerenden Umständen	1 539 546	36,5	18,1
Unterschlagung	48 085	1,1	80,5
Raub, räuberische Erpressung und § 316a	29 685	0,7	50,0
Erpressung	3 194	0,1	67,6
Betrug	372 196	8,8	93,0
Untreue	5 024	0,1	99,1
Begünstigung, Strafvereitelung, Hehlerei	30 675	0,7	98,9
Konkursstraftaten	2 241	0,1	99,5
Wilderei	3 544	0,1	65,5

Bei den **Straftaten gegen Persönlichkeits- und Gemeinschaftswerte** liegt der Anteil an der Gesamtkriminalität erheblich niedriger. Er betrug im Jahr 1985 bei Mord und Totschlag 0,1%, bei einfacher vorsätzlicher Körperverletzung 2,8%, bei gefährlicher und schwerer Körperverletzung 1,5%, bei Straftaten gegen die persönliche Freiheit 1,2%, bei Beleidigungen 1,5%, bei Vergewaltigung 0,1%, bei Urkundenfälschung 0,9 %, bei Widerstand gegen Vollstreckungsbeamte und Straftaten gegen die öffentliche Ordnung 1,8% sowie bei Straftaten im Amt 0,1%.

Einen zusammenfassenden Überblick zu den Vermögensstraftaten bieten *Otto*, Die neuere Rechtsprechung zu den Vermögensdelikten, JZ 85, 21 und 69; *Ranft*, Grundfälle aus dem Bereich der Vermögensdelikte, JA 84, 1 ff.; *Seelmann*, Grundfälle zu den Eigentumsdelikten, JuS 85, 199 ff.; *derselbe*, Grundfälle zu den Straftaten gegen das Vermögen als Ganzes, JuS 82, 268 ff.

TEIL I
Straftaten gegen das Eigentum

1. Kapitel: Sachbeschädigungs- und Computerdelikte

§ 1 SACHBESCHÄDIGUNG, ZERSTÖRUNG VON BAUWERKEN, DATENVERÄNDERUNG UND COMPUTERSABOTAGE

Fall 1: Der Anlieger A ärgert sich seit langem über mehrere Bewohner eines Studentenwohnheims, die ihre Kraftwagen dichtgedrängt auf dem Bürgersteig vor seinem Haus zu parken pflegen und dadurch den Zugang behindern. Eines Nachts rächt er sich in der Weise, daß er bei allen auf dem Bürgersteig abgestellten Wagen die Luft aus den Reifen läßt. Einen roten Sportwagen, dessen Motorenlärm ihn schon oft in seiner Ruhe gestört hat, begießt er rundum mit zähflüssigem Teer.

Hat A sich strafbar gemacht?

I. Einfache Sachbeschädigung

1. In Betracht kommt ein Verstoß gegen § 303. Diese Vorschrift enthält den Tatbestand der einfachen **Sachbeschädigung.** Sie schützt das **Eigentum** und das **Sacherhaltungsinteresse** des Eigentümers, allerdings nicht umfassend und nicht gegen Störungen jeglicher Art, sondern lediglich gegen solche Einwirkungen, die unmittelbar die Sache selbst berühren und deren **körperliche Unversehrtheit** oder **bestimmungsgemäße Brauchbarkeit** mehr als bloß unerheblich beeinträchtigen (BGHSt 29, 129; LK-*Wolff*, StGB, § 303 Rdnr. 1; anders *Gössel*, JR 80, 184, der den Schutzbereich des § 303 auf die aus dem Eigentum fließende Rechtsmacht und Sachgestaltungsfreiheit des Eigentümers ausdehnen will).

> § 303 bedroht nur die *vorsätzliche* Sachbeschädigung mit Strafe. Das gleiche gilt außerhalb des 26. Abschnitts im StGB für die in §§ 133, 274 I Nr. 1 genannten Beschädigungshandlungen (vgl. *Wessels*, BT-1 § 15 III und § 19 I). Lediglich bei der einfachen Brandstiftung (§ 308 I), deren erste Alternative einen speziellen Fall der Sachbeschädigung betrifft, läßt das Gesetz im Rahmen des § 309 auch *fahrlässiges* Handeln genügen (näher *Wessels*, BT-1 § 21 I, IV).

Der Unterschied im Strafrahmen bei Sachbeschädigung und Diebstahl (Freiheitsstrafe bis zu 2 bzw. bis zu 5 Jahren) ist historisch bedingt, aber auch damit zu erklären, daß Verstöße gegen § 303 häufig bloße Begleittaten zu schwereren Delikten darstellen (z. B. zum Einbruchsdiebstahl, zum Haus- und Landfriedensbruch, zu Schlägereien usw.) und aus dieser Sicht als weniger gravierend eingestuft zu werden pflegen. Hinzu kommt der große Anteil junger Täter, bei denen oft jugendlicher Übermut oder Geltungsdrang im Spiel ist und für die eine Straßenlaterne lediglich Demonstrationsobjekt der eigenen Wurfkraft und Treffsicherheit ist. Dieses traditionelle Bild der Sachbeschädigung hat sich inzwischen jedoch wesentlich gewandelt. **Vandalismus** in Gestalt sinnloser Zerstörungswut tritt seit geraumer Zeit in zunehmendem Maße in Erscheinung; die Schäden, die dabei in öffentlichen Anlagen und Verkehrsmitteln, an Telefonzellen, Schulgebäuden, geparkten Kraftwagen oder durch Schmierereien an Hauswänden angerichtet werden, gehen in die Millionen. Frustrationen, Langeweile, politische Radikalisierung und eine gezielte Diffamierung von Recht und Ordnung haben **aggressive Gruppendelikte** hervorgebracht, die von jungen Menschen aus allen sozialen Schichten je nach ihrer spezifischen Einstellung als Ausdruck des Protestes gegen mißliebige Zustände, als Mittel der Selbstbestätigung, der Mutprobe vor Gleichgesinnten oder von bestimmten Fanclubs als Krönung des Freizeitvergnügens verstanden werden (ohne massiven Polizeischutz wären manche Fußballspiele gar nicht mehr durchführbar). Die schwindende Achtung vor fremdem Eigentum, die sich darin äußert, gibt Grund zur Besorgnis; vorbeugende Maßnahmen sind unerläßlich. Strafverfolgung allein vermag hier wenig auszurichten. Elternhaus und Schule müssen ihre Erziehungsaufgabe wieder ernst nehmen; die bereits wieder nachlassende Modeströmung der „antiautoritären Erziehung" hat gewisse Zerfallserscheinungen begünstigt. Auch die Gesellschaft selbst muß nach neuen Wegen suchen, um der Jugend das Gefühl der sozialen Verantwortung zu vermitteln und den Heranwachsenden Möglichkeiten zu bieten, ihren Aktionsdrang in friedlicher Weise abzureagieren. Näher zum Ganzen *Arzt/Weber*, BT/3 Rdnr. 18; *Behm*, Sachbeschädigung und Verunstaltung, 1984; *Geerds*, Sachbeschädigungen, 1983.

2. Gegenstand der Sachbeschädigung i.S. des § 303 sind **fremde Sachen** ohne Rücksicht darauf, ob sie beweglich oder unbeweglich sind.

Sachen sind alle körperlichen Gegenstände (vgl. § 90 BGB). Zur **Körperlichkeit** gehört, daß der Gegenstand eine Begrenzung aufweist, ein selbständiges, individuelles Dasein führt und so aus seiner Umwelt hervortritt. Daran fehlt es bei der freien atmosphärischen Luft, dem Meereswasser, frei umherliegendem Schnee und in der Regel (anders ggf. bei besonders hergerichteten Wettkampfstätten) bei einer auf ihm gezogenen Skilanglaufspur (wichtig für § 304; näher dazu BayObLG JR 80, 429 mit abl. Anm. *M. Schmid*, der in der Bearbeitung und Verformung des Schnees eine hinreichende Abgrenzung der sog. *Loipe* zum umliegenden Schneefeld erblickt).

> Auf den **Geldwert** des Gegenstandes kommt es nicht an, da der Schutz des § 303 sich auch auf wirtschaftlich wertlose Sachen bezieht, sofern der Eigentümer ein Interesse an ihrer Erhaltung hat. Ein altes, vergilbtes Familienfoto kann daher ebenso schutzwürdig sein wie ein fabrikneuer Kraftwagen (vgl. RGSt 10, 120; Sch-Sch-Stree, StGB, § 303 Rdnr. 3).

Fremd ist eine Sache, wenn sie im *(Allein-, Mit-* oder *Gesamthands-)* **Eigentum eines anderen** steht. Ob das der Fall ist, richtet sich nach den Vorschriften des bürgerlichen Rechts (vgl. §§ 873, 929 ff., 1370, 1922 BGB). Nicht fremd sind *herrenlose* Sachen, die niemandem gehören (vgl. §§ 959 ff. BGB), sowie Sachen, die *ausschließlich im Eigentum des Täters selbst* stehen.

> Im Fall 1 waren die dort erwähnten Kraftwagen für A fremde Sachen.

3. Tathandlung in § 303 ist das **Beschädigen** oder **Zerstören** der Sache. Beides kann in einem aktiven Tun wie in einem Unterlassen bestehen (z.B. im Nichtfüttern fremder Tiere durch einen dazu verpflichteten Garanten).

> Im E 1962 (§ 249) war vorgesehen, den Tatbestand der Sachbeschädigung um die Begehungsformen des **Unbrauchbarmachens** und des **Verunstaltens** zu erweitern, weil das Merkmal des „Beschädigens" sich mit ihnen nur teilweise deckt (vgl. §§ 133 I, 134 StGB.) Dieser Reformvorschlag ist bisher jedoch nicht verwirklicht worden, obwohl er

§ 113

zahlreiche Abgrenzungsschwierigkeiten beheben würde und geeignet wäre, der zunehmenden Mißachtung fremden Eigentums Einhalt zu gebieten (wichtig beim Verschandeln von Häusern und Mauern mit Plakaten und Propagandaparolen).

a) Der Begriff des **Beschädigens** ist sehr umstritten. Die Rechtsprechung hat ihn zunächst eng ausgelegt und das Vorliegen einer *substanzverletzenden* Einwirkung gefordert (RGSt 13, 27). Später ließ das Reichsgericht eine belangreiche Veränderung der Sache in ihrer äußeren Erscheinung und Form genügen (z. B. durch Besudelung einer weißen Marmorbüste mit roter Farbe: RGSt 43, 204, oder durch Beschmutzen eines Kleides mit Urin: RG HRR 1936, 853). Bei Manipulationen an zusammengesetzten Sachen erblickte es das Wesen der Sachbeschädigung zumeist in einer Minderung der Gebrauchsfähigkeit zu dem bestimmungsgemäßen Zweck (RGSt 20, 182 und 353; 64, 205; 65, 354; 66, 203). Diesem Gesichtspunkt gab es schließlich ganz allgemein den Vorzug (zusammenfassend RGSt 74, 13); auf ihn greift auch die Rechtsprechung des Bundesgerichtshofes zurück (BGHSt 13, 207; 29, 129). Im Gegensatz zu neueren Strömungen in Rechtsprechung und Rechtslehre, wonach *jede* dem Eigentümerinteresse zuwiderlaufende Zustandsveränderung, wie etwa das Bekleben von Wänden, Mauern oder Telefonverteilerkästen mit fest haftenden **Plakaten** eine Sachbeschädigung darstellen soll (= *Zustandsveränderungstheorie;* vgl. OLG Hamburg NJW 79, 1614 und JR 76, 337; OLG Karlsruhe NJW 78, 1636; OLG Oldenburg JZ 78, 70; *Gössel*, JR 80, 184; Sch-Sch-*Stree*, StGB, § 303 Rdnr. 8 m.w.N.), nimmt der BGH jetzt wieder einen *restriktiven* Standpunkt ein (BGHSt 29, 129; BGH NJW 80, 601). Wo es im Einzelfall an einer Substanzverletzung oder an einer Brauchbarkeitsminderung fehlt, soll die bloße Veränderung des äußeren Erscheinungsbildes einer Sache (hier eines Verteilerkastens der Bundespost) vom Tatbestand des § 303 grundsätzlich nicht erfaßt werden. Die Einbeziehung des **Verunstaltens** in den Beschädigungsbegriff bleibt danach auf eng zu begrenzende Ausnahmefälle beschränkt.

BGHSt 29, 129 führt dazu aus, der Schutz des Eigentums in § 303 beziehe sich (anders als in § 1004 BGB) allein auf das Interesse des Eigentümers an der **körperlichen Unversehrtheit** seiner Sache. Die bloße Veränderung der äußeren Erscheinungsform einer Sache sei in aller Regel keine Sachbeschädigung, und zwar auch dann nicht, wenn diese Veränderung auffällig (belangreich) sei. Das Kriterium der Brauchbarkeitsminderung würde entleert und als Hilfsmittel der Gesetzesauslegung untauglich werden, wenn man die vom Eigentümer beabsichtigte äußere Erscheinung seiner Sachen stets als deren *bestimmungsgemäße Brauchbarkeit* verstehe. Die Auslegung des § 303 würde sich damit in unzulässiger Weise vom Wortsinn des Merkmals „beschädigen" entfernen und auch daran vorbeigehen, daß das StGB zwischen der **Verunstaltung** (§ 134) und der **Beschädigung** von Sachen (§ 303) unterscheide. Ob das Tatobjekt nach *ästhetischen* Gesichtspunkten gestaltet worden sei und nach seiner Zweckbestimmung über eine eigene Ansehnlichkeit verfüge, sei bei *Gebrauchsgegenständen* und *technischen Anlagen* ohne Bedeutung. Eine Ausnahme sei lediglich für den in RGSt 43, 205 erwähnten Fall anzuerkennen, daß die Gebrauchsbestimmung des Gegenstandes, wie etwa einer Statue, eines Gemäldes oder eines Baudenkmals, *offensichtlich* mit seinem ästhetischen Zweck zusammenhänge; nur hier genüge im Rahmen des § 303 eine „belangreiche Veränderung der äußeren Erscheinung und Form."

In der Rechtslehre, die zum Teil an der *Zustandsveränderungstheorie* festhält, ist die kriminalpolitisch sehr unbefriedigende Auslegung des § 303 durch den BGH überwiegend auf Kritik gestoßen (vgl. *Dreher-Tröndle*, StGB, § 303 Rdnr. 6a; *Dölling*, NJW 81, 207; *Gössel*, JR 80, 184; *Maiwald*, JZ 80, 256; *Otto*, BT S. 198; dem BGH zustimmend *Katzer*, NJW 81, 2036; *Seelmann*, JuS 85, 199). Erwünscht wäre, daß der

§ 1 I 3

Gesetzgeber den oben erwähnten Reformvorschlag des E 1962 bald realisiert und so dazu beiträgt, den Eigentumsschutz in der sachlich gebotenen Weise zu verbessern.

Keine Zustimmung verdient die im Schrifttum vereinzelt vertretene **Funktionsvereitelungstheorie**, die eine Einwirkung auf die Sachsubstanz für entbehrlich hält (also in einer Unterbrechung der Stromzufuhr eine *Beschädigung* der dadurch stillgelegten Maschinen erblicken müßte) und die sogar eine durch *schlichte Sachentziehung* bewirkte Aufhebung der Verwendungsfähigkeit genügen läßt (so *Kohlrausch-Lange*, StGB, § 303 Anm. III; *Maurach-Schroeder*, BT § 33 III 2 für das Fliegenlassen eines Vogels). Diese Auffassung wird von der h. M. mit Recht abgelehnt, weil sie den begrenzten Schutzzweck des § 303 mißachtet und zu einer nicht mehr kontrollierbaren Strafbarkeitsausdehnung führen würde (näher RGSt 20, 182, 185; *Arzt/Weber*, BT/3 Rdnr. 33; SK-*Samson*, StGB, § 303 Rdnr. 4, 5).

b) Richtig verstanden setzt der **Beschädigungsbegriff** in § 303 zweierlei voraus: eine unmittelbare Einwirkung auf die betroffene Sache selbst und eine dadurch verursachte Beeinträchtigung ihrer körperlichen Unversehrtheit oder bestimmungsgemäßen Brauchbarkeit, die in engen Grenzen auch durch eine nachteilige Veränderung ihrer äußeren Erscheinungsform (im Vergleich zum bisherigen Zustand) herbeigeführt werden kann.

Die Art der Einwirkung ist gleichgültig (Beispiel: Bösartigmachen von Tieren durch nachhaltige Beeinflussung ihres Nervensystems, vgl. RGSt 37, 411). Vorausgesetzt wird freilich, daß die Einwirkung und die Einwirkungsfolgen nicht ganz unbedeutend oder belanglos sind. **Erheblich** ist eine Beeinträchtigung regelmäßig dann, wenn sie nicht zu beheben ist oder wenn ihre Beseitigung einen nicht nur geringfügigen Aufwand an Zeit, Mühe oder Kosten erfordert (BGHSt 13, 207; BGH NStZ 82, 508; LK-*Wolff*, StGB, § 303 Rdnr. 7).

Zu einer **Substanzverletzung** braucht der Eingriff des Täters nicht unbedingt zu führen. So kann die Brauchbarkeit einer zusammengesetzten Sache für ihre Zwecke selbst dann aufgehoben oder gemindert sein, wenn ihre Einzelteile unversehrt geblieben sind, wie etwa beim Zerlegen einer Uhr oder beim Blockieren einer Maschine durch Einlegen eines Holzkeils (lehrreich dazu RGSt 20, 182).

Hiernach liegt eine **Beschädigung** i.S. des § 303 vor, wenn der Täter auf die Sache als solche in der Weise körperlich eingewirkt hat, daß ihre **Unversehrtheit** oder **bestimmungsgemäße Brauchbarkeit** mehr als nur unerheblich beeinträchtigt ist (BGHSt 13, 207; 29, 129; BGH NJW 80, 601; OLG Hamburg NJW 82, 395; LK-*Wolff*, StGB, § 303 Rdnr. 4, 5). Durch den Eingriff muß die Sache im Vergleich zu ihrer bisherigen Beschaffenheit nachteilig verändert worden sein, also einen Mangel aufweisen, was auch bei Verstärkung eines schon vorhandenen Mangels der Fall sein kann (vgl. OLG Celle StrVert 81, 129). Wer dagegen eine schadhafte Sache ordnungsgemäß **repariert** und so ihren Zustand verbessert, *beschädigt* sie nicht. Das gilt selbst dort, wo der Eigentümer (etwa zu Beweiszwecken) ein Interesse am Fortbestand des mangelhaften Zustandes haben sollte, denn ein *solches* Interesse wird vom Schutzzweck des § 303 nicht mehr gedeckt (vgl. BGHSt 29, 129; Sch-Sch-*Stree*, StGB, § 303 Rdnr. 10; anders RGSt 33, 177).

Das **Verunstalten** oder **Verunreinigen** fremder Sachen verwirklicht den Tatbestand des § 303, wenn es zu einer *Substanzverletzung* oder *Brauchbarkeitsminderung* führt, mag dies auch erst die zwangsläufige Folge der durch den Eingriff veranlaßten Reinigungsmaßnahmen sein (grundlegend dazu BGHSt 29, 129). Beispiele dafür bilden das Beschmieren von Wänden, Mauern oder Litfaßsäulen mit Teer (RG HRR 1933,

§ 114

350), Petroleum (RGSt 60, 203) oder durch Aufrufe und Parolen, die mit Ölfarbe angebracht bzw. aufgesprüht werden (OLG Celle StrVert 81, 129; OLG Düsseldorf NJW 82, 1167; OLG Oldenburg JR 84, 35 mit Anm. *Dölling;* LG Bremen NJW 83, 56), das Verunreinigen eines Kleides oder des Inhalts eines Briefkastens mit Urin (RG HRR 1936, 853; BayObLG HRR 1930, 2121) sowie das Besudeln einer Statue, eines Gemäldes oder eines anderen Kunstwerkes, das ästhetischen Zwecken dient und gerade durch seine Schönheit auf den Betrachter wirken soll (RGSt 43, 204; BGHSt 29, 129). Beim Bekleben von Häusern, Mauern, Schalt- und Verteilerkästen usw. mit **fest haftenden Plakaten** hängt es von den konkreten Umständen im Einzelfall ab, ob die oben genannten Voraussetzungen des § 303 (z. B. hinsichtlich einer Beschädigung des Lack- oder Farbanstrichs bzw. einer Beeinträchtigung der bestimmungsgemäßen Brauchbarkeit) zu bejahen oder zu verneinen sind (letzterenfalls kommt das Eingreifen von Vorschriften des Ordnungsrechts oder ein Schutz des Sacheigentümers nach §§ 1004, 823 BGB in Betracht). Das Überkleben von Wahlplakaten mit anderen Plakaten führt bei fester Verbindung regelmäßig zu einer Sachbeschädigung (BGH NStZ 83, 508).

> Im Fall 1 hat A den roten Sportwagen durch das Begießen mit Teer in *substanzverletzender* Weise beschädigt, da eine Verschmutzung dieser Art nur mit Spezialmitteln und nicht ohne zurückbleibende Lackschäden zu beseitigen ist.

Fraglich ist, ob auch das **Ablassen von Luft** aus den Reifen eines Kraftfahrzeuges oder eines Fahrrades eine Sachbeschädigung darstellt. Maßgebend dafür ist nicht, ob der einzelne Reifen durch diese Einwirkung stofflich verändert oder gebrauchsunfähig gemacht wird (a.A. OLG Düsseldorf NJW 57, 1246 Nr. 20). Ausschlaggebend ist vielmehr, ob das Kraftfahrzeug oder Fahrrad nach einem solchen Eingriff noch bestimmungsgemäß als Fortbewegungsmittel verwendet werden kann (BGHSt 13, 207). Diese Funktionsfähigkeit wird aber schon dann aufgehoben oder zumindest beeinträchtigt, wenn auch nur ein einzelner Reifen die Luft verliert. Selbst wenn die Ventile oder die stoffliche Substanz der Reifen nicht beschädigt werden, verwirklicht das vollständige Ablassen der Luft aus einem oder mehreren Reifen den Tatbestand des § 303, sofern das Wiederauffüllen den konkreten Umständen nach einen ins Gewicht fallenden Aufwand an Zeit und Mühe verursacht (näher BGHSt 13, 207).

> Diese Voraussetzungen sind im Fall 1 zu bejahen, so daß A sich auch insoweit der Sachbeschädigung schuldig gemacht hat.

c) **Zerstört** ist eine Sache, wenn sie aufgrund der erfolgten Einwirkung in ihrer Existenz vernichtet (Beispiel: Tötung eines Tieres) oder so wesentlich beschädigt ist, daß sie ihre bestimmungsgemäße Brauchbarkeit völlig verloren hat (vgl. RGSt 55, 169).

> Ein Zerstören i.S. des § 303 kann auch im zweckwidrigen Verbrauch einer an sich zum Verbrauch bestimmten Sache liegen (Beispiel: A wirft das Kaminholz des B eigenmächtig in dessen Osterfeuer; vgl. *Blei,* JA 73, 811).

4. Die schlichte **Sach- oder Besitzentziehung,** die im geltenden Recht nicht mit Strafe bedroht ist (zur evtl. Reform vgl. E 1962 § 251), erfüllt die Merkmale des § 303 nicht. Wer etwa einheimische Singvögel aus dem Käfig des Züchters entweichen läßt, den goldenen Trauring der jungvermählten Konkurrentin in einen Fluß wirft oder dem erfolgreichen Briefmarkensammler ein seltenes Einzelstück in der Weise entzieht, daß er es in dessen Privatbibliothek für ihn unauffindbar mitsamt der schützenden Klarsichtfolie zwischen die Seiten eines Buches steckt, setzt sich zwar einem Schadenser-

§ 1 I 5; II 1–3; III

satzanspruch nach § 823 BGB aus, macht sich aber nicht nach § 303 StGB strafbar (so die h.M.: *Dreher-Tröndle*, StGB, § 303 Rdnr. 9; *Lackner*, StGB, § 303 Anm. 3; LK-*Wolff*, StGB, § 303 Rdnr. 9; Sch-Sch-*Stree*, StGB, § 303 Rdnr. 10; a.A. *Kohlrausch-Lange*, StGB, § 303 Anm. III; *Maurach-Schroeder*, BT § 33 III 2).

Dies folgt daraus, daß die Entziehungshandlung hier keine nachteilig verändernde Einwirkung auf die Sache als solche enthält, sondern allein das *Herrschaftsverhältnis* des Eigentümers zur Sache betrifft. Für § 303 bleibt nur in solchen Fällen Raum, in denen die ihrem Eigentümer entzogene Sache weiteren Einwirkungen ausgesetzt wird, die zwangsläufig zu ihrer Beschädigung oder Vernichtung führen. So etwa, wenn ein fremdes Fahrrad ins Wasser geworfen oder im Wald unter Sträuchern versteckt wird, wo es verrostet und verkommt (vgl. RGSt 64, 250; RG GA Bd. 51, 182). Näher zum Ganzen *W. Peter*, Die Sachentziehung im geltenden und zukünftigen Strafrecht, Diss. Münster 1970.

5. Für den **inneren Tatbestand** genügt Eventualvorsatz. Auf die in § 303 I erwähnte *Rechtswidrigkeit* der Tat braucht der Vorsatz sich nicht zu beziehen, da es sich insoweit nicht um einen Tatumstand i.S. des § 16 I, sondern lediglich um einen überflüssigen Hinweis auf das allgemeine Deliktsmerkmal der Rechtswidrigkeit handelt (vgl. *Wessels*, AT § 5 III 3a, b).

Im Fall 1 umfaßte der Vorsatz des A alle wesentlichen Tatumstände unter Einschluß der Brauchbarkeitsbeeinträchtigung als Folge seines Handelns. Da Rechtfertigungs- oder Entschuldigungsgründe nicht ersichtlich sind, hat A sich nach § 303 I strafbar gemacht. Zur Frage des *Fortsetzungszusammenhanges* vgl. *Wessels*, AT § 17 II 5; zum Erfordernis des *Strafantrags* und zum *Privatklageverfahren* siehe § 303c StGB und § 374 I Nr. 6 StPO. Antragsberechtigt kann nach h.M. außer dem Sacheigentümer auch ein sonstiger Nutzungsberechtigter sein, wie etwa ein Nießbraucher, Pächter oder Mieter (vgl. BayObLG NJW 81, 1053; a.A. *Rudolphi*, Anm. JR 82, 27; Sch-Sch-*Stree*, StGB, § 303 Rdnr. 15).

II. Zerstörung von Bauwerken

1. Die **Zerstörung von Bauwerken** (§ 305) ist ein qualifizierter Fall der Sachbeschädigung und wie diese ein echtes Eigentumsdelikt, das als Objekt der Tat eine *fremde* Sache voraussetzt. Die Strafverfolgung tritt hier jedoch ohne Strafantrag ein.

2. Soweit es sich nicht um *Schiffe* handelt, bildet das **Bauwerk** den Oberbegriff der in § 305 I abschließend aufgezählten Tatobjekte. Als Bauwerk sind alle baulichen Anlagen anzusehen, die auf dem Grund und Boden ruhen; einer festen Verbindung bedarf es nicht unbedingt. Wie die Einbeziehung der Schiffe in den Kreis der geschützten Objekte zeigt, ist die Festigkeit der Verbindung mit dem Grund und Boden nur eine Regelerscheinung, aber kein Wesensmerkmal des § 305 (vgl. LK-*Wolff*, StGB, § 305 Rdnr. 3; Sch-Sch-*Stree*, StGB, § 305 Rdnr. 4).

Bauwerke sind z.B. auch eine Hütte (RG HRR 30, 462), eine Gartenmauer, ein künstlicher Fischteich (RGSt 15, 263), Hoftore, Stauanlagen und dergleichen.

3. Als **Tathandlung** kommt hier nur ein gänzliches oder teilweises **Zerstören** der fremden Sache in Betracht (näher dazu RGSt 55, 169; OGHSt 1, 53; 2, 209).

III. Gemeinschädliche Sachbeschädigung

Fall 2: Der Sonderling S zählt zu den eifrigen Benutzern einer Universitätsbibliothek. In einem wertvollen wissenschaftlichen Werk entdeckt er mehrere alte Kupferstiche, die er als schamlos empfindet. Da seine Sittenstrenge keine Grenzen kennt, vernichtet er die ihn mit

§ 1 III 1, 2

Abscheu erfüllenden Blätter, nachdem er sie vorsichtig aus dem betreffenden Werk herausgeschnitten hat.

Wie ist das Verhalten des S strafrechtlich zu beurteilen?

1. S kann sich der **gemeinschädlichen Sachbeschädigung** (§ 304) schuldig gemacht haben. Bei diesem Straftatbestand handelt es sich nicht um einen qualifizierten Fall des § 303, sondern um ein *eigenständiges Delikt*, das sich gegen die *Interessen der Allgemeinheit* richtet und dessen Ahndung nicht von einem Strafantrag abhängt. Der Strafrahmen sieht Freiheitsstrafe bis zu 3 Jahren oder Geldstrafe vor.

> Bei den in § 304 genannten Schutzobjekten spielen die Eigentumsverhältnisse keine Rolle (vgl. dazu RGSt 43, 242). Ihr erhöhter Strafrechtsschutz erklärt sich einmal daraus, daß es hier oft um Kulturgüter von hohem Wert geht, die nur schwer oder mitunter gar nicht zu ersetzen sind. Die verschärfte Strafdrohung beruht aber auch und vor allem darauf, daß die dem öffentlichen Nutzen dienenden Gegenstände *allgemein zugänglich* sein müssen und deshalb in besonderem Maße der Gefahr mutwilliger Beschädigung oder Zerstörung ausgesetzt sind (BGHSt 10, 285).

2. Der **Unrechtstatbestand** des § 304 I umfaßt u.a. die vorsätzliche **Beschädigung** oder **Zerstörung** von Gegenständen der Kunst, der Wissenschaft oder des Gewerbes, die *in öffentlichen Sammlungen aufbewahrt* werden oder *öffentlich aufgestellt* sind. Diese Voraussetzungen sind im Fall 2 näher zu prüfen.

Eine Bibliothek ist nicht schon deshalb eine öffentliche Sammlung, weil sie im Eigentum der öffentlichen Hand steht. **Öffentlich** i.S. des § 304 ist eine Sammlung vielmehr nur, wenn sie **allgemein zugänglich** ist. Daran fehlt es, wenn sie lediglich einem begrenzten Kreis von Benutzern offensteht, wie etwa den Angehörigen einer Behörde oder einer sonst durch gemeinsame Merkmale verbundenen engeren Personengruppe.

> Letzteres trifft z.B. für Gerichtsbüchereien zu, die allein für die im Justizdienst tätigen Personen und die zur Rechtspflege zählenden Berufsgruppen (= Rechtsanwälte, Notare, Rechtsbeistände, Gerichtsvollzieher usw.) eingerichtet werden.

Staats- und **Universitätsbibliotheken** sind dagegen *öffentliche Sammlungen* i.S. des § 304. Daß ihre Benutzung von einer Erlaubnis und der Einhaltung bestimmter Vorschriften der Anstaltsordnung abhängig ist, steht dem nicht entgegen. Maßgebend ist vielmehr, daß der Zutritt zu ihnen bei Erfüllung der Zulassungsvoraussetzungen grundsätzlich jedermann, also nicht nur Behörden- und Universitätsangehörigen gewährt wird (BGHSt 10, 285).

> Im Fall 2 gehörten die von S beschädigten Bücher somit zu einer *öffentlichen Sammlung*, in der sie als Gegenstände der Kunst und der Wissenschaft aufbewahrt wurden. Durch das Herausreißen von Blättern ist ihre Tauglichkeit auch gerade für den *besonderen Zweck*, dem sie zu dienen bestimmt waren, beeinträchtigt worden (beachte dazu RGSt 43, 31; 65, 133). Infolgedessen hat S sich nach § 304 strafbar gemacht. § 303, dessen Voraussetzungen hier ebenfalls erfüllt sind, wird durch § 304 als dessen *regelmäßige Begleittat* konsumiert (ebenso *Dreher-Tröndle*, StGB, § 304 Rdnr. 15; *Preisendanz*, StGB, § 303 Anm. 7); nach anderer Ansicht soll zwischen § 304 und § 303 Tateinheit möglich sein (LK-*Wolff*, StGB, § 304 Rdnr. 14; Sch-Sch-*Stree*, StGB, § 304 Rdnr. 14).

Unter § 304 fallen ferner Gegenstände, die zum öffentlichen Nutzen oder zur Verschönerung öffentlicher Wege, Plätze oder Anlagen dienen. Zum **öffentlichen Nutzen** dient ein Gegenstand, wenn er im Rahmen seiner Zweckbestimmung der Allgemeinheit *unmittelbar* zugute kommt, sei es in Form des Gebrauchs oder in anderer Weise (RGSt 58, 346; kritisch dazu *Loos*, JuS 79, 699 mit dem Vorschlag, auch das öffentliche Sachenrecht als Leitgesichtspunkt heranzuziehen).

Unmittelbarkeit in diesem Sinne liegt vor, wenn jedermann aus dem Publikum, sei es auch erst nach Erfüllung bestimmter allgemeiner Bedingungen, aus dem Gegenstand selbst oder aus dessen Erzeugnissen oder aus den bestimmungsgemäß von ihm ausgehenden Wirkungen Nutzen ziehen kann (BGHSt 31, 185). Beispiele: Verkehrszeichen (BGH VRS 19, 130), Wegweiser, Feuermelder (RGSt 65, 133), Notrufeinrichtungen, Telefonzellen, Postbriefkästen, Anschlagsäulen (RGSt 66, 203), öffentliche Verkehrsmittel (BGH MDR 52, 532 bei *Dallinger*), Ruhebänke in öffentlichen Anlagen und dergleichen.

Am unmittelbaren Nutzen für die Allgemeinheit fehlt es dagegen bei Einrichtungs- und Gebrauchsgegenständen von Behörden, die (wie z. B. Schreibtische, Aktenschränke usw.) bloß innerdienstlichen Zwecken dienen. Das gleiche gilt für Sachen, deren bestimmungsgemäße Verwendung dem Bürger nur in der Weise *mittelbar* zugute kommt, daß sie Amtsträgern die Erledigung öffentlicher Aufgaben ermöglicht oder erleichtert. Infolgedessen fällt die Beschädigung eines **Polizeistreifenwagens** nicht unter § 304, weil er nur **Hilfsmittel** für den polizeilichen Einsatz ist; unmittelbaren Nutzen zieht der Bürger hier allein aus dem **polizeilichen Einsatz** als solchen, nicht aber- aus der bestimmungsgemäßen Verwendung des Fahrzeugs als Transport- und Fortbewegungsmittel (BGHSt 31, 185 mit Anm. *Loos*, JR 84, 169; *Stree*, JuS 83, 836). Die Beschädigung eines Streifenwagens kann indessen unter § 316b I Nr. 3 fallen, da Einheiten der Polizei „Einrichtungen" i.S. jener Vorschrift sein können.

> Zum Begriff der **öffentlichen Wege** und **Anlagen** siehe BGHSt 22, 209, 212; ihrer Verschönerung dienen vor allem Blumen, Ziersträucher und Bäume (RGSt 5, 320). Das Abreißen *einzelner* Blumen oder Zweige fällt zumeist nur unter § 303; gegen § 304 verstößt aber, wer eine kostbare Pflanze, die schon für sich allein wesentlich zur Verschönerung der Anlage beiträgt, ihres Blütenschmucks beraubt (RGSt 9, 219, 221).

IV. Datenveränderung und Computersabotage

Der zunehmende Einsatz von Datenverarbeitungsanlagen im Wirtschaftsleben hat neue Erscheinungsformen der Kriminalität hervorgerufen, die mit den bisherigen Strafvorschriften nicht oder nicht ausreichend erfaßt werden konnten. Das 2. WiKG vom 15. 5. 1986 (BGBl I 721) hat sich zum Ziel gesetzt, diese Lücken im Strafrechtsschutz zu schließen (näher dazu *Achenbach*, NJW 86, 1835; *Möhrenschlager*, wistra 86, 123). Zu den neu geschaffenen Tatbeständen gehören u. a. die **Datenveränderung** (§ 303a) und die **Computersabotage** (§ 303b). Beide Delikte sind als *relative* Antragsdelikte ausgestaltet (§ 303c); ihr Versuch ist ebenfalls mit Strafe bedroht.

1. Nach § 303a macht sich der **Datenveränderung** schuldig, wer Daten i. S. des § 202a II, die elektronisch, magnetisch oder sonst nicht unmittelbar wahrnehmbar gespeichert sind oder übermittelt werden, löscht, unterdrückt, unbrauchbar macht oder verändert. Die Strafdrohung dieser Spezialvorschrift deckt sich mit der des § 303. Sinn und Zweck des Gesetzes ist es, alle als **Daten** dargestellten Informationen gegen eine rechtswidrige Beeinträchtigung oder Beseitigung ihrer Verwendbarkeit zu schützen.

> Dieser neue Straftatbestand, der bei *beweiserheblichen* Daten durch § 274 I Nr. 2 ergänzt wird, trägt dem Umstand Rechnung, daß Computerdaten für den Verfügungsberechtigten

von hohem Wert sind. Wirtschaft und öffentliche Verwaltung sind in so starkem Maße auf ein reibungsloses, störungsfreies Funktionieren ihrer Datenverarbeitungsanlagen angewiesen, daß es insoweit eines besonderen Strafrechtsschutzes bedarf.

Mit der Aufnahme mehrerer, sich teilweise überschneidender **Tathandlungen** in das Gesetz soll sichergestellt werden, daß alle denkbaren Formen einer Beeinträchtigung der Verwendbarkeit von Daten i.S. des § 202a II erfaßt werden. Das **Löschen** entspricht dem Begriff des Zerstörens in § 303. Ein **Unterdrücken** von Daten liegt vor, wenn diese dem Zugriff des Berechtigten entzogen werden, so daß sie dauernd oder zeitweilig nicht verwendet werden können. **Unbrauchbar gemacht** sind Daten, wenn sie durch zusätzliche Einfügungen oder andere Manipulationen so in ihrer Verwendungsfähigkeit beeinträchtigt sind, daß sie den mit ihnen verbundenen Zweck nicht mehr ordnungsgemäß erfüllen können. Das Merkmal des **Veränderns** erfaßt sonstige Funktionsbeeinträchtigungen, wie z.B. die Veränderung des Informationsgehaltes oder Aussagewertes durch inhaltliches Umgestalten. Ob der Eingriff sich auf bereits gespeicherte Daten bezieht oder schon während der Übermittlungsphase erfolgt, ist belanglos.

Die **Rechtswidrigkeit** der Tat richtet sich nach den allgemeinen Vorschriften. Neben der Verletzung des fremden Verfügungsrechts gewinnen dabei auch die Interessen des vom Inhalt der Daten Betroffenen Bedeutung.

2. Computersabotage begeht, wer eine Datenverarbeitung, die für einen fremden Betrieb, ein fremdes Unternehmen oder eine Behörde von wesentlicher Bedeutung ist, dadurch stört, daß er entweder eine Tat nach § 303a I begeht (§ 303b I Nr. 1) oder aber, wie § 303b I Nr. 2 es vorsieht, eine Datenverarbeitungsanlage oder einen Datenträger zerstört, beschädigt, unbrauchbar macht, beseitigt oder verändert. Die Strafdrohung beträgt hier Freiheitsstrafe bis zu 5 Jahren oder Geldstrafe. Daraus folgt, daß § 303b I Nr. 1 eine Qualifikation zu § 303a ist.

Eine Störung der Datenverarbeitung durch Eingriffe in Daten und durch Sabotageakte gegen Datenträger oder Datenverarbeitungsvorgänge kann in Wirtschaft und Verwaltung zu unabsehbaren Schäden führen. Man braucht hier nur an den Fall zu denken, daß in einem Rechenzentrum Buchführung und Lohnabrechnung eines Unternehmens durch Störungshandlungen lahmgelegt werden, um die Notwendigkeit eines über § 303 hinausgehenden speziellen Strafrechtsschutzes einzusehen.

a) Schutz genießt hier jede Form der Datenverarbeitung, die für fremde Wirtschaftsbetriebe oder eine Behörde von *wesentlicher* Bedeutung ist. Der Begriff der **Datenverarbeitung** ist dabei weit auszulegen. Er umfaßt nicht nur den einzelnen Datenverarbeitungsvorgang, sondern auch den weiteren Umgang mit Daten und deren Verwertung. Vorausgesetzt wird jeweils eine nicht unerhebliche **Beeinträchtigung** des reibungslosen Ablaufs der entsprechenden Datenverarbeitung; eine bloße Gefährdung reicht nicht aus.

Eingeschränkt wird der Tatbestand insbesondere dadurch, daß die Datenverarbeitung für den einschlägigen Betrieb oder die Behörde von „wesentlicher" Bedeutung sein muß. Diese Voraussetzung ist beispielsweise dann erfüllt, wenn die Datenträger und Anlagen zentrale Informationen enthalten, von denen die Funktionsfähigkeit des Unternehmens oder der Behörde abhängt. Sie fehlt dagegen bei Sabotageakten von ganz untergeordneter Bedeutung, wie etwa bei Eingriffen in die Funktionsfähigkeit von elektronischen Schreibmaschinen oder von Taschenrechnern.

§ 2 I 1

b) § 303b I Nr. 1 nennt als **Sabotagehandlung** eine rechtswidrige Datenveränderung i.S. des § 303a I. Für Datenverarbeitungsanlagen und Datenträger knüpft § 303b I Nr. 2 an die in § 303 und in sonstigen Sabotagedelikten (§§ 87 II Nr. 2, 109e I, 316b, 317) vorgesehenen Tathandlungen an.

§ 303b I Nr. 2 ist nicht nur als qualifizierter Fall der Sachbeschädigung ausgestaltet, sondern greift auch dann ein, wenn die Sabotagehandlung zwar an eigenen Sachen des Täters vorgenommen wird, jedoch bewirkt, daß dadurch die Datenverarbeitung eines fremden Unternehmens oder einer Behörde gestört wird (vgl. BT-Drucks. 10/5058 S. 36).

2. Kapitel: Diebstahl und Unterschlagung

§ 2 DER GRUNDTATBESTAND DES DIEBSTAHLS

Fall 3: Nach dem Besuch einer Theatervorstellung wird die in Düsseldorf ansässige Witwe W beim Betreten ihrer Wohnung von einem sofort tödlichen Herzinfarkt ereilt. Ihre Schwester S, die im Nachbarhaus wohnt und sich in ihrer Begleitung befindet, nimmt die kostbare Perlenkette vom Hals der Toten und legt sie zu ihren Schmucksachen, um sie zu behalten. Alleinige Erbin der W kraft gesetzlicher Erbfolge ist deren Tochter T, die mit ihrem Ehemann in München lebt.

Hat S einen Diebstahl begangen? Ist es für die strafrechtliche Beurteilung von Bedeutung, wenn T die Erbschaft ausschlägt und an ihrer Stelle S die alleinige Erbin der W wird?

I. Systematischer Überblick

1. Innerhalb der **Zueignungsdelikte** unterscheidet das StGB im 19. Abschnitt zwischen **Diebstahl** (§§ 242 ff.) und **Unterschlagung** (§ 246). Beide Straftatbestände setzen als Tatobjekt eine fremde bewegliche Sache voraus, weichen im übrigen aber voneinander ab. Während der Dieb sich die fremde Sache im Wege des Gewahrsamsbruchs, und zwar *durch Wegnahme* aus dem Allein- oder Mitgewahrsam eines anderen zwecks Zueignung verschafft, benutzt der Unterschlagende seinen *ohne Wegnahme* begründeten Gewahrsam dazu, sich rein tatsächlich an die Stelle des Eigentümers zu setzen. Im Falle der Unterschlagung bildet der Vorgang des „Sichzueignens" die tatbestandliche Ausführungshandlung; darunter ist die *Betätigung* des Zueignungswillens durch einen nach außen erkennbaren Zueignungsakt zu verstehen. Beim Diebstahl genügt als Tathandlung dagegen die Wegnahme der fremden Sache in der *bloßen Absicht*, sie sich rechtswidrig zuzueignen. **Geschütztes Rechtsgut** bei § 246 ist allein das Eigentum. Demgegenüber schützt § 242 Eigentum und Gewahrsam, so daß Verletzter neben dem Eigentümer auch der Gewahrsamsinhaber sein kann (vgl. BGHSt 10, 400; 29, 319, 323; *Lampe*, GA 1966, 225; LK-*Heimann-Trosien*, StGB, Rdnr. 5 vor § 242; *Maurach-Schroeder*, BT § 34 I A; anders *Schmidhäuser*, BT 8/15; Sch-Sch-*Eser*, StGB, § 242 Rdnr. 1).

Für den Diebstahl ist somit das Vorhandensein, für die Unterschlagung das Fehlen eines Gewahrsamsbruchs unerläßlich. Die daraus vereinzelt gezogene Schlußfolgerung, Unterschlagung sei „*Zueignung ohne Wegnahme*" und Diebstahl sei „*Zueignung durch Wegnahme*" (vgl. *Maiwald*, Der Zueignungsbegriff im System der Eigentumsdelikte, 1970, S. 172 ff.; *Otto*, Die Struktur des strafrechtlichen Vermögensschutzes, 1970, S. 126 ff.; *Welzel*, Lb S. 339), ist jedoch sachlich ungenau und wird von der h.M. zu Recht kritisiert

14

(vgl. *Gössel*, ZStW 85, 591; *Maurach-Schroeder*, BT § 34 III A; LK-*Heimann-Trosien*, StGB, § 242 Rdnr. 18 m.w.N.). In bezug auf § 242 entspricht diese vereinfachende Formel nicht dem Gesetz, das die Wegnahmehandlung dem objektiven und die Zueignungsabsicht dem subjektiven Unrechtstatbestand zugeordnet hat. Im übrigen ist unbestreitbar, daß die Wegnahme fremder Sachen nicht notwendig mit deren Zueignung zusammenfällt oder gar identisch ist, vielmehr ganz unterschiedlichen Zwecken (z.B. auch einer bloßen *Gebrauchsanmaßung* oder einer straflosen *Besitzentziehung*) dienen kann und für sich allein über ihre Zielsetzung keinen Aufschluß gibt.

2. § 242 normiert den **Grundtatbestand** des Diebstahls, zu dem § 243 I als Strafzumessungsvorschrift (BGHSt 26, 104; 23, 254) Regelbeispiele für *besonders schwere Fälle* nennt, während § 244 eine **tatbestandliche Qualifizierung** für besonders gefährliche Formen des Diebstahls enthält. Die in §§ 247, 248a vorgesehene **Privilegierung** hat dagegen auf den Strafrahmen keinen Einfluß und hinsichtlich des **Strafantragserfordernisses** allein Bedeutung für die **Zulässigkeit der Strafverfolgung**. Während § 248a bei geringwertigen Tatobjekten jedoch nur dann gilt, wenn die Bestrafung des Täters aus § 242 bzw. aus § 246 erfolgt, erfaßt § 247 auch die in §§ 243, 244 geregelten Diebstahlsfälle (näher zur Systematik *Wessels*, AT § 4 II).

Der räuberische Diebstahl (§ 252) ist nach h.M. kein qualifizierter Fall des § 242, sondern ein *raubähnliches Sonderdelikt* eigenständigen Charakters (vgl. RGSt 66, 353; BGHSt 3, 76; *Maurach-Schroeder*, BT § 36 III A 2, 3). Daher ist dort für §§ 247, 248a kein Raum.
Die **Diebstahlskriminalität** liegt innerhalb der Gesamtkriminalität weit an der Spitze. Fast zwei Drittel aller polizeilich registrierten Straftaten in der Bundesrepublik sind Diebstähle, wobei der Einbruchsdiebstahl die erste Stelle einnimmt (vgl. die Übersicht oben vor § 1). Reale Erscheinungsformen, Zusammensetzung der Tätergruppen, Schadenshöhe, Anzeigeverhalten, Aufklärungsquote und Dunkelfeld bieten ein sehr unterschiedliches Bild. Eine gewisse Eigenart weist z. B. der Diebstahl von und aus Kraftfahrzeugen, von Fahrrädern, aus Automaten, von Weidevieh sowie die Entwendung von Antiquitäten und von sakralen Kunstgegenständen auf; gleiches gilt für den Taschen- und den Ladendiebstahl. Der versicherungsrechtlich erklärbaren Anzeigehäufigkeit bei Fahrraddiebstählen steht eine minimale Aufklärungsquote von etwa 12,5 % gegenüber. Am höchsten ist die Aufklärungsquote bei Ladendiebstählen; sie beträgt mehr als 90 %. Daraus folgt aber lediglich, daß durchweg nur solche Taten zur Anzeige gelangen, die von Kaufhausdetektiven und dem sonst eingesetzten Überwachungspersonal bereits aufgeklärt sind. Im Bereich des einfachen Diebstahls ist mit einem hohen Dunkelfeld zu rechnen; eine Anzeige unterbleibt in Fällen dieser Art vielfach aufgrund der Erwägung, daß „doch nichts dabei herauskommt". Die Höhe des Schadens, der alljährlich durch Ladendiebstähle entsteht und den die ehrlichen Kunden durch entsprechend kalkulierte Preise tragen müssen, ist enorm; im Einzelfall liegt sie zumeist unter 50 DM. Reformvorschläge mit dem Ziel, den Ladendiebstahl zu entkriminalisieren und sich bei seiner Bekämpfung mit *zivilrechtlichen* Mitteln zu begnügen, sind gescheitert (vgl. den diesbezüglichen Alternativentwurf von 1974 sowie *Arzt*, JuS 74, 693 und JZ 76, 54; *Geerds*, Dreher-Festschr. S. 533; *R. Lange*, JR 76, 177; *Meurer*, Die Bekämpfung des Ladendiebstahls, 1976; *Schoreit*, JZ 76, 49 und 167). Bei Diebstählen aus Kraftfahrzeugen wurden im Jahr 1985 Werte in Höhe von 437 Millionen DM entwendet.

II. Das Diebstahlsobjekt

Der äußere Tatbestand des § 242 wird durch die Wegnahme einer fremden beweglichen Sache verwirklicht. Taugliches **Objekt** der Tat kann somit nur eine bewegliche, in fremdem Eigentum stehende Sache sein.

§ 2 II 1–3

1. **Sachen** im strafrechtlichen Sinn sind alle **körperlichen Gegenstände** (vgl. oben § 1 I 2). Forderungen und Rechte sind nicht diebstahlsfähig; etwas anderes gilt aber für Schriftstücke und Gegenstände, die Ansprüche oder sonstige Rechte verkörpern (wie z.B. Sparbücher, Wechsel, Schecks, Aktien, Fahrkarten, Garderobenmarken und dergleichen).

In welchem Aggregatzustand sich die Sache befindet, ist gleichgültig. Unter den Sachbegriff fallen auch Flüssigkeiten, Gase und Dämpfe, soweit sie ein gesondertes, abgrenzbares Dasein aufweisen (RGSt 11, 117; 14, 121; 44, 335). Elektrische Energie ist nach h.M. keine Sache (vgl. RGSt 29, 111; 32, 165); ihre Entziehung unterliegt der besonderen Strafdrohung des § 248c.

Der **Körper des lebenden Menschen** besitzt keine Sachqualität. Dasselbe gilt für seine organischen und für seine fest eingefügten künstlichen Teile, solange sie mit ihm verbunden sind (differenzierend *Gropp*, JR 85, 181; Sch-Sch-*Eser*, StGB, § 242 Rdnr. 10). An abgetrennten Körperteilen ist dagegen Sachherrschaft möglich. Mit ihrer Abtrennung werden sie zu selbständigen Sachen, die ohne besonderen Aneignungsakt unmittelbar in das Eigentum derjenigen Person fallen, zu deren Körper sie bisher gehörten (LK-*Heimann-Trosien*, StGB, Rdnr. 13, 18 vor § 242; Sch-Sch-*Eser*, StGB, § 242 Rdnr. 20). Praktisch bedeutsam wird das beim Entfernen überkronter Zähne, beim Abschneiden von Zöpfen sowie bei der Entnahme von Blut oder von Hautpartien für medizinische Zwecke.

Ob **menschliche Leichen** als „Rückstand der Persönlichkeit" (so *Maurach-Schroeder*, BT § 34 II A b) oder als Sachen anzusehen sind, bei denen es in der Regel nur an der *Eigentumsfähigkeit* fehlt (so die h.M.; vgl. *Görgens*, JR 80, 140; LK-*Heimann-Trosien*, StGB, Rdnr. 14, 19 vor § 242; *Otto*, BT S. 140; *Zimmermann*, NJW 79, 569; offengelassen in RGSt 64, 313), ist umstritten. Einigkeit besteht jedoch darüber, daß Leichen dann zu den eigentumsfähigen Sachen zählen, wenn sie nicht zur Bestattung bestimmt sind (wie Mumien, Moorleichen oder Anatomieleichen). Hier können im Einzelfall die Voraussetzungen der §§ 242 ff., 303 gegeben sein. Wo dagegen die Eigentumsfähigkeit zu verneinen ist, greift nur die dem Schutz des Pietätsgefühls dienende Vorschrift des § 168 ein (zur Problematik der Leichenblutentnahme unter dem Blickwinkel des Versicherungsrechts vgl. in diesem Zusammenhang § 1559 IV der Reichsversicherungsordnung). Zur Entnahme von **Herzschrittmachern** aus Leichen zum Zwecke der Wiederverwendung bei anderen Patienten ohne diesbezügliche Aufklärung siehe *Bringewat*, JA 84, 61 und *Gropp*, JR 85, 181.

2. **Beweglich** i.S. der §§ 242 ff. sind alle Sachen, die fortbewegt (d.h. von ihrem bisherigen Ort fortgeschafft) werden können. Bei der Beurteilung dieser Frage orientiert das Strafrecht sich nicht an der im Bürgerlichen Recht (§§ 93 ff. BGB) getroffenen Regelung, sondern an der natürlichen Betrachtungsweise und den tatsächlichen Gegebenheiten.

Beweglich sind demnach auch Grundstückserzeugnisse und Bestandteile von Gebäuden, die zwecks Wegnahme erst losgelöst, abgetrennt oder sonstwie **beweglich gemacht werden müssen**, wie z.B. Heizkörper, Waschbecken und dergleichen.

3. **Fremd** ist eine Sache, wenn sie im (Allein-, Mit- oder Gesamthands-) **Eigentum eines anderen steht,** also weder *herrenlos* i.S. der §§ 958 ff. BGB ist noch *ausschließlich* dem Täter selbst gehört (vgl. oben § 1 I 2).

Die **Fremdheit** der Sache folgt nicht schon daraus, daß sie „dem Täter nicht gehört" (vgl. *Bockelmann*, BT/1 S. 12). Denn letzteres ist auch bei *herrenlosen* Sachen der Fall, die niemandem gehören und die ebenso als taugliche Objekte des Diebstahls ausscheiden wie Sachen, die ausschließlich im Eigentum des Täters selbst stehen (die Wegnahme *eigener* Sachen kann aber nach § 289 strafbar sein).

Maßgebend für die **Beurteilung der Eigentumsverhältnisse** im Bereich des Strafrechts sind die zivilrechtlichen Vorschriften über den Erwerb und Verlust des Eigentums (BGHSt 6, 377). Einen davon abweichenden *wirtschaftlichen Eigentumsbegriff* kennt das Strafrecht nicht. Von seiner rein formalrechtlichen Beurteilungsgrundlage aus behandelt es auch die besonderen Erscheinungsformen des Vorbehalts- und Sicherungseigentums ohne Einschränkung als volles Eigentum (vgl. RGSt 61, 65).

> Im Fall 3 gehörte die Perlenkette ursprünglich der Witwe W. Mit deren Tod ging das Eigentum daran kraft Gesetzes auf die Tochter T als Gesamtrechtsnachfolgerin über (§§ 1922 I, 1924 I, 1942 I BGB). Demnach war die Perlenkette im Augenblick der Tathandlung für S eine *fremde* bewegliche Sache i.S. des § 242. An dieser Feststellung ändert sich für die strafrechtliche Beurteilung des Falles auch dann nichts, wenn T die ihr zunächst angefallene Erbschaft form- und fristgerecht ausgeschlagen hat (§§ 1942 ff. BGB), so daß S an ihrer Stelle den gesamten Nachlaß der W als deren alleinige gesetzliche Erbin erworben hat (§§ 1953 I, 1922 I, 1925 I, III BGB). Zwar *gilt* der Anfall der Erbschaft an die Tochter T bei dieser Sachlage gemäß § 1953 I BGB *als nicht erfolgt*, und kraft dieser *Rückwirkungsfiktion* wird es für den Bereich des Zivilrechts so angesehen, als sei die S (und zwar nur sie) schon unmittelbar im Zeitpunkt des Todes der W deren alleinige Erbin und damit auch Eigentümerin der Perlenkette geworden. Eine derartige Zurückbeziehung unter Eliminierung der bereits eingetretenen Rechtsfolgen (hier: des Anfalls der Erbschaft an T) widerspricht den Zielsetzungen des Zivilrechts nicht; dem Strafrecht ist sie jedoch absolut wesensfremd. Die bürgerlichrechtlichen **Rückwirkungsfiktionen** (§§ 142 I, 1953 I BGB) gelten daher nach einhelliger Auffassung **für das Strafrecht nicht,** weil es bei der Entscheidung über die Tatbestandsmäßigkeit eines bestimmten Verhaltens nur auf die Sach- und Rechtslage ankommen kann, wie sie **im Augenblick des Handelns wirklich bestanden** hat. Andernfalls könnte nämlich, insbesondere über §§ 119, 123, 142 I, II BGB, eine Handlung nachträglich strafbar werden, die bei ihrer Vornahme mangels Tatbestandsmäßigkeit straflos war (vgl. KG JW 30, 943 Nr. 5; LK-*Heimann-Trosien*, StGB, § 246 Rdnr. 7; *Maurach-Schroeder*, BT § 35 II 2b; Sch-Sch-*Eser*, StGB, § 246 Rdnr. 4). Im Fall 3 bleibt somit zu prüfen, ob S die (fremde) Perlenkette durch *Wegnahme* erlangt hat.

III. Die Wegnahme

1. **Wegnahme** als **Tathandlung** bedeutet im Rahmen des § 242 den **Bruch fremden Allein- oder Mitgewahrsams und die Begründung neuen,** nicht notwendig *eigenen* **Gewahrsams** (vgl. RGSt 48, 58). Unter Gewahrsam ist hier die **tatsächliche Sachherrschaft** eines Menschen über eine Sache zu verstehen, die von einem **natürlichen Herrschaftswillen** getragen und deren Reichweite von der **Verkehrsauffassung** bestimmt wird (grundlegend dazu BGHSt 16, 271; *Geilen,* JR 63, 446; *Gössel,* ZStW 85, 591, 617, *Welzel,* GA 1960, 257, abweichend, aber nicht überzeugend *Bittner,* JuS 74, 156; gegen ihn zutreffend *Blei,* JA 74, 318).

> Zur Vermeidung von Verwechslungen ist zu beachten, daß der *Gewahrsamsbegriff* in § 168 anders, und zwar im Sinne eines tatsächlichen *Obhutsverhältnisses* über den Leichnam ausgelegt wird (vgl. OLG München NJW 76, 1805; *Geilen,* JZ 75, 381; *Roxin,* JuS 76, 505). Zur Wegnahme genügt dort der Bruch dieses Obhutsverhältnisses (LK-*Heimann-Trosien*, StGB, § 168 Rdnr. 12; Sch-Sch-*Lenckner*, StGB, § 168 Rdnr. 7). Auch bei § 289 deutet die h.M. den *Wegnahmebegriff* entsprechend dem Schutzzweck der Norm in einem umfassenderen Sinn, indem sie auf das Erfordernis eines Gewahrsamsbruchs verzichtet

und jedes Entziehen der Sache aus dem Machtbereich des Pfandgläubigers oder des sonst Berechtigten genügen läßt (wichtig beim *besitzlosen* Vermieterpfandrecht, vgl. RGSt 38, 174; BayObLG JZ 81, 451; *Dreher-Tröndle*, StGB, § 289 Rdnr. 2; LK-*Schäfer*, StGB, § 289 Rdnr. 8–13; *Maurach-Schroeder*, BT § 40 II 1; a.A. Sch-Sch-*Eser*, StGB, § 289 Rdnr. 8).

2. Der in § 242 zur **Wegnahmehandlung** gehörende **Gewahrsamsbegriff** ist von dem die *Fremdheit* der Sache betreffenden *Eigentumsbegriff* scharf zu unterscheiden. Zwar pflegt man beim Eigentum wie beim Gewahrsam von einem „*Herrschaftsverhältnis*" zu sprechen. Inhaltlich ist damit aber etwas Verschiedenes gemeint, worauf insbesondere dann zu achten ist, wenn Eigentum und Gewahrsam an einer Sache auseinanderfallen (wie bei der Miete, Leihe oder Verwahrung). Das **Eigentum** als dingliches Recht begründet eine Sachherrschaftsbeziehung *rechtlicher* Art, die dem Eigentümer ein Höchstmaß an Einwirkungs- und Abwehrbefugnissen gewährt (vgl. §§ 903, 985, 1004 BGB), deren Bestand jedoch von einer tatsächlich vorhandenen Einwirkungsmöglichkeit unabhängig ist. Im Falle des Diebstahls vermag sogar der völlige Verlust der Sache am Eigentum und an der *rechtlichen Herrschaftsmacht* des Bestohlenen nichts zu ändern. Beim **Gewahrsam** handelt es sich dagegen um ein **rein tatsächliches Herrschaftsverhältnis**, das dem Gewahrsamsinhaber kraft seines faktischen *Könnens* eine **physisch-reale Einwirkungsmöglichkeit** auf die Sache verschafft. Die Frage nach dem rechtlichen *Dürfen* wäre hier fehl am Platze; denn ob der Gewahrsam auf rechtmäßige oder auf rechtswidrige Weise begründet worden ist, hat keinerlei Einfluß auf seinen Bestand. **Gewahrsam** als *tatsächliche* Sachherrschaft erlangt bei erfolgreicher Wegnahme auch der Dieb; wer ihm die Beute wegnimmt, um sie sich widerrechtlich zuzueignen, bricht seinen Gewahrsam und erfüllt seinerseits den Tatbestand des § 242 (BGH NJW 53, 1358 Nr. 25; RGSt 60, 273, 278; 70, 7, 9; *Maurach-Schroeder*, BT § 34 II C 3a).

3. Maßgebend für die **Beurteilung der Gewahrsamsverhältnisse** sind die konkreten Umstände des Einzelfalles und die Anschauungen des täglichen Lebens (BGHSt 16, 271). Da eine Sache jedoch vielfältigen, sich oftmals überschneidenden und in ihrer Stärke wechselnden Einwirkungsmöglichkeiten mehrerer Personen ausgesetzt sein kann, ist die Gewahrsamsfrage nicht immer eindeutig und zweifelsfrei zu beantworten. Diese Unsicherheit muß als Begleiterscheinung des Rückgriffs auf die Verkehrsauffassung hingenommen werden. Rechtsprechung und Rechtslehre vermögen insoweit nicht *mehr* zu bieten als eine richtungweisende **Leitlinie**, die sich zu den einzelnen **Kriterien des Gewahrsamsbegriffs** und zu den **Erscheinungsformen des Gewahrsams** wie folgt skizzieren läßt:

a) **Tatsächliche Sachherrschaft** als *objektiv-faktisches* Gewahrsamselement ist dann zu bejahen, wenn der Verwirklichung des Willens zur physisch-realen Einwirkung auf die Sache unter normalen Umständen keine wesentlichen Hindernisse entgegenstehen (RGSt 60, 271; *Maurach-Schroeder*, BT § 34 II C 3a; Sch-Sch-*Eser*, StGB, § 242 Rdnr. 23).

Zur **Begründung des Gewahrsams** bedarf es der Herstellung einer engen **räumlichen Beziehung** zwischen Person und Sache. Typische Gewahrsamssphären bilden das Haus, die Wohnung, der Fabrikbetrieb, das Geschäftslokal und das befriedete Besitztum. Besonders ausgeprägt ist das Sachherrschaftsverhältnis bei Gegenständen, die jemand zur ausschließlich eigenen Verfügung in seiner Kleidung, in der Hand oder sonst am Körper trägt (lehrreich *Welzel*, GA 1960, 257; BGHSt 16, 271 und als Gegenstück dazu BGH GA

1966, 244). Für den Erwerb wie für den Fortbestand des Gewahrsams kommt es nicht darauf an, ob die Möglichkeit zur Einwirkung auf die Sache jederzeit in eigener Person wahrgenommen werden kann oder zeitweilig nur mit fremder Hilfe, insbesondere durch den Einsatz von Personen zu realisieren ist, die aufgrund ihrer besonderen Stellung zu ihrem Auftrag- oder Arbeitgeber als dessen *Gewahrsamsgehilfen* oder *Gewahrsamshüter* anzusehen sind, wie dies u.a. bei Hausangestellten, Verkäuferinnen in Kleinläden und Lagerarbeitern zumeist der Fall ist (vgl. BGHSt 8, 273, 278; 16, 271, 273; RGSt 30, 88).

b) Tatsächliche Sachherrschaft ist ohne einen darauf gerichteten Willen nicht denkbar (KG GA 1979, 427; a.A. *Bittner,* JuS 74, 156, 159; SK-*Samson,* StGB, § 242 Rdnr. 32, 35). Dieser **Sachherrschaftswille** als *subjektiv-voluntatives* Gewahrsamselement ist von der Geschäftsfähigkeit unabhängig. Er besteht in einem **rein tatsächlichen** Beherrschungswillen, wie ihn auch Kinder und Geisteskranke haben können (RGSt 2, 332; OLG Hamburg MDR 47, 35). Hohe Anforderungen sind an ihn nicht zu stellen. So braucht er nicht jede einzelne Sache innerhalb des maßgeblichen Herrschaftsbereichs zu umfassen. Er setzt kein spezialisiertes Wissen, kein ständig aktualisiertes Sachherrschaftsbewußtsein und kein ununterbrochenes „Wachsein" voraus. Schlaf und Bewußtlosigkeit heben ihn nicht auf (vgl. BGHSt 4, 210); wer in einem solchen Zustand vor Wiedererlangung des Bewußtseins stirbt, behält den Gewahrsam bis zum Todeseintritt (BGH NJW 85, 1911; *Herzberg,* JuS 76, 40, 42; *Maurach-Schroeder,* BT § 34 II C 3b; *Vogler/Kadel,* JuS 76, 245 ff.). Einer ausdrücklichen Bekundung bedarf der Sachherrschaftswille nicht; es reicht aus, daß er sich aus den konkreten Umständen ergibt. Auch ein **genereller Gewahrsamswille** genügt (BGHSt 8, 273; BGH GA 1962, 77, 78; BGH JZ 68, 307; *Maurach-Schroeder,* BT § 34 II C 3b; Sch-Sch-*Eser,* StGB, § 242 Rdnr. 30).

Gewahrsamsinhaber kann nur eine **natürliche Person** sein. Juristische Personen und Behörden als solche haben keinen Gewahrsam (RGSt 60, 271). Träger der Sachherrschaft und des Gewahrsamswillens ist bei ihnen das jeweils zuständige Organ, der Behördenleiter, ein sonstiger Amtsträger oder ein mit der Herrschaftsausübung betrauter Angestellter. In der juristischen Umgangssprache wird das nicht immer beachtet; der Einfachheit halber ist hier bisweilen vom Gewahrsam der „Post", der „Eisenbahnverwaltung" usw. die Rede (vgl. RGSt 60, 271; 54, 231).

Der Inhaber eines **räumlich umgrenzten Herrschaftsbereichs** hat in der Regel den Willen, die tatsächliche Gewalt über alle Sachen auszuüben, die sich innerhalb dieser Gewahrsamssphäre befinden und an denen kein Sondergewahrsam Dritter besteht (vgl. LK-*Heimann-Trosien,* StGB, § 242 Rdnr. 8; Sch-Sch-*Eser,* StGB, § 242 Rdnr. 26). Demgemäß erlangt man an Postsendungen schon mit dem Einwurf in den eigenen Hausbriefkasten Gewahrsam, auch wenn man abwesend ist und vom Zugang nichts weiß. Warenpakete, die morgens vor Geschäftsbeginn für den Ladeninhaber vor die verschlossene Ladentür gestellt zu werden pflegen, stehen bereits im Gewahrsam des Ladeninhabers; wer sie entwendet, begeht einen Diebstahl und keine Unterschlagung (BGH JZ 68, 307 mit zust. Anm. *R. Schmitt*). Andererseits erwirbt ein Grundstückseigentümer nicht ohne weiteres dadurch Gewahrsam, daß irgendwelche Gegenstände mutwillig auf sein Grundstück geworfen werden. Ebenso hat er keinen Gewahrsam an Waffen, Sprengkörpern oder Einbruchswerkzeugen, die ein anderer ohne sein Wissen und ohne sein Einverständnis auf dem Grundstück versteckt.

c) Ob und inwieweit eine tatsächliche Einwirkungsmöglichkeit unter *normativ-sozialen* Aspekten als willensgetragene Sachherrschaft i.S. des Gewahrsamsbegriffs anzuerken-

§ 2 III 3

nen ist, wird weitgehend durch die **Verkehrsauffassung** bestimmt. Die **Beurteilung der Gewahrsamsverhältnisse** hängt somit nicht unbedingt, jedenfalls nicht allein von der körperlichen Nähe zur Sache, der Intensität des Beherrschungswillens und der physischen Kraft ab, mit der die Beziehung zur Sache durchgesetzt oder aufrechterhalten werden kann. Maßgebend in dieser Hinsicht sind vielmehr die **Anschauungen des täglichen Lebens** (BGHSt 16, 271). Besondere Bedeutung gewinnt dabei der allgemein anerkannte Grundsatz, daß der einmal begründete Gewahrsam durch eine **bloße Lockerung** der Herrschaftsbeziehung und eine ihrer Natur nach **vorübergehende Verhinderung** in der Ausübung der tatsächlichen Gewalt nicht beeinträchtigt wird (ebenso § 856 II BGB für den *unmittelbaren Besitz* im Zivilrecht).

> Trotz räumlicher Trennung behält man daher den Gewahrsam am geparkten Fahrzeug (BGH GA 1962, 78), am defekt zurückgelassenen Unfallwagen (OLG Köln VRS 14, 299), an einem auf dem Feld stehenden Pflug, an frei herumlaufenden Haustieren (RGSt 50, 183; BGH MDR 54, 398 bei *Dallinger*), an dem der Hausgehilfin übergebenen Einkaufsgeld sowie während der Urlaubsreise oder eines Krankenhausaufenthaltes an den in der Wohnung befindlichen Sachen, selbst wenn deren Bewachung einer Hausangestellten oder einem Nachbarn übertragen wird (BGHSt 16, 271, 273). In all diesen Fällen tritt zwar eine **Gewahrsamslockerung,** aber kein Gewahrsamsverlust ein. Eine Mindermeinung in der Rechtslehre zieht daraus den Schluß, daß der Gewahrsam ein *im Sozialleben begründetes Zuordnungsverhältnis* ohne feste Konturen darstelle, bei dem es auf die tatsächliche Sachherrschaft gar nicht entscheidend ankomme (*Samson,* JA 80, 285, 287; *Schmidhäuser,* BT 8/19).

d) **Besitz** i.S. der §§ 854 ff. BGB und **Gewahrsam** decken sich nicht; dies hängt mit der teils *rechtsähnlichen* Ausgestaltung der Besitzstellung im Bürgerlichen Recht zusammen. Wer einem anderen z.B. bewegliche Gegenstände (= ein Auto, ein Fahrrad usw.) oder leerstehende Räume zur Benutzung überläßt, behält als Verleiher oder Vermieter den **mittelbaren Besitz** (§ 868 BGB), hat aber keinen Gewahrsam (BGH GA 1962, 78; RGSt 37, 198; 56, 115). Entsprechendes gilt für Verwahrungsverhältnisse (RG HRR 39, 1281; LK-*Heimann-Trosien,* StGB, § 242 Rdnr. 17).

> Mittelbarer Besitz und Gewahrsam schließen sich freilich nicht aus. Bei der Überlassung **möblierter Räume** hat der Vermieter (= die Zimmerwirtin, der Hotelier usw.) neben dem mittelbaren Besitz zugleich **Mitgewahrsam** am Wohnraum wie an den Einrichtungsgegenständen (BGH NJW 60, 1357 Nr. 17; RG GA Bd. 68, 276). Allerdings kommt es auch hier ganz auf die Umstände des Einzelfalles an (lehrreich OLG Celle JR 68, 431).

Ohne Rücksicht auf seine körperliche Nähe zur Sache ist ein **Besitzdiener** nach § 855 BGB **nie Besitzer**; gleichwohl kann er Gewahrsam haben, sofern er nicht lediglich *Gewahrsamsgehilfe* oder *Gewahrsamshüter* des Alleingewahrsamsinhabers ist (vgl. RGSt 52, 143; RG GA Bd. 68, 276; näher nachfolgend zu 3e). Des weiteren geht gemäß § 857 BGB automatisch mit dem Erbfall zwar der **Besitz** des Erblassers, nicht jedoch der Gewahrsam auf den oder die Erben über (RGSt 34, 252; 58, 228).

> Im Fall 3 war die Sachherrschaft der Witwe W mit ihrem Tode erloschen; ein Toter hat keinen Gewahrsam mehr (RGSt 56, 23). Da § 857 BGB für den Gewahrsam nicht gilt und W ihre Düsseldorfer Wohnung allein bewohnte, wurden ihre Sachen zunächst **gewahrsamslos,** bis jemand durch **reales Ergreifen** der tatsächlichen Verfügungsmacht **neuen Gewahrsam** daran begründete (gleichgültig, ob für sich oder zugunsten der Erben, ob zu Recht oder zu Unrecht). Infolgedessen hat S die Perlenkette der toten W nicht im Wege des *Gewahrsamsbruchs* erlangt. Mangels „Wegnahme" hat sie keinen Diebstahl (§ 242) begangen, sich aber der Unterschlagung (§ 246) schuldig gemacht.

e) Sind **mehrere Personen** Träger der tatsächlichen Verfügungsgewalt, so können sie entsprechend dem Rangverhältnis ihrer Sachherrschaftsbeziehung gleichrangigen oder über- und untergeordneten **Mitgewahrsam** haben (vgl. BGH NStZ 83, 455; MDR 54, 118; BGHSt 10, 400; 18, 221; anders als die h.M. halten *Samson*, JA 80, 285, 288 und *Schünemann*, GA 1969, 46, 52 die Konstruktion eines *gestuften* Mitgewahrsams für entbehrlich). Gleichrangigkeit kommt vor allem beim Mitgewahrsam von Ehegatten am Hausrat sowie unter Gesellschaftern in Betracht, während zwischen Arbeitgebern und Arbeitnehmern der *mehrstufige* Mitgewahrsam die Regel bildet. Zur **Wegnahme** i.S. des § 242 genügt der **Bruch fremden Mitgewahrsams** (BGHSt 8, 273, 276; BGH VRS 50, 175), und zwar auch seitens eines Mitgewahrsamsinhabers selbst (OGHSt 1, 253, 256; anders, aber nicht überzeugend *Haffke*, GA 1972, 225 sowie *Charalambakis*, Der Unterschlagungstatbestand de lege lata und de lege ferenda, 1985, S. 146, 150). Nur im Verhältnis zum übergeordneten Mitgewahrsam genießt der *untergeordnete* Mitgewahrsam keinen Schutz (OLG Hamm JMBl NW 65, 10); bei Fremdheit des Zueignungsobjekts greift hier allein § 246 ein.

> Der Hausherr, der die ihm zur Ansicht überlassene Münzsammlung heimlich der schützenden Obhut und dem Mitgewahrsam der Haushälterin entzieht, um sie an einen Hehler zu veräußern, begeht keinen Diebstahl, sondern eine *veruntreuende* Unterschlagung (§ 246 I *zweite* Alternative).

f) Für die **Abgrenzung zwischen Diebstahl (§ 242) und Unterschlagung (§ 246)** gewinnt die Unterscheidung zwischen **Allein-** und **Mitgewahrsam** in erster Linie bei der Frage Bedeutung, ob das Zueignungsobjekt *im alleinigen Gewahrsam des Täters* stand oder – wo es daran fehlt – ob die Zueignungshandlung im Zusammenwirken bzw. *im Einvernehmen mit allen Gewahrsamsinhabern* erfolgt ist, so daß eine Verletzung ihres Gewahrsams entfällt. Im einen wie im anderen Fall bleibt nur für § 246 Raum (vgl. BGHSt 2, 317; 8, 273). So klar und einleuchtend das ist, so zweifelhaft ist häufig, ob unter den gegebenen Umständen nach den Anschauungen des täglichen Lebens Allein- oder Mitgewahrsam anzunehmen ist. Zwei Beispiele mögen das näher verdeutlichen:

> Fall 4: Die in der Drogerie des D beschäftigte Verkäuferin V hat sich mehrfach kosmetische Artikel aus den Ladenvorräten und kleinere Geldbeträge aus der Kasse zugeeignet, zu der sie ebenso wie D Zugang hat. Eines Tages übergibt D dem Lehrling L 2 000 DM mit dem Auftrag, das Geld zur nahe gelegenen Bank zu bringen. L eilt jedoch zum Bahnhof, fährt nach Hamburg und verjubelt das Geld auf der Reeperbahn.
>
> Fall 5: Zu den Angestellten eines Augsburger Transportunternehmens gehören der Kraftfahrer F und sein Beifahrer B. Während einer Fernfahrt in den norddeutschen Raum eignet B sich im Einvernehmen mit F Teile des Transportgutes zu, die er bei Verwandten in Oldenburg ablädt.
>
> Wie sind die Gewahrsamsverhältnisse in diesen beiden Fällen im Hinblick auf die Frage zu beurteilen, ob V, L und B *fremden Gewahrsam gebrochen* haben oder ob es jeweils an einer „Wegnahme" i.S. des § 242 fehlt?

Innerhalb von **Dienst-, Auftrags-** und **Arbeitsverhältnissen** gibt es keine einheitliche Antwort auf die Frage, wann und in welcher Hinsicht Allein- oder Mitgewahrsam besteht, vielmehr hängt die Beurteilung ganz von den jeweiligen Umständen ab. Bei Verkäuferinnen, Angestellten und Lehrlingen in einem **Ladengeschäft** kleineren oder mittleren Zuschnitts, dessen Führung sich unter der persönlichen Mitwirkung des Geschäftsinhabers zu vollziehen pflegt, nimmt die h.M. entsprechend der Verkehrsauffassung nicht Mitgewahrsam, sondern **Alleingewahrsam des Geschäftsherrn** an den

§ 2 III 3

Waren wie am Geld in der Kasse an. Aufgrund seiner unmittelbaren Einflußnahme erscheint er allein als **Inhaber der tatsächlichen Gewalt,** während die Beziehung seines Personals zu den Betriebsmitteln sich (ähnlich wie bei Hausangestellten) auf eine *rein unterstützende Funktion* beschränkt. Daher bezeichnet man diese Hilfskräfte auch als **Gewahrsamsgehilfen** oder **Gewahrsamshüter,** die keine eigene Sachherrschaft ausüben und dies nach den Gepflogenheiten des sozialen Lebens unter den hier gegebenen Umständen auch gar nicht wollen.

> Näher BGHSt 8, 273, 275; *Dreher-Tröndle,* StGB, § 242 Rdnr. 10; *Maurach-Schroeder,* BT § 34 II C 4b; Sch-Sch-*Eser,* StGB, § 242 Rdnr. 33. Kritisch, aber nicht stichhaltig zum Begriff des *Gewahrsamsgehilfen* LK-*Heimann-Trosien,* StGB, § 242 Rdnr. 11, der darin eine „unberechtigte Übernahme des § 855 BGB" erblickt und für die Bejahung von Mitgewahrsam plädiert, was jedoch am Ergebnis (= Anwendbarkeit des § 242 anstelle des § 246) nichts ändern würde.

Anders liegt es dagegen bei Verkäuferinnen und Angestellten in **Kauf-** und **Warenhäusern,** die dort eine Fachabteilung zu betreuen haben und mit einem gewissen Maß an Eigenverantwortlichkeit für ein bestimmtes Sortiment innerhalb eines räumlich begrenzten Verkaufsstandes zuständig sind. Hier ist **Mitgewahrsam** zu bejahen, wobei mehrere gleichberechtigte Verkäuferinnen innerhalb einer größeren Einzelabteilung untereinander gleichrangigen Mitgewahrsam haben, der zum Mitgewahrsam des Geschäftsführers im Verhältnis der Unter- und Überordnung steht. **Kassierer** und **Kassenverwalter** haben nach allgemeiner Auffassung bis zur Abrechnung und Ablieferung **Alleingewahrsam** am Kasseninhalt, wenn sie die *alleinige Verantwortung für die Kasse* tragen und Geldbeträge (ungeachtet einer jederzeit zulässigen Kassenrevision) nicht ohne ihre Mitwirkung der Kasse entnommen werden dürfen, wie dies in Warenhäusern, Verbrauchermärkten, Banken, Sparkassen oder an den Fahrkartenschaltern der Bundesbahn regelmäßig der Fall ist und worauf oft der alleinige Besitz der Kassenschlüssel hinweist (vgl. BGHSt 8, 273, 275; OLG Hamm NJW 73, 1809, 1811). Wer eine **Außenfiliale** selbständig leitet, hat im Verhältnis zum Geschäftsherrn durchweg **Alleingewahrsam** (vgl. RGSt 60, 271; *Dreher-Tröndle,* StGB, § 242 Rdnr. 9; LK-*Heimann-Trosien,* StGB, § 242 Rdnr. 15).

> Hiernach hat V im Fall 4 den Alleingewahrsam des D gebrochen und neuen Gewahrsam an den entwendeten Gegenständen begründet, sich also des Diebstahls schuldig gemacht. Bei L ist zweifelhaft, ob er bezüglich der ihm übergebenen 2 000 DM nur *Gewahrsamsgehilfe* des D war oder ob dieser ihm *untergeordneten Mitgewahrsam* eingeräumt hatte. Für letzteres könnte sprechen, daß L als **Bote** außerhalb des unmittelbaren Einflußbereichs seines Arbeitgebers in einer engeren Beziehung zu dem ihm anvertrauten Geld stand als vergleichsweise zu den Warenvorräten im Laden. Zur Klärung der Frage, ob sein Verhalten unter § 242 oder § 246 fällt, genügt jedoch die in der Rechtsprechung gebräuchliche Feststellung, daß er *allenfalls* Mitgewahrsam hatte, deshalb *zumindest* den übergeordneten Mitgewahrsam des D gebrochen und infolgedessen einen Diebstahl begangen hat (vgl. BGHSt 16, 271, 274; RGSt 77, 34, 38, wo auch die Frage der Idealkonkurrenz zwischen *Diebstahl* und *Untreue* erörtert ist).

Zwischen **LKW-Fahrer** und **Geschäftsherrn** kann Mitgewahrsam, aber auch Alleingewahrsam des einen oder des anderen bestehen (LK-*Heimann-Trosien,* StGB, § 242 Rdnr. 15; Sch-Sch-*Eser,* StGB, § 242 Rdnr. 33). Maßgebend dafür ist vor allem, ob dem Firmenchef oder Auftraggeber während der Fahrt eine hinreichende Kontroll- und Einwirkungsmöglichkeit verbleibt. Das ist bei Transporten innerhalb des engeren Ortsbereichs in der Regel, innerhalb von Großstädten zumeist nur bei Einhaltung eines festen Zeitplans und einer festgelegten Fahrtroute zu bejahen (vgl. RGSt 52, 143; 54, 32). Wo diese Voraussetzungen erfüllt sind, ist je nach den Umständen Alleingewahrsam des Geschäftsherrn oder mehrstufiger Mitgewahrsam anzunehmen. Im übrigen, insbesondere bei **Fernfahrten,** steht das Frachtgut im Alleingewahrsam des den Transport durchführenden Kraftfahrers (vgl. BGHSt 2, 317; BGH GA 1979, 390).

Im Fall 5 scheidet ein Gewahrsamsbruch gegenüber dem Inhaber des Augsburger Transportunternehmens aus, weil sich das Transportgut während der **Fernfahrt** in den norddeutschen Raum **im alleinigen Gewahrsam von F und B** befand (vgl. BGHSt 2, 317), die *beide an der Ausübung der tatsächlichen Sachherrschaft beteiligt waren und in ihrem Verhältnis zueinander* **gleichrangigen Mitgewahrsam** hatten. Eine „Wegnahme" i.S. des § 242 wäre hier nur dann zu bejahen, wenn B den Mitgewahrsam des F gebrochen hätte. Daran fehlt es jedoch, da F mit dem Verhalten des B *einverstanden* war, so daß sein Mitgewahrsam durch dessen Zueignungshandlung nicht verletzt wurde. Zum Begriff der **Wegnahme** gehört stets, daß die Sache dem Gewahrsam bzw. dem Mitgewahrsam eines anderen **gegen** oder zumindest **ohne seinen Willen entzogen** wird. Vollzieht sich die widerrechtliche Zueignung der fremden Sache im Einvernehmen mit allen Gewahrsamsinhabern, ist nur Raum für § 246 und ggf. für § 266. In bezug auf § 242 wirkt das **Einverständnis** des betroffenen Gewahrsamsinhabers **tatbestandsausschließend,** weil es das Merkmal der „Wegnahme" entfallen läßt (näher BGHSt 8, 273, 276; BayObLG NJW 79, 729; Sch-Sch-*Eser,* StGB, § 242 Rdnr. 36; *Wessels,* AT § 9 I 1). B hat somit keinen Diebstahl begangen, sich aber – mit Hilfe des F – der *veruntreuenden* Unterschlagung schuldig gemacht (§ 246 I *zweite* Alternative).

g) Umstritten ist, ob der Gewahrsam, den ein Verwahrer oder Rauminhaber an einem **verschlossenen Behältnis** ausübt, zugleich den Gewahrsam an dessen **Inhalt** begründet, wenn der Schlüssel zum Behältnis sich in der Hand eines anderen befindet, dem der Verschluß eine Sicherung gegen Fremdeinwirkungen bieten soll. Eine einheitliche Lösung ist auch hier nicht möglich. Die Annahme, daß stets der *Schlüsselinhaber* den Gewahrsam oder Mitgewahrsam am Inhalt des Behältnisses habe, wäre ebenso verfehlt wie die gegenteilige Ansicht, daß der *Gewahrsam am Behältnis* in jedem Falle den Gewahrsam am Inhalt in sich schließe (BGHSt 22, 180, 182). Mit der h.M. ist daher wie folgt zu differenzieren:

Ist das Behältnis *fest mit einem Gebäude verbunden* oder nach Gewicht und Größe nur schwer zu bewegen (wie Bank- und Gepäckschließfächer, Panzerschränke, Musikboxen, Spiel- und Warenautomaten), so hat allein der **Schlüsselinhaber** den Gewahrsam am Inhalt, auch wenn das Behältnis sich in einem fremden Herrschaftsbereich oder in nicht frei zugänglichen Räumen befindet (BGHSt 22, 180, 183; RGSt 45, 249, 252). Mitgewahrsam mehrerer Schlüsselinhaber ist dabei denkbar (insbesondere bei Bankschließfächern: RG JW 37, 3302 Nr. 8).

Ist das Behältnis dagegen *selbständig und frei beweglich,* so daß sein Verwahrer gleichzeitig mit ihm über den Inhalt durch Wegschaffen oder Veräußern verfügen kann (Beispiele: Kassette, Koffer, Aktentasche, Sammelbüchse), so weist die Verkehrsauffassung dem **Behältnisverwahrer** in der Regel mit der tatsächlichen Gewalt über die Sachgesamtheit auch den **Alleingewahrsam am Inhalt** zu (BGHSt 22, 180; RGSt 35, 115; LK-*Heimann-Trosien,* StGB, § 242 Rdnr. 17; Sch-Sch-*Eser,* StGB, § 242 Rdnr. 34; a.A. *Bockelmann,* BT/1 S. 15). Das gilt vor allem dann, wenn der Schlüsselinhaber gar nicht weiß, wo das Behältnis sich jeweils befindet, wie etwa bei Koffern und Kisten, die der Bahn, der Post oder einem Spediteur zur Beförderung übergeben worden sind (BGH GA 1956, 318; RGSt 35, 115). Daß der Verwahrer zur Verfügung über den

§ 2 III 4

Inhalt des Behältnisses nicht *befugt* ist, steht seiner *tatsächlichen* Sachherrschaft ebensowenig entgegen wie der Umstand, daß eine Beseitigung des Verschlusses nur auf widerrechtliche Weise möglich ist.

In Ausnahmefällen kann jedoch selbst bei beweglichen Behältnissen anders zu entscheiden sein. Wo der Schlüsselinhaber z.B. **unabhängig vom Verwahrer** jederzeit frei und ungehindert Zutritt zum Behältnis hat, so daß er dessen Verbleib fortlaufend überwachen kann, ist ihm Allein- oder zumindest Mitgewahrsam am Inhalt zuzubilligen (vgl. BGHSt 22, 180, 183; RGSt 2, 64).

h) Bestehender Gewahrsam **endet,** wenn der Gewahrsamsinhaber die tatsächliche Gewalt aufgibt oder verliert (BGHSt 4, 210). Sachen, die **außerhalb** eines räumlich umgrenzten Herrschaftsbereichs verlorengehen (= im Wald, am Strand, auf der Straße usw.), werden **gewahrsamslos** (aber **nicht** „*herrenlos*"!). An ihnen ist nur Unterschlagung möglich. Tritt der Verlust **innerhalb einer fremden Gewahrsamssphäre** ein, wie z.B. in Dienstgebäuden von Behörden, Banken oder Sparkassen, auf Bahnsteigen, in Kaufhäusern und dergleichen, so endet zwar der bisherige Gewahrsam des Verlierers. Zumeist entsteht hier jedoch sofort **neuer Gewahrsam** für den Inhaber dieses Herrschaftsbereichs, soweit sein genereller Beherrschungswille reicht und soweit mit hinreichender Sicherheit festzustellen ist, *wer* als neuer Gewahrsamsinhaber in Betracht kommt (RGSt 54, 231; RG GA Bd. 65, 371).

Letzteres ist bei einem Verlust im Treppenhaus eines Hochhauses oder eines von mehreren Firmen benutzten Bürogebäudes nicht ohne weiteres der Fall (vgl. BGH GA 1969, 25; *Krey*, BT/2, Rdnr. 22; kritisch zur Rechtsprechung LK-*Heimann-Trosien*, StGB, § 242 Rdnr. 5).

An Sachen, die man lediglich **vergessen** hat, von denen man (im Gegensatz zu den *verlorenen* Sachen) aber **weiß, wo sie sich befinden,** besteht der bisherige Gewahrsam fort, sofern man sie ohne wesentliche Hindernisse äußerer Art zurückerlangen kann, wie etwa den Schirm, den man auf einer Parkbank hat liegen lassen. Sind die vergessenen Sachen in einem fremden Gewahrsamsbereich zurückgeblieben (z.B. im Hörsaal, in einer Gastwirtschaft oder im Zugabteil), so entsteht an ihnen regelmäßig Mitgewahrsam dessen, der dort kraft seines generellen Gewahrsamswillens die Sachherrschaft innehat (vgl. RGSt 38, 444; OLG Hamm NJW 69, 620; Sch-Sch-*Eser*, StGB, § 242 Rdnr. 28).

Ein Dritter, der sich *vergessene* Sachen zueignet, bricht also stets fremden Gewahrsam und verwirklicht so den objektiven Tatbestand des § 242. Bei *verlorenen* Sachen gilt das dagegen nur, sofern an ihnen neuer Gewahrsam entstanden war.

4. Die **Wegnahme** ist **vollendet,** wenn der Täter fremden Allein- oder Mitgewahrsam gebrochen und neuen Gewahrsam an der Sache begründet hat. Beides kann in *einem* Akt des Tatgeschehens zusammenfallen, sich aber auch in zeitlich getrennten Phasen vollziehen, wie etwa beim späteren Abtransport der in Säcken verpackten und zunächst im bisherigen Gewahrsamsbereich versteckten Diebesbeute (vgl. RGSt 12, 353; BGH NJW 55, 71 Nr. 14). Ob ein **Gewahrsamswechsel** erfolgt ist oder ob die Tat nur das Stadium des *Versuchs* erreicht hat, ist nach den jeweiligen Umständen des Einzelfalles und nach der **Verkehrsanschauung** zu beurteilen (BGHSt 16, 271; 23, 254; BGH NStZ 81, 435; VRS 60, 294; OLG Köln NJW 86, 392).

Fall 6: Frau F nimmt in einem Selbstbedienungsladen eine Dose Hummer aus dem Regal, legt sie jedoch nicht in den Warenkorb, sondern verbirgt sie in Zueignungsabsicht in ihrer

Manteltasche. An der Kasse wird sie von dem Hausdetektiv gestellt, der sie beobachtet und nicht mehr aus dem Auge gelassen hat.

Fall 7: A ist zur Nachtzeit in eine Gaststätte eingestiegen, um die Spielautomaten zu plündern. Als die von Nachbarn alarmierte Polizei ihn im Schankraum stellt, hat er einen Teil des erbeuteten Münzgeldes bereits in seine Jackentaschen gesteckt. Der Rest befindet sich in einem Beutel, der neben A auf dem Boden liegt.

Fall 8: Der Barbesitzer B hat zu seinem Geburtstag eine große Zahl von Gästen in seine Villa eingeladen. Im Laufe des Abends bemerkt der Gast G auf einer Ablage in der Diele einen wertvollen Smaragdring, den er an sich nimmt und in seiner Hosentasche verschwinden läßt. Sodann sucht G die Toilette auf. Die Hausgehilfin H hat den Vorgang von einem Nebenraum aus beobachtet. Als der von ihr verständigte B den G zur Rede stellt, hat dieser den Ring schon wieder an den erwähnten Platz zurückgelegt, weil er plötzlich Scham empfand und die Einladung des B nicht mit Undank vergelten wollte.

Haben F, A und G einen *vollendeten* Diebstahl begangen oder hat ihre Wegnahmehandlung das Stadium des *Versuchs* nicht überschritten?

a) Im Rahmen der Tathandlung ist hier zunächst nach dem Vorliegen eines **Gewahrsamsbruchs** zu fragen. Fremder Gewahrsam wird dadurch gebrochen, daß die tatsächliche Sachherrschaft des bisherigen Gewahrsamsinhabers **gegen seinen Willen** oder zumindest **ohne sein Einverständnis** aufgehoben wird (BGH NJW 52, 782 Nr. 8; BayObLG NJW 79, 729; Sch-Sch-*Eser*, StGB, § 242 Rdnr. 35). Diese Voraussetzungen sind auch gegeben bei einer von falschen Kriminalbeamten *vorgetäuschten Beschlagnahme* des Zugriffsobjekts (BGHZ 5, 365; BGH NJW 52, 782 Nr. 8, 796 Nr. 26; OLG Hamburg HESt 2, 19), bei der heimlichen, unbemerkt bleibenden Entnahme von Benzin an einer Tankstelle (*F. C. Schroeder*, JuS 84, 846) sowie im Falle des sog. *Trickdiebstahls*, bei dem der Täter sich durch Täuschung des Gewahrsamsinhabers erst die Möglichkeit oder eine bessere Gelegenheit zur Wegnahme verschafft (näher unten zu § 14 I 1, 2).

An einem Gewahrsamsbruch und damit am Merkmal der Wegnahme **fehlt** es bei einer *freiwilligen* Weggabe, die in dem Bewußtsein und mit dem Willen erfolgt, den bisherigen Gewahrsam an der Sache aufzugeben. Das gleiche gilt, wenn der Gewahrsamsinhaber aus freien Stücken damit **einverstanden** ist, daß ein anderer die Sache an sich nimmt (= *tatbestandsausschließendes* Einverständnis; vgl. *Wessels*, AT § 9 I 1; ferner BGH NJW 83, 2827 zur einvernehmlich erfolgenden Entnahme von Benzin an Selbstbedienungs-Tankstellen).

> Daher liegt nicht Diebstahl, sondern Betrug vor, wenn jemand durch Herbeiführung eines irrtumsbedingten, aber innerlich freien Willensentschlusses zur Gewahrsamsübertragung oder zur Vornahme einer vermögensschädigenden Verfügung sonstiger Art veranlaßt wird. Wer beispielsweise von dem Wächter einer **Sammelgarage**, der zu jedem der dort abgestellten Fahrzeuge den zweiten Zündschlüssel verwahrt, dessen Herausgabe und die Gewährung des Zugangs zu einem Kraftwagen erschleicht, indem er ihm eine entsprechende Erlaubnis des Kraftfahrzeughalters vorspiegelt, macht sich des Betruges und nicht des Diebstahls schuldig (BGHSt 18, 221; näher unten § 14 II).

Zur *Beachtlichkeit* des Einverständnisses genügt der **natürliche Wille** des Gewahrsamsinhabers. Auf seine Geschäftsfähigkeit kommt es bei der Gewahrsamsaufgabe ebensowenig an wie bei der Gewahrsamserlangung (vgl. oben III 3b). Das Einverständnis kann gegenständlich oder inhaltlich beschränkt sein (BGH VRS 48, 175) und an **Bedingungen** geknüpft oder von der **Einhaltung bestimmter Voraussetzungen** abhängig gemacht werden. Das Merkmal der Wegnahme entfällt dann nur, sofern oder soweit die entsprechenden Bedingungen erfüllt sind.

> So ist z.B. der Aufsteller eines **Warenautomaten** mit der Entnahme von Waren ausschließlich für *den* Fall einverstanden, daß der Mechanismus ordnungsgemäß, d.h. durch Einwurf einer echten Münze im angegebenen Nennbetrag ausgelöst wird. Die durch den Einwurf von Falschgeld ermöglichte Warenentnahme verwirklicht daher nach h.M. den Tatbestand des Diebstahls, so daß insoweit für die *subsidiäre* Vorschrift des § 265a kein Raum ist (BGH MDR 52, 563; *Krey*, BT/2 Rdnr. 32; LK-*Lackner*, StGB, § 265a Rdnr. 2; *Ranft*, JA 84,1,6; Sch-Sch-*Eser*, StGB, § 242 Rdnr. 36; *Schulz*, NJW 81, 1351; a.A. *Dreher*, Anm. MDR 52,563; AG Lichtenfels NJW 80, 2206).

b) **Neuer Gewahrsam** ist begründet, wenn der Täter (ggf. auch ein Dritter) die tatsächliche Herrschaft über die Sache derart erlangt hat, daß ihrer Ausübung keine *wesentlichen* Hindernisse entgegenstehen und der bisherige Gewahrsamsinhaber auf die Sache nicht mehr einwirken kann, ohne zuvor die Verfügungsgewalt des Täters oder ggf. des Dritten zu beseitigen (BGH GA 1966, 78; KG JR 66, 308). Ein **Fortschaffen** der Sache aus dem fremden Herrschaftsbereich ist dazu in der Regel nicht erforderlich, denn der Wegnahmebegriff setzt nicht voraus, daß der Täter *endgültigen* und *gesicherten* Gewahrsam erlangt (BGHSt 16, 271, 275; 23, 254). Im allgemeinen kommt es auch nicht darauf an, in welchem Maße die Herrschaftsbeziehung des Täters zu seiner Beute noch gefährdet ist. Entscheidend ist vielmehr, daß sein Sachherrschaftsverhältnis die freie tatsächliche Verfügung des bisherigen Gewahrsamsinhabers über die Sache ausschließt oder wesentlich erschwert (BGHSt 26, 24 ff.; BGH NStZ 82, 420).

> Der Streit darüber, ob zur Wegnahme ein bloßes Berühren der fremden Sache genügt (so die *Kontrektationstheorie*), ob statt dessen auf das Ergreifen abzustellen ist (so die *Apprehensionstheorie*) oder ob es darüber hinaus des Fortschaffens (so die *Ablationstheorie*) bzw. des Bergens der Beute bedarf (so die *Illationstheorie*), ist heute weithin gegenstandslos. Die h.M. folgt der **Apprehensionstheorie** (= auch *Ergreifungstheorie* genannt), verlangt dabei aber ein **zum Gewahrsamswechsel führendes Ergreifen** der Sache (vgl. BGHSt 16, 271; 23, 254; 26, 24; OLG Köln NJW 84, 810; *Gössel*, ZStW 85, 591 m.w.N.).

Bei Gegenständen, die wegen ihrer Beschaffenheit oder wegen ihres Gewichts nur **schwer zu transportieren** sind, genügt das bloße Ergreifen oder Verstecken *innerhalb* des fremden Herrschaftsbereichs zur Herbeiführung des Gewahrsamswechsels nicht, vielmehr bedarf es hier zur Vollendung der Wegnahme zusätzlicher Maßnahmen, wie etwa des Fortfahrens mit dem zu entwendenden Kraftwagen (BGHSt 18, 66, 69), des Hinüberhebens schwerer Werkzeugteile, Teppichrollen, Säcke mit Kartoffeln usw. über die Mauer des Hofes oder Lagerplatzes (BGH NJW 55, 71 Nr. 14), des Fortschaffens eines aus seiner Verankerung gelösten, mehrere Zentner schweren Panzerschrankes (BGH NStZ 81, 435) oder des zwar an Kopf und Beinen ergriffenen, sich aber heftig zur Wehr setzenden Hammels (OLG Bamberg HESt 2, 18).

> Im Fall BGH NStZ 81, 435 hatten drei Mittäter bei einem nächtlichen Einbruch schon einige Textil- und Tabakwaren aus einem Laden auf die Straße geschafft, ehe sie damit begannen, einen großen, 300 kg schweren Tresor nach draußen zu transportieren und etwa 5 Meter vor der Ladentür auf ein fahrbares Gerät, und zwar auf einen sog. Palettenwagen zu heben, der zum Transport von Waren innerhalb des Ladengeschäfts diente. In diesem Augenblick wurden sie von der Polizei, die ein Nachbar alarmiert hatte, festgenommen. Im Gegensatz zur Vorinstanz hat der BGH das Vorliegen einer *vollendeten* Wegnahme zutreffend verneint und dazu ausgeführt, im Hinblick auf die Nachtzeit, die Art des Gegenstandes und die Schwierigkeit des Transports würde jeder Beobachter sofort erkannt

haben, daß hier Diebesgut wegbefördert werden sollte. Gewicht, Größe und Unhandlichkeit der Beute hätten deren rasches Verbergen (zumindest für eine bestimmte Wegstrecke) unmöglich gemacht. Zwar setze die Vollendung der Wegnahme keinen *endgültig* begründeten und *gesicherten* Gewahrsam voraus. Unter den gegebenen Umständen hätten die Täter aber nicht einmal die volle Sachherrschaft erlangt, die zum Gelingen der Wegnahme gehöre. Damit sei die Tat insgesamt im Versuch steckengeblieben. Dies gelte auch für die Textil- und Tabakwaren, die als Teil der Gesamtbeute erst zusammen mit dem Tresor abtransportiert werden sollten. Solange die Täter in unmittelbarer Nähe des Tatorts mit dem Aufladen des Tresors beschäftigt gewesen seien, hätten sie an allen Gegenständen, die ohne weiteres als Diebesgut erkennbar gewesen seien, noch keinen neuen Gewahrsam begründet. Ob anders zu entscheiden wäre, wenn ein Täter gänzlich unauffällige Sachen (Geld, Schmuck, Armbanduhren usw.) bereits in seine Jacken- oder Hosentasche gesteckt hätte, könne dahingestellt bleiben.

Bei unauffälligen, **leicht fortzuschaffenden Gegenständen** wie Geldscheinen, Münzen, Schmuckstücken, abgepackten Lebens- oder Genußmitteln usw. läßt die Verkehrsauffassung für den Gewahrsamswechsel und die **Vollendung der Wegnahme** schon das **Ergreifen und Festhalten** sowie das **Einstecken** in die eigene Kleidung, eine Hand- oder Aktentasche, einen Beutel oder ein sonstiges, leicht zu transportierendes Behältnis genügen (BGHSt 16, 271; 23, 254; 26, 24; BGH VRS 60, 294). Neuen Gewahrsam hat der Täter beispielsweise auch dann begründet, wenn er in einem Kaufhaus größere Bekleidungsstücke wie ein Jackett oder einen Mantel über seinen Arm legt oder in einer Kabine anzieht, sich damit auf den Weg zum Ausgang begibt und die genannten Gegenstände wie eigene Sachen davonträgt (RGSt 52, 75; OLG Hamm MDR 69, 862; OLG Köln MDR 71, 595). Eine zufällige oder planmäßige **Beobachtung** des Geschehens durch den Bestohlenen oder seine Angestellten ändert daran angesichts der bereits erfolgten Zuordnung der entwendeten Ware zur höchstpersönlichen Sphäre des Täters nichts. § 242 setzt keine *heimliche* Begehung voraus. Der Bejahung eines Gewahrsamswechsels steht in diesen Fällen auch der Umstand nicht entgegen, daß die weggenommene Sache sich bei einer Festnahme des Täters am Tatort noch im bisherigen Herrschaftsbereich befindet. Die rasche Entdeckung der Tat und die etwaige Bereitschaft des Täters zur Rückgabe seiner Beute geben dem Bestohlenen hier lediglich die Möglichkeit, den schon erfolgten Gewahrsamswechsel rückgängig zu machen und den ihm entzogenen Gewahrsam wiederzuerlangen (so zutreffend BGHSt 16, 271; 23, 254; 26, 24; *Seier,* JA 85, 387; teilweise anders Sch-Sch-*Eser,* StGB, § 242 Rdnr. 39, 40).

Im Fall 6 hat Frau F sich somit des *vollendeten* Diebstahls schuldig gemacht (vgl. BGHSt 16, 271; *Gössel,* ZStW 85, 591, 641; *Welzel,* GA 1960, 257; a.A. *H. Mayer,* JZ 62, 617). Daß sie infolge der Beobachtung keine Chance hatte, ungehindert durch die Sperre des Selbstbedienungsladens nach draußen zu gelangen, ist für die Frage des Gewahrsamswechsels bedeutungslos. Entgegen der Auffassung von Sch-Sch-*Eser,* aaO. Rdnr. 40 ist eine beobachtete Entwendung im Selbstbedienungsladen weder mit dem Stellen einer *Diebesfalle* (= regelmäßig nur *Versuch* der Wegnahme: BGHSt 4, 199; 16, 271, 278; BayObLG JR 79, 296 mit lehrreicher Anm. *Paeffgen*) noch damit zu vergleichen, daß ein Arbeiter in seiner Tasche Werkzeuge des Arbeitgebers mit sich führt. Wenn die Verkehrsanschauung dem Dieb, in der Regel aber nicht dem Arbeiter eigenen Gewahrsam an den fremden Gegenständen in seiner Tasche zubilligt, so beruht das darauf, daß der Dieb den Bestohlenen gerade von der Sachherrschaft ausschließt und ausschließen will, während der Arbeitnehmer die Verfügungsgewalt über die Werkzeuge *für* seinen Arbeitgeber ausübt und insoweit als dessen *Gehilfe* tätig werden will. Ein derart gewichtiger Unterschied kann

§ 2 III 4

nach der Anschauung des täglichen Lebens für die Frage des Gewahrsams *kraft sozialer Zuordnung* nicht unberücksichtigt bleiben.

Ein *vollendeter* Diebstahl ist auch in den Fällen 7 und 8 anzunehmen. Die verspätete Reue des Gastes G führt mangels einer Versuchslage nicht etwa zu einem strafbefreienden Rücktritt i.S. der §§ 22, 24, sondern zur bloßen Wiedergutmachung des Schadens, die allerdings strafmildernd ins Gewicht fällt, sofern es zu einer Strafanzeige und zur Bestrafung des G kommt (vgl. § 46 II am Ende). Daß A im Fall 7 *widerrechtlich* in die Gastwirtschaft eingedrungen ist, während G die Villa des B als *eingeladener Gast* betreten hat, berührt die Frage des **Gewahrsamswechsels** durch **Einstecken der Diebesbeute in die eigene Kleidung** nicht (vgl. BGHSt 23, 254). Die gegenteilige Ansicht von Sch-Sch-*Eser*, StGB, § 242 Rdnr. 39, wonach die Wegnahme bei einem nächtlichen Einbruchsdiebstahl erst mit dem Verlassen des Gebäudes vollendet sein soll, überzeugt nicht und läuft praktisch auf eine Wiederbelebung der *Ablationstheorie* hinaus (zutreffend dagegen BGHSt 26, 24 und *Geilen*, JR 63, 446).

Wer in einem **Selbstbedienungsladen** Waren, die er entwenden und sich ohne Bezahlung rechtswidrig zueignen will, nicht in seine Kleidung oder ein ihm gehörendes Behältnis steckt, sondern in den **Einkaufswagen** legt, vor dem Gang zur Kasse jedoch mit einem Kleidungsstück (wie etwa mit dem eigenen Parka) überdeckt, um sie vor dem Kassenpersonal zu verbergen, erlangt eigenen Gewahrsam frühestens zu dem Zeitpunkt, in welchem das Kassenpersonal seine Abfertigung als abgeschlossen ansieht (OLG Köln NJW 84, 810).

In den Gründen dieser Entscheidung ist ausgeführt, in der Regel sei die Wegnahme bei einer derartigen Sachlage erst vollendet, wenn der Kunde den Kassenbereich räumlich verlassen und mit Fragen des Kassenpersonals nach dem Inhalt des Einkaufswagens nicht mehr zu rechnen habe. Ein Gewahrsamswechsel könne indessen auch schon erfolgt sein, wenn der Kunde sich zwar noch im Kassenbereich befinde, die Kassiererin die Abrechnung mit ihm jedoch als abgeschlossen ansehe und sich schon dem nächsten Kunden oder einer anderen Tätigkeit zugewandt habe. Normalerweise stünden dann der widerrechtlich begründeten Sachherrschaft des Täters keine wesentlichen Hindernisse mehr entgegen.

Daß man voreilige, an Äußerlichkeiten haftende Verallgemeinerungen vermeiden muß, zeigt jedoch eine denkbare Abwandlung zu dem vom OLG Köln a.a.O. entschiedenen Fall: Wenn ein Kunde in einem Selbstbedienungsladen aus einer Leergutkiste sog. **Pfandflaschen** entwendet und sie in den Einkaufswagen legt, um sie an der Kasse in Zahlung zu geben, führt er einen vollständigen Gewahrsamswechsel schon durch das Einlegen in den Einkaufswagen herbei, weil dies bei dem unbefangenen Betrachter den Eindruck hervorrufen muß, daß es sich um *ihm gehörende* und von ihm in den Laden mitgebrachte Pfandflaschen handelt (zu den Eigentumsverhältnissen an solchen Flaschen siehe BayObLGSt 1960, 187; Erman-*Ronke*, BGB, § 1205 Rdnr. 5; zur Rückveräußerung entwendeter Sachen an deren Eigentümer vgl. unten zu IV 4c). Den Besonderheiten des jeweiligen Einzelfalles ist somit stets größte Aufmerksamkeit zu widmen.

Dies bestätigt auch eine Entscheidung des OLG Düsseldorf (StrVert 86, 20), bei der es in einem Selbstbedienungsladen um die vom Hausdetektiv beobachtete **Entwendung eines Videorecorders** ging, den der Täter auf einen Einkaufswagen gestellt und den sein Komplize (von der Kassiererin unbemerkt) bereits an der Kasse „durchgeschmuggelt" hatte, ehe der Detektiv ihn kurz hinter dem Kassenbereich anhielt. Nach Ansicht des OLG lag hier noch kein vollendeter, sondern nur ein versuchter Diebstahl vor, weil der auf dem Einkaufswagen stehende Videorecorder während der ganzen Zeit dem **ungehinderten Zugriff des beobachtenden Detektivs** ausgesetzt war.

5. Von der tatbestandlichen **Vollendung** des Diebstahls ist dessen tatsächliche **Beendigung** zu unterscheiden. Zur Vollendung bedarf es nur der Wegnahme in Zueignungsabsicht. Die tatsächliche **Beendigung** tritt dagegen erst ein, wenn der vom Täter begründete neue Gewahrsam eine gewisse **Festigung und Sicherung** erreicht hat (BGHSt 8, 390; 20, 194, 196; BGH VRS 60, 294; kritisch *Gössel*, ZStW 85, 591, 645; *Hruschka*, Anm. JZ 83, 217, dessen Argumentation den Unterschied zwischen einer Flucht *mit* und *ohne* Beute freilich zu Unrecht leugnet, da im erstgenannten Fall der rechtsgutsverletzende Angriff andauert und sogar i. S. des § 32 noch gegenwärtig ist; siehe dazu auch *Kühl*, Anm. JR 83, 425).

> Das ist spätestens der Fall, sobald der Dieb die entwendete Sache in seine Wohnung, zu Bekannten oder in ein Versteck außerhalb seiner Wohnung geschafft hat. Bei kleineren Gegenständen (wie etwa Geld, Schmuck oder Goldmünzen), die der Täter in seine Kleidung oder in eine Aktentasche gesteckt hat, kann u. U. zur Beendigung des Diebstahls schon das Verlassen des fremden Herrschaftsbereichs genügen (BGH VRS 60, 294, 296). Zwischen *Vollendung* und *Beendigung* ist noch Beihilfe möglich (vgl. BGHSt 6, 248; *Wessels*, AT § 13 IV 3 und § 14 I 1).

IV. Der subjektive Unrechtstatbestand des Diebstahls

> Fall 9: Der Abiturient A erholt sich auf dem Landgut seines Onkels G von den Strapazen der Reifeprüfung. Schon bald entwickelt sich zwischen ihnen ein gespanntes Verhältnis, weil A den G für geizig hält, ihm häufig widerspricht und sich als Besserwisser gebärdet. So kommt es, daß A entgegen einem Verbot des G die auf der Weide grasenden Fohlen fast täglich mit Hafer füttert, den er aus der Futterkammer entwendet und in seinem Zimmer versteckt hält. Als G für zwei Tage in der Landeshauptstadt zu tun hat, nimmt A dessen Sparbuch aus dem unverschlossenen Schreibtisch und hebt zur Aufbesserung seines Taschengeldes einen Betrag von 200 DM in der Annahme ab, daß G dies bei der Höhe des Spargsuthabens nicht merken werde.
> Hat A sich strafbar gemacht?
> Fall 10: Der Briefmarkensammler S hat auf einer Auktion eine sehr seltene Sondermarke erworben. Seinem Bekannten B gelingt es, dieses wertvolle Stück heimlich an sich zu bringen.
> Wie ist der Fall strafrechtlich zu beurteilen, wenn B in der Absicht gehandelt hat, die entwendete Marke
> a) sofort nach der Tat zu zerreißen, weil er sie dem S mißgönnt?
> b) zu behalten, um sich selbst an ihrem Besitz zu erfreuen?
> c) an einen Dritten zu veräußern, um den Erlös für sich zu verwenden?
> d) seinem Freund F zum Dienstjubiläum zu schenken?
> e) nach geraumer Zeit als angeblich eigene dem S zum Kauf anzubieten, um so einen möglichst hohen Erlös zu erzielen?

Zum **subjektiven Tatbestand** des § 242 gehört, daß der Täter *vorsätzlich* und in der *Absicht* gehandelt hat, sich die fremde Sache rechtswidrig zuzueignen.

1. Der **Vorsatz** muß alle objektiven Merkmale des § 242 umfassen. Der Dieb muß insbesondere wissen, daß die Sache im Eigentum und im Gewahrsam eines anderen steht. Die Einzeltatsachen, aus denen das fremde Eigentum folgt, braucht er nicht zu kennen. Es genügt, daß er den rechtlich-sozialen Bedeutungsgehalt des Fremdheitsbegriffs nach Laienart richtig erfaßt hat (vgl. *Wessels*, AT § 7 III 2).

§ 2 IV 2

Die irrige Annahme des Täters, die Sache sei *herrenlos* oder gehöre ausschließlich ihm selbst, läßt nach § 16 I 1 den Diebstahlsvorsatz entfallen. Wer weiß, daß die Sache fremd ist, aber davon ausgeht, daß sie *gewahrsamslos* sei oder daß alle Gewahrsamsinhaber mit der Aufhebung ihres Gewahrsams *einverstanden* seien, handelt ohne Wegnahmevorsatz; er kann sich lediglich der Unterschlagung schuldig machen.

Ob der Vorsatz des Täters sich von vornherein auf ein **bestimmtes Tatobjekt** richtet oder ganz allgemein dahin geht, alles Stehlenswerte mitzunehmen, ist belanglos. Der Diebstahlsvorsatz bleibt derselbe, auch wenn er sich im Rahmen einer einheitlichen Tat verengt, erweitert oder sonstwie ändert (BGHSt 22, 350; BGH MDR 53, 272 bei *Dallinger;* Sch-Sch-*Eser,* StGB, § 242 Rdnr. 45). Anders verhält es sich, wenn bei einem Diebstahlsversuch der ursprüngliche Tatentschluß endgültig aufgegeben und ein ganz **neuer Diebstahlsvorsatz** gefaßt wird (BGH MDR 69, 722 zu § 73 bei *Dallinger*). Praktisch bedeutsam wird dies im Falle des Vorsatzwechsels innerhalb der §§ 242, 243 (näher unten § 3 III 3).

Im Fall 9 hat A den objektiven Tatbestand des § 242 *vorsätzlich* verwirklicht. Er wußte, daß der Hafer und das Sparbuch dem G gehörten und in dessen Gewahrsam standen. Den die Wegnahme vollendenden Gewahrsamswechsel hat er willentlich und in Kenntnis des Umstandes vollzogen, daß G mit seinem Vorgehen nicht einverstanden war (zur Wegnahme des Hafers durch *Verstecken* im bisherigen Herrschaftsbereich vgl. RGSt 12, 353; 53, 180; LK-*Heimann-Trosien,* StGB, § 242 Rdnr. 5; *Preisendanz,* StGB, § 242 V 2d; kritisch zur h.M. SK-*Samson,* StGB, § 242 Rdnr. 25). Entsprechendes gilt im Fall 10 für das Verhalten des B. Nennenswerte Probleme treten hier wie dort erst bei Prüfung der *Zueignungsabsicht* auf.

2. Der Dieb muß die fremde Sache in der **Absicht** wegnehmen, sie **sich rechtswidrig zuzueignen.** Dadurch unterscheidet sich der Diebstahl von den teils strafbaren, teils straflosen Fällen der *Gebrauchsanmaßung* (= strafbar nur unter den Voraussetzungen der §§ 248b, 290), von der schlichten *Sachentziehung* (vgl. oben § 1 I 4) und von der *Sachbeschädigung* (§ 303). Darüber, wie diese Abgrenzung im einzelnen durchzuführen ist, gehen die Ansichten auseinander. Umstritten ist auch, ob der Zueignungsbegriff mehr nach formalen oder nach wirtschaftlichen Kriterien zu bestimmen ist und was den Gegenstand der Zueignung bildet (= die Sache selbst, der in ihr verkörperte Sachwert oder die reale Herrschaftsmacht des Eigentümers).

In dieser Hinsicht ist manches noch nicht abschließend geklärt. Vgl. etwa RGSt 39, 239; 57, 199; 61, 228; BGHSt 24, 115; BGH NStZ 81, 63; *Androulakis,* Objekt und Grenzen der Zueignung im Strafrecht, JuS 68, 409; *Eser,* Zur Zueignungsabsicht beim Diebstahl, JuS 64, 477; *Maiwald,* Der Zueignungsbegriff im System der Eigentumsdelikte, 1970; *Paulus,* Der strafrechtliche Begriff der Sachzueignung, 1968; *Rudolphi,* Der Begriff der Zueignung, GA 1965, 33; *Schaffstein,* Zur Abgrenzung von Diebstahl und Gebrauchsanmaßung, insbesondere beim Kraftfahrzeugdiebstahl, GA 1964, 97; *Schmidhäuser,* Über die Zueignungsabsicht usw., Bruns-Festschr. S. 345; *Schünemann,* Die Stellung der Unterschlagungstatbestände im System der Vermögensdelikte, JuS 68, 114; *Seelmann,* Grundfälle zu den Eigentumsdelikten, JuS 85, 199, 288 ff.; *Tenckhoff,* Der Zueignungsbegriff bei Diebstahl und Unterschlagung, JuS 80, 723; *Ulsenheimer,* Der Zueignungsbegriff im Strafrecht, Jura 79, 169; *Wessels,* Zueignung, Gebrauchsanmaßung und Sachentziehung, NJW 65, 1153; ders., Die Entwendung von Dienstgegenständen zu vorübergehendem Gebrauch, JZ 65, 631.

a) Die **Entwicklung des Zueignungsbegriffs** in Rechtsprechung und Wissenschaft wurde zunächst durch die Gegenüberstellung, sodann durch die Verbindung formaler und wirtschaftlicher Kriterien bestimmt. Sie vollzog sich von der älteren **Substanztheorie** (= *Binding, A. Merkel, v. Liszt, Eb. Schmidt*) über die **Sachwerttheorie** (= *Frank, Gleispach, Sauer*) bis zur heute vorherrschenden **Vereinigungslehre**.

Nach der **Substanztheorie** liegt das Wesen der Zueignung in der Anmaßung einer eigentümerähnlichen Machtstellung durch die Betätigung des Willens, die fremde Sache *ihrer Substanz nach* zu gewinnen und sie unter Ausschluß des Berechtigten den eigenen Zwecken des Täters dienstbar zu machen (= *se ut dominum gerere*).

Die **Sachwerttheorie** hielt dagegen die Gewinnung der Sache *ihrem wirtschaftlichen Wert* nach, d. h. die Betätigung des Willens für wesentlich, den in der Sache verkörperten wirtschaftlichen Wert unter Ausschluß des Berechtigten dem eigenen Vermögen zuzuführen.

Die **Rechtsprechung** folgte ursprünglich der Substanztheorie. Von dieser Grundlage aus bejahte sie das Vorliegen eines Diebstahls auch in den *„Sparbuchfällen"*, obwohl das Verhalten des Täters dort von dem Willen geleitet war, das weggenommene Sparbuch nach Abhebung eines Teilbetrages dem Eigentümer wieder zuzuführen (RGSt 10, 369; 26, 151; 39, 239). Im zweiten *„Biermarkenfall"* (RGSt 40, 10) näherte das Reichsgericht sich der Sachwerttheorie mit dem Hinweis, Kennzeichen des Eigentumsrechts sei die Zugehörigkeit der ihm unterliegenden Sachen *zum Vermögen* des Eigentümers; demnach sei ihre Zueignung darauf gerichtet, sie wirtschaftlich in ein dem Eigentumsrecht entsprechendes tatsächliches Verhältnis zu bringen und sie *ihrem Sachsubstanzwert* nach dem eigenen Vermögen einzuverleiben. Den Abschluß der (in RGSt 51, 97 weitergeführten) Entwicklung bildete sodann die Verbindung zwischen Substanz- und Sachwerttheorie durch die sog. **Vereinigungsformel** (RGSt 61, 228, 233), die das Wesen der Zueignung darin erblickt, daß der Täter **„die Sache oder den in ihr verkörperten Sachwert** mit Ausschlußwirkung gegen den Eigentümer **dem eigenen Vermögen einverleibt"** (ebenso RGSt 64, 414; 67, 334). Der Bundesgerichtshof hat diese Begriffsbestimmung unverändert übernommen (BGHSt 9, 348; 16, 190; 24, 115; BGH NJW 77, 1460; 85, 812).

Die h.M. in der **Rechtslehre** folgt im wesentlichen der **Vereinigungstheorie** (vgl. etwa *Bockelmann*, BT/1 S. 19; *Dreher-Tröndle*, StGB, § 242 Rdnr. 18; *Krey*, BT/2 Rdnr. 53; *Lackner*, StGB, § 242 Anm. 5a; LK-*Heimann-Trosien*, StGB, § 242 Rdnr. 39; Sch-Sch-*Eser*, StGB, § 242 Rdnr. 45; *Tenckhoff*, JuS 80, 723; *Wessels*, NJW 65, 1153 und JZ 65, 631; ablehnend *Kleb-Braun*, JA 86, 249). In Einzelfragen gibt es aber Meinungsunterschiede. So soll der Begriff des „Sachwertes" nach einer **Mindermeinung** nicht den Geldwert mit einschließen, der bei einer Veräußerung der Sache zu erzielen ist (= *Veräußerungswert*), sondern auf den „spezifischen Wert" beschränkt werden, der sich (als *lucrum ex re* im Gegensatz zum *lucrum ex negotio cum re*) in der Weise aus der Sache ziehen läßt, daß man ihn **von ihr trennen** und behalten kann, während man die Sachsubstanz wie eine „Hülse ohne Kern" an den Eigentümer zurückgibt (*Bockelmann*, BT/1 S. 19; Sch-Sch-*Eser*, StGB, § 242 Rdnr. 49). Zum Teil wird sogar angenommen, daß man auf Sachwertgesichtspunkte ganz verzichten und mit einer **modifizierten Substanztheorie** auskommen könne (*Maurach-Schroeder*, BT § 34 III C 1c; *Rudolphi*, GA 1965, 33; *Seelmann*, JuS 85, 288; *Welzel*, Lb S. 342; kritisch dazu *Bockelmann*, ZStW 65, 569, 578).

b) Trotz unterschiedlicher Beschreibung des Zueignungsgegenstandes stimmen Substanz- und Sachwerttheorie im Ausgangspunkt darin überein, daß als **Objekt der Tat** nur eine **bestimmte körperliche Sache** in Betracht kommt. Sachsubstanz und Sachwert sind Teilaspekte der Sachqualität, die das Zueignungsobjekt nur unter einem verschiedenen Blickwinkel bezeichnen (vgl. *Bockelmann*, ZStW 65, 569, 575). Vom einen wie

§ 2 IV 3

vom anderen Standpunkt aus bedarf es seitens des Täters der **Anmaßung einer eigentümerähnlichen Verfügungsgewalt** über die Sache. Die gemeinsame Grundlage beider Theorien, die ihre Verbindung gestattet, liegt darin, daß der Täter mit seinem auf Zueignung gerichteten Verhalten eine äußere Position erstrebt, die in *rein tatsächlicher* Beziehung der in § 903 BGB umschriebenen Eigentümerstellung ähnelt und die es ihm ermöglicht, die fremde Sache den *eigenen Zwecken dienstbar zu machen* und über sie oder den in ihr verkörperten Sachwert unter Ausschluß des Berechtigten *für eigene Rechnung* zu verfügen (näher *Wessels,* NJW 65, 1153).

> Da es bei einer solchen **Eigentumsanmaßung** nach einhelliger Auffassung nicht darauf ankommt, ob der Täter die fremde Sache dauernd behalten, sie veräußern oder sich ihrer in sonstiger Weise entledigen will (vgl. RGSt 64, 259; BGH NJW 85, 812; MDR 60, 689; LK-*Heimann-Trosien,* StGB, § 242 Rdnr. 42), lassen die meisten Fälle sich schon mit der **Substanztheorie** zufriedenstellend lösen. Schwächen weist diese Theorie nur bei der eigenmächtigen Verfügung über fremde Sparbücher und andere Legitimationspapiere, Gutscheine oder Marken auf (vgl. RGSt 24, 22; 26, 151; 40, 10; 49, 405; 50, 254). Hier liefert die **Sachwerttheorie** die bessere Begründung (zutreffend *Bockelmann,* ZStW 65, 569, 578; Sch-Sch-*Eser,* StGB, § 242 Rdnr. 49), wenngleich sie ihrerseits versagt, wo die entwendete Sache keinen Vermögenswert besitzt oder vom Täter in anderer Weise benutzt wird, als es ihrem *wirtschaftlichen* Wert entspricht (vgl. OLG Hamburg MDR 54, 697 im *Fetischistenfall* und OLG Celle JR 64, 266 im *Brieflesefall*).

Der **Vereinigungstheorie** ist daher zuzustimmen. Sie bedarf aber der Verdeutlichung durch eine klarere Umschreibung der Einzelelemente des Zueignungsbegriffs. Durch eine *restriktive* Handhabung der Sachwerttheorie muß ferner der Gefahr begegnet werden, daß sich die Grenzen zwischen Zueignungs- und Bereicherungsdelikten verwischen (vgl. LK-*Heimann-Trosien,* StGB, § 242 Rdnr. 40 ff.; *Tenckhoff,* JuS 80, 723, 725; *Wessels,* JZ 65, 631).

3. Jede Zueignung hat eine positive und eine negative Seite, die man im Anschluß an *Binding* (BT I S. 264 ff.) als *Aneignung* und *Enteignung* zu bezeichnen pflegt. **Sichzueignen** bedeutet die **Anmaßung einer eigentümerähnlichen Verfügungsgewalt zu eigenen Zwecken** durch die Betätigung des Willens, die fremde Sache oder den in ihr verkörperten Sachwert – wenn auch nur vorübergehend – dem eigenen Vermögen einzuverleiben, insbesondere **für eigene Rechnung darüber zu verfügen** (= *Aneignung*), und sich unter **endgültiger Ausschließung des Eigentümers** ganz oder teilweise **wirtschaftlich an dessen Stelle zu setzen** (= faktische *Enteignung* i.S. einer Verdrängung des Eigentümers aus seiner *bisherigen* Position).

a) Das Merkmal der **Aneignung** grenzt die Zueignungsdelikte von der *Sachbeschädigung,* der *Sachentziehung* und von eigenmächtigen Verfügungen *zugunsten des Sacheigentümers* ab. An einer **Aneignung** und damit an einer Zueignung **fehlt es** im Falle der Sachbeschädigung (§ 303), der bloßen Sachentziehung und der eigenmächtigen Verwendung fremder Sachen für Zwecke bzw. für Rechnung ihres Eigentümers.

> Wer fremde Sachen wegnimmt, um sie **ohne vorherigen Eigengebrauch** sogleich zu **zerstören** oder **wegzuwerfen,** begeht keinen Diebstahl, wohl aber – je nach den Umständen – eine Sachbeschädigung (§ 303), einen Verwahrungsbruch (§ 133) oder eine Urkundenunterdrückung (§ 274 I Nr. 1). Hiernach scheidet im Fall 10a eine Bestrafung des B wegen Diebstahls aus. Näher RGSt 61, 228, 232; 64, 250; BGH NJW 77, 1460; NJW 85, 812; Sch-Sch-*Eser,* StGB, § 242 Rdnr. 55.

Anders liegt es, wenn die fremde Sache **erst nach erfolgter Verwendung für Zwecke des Täters** ihrem Schicksal überlassen wird (BGH MDR 60, 689; OLG Hamburg MDR 54, 697; OLG Celle JR 64, 266; *Lieder,* Anm. NJW 77, 2272) oder wenn die Sachvernichtung im **eigennützigen Verbrauch der Sache** durch den Täter besteht, wie z.B. im Verzehr fremder Speisen oder Getränke, im Verbrennen fremder Bretter oder Möbelstücke zum Heizen der eigenen Wohnung usw. (RGSt 44, 335; OLG Köln NJW 86, 392).

> Entsprechendes gilt bei der reinen **Sachentziehung**. Für sie ist kennzeichnend, daß die betroffene Sache ihrem Eigentümer *ohne Einverleibung in das Vermögen des Täters* zeitweilig oder dauernd entzogen wird. Wer beispielsweise einem Festredner das Manuskript seines Vortrags unmittelbar vor dem Beginn der Veranstaltung entzieht, um es ihm unversehrt auf dem Postwege wieder zuzuleiten, handelt zwar widerrechtlich (§§ 858, 823 I BGB), hat aber keinen *Aneignungswillen* und begeht keinen Diebstahl (vgl. BGH GA 1953, 83; MDR 82, 810 bei *Holtz*).

Bei **eigenmächtigen Verfügungen sonstiger Art** kommt es darauf an, ob der Täter **eigennützig**, insbesondere **für eigene Rechnung** oder aber *zugunsten des Eigentümers* gehandelt hat. Die Anmaßung der Verfügungsgewalt *als solche* ist für sich allein noch kein Aneignungsakt (vgl. BGHSt 4, 236, 239; BGH NJW 70, 1753 mit Anm. *Schröder*). An einer Einverleibung in das eigene Vermögen und einem darauf gerichteten Aneignungswillen **fehlt es** beispielsweise, wenn der Täter sich nur über den entgegenstehenden Willen des Eigentümers hinwegsetzt, die Sache jedoch *zugunsten* bzw. *für Rechnung ihres Eigentümers* verwendet (BGH MDR 58, 139 bei *Dallinger*; RGSt 52, 320; 61, 228, 232).

> Soweit A im Fall 9 Hafer zu dem Zweck entwendet hat, ihn an die Fohlen des Sacheigentümers G zu verfüttern, scheidet eine Bestrafung wegen Diebstahls demnach aus (derartiges Tun konnte früher gemäß § 370 I Nr. 6 a.F. als *Übertretung* geahndet werden).

b) Um den Zueignungsbegriff zu erfüllen, muß die Aneignung mit einer sog. **Enteignung** verbunden sein, die den Sacheigentümer im rein tatsächlichen Sinne aus seiner bisherigen Position verdrängt, sein Eigentumsrecht also illusorisch macht (*Binding,* BT I S. 264 ff.; *Wessels,* NJW 65, 1153, 1155). Dieses *Enteignungselement* spielt als Abgrenzungskriterium zwischen **Zueignung** und **Gebrauchsanmaßung** (= *furtum usus*) eine wichtige Rolle. Während die **Enteignung** – anders als die Aneignung – **auf Dauer angelegt** sein muß, hat die *Gebrauchsanmaßung* nur eine vorübergehende Nutzung der fremden Sache zum Ziel, durch die ihr Eigentümer jedenfalls nicht endgültig aus seiner bisherigen Position verdrängt werden soll (vgl. RGSt 64, 259; BGHSt 22, 45; BGH GA 1960, 82; LK-*Heimann-Trosien,* StGB, § 242 Rdnr. 43; *Schaffstein,* GA 1964, 97; Sch-Sch *Eser,* StGB, § 242 Rdnr. 51).

Wesentlich für die **Gebrauchsanmaßung** ist der **Rückgabewille** des Täters. Um eine bloße Gebrauchsanmaßung statt um eine Zueignung handelt es sich dann, wenn die unbefugte Benutzung der fremden Sache schon im Zeitpunkt der Wegnahme bzw. der Ingebrauchnahme (vgl. §§ 248b, 290) mit dem **Willen** erfolgt, den **rechtmäßigen Zustand** im Sinne der früheren Lage *unter Wahrung der Eigentumsordnung* **alsbald wieder herzustellen**. Notwendig dazu ist die Bereitschaft, die zeitweilig gebrauchte Sache **ohne Identitätswechsel, ohne wesentliche Wertminderung** und **ohne Eigentumsleugnung** so an den Berechtigten zurückgelangen zu lassen, daß dieser die ursprüngliche Verfügungsgewalt ohne besonderen Aufwand und nicht lediglich als

§ 2 IV 3

Folge des reinen Zufalls wieder ausüben kann (BGHSt 22, 45; BGH NStZ 82, 420; *Wessels*, NJW 65, 1153 ff.).

Bei der Frage, ob ein solcher **Rückführungswille** vorhanden war und ob der Täter mit der Rückerlangung der Verfügungsgewalt durch den Berechtigten sicher rechnen durfte, können alle Umstände des Einzelfalles berücksichtigt werden, die Rückschlüsse in dieser Hinsicht gestatten. Wo es um die Ingebrauchnahme fremder **Kraftfahrzeuge** ging, hat die Rechtsprechung als *Beweisanzeichen* dafür u.a. den Umstand verwertet, an welchem Ort der Täter das Fahrzeug nachher abgestellt hatte (etwa vor der Polizeiwache, auf einem Parkplatz oder in der Nebenstraße einer Groß-, Mittel- oder Kleinstadt, außerhalb der bewohnten Ortslage usw.), ob das Fahrzeug nach Wagentyp und Aussehen leicht oder nur sehr schwer auffindbar war (BGH VRS 51, 210) und ob der Täter es ggf. durch Verschließen der Wagentür gegen den unbefugten Zugriff Dritter gesichert hatte (näher BGHSt 22, 45 m.w.N.). **Diebstahl** statt Gebrauchsanmaßung i.S. des § 248b ist hier jeweils angenommen worden, wenn die Wegnahme erwiesenermaßen von dem Willen getragen war, das Fahrzeug nach dem Gebrauch **wahllos preiszugeben** und es dem **Zufall zu überlassen,** ob, wann und in welchem Zustand der Eigentümer es zurückbekommen würde (RGSt 64, 259; BGHSt 22, 45; BGH NStZ 82, 420). Im Urteil bedarf das der Begründung anhand konkreter Feststellungen; mit rein formelhaften Wendungen darf der Richter sich insoweit nicht begnügen.

> Läßt sich nicht klären, ob der Wille des Täters im maßgeblichen Zeitpunkt einen auf Dauer angelegten Ausschluß des Eigentümers aus seiner bisherigen Sachherrschaftsposition mitumfaßt hat oder nicht, greift der Grundsatz *in dubio pro reo* ein. Ist z. B. bei dem mißlungenen Versuch, aus einer Haftanstalt auszubrechen, im Tatplan der Häftlinge offengeblieben, was nach geglückter Flucht mit dem gewaltsam **entwendeten Anstaltsschlüssel** geschehen sollte, so vermag das bloße **Fehlen** einer diesbezüglichen Absprache (und damit das Fehlen des Willens zur Rückgabe des Schlüssels an dessen Eigentümer) den **Nachweis** des auf eine Enteignung gerichteten Tatentschlusses nicht zu ersetzen (lehrreich dazu BGH NStZ 81, 63).

Rechtsprechung und h.M. machen die Bejahung des **Zueignungswillens** in diesen und ähnlichen Fällen nicht davon abhängig, daß die *Enteignung* das getreue Spiegelbild der *Aneignung* bildet, also gerade durch den Gebrauch als solchen – insbesondere durch eine gebrauchsbedingte Wertminderung – bewirkt werden soll (vgl. LK-*Heimann-Trosien*, StGB, § 242 Rdnr. 43; *Schaffstein*, GA 1964, 97; *Tenckhoff*, JuS 80, 723, 724).

> **Zueignung** ist Aneignung *plus* Enteignung und nicht unbedingt „Enteignung *durch* Aneignung". Die Gegenmeinung (*Androulakis*, JuS 68, 409, 413; *Rudolphi*, GA 1965, 33, 50 ff.; SK-*Samson*, StGB, § 242 Rdnr. 78) vernachlässigt den Eigentumsschutz zu sehr und führt bei Gegenständen, die nicht unter §§ 248b, 290 fallen, zu empfindlichen Strafbarkeitslücken (= u.U. Straflosigkeit für die Gebrauchsanmaßung wie für die nachfolgende Sachentziehung).

Hat der Täter den Willen zur Preisgabe des Fahrzeugs erst **während des noch andauernden Gebrauchs** gefaßt, so schließt das zwar die Anwendbarkeit des § 242, nicht aber eine Bestrafung wegen **Unterschlagung** (§ 246) aus. Dagegen ist nur für § 248b Raum, wenn der zunächst vorhandene Rückführungswille **erst nach dem Ende des unbefugten Gebrauchs** aufgegeben und durch den Entschluß zur Preisgabe des Fahrzeugs ersetzt wird, etwa deshalb, weil der Motor plötzlich streikt oder der Benzinvorrat verbraucht ist (vgl. BGH GA 1960, 182; BayObLG NJW 61, 280).

Fraglich ist, ob eine auf Dauer angelegte, endgültig wirkende Enteignung anstelle einer bloßen Gebrauchsanmaßung auch dann anzunehmen ist, wenn die Rückgabe der Sache an den Berechtigten erst nach einem **unangemessen langen Gebrauch** erfolgen soll. In vielen Fällen wird damit zugleich eine **wesentliche Wertminderung** der Sache verbunden sein, so daß ein *furtum usus* schon aus diesem Grunde entfällt (vgl. OLG Hamm JMBl NW 60, 230; OLG Köln JMBl NW 62, 175). Wo das nicht der Fall ist (Beispiel: Wegnahme eines Campingzeltes im *Mai* mit dem Willen, es im *Oktober* nach dem Ende der schönen Jahreszeit in gepflegtem Zustand zurückzugeben), wird man den „*Enteignungscharakter*" der Tat bejahen dürfen, wenn ein objektiver Betrachter den Verlust der Sache nach den Anschauungen des täglichen Lebens als endgültig ansehen und eine Ersatzbeschaffung durch den Betroffenen für unumgänglich halten muß (ebenso *Blei*, BT § 52 II 2a; *Maurach-Schroeder*, BT § 38 II 2; *Preisendanz*, StGB, § 242 VI 2c; *Welzel*, Lb S. 342; a.A. *Rudolphi*, GA 1965, 33, 47).

4. § 242 setzt (ebenso wie § 249, aber anders als § 246) keine vollendete Zueignung, sondern nur die **Absicht** voraus, sich die weggenommene Sache rechtswidrig zuzueignen.

Die zum Zueignungsbegriff entwickelte Definition (oben IV 3) ist daher bei §§ 242, 249 ins *Subjektive* zu übertragen. Mit der in §§ 253, 259, 263 enthaltenen Bereicherungsabsicht darf die Zueignungsabsicht nicht verwechselt werden. Da Objekt der erstrebten wie der begangenen Zueignung auch eine Sache *ohne Vermögenswert* sein kann, sind die §§ 242 ff. keine „Bereicherungsstraftaten" (vgl. BGH GA 1969, 306; NJW 70, 1753; 77, 1460).

Unter **Absicht** i.S. des § 242 ist der **auf Zueignung** gerichtete **Wille** zu verstehen. Innerhalb der in Aussicht genommenen Zueignungshandlung ist bei deren Auswirkungen wie folgt zu differenzieren: Die **Aneignung** der Sache oder des in ihr verkörperten Sachwertes muß das *Ziel* des Handelns sein, also mit unbedingtem Willen **erstrebt** werden. Daß sie vom Täter nur als mögliche Folge seines Verhaltens *in Kauf genommen* wird, reicht nicht aus (vgl. BGH VRS 22, 206; RGSt 49, 140; *Lackner*, StGB, § 242 Anm. 5b; LK-*Heimann-Trosien*, StGB, § 242 Rdnr. 44). Auf die **Enteignung** des Berechtigten und die damit verbundene endgültige Ausschlußwirkung zu Lasten des Eigentümers braucht es dem Täter dagegen nicht anzukommen. In dieser Hinsicht läßt die h.M. einfachen Vorsatz unter Einschluß des *dolus eventualis* genügen (*Dreher-Tröndle*, StGB, § 242 Rdnr. 24; *Lackner*, StGB, § 242 Anm. 5b; *Tenckhoff*, JuS 80, 723, 726; trotz a.A. im Ergebnis ähnlich *Maiwald*, Der Zueignungsbegriff im System der Eigentumsdelikte, 1970, S. 174 ff.).

Für diese Unterscheidung zwischen *Aneignungsabsicht* und *Enteignungsvorsatz* spricht, daß § 242 sonst keine praktische Bedeutung hätte und seinen Schutzzweck verfehlen würde, weil Diebstähle durchweg aus Gründen des Eigennutzes und nicht etwa *zwecks* Schädigung des Opfers begangen werden. Auf die Enteignung als solche kommt es dem Dieb in aller Regel nicht an; insbesondere bei der Entwendung von Kraftfahrzeugen, die nach dem unbefugten Gebrauch irgendwo abgestellt und wahllos preisgegeben werden, pflegt der Täter (sofern ihm dieser Umstand nicht völlig gleichgültig ist) es nur *in Kauf zu nehmen,* daß es zu einem dauernden Verlust des Fahrzeugs für dessen Eigentümer kommt.

Ob die erstrebte Zueignung das *Motiv* zur Tat bildet oder den vom Täter verfolgten Endzweck darstellt, ist unerheblich (RGSt 49, 140, 142). Entgegen der Ansicht von *Maiwald* (aaO. S. 230 ff.) hat die Aneignungskomponente der Zueignungsabsicht auch nichts mit der „bösen Gesinnung" des Täters und der „Bewertung seines Motivs" zu tun (gegen eine solche Deutung mit Recht *Baumann*, GA 1971, 306, 311).

§ 2 IV 4

Während es bei der Erpressung, der Hehlerei und dem Betrug nach §§ 253, 259, 263 gleichgültig ist, ob der Täter „sich oder einen Dritten" bereichern will, fordert § 242 die Absicht des **„Sich"**-Zueignens.

a) Am Vorliegen dieser Absicht ist nicht zu zweifeln, wenn der Täter – wie B im Fall 10b – die fremde Sache **für sich haben** und behalten will, also mit dem *animus rem sibi habendi* das Ziel verfolgt, sich wirtschaftlich voll und ganz an die Stelle des Eigentümers zu setzen.

b) Der Wille, den Eigentümer auf Dauer (= endgültig) aus seiner bisherigen Position zu verdrängen, setzt aber nicht notwendig die Absicht voraus, die fremde Sache unbegrenzt lange zu behalten; anders als die *Enteignung* braucht die *Aneignung* nicht auf Dauer angelegt zu sein (BGH NStZ 81, 63; *Seibert*, NJW 58, 1222). „Sich" zueignen will daher auch derjenige, der von vornherein entschlossen ist, die weggenommene Sache **für eigene Rechnung zu veräußern** oder an einen Dritten zu **verschenken** (vgl. oben Fall 10c, d sowie OLG Düsseldorf JZ 86, 203). Entscheidend ist hier allein, daß die entgeltliche Veräußerung oder unentgeltliche Zuwendung an den Dritten die **Anmaßung der eigentümerähnlichen Verfügungsgewalt** durch den Täter zum Ausdruck bringt (= *se ut dominum gerere*) und **in enger Beziehung zu seinem Vermögen** steht. Diese Voraussetzungen sind regelmäßig gegeben, wenn jemand als *Schenker* oder *Spender* auftritt; denn wer sich auf Kosten des Bestohlenen freigebig zeigt, erspart dadurch Aufwendungen aus dem eigenen Vermögen. Die **Rechtsprechung,** die in solchen Fällen zumeist auf die *Sachwerttheorie* zurückgreift, kommt zum gleichen Ergebnis, soweit sie verlangt, daß der Schenker entweder *im eigenen Namen* verfügen oder nach seiner Erwartung von der unentgeltlichen Zuwendung einen Nutzen oder *Vorteil im weitesten Sinne*, sei es auch nur mittelbar, haben müsse (BGHSt 4, 236; 17, 88, 92; BGH NJW 70, 1753; 85, 812; kritisch dazu *Otto*, JuS 80, 490).

> Ebenso wie im Fall 10c ist B daher auch im Fall 10d wegen Diebstahls zu bestrafen. Dabei kommt es nicht darauf an, ob er aus Anlaß des Jubiläums zu einer Zuwendung an F *verpflichtet* war, denn das ändert an der realen Ersparung eigener Aufwendungen für das tatsächlich Geleistete nichts. B könnte sich auch nicht darauf berufen, daß er dem F kein Geschenk gemacht hätte, wenn ihm die Entwendung der Briefmarke nicht gelungen wäre. Für die strafrechtliche Beurteilung zählt nur das, was man **getan hat,** nicht das, was man unter anderen Umständen, die in Wirklichkeit nicht vorgelegen haben, *getan hätte* oder hätte tun können (= das übersieht *Maiwald* aaO. S. 63).

Anders als bei der *Rückveräußerung an den Bestohlenen selbst* (vgl. nachfolgend zu 4c) ist es bei einer Veräußerung oder Zuwendung der Sache **an Dritte** belanglos, ob der Täter sich als Eigentümer *bezeichnet* oder sonst den Eindruck erweckt, daß ihm die Sache gehöre.

> Wer beispielsweise die Beute an einen eingeweihten Hehler veräußert, pflegt nicht zu behaupten, Eigentümer im juristischen Sinne zu sein. Der Anwendbarkeit des § 242 steht das aber nicht entgegen, da es genügt, daß der Täter sich *wirtschaftlich* an die Stelle des Berechtigten setzen und **für eigene Rechnung gleich einem Eigentümer über die Sache verfügen** will.

c) Umstritten ist, ob derjenige einen Diebstahl begeht, der eine fremde Sache in der Absicht wegnimmt, sie als *angeblich eigene* dem betroffenen Eigentümer zum Kauf, zum Tausch oder – insbesondere bei Geld – zur Erfüllung einer Verbindlichkeit anzubieten. Rechtsprechung und h.M. bejahen das Vorliegen der Zueignungsabsicht und einer auf Dauer angelegten *Enteignung* auch bei einer ins Auge gefaßten **Rückveräußerung an den Sacheigentümer**.

So RGSt 57, 199 im „*Getreide-*" und RGSt 40, 10 im „*Biermarkenfall*", bestätigt in BGHSt 24, 115, 119 für den ähnlichen Fall des *Ausgleichs von Kassenfehlbeständen* mit Geldern des Berechtigten; ferner *Dreher-Tröndle*, StGB, § 242 Rdnr. 19; *Eser*, Strafrecht IV, S. 32; *Krey*, BT/2, Rdnr. 74; *Lackner*, StGB, § 242 Anm. 5c; *Ranft*, JA 84, 277, 282; *Rudolphi*, GA 1965, 33, 43; *Tenckhoff*, JuS 80, 723; *Ulsenheimer*, Jura 79, 169, 179; *Welzel*, Lb S. 343; *Wessels*, NJW 65, 1153, 1156).

Die Mindermeinung hält dem entgegen, bei Rückerlangung der Sache durch den Eigentümer werde diesem weder die Nutzung der Substanz noch der Sachwert entzogen; in der Wegnahme liege daher nur eine – als Gebrauchsanmaßung – straflose Vorbereitungshandlung zum **Betrug** gegenüber dem Eigentümer (vgl. *Bockelmann*, BT/1 S. 20; *Maiwald*, JA 71, 579, 581).

Diese Gegenansicht ist nicht nur kriminalpolitisch bedenklich, weil sie zu beträchtlichen Strafbarkeitslücken führt und dem Dieb, der die Beute noch besitzt, eine vortreffliche Schutzbehauptung liefert. Sie ist auch sachlich unzutreffend, da es unter den genannten Umständen an allen Wesensmerkmalen einer *Gebrauchsanmaßung* fehlt und dem Eigentümer jedenfalls **der in der Sache verkörperte wirtschaftliche Wert endgültig entzogen** wird: Um eine bloße *Gebrauchsanmaßung* kann es sich nicht handeln, weil die entwendete Sache dem Eigentümer **nicht** als *ihm gehörend* zurückgegeben, sondern als angeblich *dem Täter gehörend* nur zum Neuerwerb angeboten wird. Darin liegt nicht eine Wiederherstellung der *bisherigen* Eigentümerposition, sondern gerade eine **Leugnung** der Rechte des Eigentümers, dem lediglich die Chance eingeräumt wird, sich eine *neue* Sachherrschaftsbeziehung zu erkaufen. Das Angebot, ihm die Sache gegen Entgelt zu „übereignen", setzt notwendigerweise deren vorherige Zueignung durch den Täter voraus. Von dem ihm zustehenden, in der Sache verkörperten Wert (= *Veräußerungswert*) wird der Eigentümer insoweit ausgeschlossen, als dieser in das Vermögen des Täters fließt; selbst wenn der Eigentümer nunmehr die „zurückerworbene" Sache für sich verwertet, kann er damit nur das „Loch des entgeltlichen Rückerwerbs" stopfen (*Eser*, Strafrecht IV, S. 32; ebenso BGH JZ 80, 648 zur Frage der Schadenszufügung und eines etwaigen Schadensausgleichs in zivilrechtlicher Hinsicht). Die Abgrenzung zwischen Diebstahl und Gebrauchsanmaßung muß sich *hier* nach dem Vorliegen oder Fehlen einer **Eigentumsleugnung** richten (so auch BGHSt 24, 115, 119). Im Fall 10e hat B daher ebenfalls einen Diebstahl begangen.

Am Enteignungswillen und an der Zueignungsabsicht würde es dagegen fehlen, wenn jemand einem Hehler Hehlgut wegnimmt, um es an den bestohlenen Eigentümer *als diesem gehörend* zurückzugeben (BGH JZ 85, 198 mit zust. Anm. *Rudolphi*, JR 85, 252).

d) Die Wegnahme eines fremden **Sparbuchs** mit dem Ziel, es nach Abhebung eines Teilbetrages an den Eigentümer (= als ihm gehörend, aber teilentwertet) zurückzugeben, verwirklicht alle Voraussetzungen des § 242. Sparbücher sind *qualifizierte* Legitimationspapiere i.S. des § 808 BGB, in denen der Gläubiger *namentlich benannt* ist und die mit der Bestimmung ausgegeben werden, daß der Schuldner nur gegen Aushändigung der Urkunde zu leisten braucht und die darin versprochene Leistung mit befreiender Wirkung an den Inhaber erbringen darf, ohne daß dieser berechtigt ist, die Leistung aufgrund der bloßen Innehabung der Urkunde **zu verlangen** (näher BGHZ 28, 368; 42, 302; 64, 278; *Brox*, Handelsrecht und Wertpapierrecht, Rdnr. 706 ff.; *Erman-Hense*, BGB, § 808 Rdnr. 2, 6). Das Eigentum am Sparbuch folgt gemäß § 952 BGB dem „Recht aus dem Papier", steht also immer demjenigen zu, der *Gläubiger* der Darlehensforderung ist. **Objekt** des Diebstahls bei Entwendungen dieser Art ist das *Sparbuch* als fremde bewegliche Sache. Maßgebend für die Bejahung der *Zueignungsab-*

§ 2 IV 4

sicht ist, daß der Täter sich unter Anmaßung der Rechte des Eigentümers den im Sparbuch verkörperten Sachwert verschaffen und den Berechtigten davon auf Dauer ausschließen will (näher RGSt 26, 151; 39, 239).

Für die Annahme einer *Gebrauchsanmaßung* bleibt hier aus dem Grunde kein Raum, weil der Täter sich durch Abhebung des Teilbetrages außerstande setzt, das Sparbuch **ohne Wertminderung** an den Berechtigten zurückzugeben (vgl. oben IV 3b). Im Fall 9 ist A demnach des Sparbuchdiebstahls schuldig. Da er zur Zeit der Tat mit G in *häuslicher Gemeinschaft* lebte, bedarf es zur Strafverfolgung aber eines Strafantrags des G (§ 247).

Das einem Sparbuchdiebstahl nachfolgende *Abheben des Geldes*, an welchem der Täter durch Einigung und Übergabe gemäß § 929 S. 1 BGB *Eigentum* erlangt, hat mit der Vollendung des vorausgegangenen Diebstahls nichts mehr zu tun. Ob es die Merkmale des Betruges (zum Nachteil des Darlehensgläubigers durch Vorspiegeln der Verfügungsberechtigung gegenüber den Angestellten des Geldinstitutes) erfüllt, ist umstritten (zweifelnd RGSt 39, 239, 242). Vielfach wird angenommen, daß der die Auszahlung verfügende Bank- oder Sparkassenangestellte sich wegen der **Legitimationswirkung** i.S. des § 808 I S. 1 BGB *gar keine Gedanken* über die sachliche Berechtigung des Sparbuchinhabers mache, insoweit also **keinem Irrtum** erliege (kritisch dazu unten § 13 II 2). Für den Dieb selbst hat diese Streitfrage indessen keine praktische Bedeutung, da er beim Abheben des Geldes nur die Vorteile ausnutzt und verwertet, die ihm die Vortat verschafft hat, so daß ein etwaiger Betrug zum Nachteil des bestohlenen Sparbucheigentümers im Verhältnis zum Diebstahl eine *mitbestrafte Nachtat* wäre (vgl. RGSt 39, 239, 243; *Dreher-Tröndle*, StGB, § 242 Rdnr. 19; *Wessels*, AT § 17 VI 2; anders zum Ganzen *Kleb-Braun*, JA 86, 249, die Sparbüchern fehlgehend jeden wirtschaftlichen Wert abspricht, in Fällen dieser Art nur Betrug für gegeben hält und einen Eigentumserwerb des Täters am ausgezahlten Geld verneint).

Betrug zum Nachteil des **Geldinstituts** kommt jedoch dann in Betracht, wenn der Sparbuchdieb die Auszahlung eines Betrages erreicht, der über die *ohne vorherige Kündigung* verfügbare Summe hinausgeht (vgl. § 22 I des Kreditwesengesetzes und BGHZ 64, 278). Hier wirkt die Auszahlung des Geldes nicht guthabenmindernd, sondern geht zu Lasten des Geldinstituts, so daß diese neue Tat eine andere Angriffsrichtung als der vorangegangene Diebstahl aufweist (näher BGH MDR 82, 280 bei *Holtz*).

e) Die Entwendung von **Personalausweisen** und anderen Papieren ist nicht in jedem Falle mit einer Sparbuchentwendung zu vergleichen:

Zwar ist nach § 242 zu bestrafen, wer einen fremden Ausweis mit dem Willen wegnimmt, ihn dem Inhaber auf Dauer zu entziehen, um im Geschäftsverkehr unter dessen Namen auftreten zu können und sich dabei zur Legitimation des Ausweises zu bedienen (BGH GA 1969, 306). An der Zueignungsabsicht **fehlt** es aber, wenn jemand seinem Arbeitskollegen einen **Zechenausweis** fortnimmt und ihn umgehend an den früheren Platz zurücklegt, nachdem er ihn dazu benutzt hat, unter dem Namen des Berechtigten eine Lohnvorauszahlung in Empfang zu nehmen (OLG Hamm JMBl NW 53, 153). Hier liegt in der mißbräuchlichen Verwendung des Ausweises nur eine *Gebrauchsanmaßung* zur Begehung eines **Betruges** durch Irreführung der Lohnzahlungsstelle. Für § 242 ist dagegen kein Raum, da der Berechtigte – wie vorgesehen – den Ausweis *ohne Wertminderung* als *ihm gehörend* zurückerhalten hat und ihm weder die Sachsubstanz noch ein im Ausweis selbst verkörperter Wert entzogen worden ist. Die Sachwerttheorie darf bei einer solchen Fallgestaltung nicht so weit ausgedehnt werden, daß sie *jeden beliebigen* Vermögensvorteil erfaßt, den der Gebrauch einer fremden Sache vermittelt.

§ 2 IV 4

f) Wesentliche Unterschiede gegenüber den Sparbuchfällen weist die Entwendung einer **Geldautomatenkarte** (auch *Codekarte* genannt) zum vorübergehenden Gebrauch in der Absicht auf, sich durch ihre mißbräuchliche Verwendung zu Lasten eines fremden Girokontos **Bargeld** aus dem dafür vorgesehenen Automaten einer Bank oder Sparkasse zu verschaffen.

Eine Reihe von Banken und Sparkassen hat in jüngster Zeit **Geldautomaten** installiert, um ihren Kunden auch außerhalb der Schalterstunden das Abheben von Bargeld durch Verfügung über deren Girokonto zu ermöglichen. Zu diesem Zweck erhält der Kunde eine Codekarte, die in Größe und Aussehen einer Scheckkarte ähnelt, aber einen Magnetstreifen mit den eingespeicherten Daten des Kunden aufweist, die der Automat ablesen kann. Daneben wird dem Kunden eine nur ihm bekannte Kennziffer (= Geheimzahl, Codenummer) zugeteilt, deren Geheimhaltung für ihn von größter Wichtigkeit ist. Nach dem Einstecken der Codekarte öffnet sich der Geldautomat und gibt seine Bedienungsvorrichtung für den Benutzer frei, dem über Bildschirm Schritt für Schritt mitgeteilt wird, was er jeweils zu tun hat. Wird neben dem gewünschten Betrag, für den pro Tag eine bestimmte Höchstgrenze besteht, die richtige Kennziffer eingegeben (= Eintippen der Geheimnummer), vergleicht das Gerät diese Eingaben mit den Daten der Geldautomatenkarte, prüft den Tag der letzten Verfügung und wirft, soweit sich keine Sperre ergibt, den verlangten Geldbetrag aus. Gleichzeitig wird der Vorgang auf Magnetbändern erfaßt und später auf dem Girokonto verbucht. Um Mißbräuchen entgegenzuwirken, zieht das Gerät die eingelegte Codekarte automatisch ein, wenn nicht spätestens bei der dritten Aufforderung die *richtige* Kennziffer eingegeben wird.

Nach den gebräuchlichen **Ausgabebedingungen** verbleibt die Codekarte im **Eigentum des Geldinstitutes**. Der Kontoinhaber weiß und muß gegen sich gelten lassen, daß jeder, der im Besitz seiner Codekarte ist und die Geheimziffer kennt, über das Girokonto verfügen kann. Abhebungen durch **Unbefugte** gehen stets zu seinen Lasten.

Ein Diebstahl der Codekarte ist zweifelsfrei gegeben, wenn diese mit dem Willen weggenommen wird, sie nicht wieder an den Berechtigten zurückzugeben, sondern sie nach erfolgtem Gebrauch zu behalten oder zu vernichten. Aneignungsabsicht und Enteignungsvorsatz sind dann unschwer zu begründen. Anders liegt es, wenn die Codekarte nach ihrer mißbräuchlichen Verwendung alsbald wieder in den Besitz des Berechtigten zurückgelangen soll.

Beispiel: Während der Kaufmann K das Wochenende mit seiner Familie auf Sylt verbringt, entdeckt die Putzfrau P beim Säubern seiner Wohnung im unverschlossenen Schreibtisch eine Geldautomatenkarte nebst einem Zettel, auf welchem K die ihm vor einigen Tagen von der Stadtsparkasse zugeteilte Geheimziffer notiert hat. Da P gerade in einer finanziellen Klemme steckt, nimmt sie die Codekarte des K an sich, prägt sich die Geheimzahl ein und hebt am Geldautomaten der Sparkasse 400 DM ab, um damit ihre Schulden zu begleichen. Sodann legt sie die Codekarte in den Schreibtisch des K zurück, der nach seiner Rückkehr feststellt, daß auf seinem Girokonto 400 DM abgebucht sind.
Strafbarkeit der P?

Der objektive Tatbestand des § 242 ist hier erfüllt. Ein Diebstahl der Codekarte muß indessen verneint werden, da P im Augenblick der Wegnahme **nicht mit Zueignungsabsicht** gehandelt hat. Es fehlt zwar nicht am Aneignungselement, weil es der P darauf ankam, die fremde Codekarte für eigene Zwecke zu nutzen und sie wenigstens vorübergehend dem eigenen Vermögen einzuverleiben. Ein Enteignungsvorsatz läßt sich jedoch nicht feststellen, da P nicht den Willen hatte, dem K die Codekarte *auf Dauer* zu entziehen und die Stadtsparkasse faktisch aus ihrer Eigentümerposition zu

§ 2 IV 4

verdrängen. Vom Standpunkt der Substanztheorie aus hat lediglich eine Gebrauchsanmaßung (= *furtum usus*) vorgelegen. Aber auch die Sachwerttheorie führt hier zu keinem anderen Ergebnis, da die **Codekarte** nach dem Willen der P **ohne Wertminderung** und **ohne Eigentumsleugnung** an den Berechtigten zurückgelangen sollte. Ein Vergleich mit den Sparbuchfällen, in denen die Zueignungsabsicht mit Sachwerterwägungen bejaht werden kann, verdeutlicht die ins Gewicht fallenden Unterschiede recht anschaulich: Während ein Sparbuch über seinen stofflichen Substanzwert hinaus einen wirtschaftlichen Wert verkörpert, den man ihm bei Teilabhebungen in äußerlich erkennbarer Weise entziehen kann, bis schließlich (bei einem Restguthaben von 1 DM) nur noch eine „Hülse ohne Kern" übrig bleibt, ist das bei einer Geldautomatenkarte nicht der Fall. Sie ist keine moderne Form des Sparbuchs, sondern ein Automatenschlüssel, der (zusammen mit der Geheimziffer) die rein tatsächliche Möglichkeit eröffnet, außerhalb der Schalterstunden über ein bestimmtes Girokonto zu verfügen. Die Codekarte verkörpert dieses Girokonto und das darauf ausgewiesene Guthaben aber nicht; sie erleidet durch eine mißbräuchliche Verwendung auch keine bleibende Einbuße und verliert für die Zukunft nichts von dem Wert, den ihre Existenz für den Berechtigten hat.

> Infolgedessen liegt in der Wegnahme und der unbefugten Verwendung der Codekarte durch P (mit dem Willen zur alsbaldigen Rückgabe der Karte) nur eine straflose Gebrauchsanmaßung (anders, aber nicht überzeugend *Seelmann*, JuS 85, 289).

Das aus dem Automaten erlangte **Bargeld** scheidet unter den gegebenen Umständen als **Objekt** eines Diebstahls oder einer Unterschlagung aus, da es bei *vorschriftsmäßiger* Bedienung des Geräts gemäß § 929 S. 1 BGB im Wege der Einigung und Übergabe an denjenigen übereignet wird, der (ausgewiesen durch die Codekarte und die Kenntnis der Geheimziffer) die Leistung des Geldautomaten in Anspruch nimmt (vgl. *Dencker*, NStZ 82, 155; *Huff*, NJW 86, 902 und NStZ 85, 438; *Krey*, BT/2 Rdnr. 514, 516; *Otto*, BT S. 147; *Sonnen*, JA 84, 569; *Steinhilper*, GA 1985, 114 und Jura 83, 401, 408 ff.; *Wiechers*, JuS 79, 847). Bestätigt wird dieses Ergebnis durch die allgemeinen Geschäftsbedingungen der Geldinstitute, die vorsehen, daß ein Handeln durch Unbefugte hier zu Lasten des Kontoinhabers geht.

> Eine Bestrafung wegen **Betruges** (§ 263) kommt nicht in Betracht, weil P niemanden getäuscht hat und nur Menschen in einen Irrtum versetzt werden können (vgl. unten § 13 II 1, 2). Der Tatbestand des **Automatenmißbrauchs** (§ 265a) ist ebenfalls nicht erfüllt; ein *Erschleichen* der Leistung i.S. dieser Vorschrift setzt voraus, daß der Automat ordnungswidrig, also unter Mißachtung der für seine Benutzung geltenden Regeln in Betrieb genommen wird (näher unten § 15 II 2a).

Der Mißbrauch einer Geldautomatenkarte durch Unbefugte mit dem Willen zur alsbaldigen Rückgabe an den Berechtigten erfüllte hiernach bislang keinen Straftatbestand (soweit nicht ausnahmsweise im Rahmen einer Vermögensfürsorgepflicht für eine Untreue gemäß § 266 Raum blieb). Insoweit bestand eine Strafbarkeitslücke, die seit dem 1. 8. 1986 durch den neuen **Straftatbestand des Computerbetruges** (§ 263a) geschlossen worden ist. Diese durch das 2. WiKG in das StGB eingefügte Vorschrift erfaßt auch die mißbräuchliche Verwendung von Geldautomatenkarten. Sie bedroht u.a. den mit Strafe, der vorsätzlich und mit Bereicherungsabsicht das Vermögen eines anderen dadurch beschädigt, daß er das Ergebnis eines Datenverarbeitungsvorganges durch die **unbefugte Verwendung von Daten** beeinflußt (vgl. BT-Drucks. 10/5058 S. 30; *Möhrenschlager*, wistra 86, 128, 133; näher unten § 13 V 2).

Dem Meinungsstreit in Rechtsprechung und Rechtslehre zur erwähnten Strafbarkeitslücke ist damit vom Gesetzgeber in sachgerechter Weise ein Ende gesetzt worden. Alle Bemühungen, die Existenz einer solchen Gesetzeslücke zu leugnen und sie durch die Annahme zu verhindern, daß bezüglich des ausgezahlten Geldbetrages ein **Diebstahl** (so LG Karlsruhe NJW 86, 948; AG Gießen NJW 85, 2283; *Gropp*, JZ 83, 487; *Lenckner/ Winkelbauer*, wistra 84, 83; *Schroth*, NJW 81, 729) oder eine **Unterschlagung** gegeben sei (so AG Hamburg NJW 86, 945; *Kleb-Braun*, JA 86, 249, 260; *Ranft*, JA 84, 1), entbehrten einer tragfähigen Grundlage und vermochten auch den Gesetzgeber nicht zu überzeugen (siehe dazu *Huff*, NJW 86, 902; *Steinhilper*, GA 1985, 114; *Wessels*, BT-2, 8. Aufl. S. 38 m.w.N.).

g) Die **Grenzen der Sachwerttheorie** werden vielfach nicht richtig erkannt. Wie notwendig es ist, der Gefahr ihrer Ausuferung durch eine möglichst *restriktive* Handhabung zu begegnen, wird an weiteren (der Rechtsprechung entnommenen) Beispielen deutlich:

Fall 11: In einer Tageszeitung der Kleinstadt S ist folgende Anzeige erschienen: *Afghanischer Windhund entlaufen (Jungtier). Finderlohn 100 DM. Edelmann, Bahnhofstraße 11.*
Der Fliesenleger F, der die Zeitung bereits gelesen hat, findet auf dem Weg zur Arbeitsstelle das völlig erschöpfte Tier. Kurz entschlossen eilt er damit nach Hause zurück. Dort sperrt er den Hund im Hühnerstall ein, um ihn dem E am Abend zurückzubringen.
Der im Nachbarhaus wohnende Rentner R hat den Vorgang beobachtet. Da er es auch auf die Belohnung abgesehen hat, bricht er die Tür zum Hühnerstall auf, holt den Hund heraus und bringt ihn zu E, wo er sich unter falschem Namen als Finder ausgibt und den Finderlohn kassiert.
Hat R einen Diebstahl begangen?

Der Hund stand im Eigentum des E, war für R also eine fremde bewegliche Sache. Durch das Entlaufen war er zwar gewahrsamslos, nicht aber *herrenlos* geworden.

Haustiere sind **zahme** Tiere, an denen das Eigentum nur durch **Dereliktion** (§ 959 BGB) aufgegeben werden kann. § 960 BGB betrifft lediglich *wilde* und *gezähmte* (= von Natur aus wilde) Tiere.

F hatte den Hund gefunden und in seinen Gewahrsam genommen. Diesen Gewahrsam hat R gebrochen; mit der Begründung neuen – hier eigenen – Gewahrsams durch ihn war die Wegnahme vollendet.
Daß R den objektiven Tatbestand des § 242 *vorsätzlich* verwirklicht hat, darf man unbedenklich annehmen. An der **Zueignungsabsicht** fehlt es hingegen aus folgenden Gründen: R hat sich zu keinem Zeitpunkt eine Eigentümerstellung angemaßt. Er wollte sich – wie geschehen – nur **als Finder** ausgeben und den Hund seinem wirklichen Eigentümer zuführen, und zwar *als dem E gehörend* (= in Anerkennung des fremden Eigentums).

Zivilrechtlich betrachtet hat R den Hund nicht in Eigenbesitz (§ 872 BGB) genommen, vielmehr – wenngleich auf widerrechtliche Weise (§ 858 BGB) – **Fremdbesitz** zugunsten des Eigentümers E begründet und bis zur Ablieferung des Hundes ausgeübt.

Wille und Verhalten des R waren ausschließlich auf die Erlangung des öffentlich ausgelobten **Finderlohns** (§§ 657, 971 BGB), nicht aber auf eine *Aneignung* des Hundes und eine *Enteignung* des E gerichtet. § 242 scheidet demnach in subjektiver Hinsicht aus.

§ 2 IV 4

Auch mit Sachwerterwägungen läßt sich eine Zueignungsabsicht des R nicht begründen: Der **Finderlohn**, auf den R es abgesehen hatte, war zwar an den **Besitz des Hundes** geknüpft, jedoch kein im Hund selbst verkörperter Sachwert. Selbst wenn man insoweit von einem *Fundwert* sprechen will, handelt es sich dabei (anders als bei dem *Veräußerungswert* einer geldwerten Sache) nicht um einen mit der Sache nach ihrer **Art** und **Funktion** unmittelbar verbundenen *„spezifischen"* Wert, der Gegenstand eines Zueignungsdelikts sein könnte (vgl. RGSt 55, 59; *Eser,* Strafrecht IV, S. 32; *Maurach-Schroeder,* BT § 34 III C 1c, bb).

Im Fall 11 hat R daher keinen Diebstahl begangen. § 289 entfällt ebenfalls, weil R nur seinen eigenen Vorteil, nicht den des E im Auge hatte (vgl. unten § 12 I 3). In Betracht kommt aber ein **Betrug** zum Nachteil des F, dessen Finderlohnanspruch nicht schon mit der Wegnahme des Hundes, sondern erst dadurch erloschen ist, daß der gutgläubige E den R für den Finder gehalten und die 100 DM an ihn gezahlt hat. Damit ist E auch dem wirklichen Finder F gegenüber **frei** geworden (= § 851 BGB analog; vgl. Erman-*Hefermehl*, BGB, § 971 Rdnr. 1). E selbst hat keinen Schaden erlitten, denn die Hingabe der 100 DM wird durch das Freiwerden von seiner Verbindlichkeit dem F gegenüber ausgeglichen (= Problem der „Schadenskompensation"). Da der Getäuschte nicht zugleich der Geschädigte sein muß (= bei § 263 müssen nur der *Getäuschte* und der *Verfügende* personengleich sein), spielt es keine Rolle, wen R für den Benachteiligten gehalten hat (= den E oder den F). Für seinen Betrugsvorsatz genügt die Vorstellung, daß ein anderer unmittelbar durch die Verfügung des E geschädigt wurde, auf dessen Kosten ihm die erstrebte Bereicherung in Gestalt der 100 DM zufloß. Soweit es um das Betreten des Hühnerstalls geht, dessen Tür R aufgebrochen hat, sind die Voraussetzungen der §§ 123, 303 erfüllt.

Ähnlich liegen die Dinge zu § 242 bei der **Entwendung von Dienstgegenständen** unter Soldaten zwecks späterer Rückgabe auf der „Kleiderkammer", wie etwa im **Dienstmützenfall:**

Fall 12: S ist Soldat der Bundeswehr. Eines Tages ist ihm auf ungeklärte Weise die Dienstmütze abhanden gekommen. Um sich die lästige Verlustmeldung zu ersparen und einer etwaigen Ersatzpflicht zu entgehen, entwendet er seinem Kameraden K, der für einige Tage im Lazarett liegt, dessen Dienstmütze aus dem verschlossenen Spind. Entsprechend seinem Tatplan benutzt S diese Mütze, bis er sie am Ende des Wehrdienstes mit den sonstigen Ausrüstungsgegenständen auf der Bekleidungskammer abgibt.

Strafbarkeit nach § 242?

Der objektive Tatbestand des § 242 ist auch hier erfüllt. Militärische Ausrüstungsgegenstände sind für den Soldaten *fremde* Sachen, da sie ihm nicht zu Eigentum, sondern nur zum dienstlichen Gebrauch überlassen werden. Wie die Gewahrsamsverhältnisse zu beurteilen sind, hängt von den konkreten Umständen ab (vgl. *Wessels*, JZ 65, 631 ff. Fußnote 14). Ob K Allein- oder Mitgewahrsam an der Dienstmütze hatte, kann offen bleiben, da sich dadurch am Vorliegen einer **Wegnahme** durch S nichts ändert.

Innerhalb des subjektiven Tatbestandes erscheint wiederum die Frage der **Zueignungsabsicht** problematisch. In mehreren gerichtlichen Entscheidungen ist sie unter Zuhilfenahme der Sachwerttheorie mit dem Hinweis darauf bejaht worden, daß S die dem K entwendete Dienstmütze zur *Tilgung einer eigenen Verbindlichkeit* (= Pflicht zur Rückgabe der ihm bei Dienstantritt ausgehändigten Bekleidungsstücke) und zur *Abwehr eines Schadensersatzanspruchs* benutzt habe (OLG Frankfurt NJW 62, 1879; OLG Hamm NJW 64, 1427). Dem kann jedoch nicht zugestimmt werden: An der Zueignungsabsicht **fehlt** es schon deshalb, weil S sich keinerlei Eigentümerrechte angemaßt, die Mütze nie als ihm selbst, sondern stets *als dem Bund gehörend* besessen und zu keinem Zeitpunkt auch nur den Eindruck einer Eigentumsleugnung erweckt hat. Im übrigen gilt zu den Sachwertgesichtspunkten das oben im Fall 11 Gesagte entsprechend (näher BGHSt 19, 387; OLG Celle NdsRpfl 64, 230; OLG Stuttgart NJW 79, 277; *Eser*, JuS 64, 477; *Wessels*, JZ 65, 631; vgl. ferner *Rudolphi*, Anm. JR 85, 252). Auch hier kommt lediglich eine Bestrafung wegen Betruges in Betracht, wobei vor allem die subjektiven Voraussetzungen des § 263 kritisch zu prüfen sind.

h) Wie die erörterten Beispiele zeigen, bedarf es angesichts der Vielgestaltigkeit des deliktischen Zugriffs auf fremde Sachen stets einer *differenzierten* Beurteilung, bei der die **einzelnen Kriterien des Zueignungsbegriffs** je nach den Besonderheiten der unterschiedlichen Fallgruppen mehr oder weniger stark in den Vordergrund treten.

> Abgrenzungsschwierigkeiten sind dabei unvermeidlich. Keine noch so ausgeklügelte Definition und kein noch so tiefgründig erforschter Oberbegriff der *„Eigentumsverletzung"* vermag etwas daran zu ändern, daß die Problemfülle der Zueignungsstraftaten nicht mit einem Schlag zu bewältigen ist und daß es im Überschneidungsbereich der Tatbestände untereinander wie gegenüber straflosen Verhaltensweisen keine Lösungen mit schlechthin zwingender Überzeugungskraft gibt.

Beispiele dafür bilden die nachfolgend genannten **Grenzfälle** aus gerichtlichen Entscheidungen, die zum **ergänzenden Selbststudium** geeignet sind:

> Entwendung eines zur Auslieferung bereitgestellten **Warenpakets** zu dem Zweck, es dem Adressaten als angeblicher *Bote* des Verkäufers zu überbringen, den Kaufpreis zu kassieren und diese für sich zu verwenden: BayObLG JR 65, 26 mit abl. Anm. *Schröder;* dem BayObLG zustimmend *Tenckhoff*, JuS 80, 723; *Wessels*, NJW 65, 1153.
>
> Entwendung eines **Taschenbuch-Kriminalromans** aus dem Verkaufsstand eines Warenhauses in der (unwiderlegten) Absicht, das Buch nach dem Lesen dort wieder einzustellen (= Entziehung des *Neuverkaufswertes*?): OLG Celle JZ 67, 503 = NJW 67, 1921 mit abl. Anm. *Deubner* = JR 67, 389 mit abl. Anm. *Schröder;* vgl. dazu ferner *Androulakis*, JuS 68, 409; *Widmann*, MDR 69, 529; z.T. fragwürdig *Gribbohm*, NJW 68, 1270 mit dem Vorschlag, den Zueignungsbegriff um das Problem der *„Stoffgleichheit"* aus dem Betrugstatbestand anzureichern; zutreffend dagegen *Tenckhoff*, JuS 80, 723, 724.
>
> Wegnahme eines **Verwarnungszettels** von der Windschutzscheibe eines anderen Autos, um ihn zwecks Täuschung der Ordnungshüter an dem in der Parkverbotszone abgestellten eigenen Kraftwagen anzubringen und später den vorherigen Zustand wieder herzustellen: OLG Hamburg NJW 64, 736; *Baumann*, NJW 64, 705; *Ilse Schünemann*, JA 74, 37 (sehr lehrreich).
>
> Wegnahme und heimliches Zurücklegen einer zwischenzeitlich vervollständigten Teilnahmekarte durch einen Firmenangestellten im **„Esso-Tiger-Lottospiel"**: OLG Stuttgart NJW 70, 672 mit – mich mißverstehender – Anm. *Widmaier;* zutreffend zur Fallbeurteilung *Blei*, Prüfe dein Wissen (BT/1), 8. Aufl., Fall 356 S. 218.
>
> Zur Entnahme von Benzin an **Tankstellen mit Selbstbedienung** ist umstritten und noch nicht abschließend geklärt, ob die Übereignung des Benzins nach § 929 BGB schon beim **Einfüllen des Kraftstoffs** (so OLG Düsseldorf JR 82, 343; *Herzberg*, NJW 84, 896; *derselbe*, NStZ 83, 251 und JA 80, 385; *Seier*, JA 82, 518) oder erst bei **Zahlung des Kaufpreises** an der Kasse erfolgt (so OLG Hamm NStZ 83, 266; *Borchert/Hellmann*, NJW 83, 2799; *Charalambakis*, MDR 85, 975; *Deutscher*, JA 83, 125 und Anm. NStZ 83, 507; *Gauf*, Anm. NStZ 83, 505; *Ranft*, JA 84, 1, 4; Sch-Sch-*Eser*, StGB, § 246 Rdnr. 7; offengelassen in BGH NJW 83, 2827). Für die letztgenannte Auffassung spricht neben der Interessenlage die Vergleichbarkeit dieser Fälle mit dem Eigentumserwerb an Waren im Selbstbedienungsladen. Die strafrechtliche Beurteilung hängt allerdings von den jeweils gegebenen Tatumständen ab: Ist der Täter von Anfang an zahlungsunwillig, liegt in seinem Verhalten eine konkludente Täuschung des ihn beobachtenden Tankstellenpersonals; das

§ 2 IV 5

irrtumsbedingte **Zulassen des Tankens** führt hier zur Anwendbarkeit des § 263 (= sog. Besitzbetrug; näher BGH NJW 83, 2827; 84, 501). Faßt der Täter bei Anwesenheit des Tankstellenpersonals erst nach der Benzinentnahme den Entschluß, sich ohne Zahlung des Kaufpreises unbemerkt zu entfernen, ist Raum für eine Unterschlagung des Kraftstoffs (§ 246), es sei denn, daß der Täter sich durch Irreführung des Tankstellenpersonals der Realisierung des Zahlungsanspruchs entzieht; im letztgenannten Fall greift wiederum § 263 ein (OLG Düsseldorf JR 85, 207). Nutzt der zahlungsunwillige Täter dagegen eine momentane Abwesenheit des Tankstellenpersonals zum heimlichen, unbemerkt bleibenden Tanken aus, kommt mangels Täuschung und mangels einverständlicher Gewahrsamsübertragung ein Diebstahl in Betracht (§ 242 bzw. §§ 242, 22; zutreffend *F. C. Schroeder*, JuS 84, 846; anders *Charalambakis*, der a.a.O. S. 978 auch bei dieser Sachlage Unterschlagung annimmt).

Zur eigenmächtigen **In-Pfand-Nahme** von Sachen zwecks Durchsetzung einer Forderung und zu den dabei auftauchenden Rechtsfragen siehe BGH NJW 82, 2265; *Bernsmann*, NJW 82, 2214.

5. Die erstrebte **Zueignung** muß objektiv **rechtswidrig** sein. Nach h.M. fehlt es daran, wenn ihr ein *fälliger* und *einredefreier* **Anspruch auf Übereignung** der weggenommenen Sache zugrunde liegt. Das vom Täter verfolgte **Ziel** widerspricht dann im Endergebnis nicht der Rechtsordnung, mag der zur Realisierung beschrittene Weg und der Einsatz **unerlaubter Mittel** auch zu mißbilligen, ggf. sogar als Nötigung (§ 240) strafbar sein (vgl. RGSt 64, 210; BGHSt 17, 87; BGH GA 1966, 211; 1968, 121; OLG Schleswig StrVert 86, 64; LK-*Heimann-Trosien*, StGB, § 242 Rdnr. 69 ff.; *Samson*, JA 80, 285, 292; Sch-Sch-*Eser*, StGB, § 242 Rdnr. 59; anders *Bockelmann*, BT/1 S. 23; *Hirsch*, JZ 63, 149; *Welzel*, Lb S. 346, wonach zusätzlich die Voraussetzungen *erlaubter Selbsthilfe* notwendig sein sollen; eingehend dazu *Mohrbotter*, GA 1967, 199).

Hiernach ist die Rechtswidrigkeit der beabsichtigten **Zueignung** (= *normatives* Tatbestandsmerkmal) von der Rechtswidrigkeit der **Wegnahme** (= allgemeines Verbrechensmerkmal) sorgfältig zu unterscheiden. Verbotene Eigenmacht (§ 858 BGB) macht zwar die Wegnahme, nicht aber ohne weiteres auch die erstrebte Zueignung rechtswidrig (BGH GA 1968, 121).

Bei **Gattungsschulden** ist zu beachten, daß der Anspruch des Gläubigers sich vor erfolgter Konkretisierung (§ 243 II BGB) nicht auf *bestimmte* Sachen, sondern nur auf die Leistung von Sachen **mittlerer Art und Güte** richtet (§ 243 I BGB). Verletzt der Gläubiger hier das **Auswahlrecht** des Schuldners, indem er sich eigenmächtig aus der Gattung befriedigt, so ist außer der Wegnahme auch die angestrebte Zueignung objektiv rechtswidrig. Ob **Geldschulden** als *Wertsummenverbindlichkeit* eine Sonderstellung einnehmen oder wie **Gattungsschulden** zu behandeln sind, falls es nicht ausnahmsweise um die Lieferung einer bestimmten Geldsorte oder um individualisierte Münzen und Geldscheine geht, ist umstritten. Während die Rechtsprechung vom Charakter der Geldschuld als **Gattungsschuld** ausgeht, aber im **Irrtumsbereich** Besonderheiten zugunsten des zur Eigenmacht greifenden Täters gelten läßt (BGHSt 17, 87; BGH GA 1962, 144; 1966, 211; 1968, 121), gewinnt in der Rechtslehre die **Wertsummentheorie** an Boden, wonach schon die *objektive Rechtswidrigkeit* der Zueignung entfallen soll, wenn der Täter einen fälligen **Anspruch auf die Wertsumme** der weggenommenen Münzen oder Geldscheine hat (näher *Roxin*, H. Mayer-Festschr. S. 467; *Ebel*, JZ 83, 175; *Eser*, Strafrecht IV, S. 40; *Lackner*, StGB, § 242 Anm. 5d; LK-*Heimann-Trosien*, StGB, § 242 Rdnr. 71; SK-*Samson*, StGB, § 242 Rdnr. 86). Für diese

Auffassung spricht, daß es unter den genannten Voraussetzungen in aller Regel an einer *materiellen Interessenverletzung* fehlt, weil das in § 243 I BGB dem Schuldner vorbehaltene Auswahlrecht bei Geldschulden praktisch bedeutungslos ist. Auf **vertretbare Sachen** schlechthin trifft das in dieser Allgemeinheit jedoch nicht zu (bedenklich daher *Gribbohm,* NJW 68, 240). Es ginge auch zu weit, alle Fälle des *eigenmächtigen Geldwechselns* pauschal aus dem „Schutzbereich der Norm" des § 242 herauszunehmen (a.A. *Krey,* BT/2 Rdnr. 48), da einem solchen Verhalten berechtigte Interessen des Geldeigentümers oder des Kassenverwalters entgegenstehen können und ein Rückgriff auf den Rechtfertigungsgrund der **mutmaßlichen Einwilligung** insoweit zu sachgerechteren Lösungen führt.

In bezug auf die **Rechtswidrigkeit** der **Zueignung** genügt einfacher Vorsatz unter Einschluß des *dolus eventualis* (RGSt 49, 140; Sch-Sch-*Eser,* StGB, § 242 Rdnr. 63). Die Absicht *rechtswidriger* Zueignung ist zu verneinen, wenn der Täter **irrtümlich glaubt,** einen fälligen und einredefreien Anspruch gerade auf die weggenommene Sache zu haben (§ 16 I 1).

> Die irrige Annahme, daß ein solcher Anspruch auch bei der **nicht konkretisierten Gattungsschuld** bestehe, ist **Verbotsirrtum.** Bei **Geldschulden** baut die Rechtsprechung dem Täter jedoch insofern *goldene Brücken,* als sie seine Fehlvorstellung in großzügiger Weise dem Tatbestandsirrtum gleichzustellen pflegt (vgl. BGHSt 17, 87; BGH GA 1962, 144; 1966, 211; 1968, 121; OLG Schleswig StrVert 86, 64).
>
> Weiß der Täter nicht, daß ihm ein fälliger und einredefreier Anspruch auf Übereignung der weggenommenen Sache (z. B. aufgrund eines Vermächtnisses gemäß § 2174 BGB) zusteht, kommt lediglich ein *untauglicher* Versuch des § 242 in Betracht.

6. Die Absicht rechtswidriger Zueignung muß schon **bei der Wegnahme** vorhanden sein; wird sie erst später gefaßt, kommt nur Unterschlagung in Betracht (BGHSt 16, 190; BGH GA 1960, 82; 1962, 78).

§ 3 BESONDERS SCHWERE FÄLLE DES DIEBSTAHLS

> Fall 13: Auf dem Abstellgleis eines Kleinbahnhofs steht ein beladener Güterzug mit einem Pack- und Paketwagen älterer Bauart. Nach Einbruch der Dunkelheit verschafft A sich Zugang zu diesem Wagen, indem er dessen Rolltür mit einem Stemmeisen aus der Laufschiene hebt, ein Stück zur Seite drückt und sich durch den schmalen Spalt ins Wageninnere zwängt. Dort entwendet er einen verschlossenen Reisekoffer und ein fest verschnürtes Paket, das die Beschriftung einer bekannten Bekleidungsfirma trägt und mehrere elegante Kleider enthält, mit denen A seine Freundin F zu überraschen gedenkt.
>
> Nachdem er zunächst den Koffer in Sicherheit gebracht hat, kriecht A kurz vor Mitternacht mit dem Paket durch ein offenes, alsbald entriegeltes Kippfenster in den Keller des Einfamilienhauses, das F mit ihren Eltern bewohnt. Sodann schleicht er im Licht seiner Taschenlampe in das Obergeschoß zum Zimmer der F, um ihr die Kleider zu überbringen und – wie er hofft – dafür zärtlich belohnt zu werden. Im Hause ist jedoch niemand anwesend; F hatte nämlich mit ihren Eltern einen Ausflug unternommen. Mißmutig schaut A in die einzelnen Räume, bis er – einer plötzlichen Eingebung folgend – im Elternschlafzimmer den Wäscheschrank durchsucht. Dort findet er einen zugeklebten Briefumschlag mit einem größeren Geldbetrag, den er sogleich öffnet und dessen Inhalt er an sich nimmt.

§ 3 I 1, 2

Als er das Haus verlassen hat, hält A nach einer Fahrmöglichkeit Ausschau. Er begibt sich zum Geräteschuppen des Nachbarhauses, in dem mehrere Räder stehen und dessen Schlüssel – wie er weiß – in einem Versteck unter der Dachrinne zu liegen pflegt. Nachdem er ein Fahrrad herausgeholt, die Tür wieder verschlossen und den Schlüssel in das Versteck zurückgelegt hat, radelt er heimwärts. In der Nähe seiner Wohnung wirft er das fremde Rad, wie von Anfang an geplant, in ein Gebüsch. Am anderen Morgen widmet er sich der Aufgabe, den erbeuteten Koffer ohne Beschädigung zu öffnen, was ihm auch gelingt. Den Inhalt veräußert er, soweit er dafür keine eigene Verwendung hat.

Inwieweit wird das Verhalten des A durch §§ 242, 243 erfaßt?

Die Entwendung der genannten Sachen, auch des nur zeitweilig gebrauchten, aber *wahllos preisgegebenen* Fahrrades, erfüllt in objektiver wie in subjektiver Hinsicht alle Voraussetzungen des **Diebstahls** (§ 242). Näher zu prüfen ist die Anwendbarkeit des § 243 I Nr. 1, 2.

I. Die Reform des § 243 und die Bedeutung der Regelbeispielsmethode

1. Die heutige Fassung des § 243, der für *besonders schwere Fälle* des Diebstahls einen höheren Strafrahmen zur Verfügung stellt, beruht auf dem 1. StrRG vom 25. 6. 1969 und dem EGStGB vom 2. 3. 1974. Die Reform dieser Vorschrift ist gekennzeichnet durch den Übergang von der *tatbestandlich* geformten **kasuistischen Methode** zur flexibel gehaltenen **Regelbeispielsmethode**.

§ 243 a.F. enthielt eine **zwingende** Regelung und eine **abschließende** Umschreibung bestimmter Erschwerungsgründe in Form eines **Qualifikationstatbestandes**, dessen Verwirklichung die Tat zum *Verbrechen* werden ließ. Die Nachteile dieser ursprünglich starren Kasuistik, die zu merkwürdigen und oft ungerechten Ergebnissen führte, waren größer als der Gewinn an Rechtssicherheit, dem die früher bevorzugte kasuistische Tatbestandsabwandlung ihre dominierende Rolle in der Gesetzestechnik verdankte (vgl. *Wessels,* Maurach-Festschr. S. 295). Infolgedessen ist der Reformgesetzgeber in zunehmendem Maße zur Regelbeispielsmethode übergegangen, die elastischer ist und im konkreten Fall gerechtere Ergebnisse verbürgt, wenngleich sich nicht leugnen läßt, daß sie mit einer gewissen Einbuße an Rechtssicherheit verbunden ist (näher *Arzt,* JuS 72, 385 ff.; *Blei,* Heinitz-Festschr. S. 419; *Corves,* JZ 70, 156; *Maiwald,* NStZ 84, 433; *Wessels,* aaO. und AT § 4 II 1).

2. § 243 n.F., dessen Absatz 2 ebenso wie die Umbenennung der „schweren" Fälle in „*besonders schwere*" Fälle auf dem EGStGB beruht (= in Kraft ab 1. 1. 1975), kennt **keine zwingende Regelung** und **keine abschließende Aufzählung** der Erschwerungsgründe mehr. Nach seiner jetzigen Fassung ist ein *besonders schwerer Fall* des Diebstahls **nicht immer,** aber auch **nicht nur dann** anzunehmen, wenn ein erschwerender Umstand i.S. des § 243 I Nr. 1–6 erfüllt ist. Die Verwirklichung eines solchen **Regelbeispiels** hat lediglich **indizielle** Bedeutung. Dies besagt, daß beim Vorliegen eines Regelbeispiels die Bejahung und bei seinem Fehlen die Verneinung eines *besonders schweren Falles* angezeigt (= *indiziert*) ist. Ersteres pflegt man den Eintritt der **Regelwirkung** zu nennen.

Bildlich gesprochen stehen die Regelbeispielsgruppen zwischen den *tatbestandlichen* Qualifikationen (z.B. im Sinne des § 244) und den *unbenannten* Strafänderungsgründen (Beispiele: §§ 212 II, 263 III, 266 II, 267 III). Ihre Umschreibung im Gesetz ähnelt zwar derjenigen von Tatbestandsmerkmalen; sachlich fehlt ihnen aber der „Tatbestands"-Charakter, für den das Vorliegen einer *zwingenden* und *abschließenden* Regelung unerläßlich ist (vgl. BGHSt 29, 359, 368; *Wessels,* AT § 4 II 1).

§ 3 I 2

Die h.M. erblickt in den Regelbeispielen mit Recht nur **Strafzumessungsregeln,** deren Bedeutung sich auf die Auswahl des **Strafrahmens** und auf das **Strafmaß** beschränkt (BGHSt 23, 254; 26, 104; 33, 370; OLG Stuttgart NStZ 81, 222; anders, aber unrichtig *Calliess,* JZ 75, 112; *Jakobs,* AT 6/99). Daraus folgt, daß § 16 I auf vorsatzbezogene Regelbeispiele wie die des § 243 I nicht unmittelbar, sondern *entsprechend* anzuwenden ist.

> Ob der Richter das Vorliegen eines *besonders schweren Falles* in der **Urteilsformel** oder allein in den Urteilsgründen zum Ausdruck bringt, liegt bei der Verurteilung von Erwachsenen in seinem Ermessen (BGH NJW 70, 2120; *Börtzler,* NJW 71, 682; *Wessels,* Maurach-Festschr. S. 295, 308). Die abweichende Ansicht in BGHSt 23, 254 ist seit BGH MDR 75, 543 (bei *Dallinger*) aufgegeben. Bei Anwendung des Jugendstrafrechts hat ein solcher Ausspruch im Urteilstenor jedoch zu unterbleiben (BGH MDR 76, 769).

Die **Regelbeispielsmethode** fußt auf dem Grundsatz der **Gesamtwürdigung** von **Tat und Täter** (vgl. BGHSt 28, 318; 29, 319). Sind die Merkmale eines Regelbeispiels erfüllt, tritt die sog. **Regelwirkung** ein. Die ihr entsprechende Annahme eines *besonders schweren Falles* bedarf im Urteil keiner weiteren (= zusätzlichen) Begründung, weil sie sich mit der generellen gesetzlichen Bewertung deckt. Der Richter hat allerdings zu prüfen, ob nicht besondere Umstände innerhalb des Tatgeschehens oder in der Person des Täters vorliegen, die den Unrechts- oder den Schuldgehalt der Rechtsverletzung so sehr mindern, daß die indizielle Wirkung des Regelbeispiels erschüttert ist. Wo das zutrifft, ist die Abweichung von der Regel zulässig, vom Richter aber näher zu begründen (§ 267 III 3 StPO; BayObLG JZ 73, 384).

Fehlt es an den Voraussetzungen eines Regelbeispiels, wie etwa im Rahmen des § 243 I Nr. 1 deshalb, weil das Verhalten des Täters weder als *Einbrechen* noch als *Einsteigen* anzusehen ist oder weil er das Gebäude nicht mit Hilfe eines falschen, sondern des richtigen Schlüssels betreten hat, so scheidet die Bejahung eines *besonders schweren Falles* in der Regel aus, ohne daß dies im Urteil näher zu begründen wäre. Der Richter ist hier aber **nicht gehindert,** das Vorliegen eines *besonders schweren Falles* anzunehmen, wenn **sonstige** – im Gesetz nicht erfaßte – Erschwerungsgründe hinzukommen, die dem Leitbild der Regelbeispiele qualitativ entsprechen und die den Unrechts- **und** Schuldgehalt der Tat so sehr steigern, daß die Anwendung des normalen Strafrahmens unangemessen wäre (vgl. BGHSt 29, 319; *Dreher-Tröndle,* StGB, § 46 Rdnr. 45; *Lackner,* StGB, § 46 Anm. 2b; *Wessels,* Maurach-Festschr. S. 295, 302).

> Im Fall BGHSt 29, 319 hatten mehrere Beamte der Deutschen Bundesbank, die mit der Aussonderung und Vernichtung nicht mehr umlauffähiger (verschmutzter oder beschädigter) Geldscheine befaßt waren, zum Verbrennen bestimmte Banknoten im Gesamtbetrag von mehr als 2 Millionen DM durch raffiniertes Zusammenwirken entwendet und unter sich aufgeteilt. In der ersten Instanz waren sie nur wegen *einfachen* Diebstahls verurteilt worden. Der BGH beanstandete die Nichtanwendung des § 243 I mit folgenden Hinweisen: Auch bei Fehlen eines Regelbeispiels könne ein *besonders schwerer Fall* des Diebstahls gegeben sein. Maßgebend dafür sei, ob das **gesamte Tatbild** einschließlich aller subjektiven Momente und der **Täterpersönlichkeit** vom Durchschnitt der gewöhnlich vorkommenden Fälle so sehr abweiche, daß die Anwendung des strengeren Ausnahmestrafrahmens geboten sei. Die Annahme eines solchen Falles könne unter den hier gegebenen Umständen deshalb naheliegen, weil die Täter als **Amtsträger** Sachen von **besonders hohem Wert** gestohlen hätten, die ihnen in ihrer Eigenschaft als Amtsträger zugänglich gewesen seien. Neben der Frage, in welchem Maße das Opfer durch den Diebstahl getroffen werde, falle hier ins Gewicht, daß das Vertrauen der Allgemeinheit in die Integrität der Deutschen

§ 313

Bundesbank als Hüterin der Währung durch eine derartige „Selbstbedienung" ihrer Beamten nachhaltig beeinträchtigt werde.

Einen *Versuch* des § 243 *als solchen* gibt es begrifflich nicht, da diese Vorschrift als Strafzumessungsregel keinen Tatbestand bildet. Der **Versuch eines Diebstahls** (§§ 242 II, 22) kann unter den Voraussetzungen des § 243 I aber durchaus einen *besonders schweren Fall* darstellen (vgl. OLG Köln MDR 73, 779). Der Eintritt der **Regelwirkung** sollte hier allerdings von der *vollständigen* Verwirklichung des Regelbeispiels abhängig gemacht und nicht schon deshalb bejaht werden, weil der *Wille* dazu vorhanden war.

Ebenso die bislang h.M.; vgl. BayObLG JR 81, 118; OLG Düsseldorf NJW 83, 2712; OLG Stuttgart NStZ 81, 222; *Blei*, BT § 54 III; *Bockelmann*, BT/1 S. 29; *Kadel*, Anm. JR 85, 386; *Krey*, BT/2 Rdnr. 110; *Lackner*, StGB, § 46 Anm. 2b, dd; *Lieben*, NStZ 84, 538; *v. Löbbecke*, MDR 73, 374; Sch-Sch-*Eser*, StGB, § 243 Rdnr. 44; *Sternberg-Lieben*, Jura 86, 183; *Wessels*, Maurach-Festschr. S. 295, 306.

Anders jetzt BGHSt 33, 370; *Fabry*, NJW 86, 15; *Maurach-Schroeder*, BT § 34 IV B 3b; *Zipf*, Anm. JR 81, 119.

Kritisch zum Standpunkt des BGH *Arzt*, Anm. StrVert 85, 104; *Küper*, JZ 86, 518; siehe dazu auch die nachfolgend erörterten Fallbeispiele.

Auf einer ganz anderen Ebene liegt die Frage, **wann** der **Versuch beginnt** und ob das Versuchsstadium bereits dann erreicht ist, wenn der Täter noch nicht mit der eigentlichen Wegnahme begonnen, sondern erst zur Verwirklichung eines Regelbeispiels angesetzt hat. Akut wird das z.B. dort, wo der Täter während des Einbrechens oder Einsteigens überrascht und von der Tatvollendung abgehalten wird. Nach § 22 kommt es insoweit darauf an, ob im Beginn des *Einbrechens* oder *Einsteigens* ein **unmittelbares Ansetzen zur Verwirklichung des Diebstahlstatbestandes**, d.h. des § 242 liegt. Da § 22 jedoch auch Ausführungshandlungen erfaßt, die noch nicht selbst „tatbestandsmäßig" sind, aber im *unmittelbaren Vorfeld* der Tatbestandsverwirklichung liegen, kann die Grenze zwischen Vorbereitung und Versuch schon mit dem Beginn des Einbrechens, Einsteigens usw. überschritten sein, sofern dieses Ansetzen zur Tat nach dem Gesamtplan des Täters bei ungestörtem Verlauf *unmittelbar anschließend* zur „Wegnahme" i.S. des § 242 führen sollte (vgl. *Wessels*, AT § 14 II 2).

3. Anhand dieser Problemhinweise sind zum Rückgriff auf den Strafrahmen des § 243 und zum **Eintritt der Regelwirkung** bei Versuch und Vollendung 4 Fallgestaltungen zu unterscheiden:

a) Die Merkmale des Diebstahls (§ 242) und eines Regelbeispiels (§ 243 I Nr. 1–6) sind bei der zu beurteilenden Tat **jeweils vollständig** verwirklicht. Beispiel: A entwendet Schmuck und Bargeld aus dem Haus des B, dessen Kellertür er zu diesem Zweck mit einem Dietrich geöffnet hat.

Nach einhelliger Ansicht ist hier, gestützt auf den Eintritt der Regelwirkung, ein *besonders schwerer Fall* des Diebstahls (§§ 242, 243 I Nr. 1) zu bejahen, sofern nicht besondere Umstände, die in der Tat oder der Person des Täters liegen, die *indizielle* Bedeutung des Regelbeispiels entkräften.

b) Bei einem **Diebstahlsversuch** sind die Merkmale eines Regelbeispiels bereits voll verwirklicht worden. Beispiel: A ist zum Zweck des Diebstahls mit Hilfe eines Dietrichs in das Haus des B eingedrungen, wird aber gestört und ergreift die Flucht, bevor er etwas hat wegnehmen können.

§ 3 I 3

Gegen den Eintritt der Regelwirkung bestehen auch hier keine Bedenken (vgl. BGH NStZ 85, 217; a.A. nur *Arzt,* Anm. StrVert 85, 104 und JuS 72, 385, 517), so daß A wegen versuchten Diebstahls in einem *besonders schweren Fall* bestraft werden kann (§§ 242, 22 in Verbindung mit § 243 I Nr. 1). Zur Möglichkeit der Strafmilderung gemäß §§ 23 II, 49 I siehe OLG Köln MDR 73, 779.

c) Bei einem zur Vollendung gelangten Diebstahl ist die beabsichtigte Verwirklichung eines **Regelbeispiels** im Versuchsstadium steckengeblieben. Beispiel: Bei dem Versuch, die Kellertür am Haus des B mit einem Dietrich zu öffnen, stellt A zu seiner Überraschung fest, daß die Tür gar nicht abgeschlossen ist. So kommt er mühelos in das Gebäude hinein, aus dessen Räumen er Bargeld und Schmuck entwendet.

Als die früher geltende Fassung des § 243 noch *tatbestandliche* Qualifikationen mit einer abschließenden und zwingenden Regelung zum „schweren Diebstahl" enthielt, hätte man bei einem solchen Sachverhalt Tateinheit zwischen vollendetem einfachen Diebstahl (§ 242) und versuchtem schweren Diebstahl annehmen können (§§ 243 I Nr. 3, 43 a.F.). Diese Möglichkeit ist jetzt entfallen, da Regelbeispiele keine „Tatbestände" sind und § 22 das Ansetzen zu ihrer Verwirklichung nicht gesondert erfaßt. Einen vollendeten Diebstahl in einem *versuchten* „besonders schweren Fall" kennt das heute geltende Recht nicht; zwischen Straftat und Strafzumessungsregel gibt es außerdem kein Konkurrenzverhältnis. Fraglich kann daher nur sein, ob bei einem vollendeten Grunddelikt die Indizwirkung von Regelbeispielen auch dann durchgreift, wenn diese zwar nicht vollständig erfüllt sind, der Wille zu ihrer Realisierung aber bestand und in der Form des „Ansetzens" betätigt worden ist. BGHSt 33, 370 hat sich einer Stellungnahme dazu enthalten; mit der h.M. ist der Eintritt der Regelwirkung hier jedoch zu verneinen. Für den Unrechtsgehalt der Tat ist es nämlich keineswegs belanglos, ob der Täter ein erfolgsbezogenes Regelbeispiel vollständig verwirklicht oder dazu bloß angesetzt hat. Das zeigt ein Vergleich mit dem oben erörterten Beispiel a): Dort hat der Täter die Schutzvorkehrungen, die der Bestohlene zur Sicherung seines Gewahrsams getroffen hatte, erfolgreich überwunden; das Gefühl, gegen raffinierte Rechtsbrecher letztlich machtlos zu sein, belastet und verunsichert den Betroffenen gewiß noch lange Zeit. Im Beispiel c) brauchte A dagegen keine hinderliche Barriere zu überwinden; da B die Kellertür nicht verschlossen hatte, wird er sich sagen müssen, er habe es dem Täter durch eigene Nachlässigkeit leicht gemacht, bei ihm einzudringen und ihn zu bestehlen. Diesen Unterschied im Unwertgehalt der Tat würde man ignorieren und einebnen, wenn man den Eintritt der Regelwirkung in beiden Fällen ohne Rücksicht darauf bejahen wollte, daß die Voraussetzungen des § 243 I Nr. 1 allein im Beispiel a) vollständig erfüllt sind, während es im Beispiel c) am diesbezüglichen Erfolgsunwert fehlt. Das spricht dafür, im letztgenannten Fall bei der Verurteilung wegen **vollendeten Diebstahls** lediglich den Strafrahmen des § 242 anzuwenden, der weit genug ist, um gemäß § 46 II auch dem Umstand gerecht werden zu können, daß A zur Verwendung eines Dietrichs entschlossen war und dazu bereits angesetzt hatte (siehe dazu u.a. BayObLG JR 81, 118; *Küper,* JZ 86, 518, 525; *Sternberg-Lieben,* Jura 86, 183 m.w.N.).

d) Weder der geplante Diebstahl noch das in Aussicht genommene Regelbeispiel sind über das **Versuchsstadium** hinausgelangt. Beispiel: Bei dem Versuch, die Kellertür zum Haus des B mit einem Dietrich zu öffnen, ist der zum Stehlen entschlossene A überrascht und festgenommen worden.

§ 313

Vom Standpunkt der h.M. aus wäre A hier nur nach §§ 242 II, 22 zu bestrafen, während die Gegenansicht über die Regelwirkung des § 243 I Nr. 1 das Vorliegen eines versuchten Diebstahls in einem *besonders schweren Fall* bejaht (*Fabry*, NJW 86, 15; *Maurach-Schroeder*, BT § 34 IV B 3b; *Zipf*, Anm. JR 81, 119). Zu der letztgenannten Auffassung hat sich inzwischen auch der BGH bekannt, der sich dabei in BGHSt 33, 370 auf folgende Erwägungen stützt:

> Dem Gesetz sei keine eindeutige Antwort auf die umstrittene Frage zu entnehmen. Es sei daher notwendig, auf allgemeine Grundsätze des Strafrechts zurückzugreifen und das Ergebnis auf seine Vereinbarkeit mit ihnen zu überprüfen. § 23 II besage in dieser Hinsicht wenig. Immerhin gehe daraus der Wille des Gesetzgebers hervor, eine versuchte Tat, sofern sie strafbar sei, prinzipiell derselben Strafdrohung zu unterwerfen wie die vollendete Tat. Der Strafrahmen bestimme sich insoweit nach dem jeweiligen Tatentschluß. Im übrigen liege es nahe, Regelbeispiele weitgehend wie Tatbestandsmerkmale zu behandeln, da sie jedenfalls *tatbestandsähnlich* seien und sich im Wesen nicht tiefgreifend von selbständigen Qualifikationstatbeständen unterschieden. Die Ansicht, die für den Eintritt der Regelwirkung und die Anwendbarkeit des strengeren Strafrahmens bei einer nur *versuchten* qualifizierenden Handlung **den Tatentschluß** für maßgebend halte, stehe nicht in Widerspruch zu den Grundsätzen des Strafzumessungsrechts und den Zielvorstellungen des Gesetzgebers. Grundlage der Strafzumessung sei die Schuld des Täters, die sich im wenigstens teilweise ausgeführten Tatentschluß widerspiegele. Sinn der Reform des § 243 sei es nicht gewesen, die Reichweite der einzelnen Erschwerungsgründe einzuschränken und z. B. den versuchten Einbruch von der Qualifizierung auszunehmen. Der Gesetzgeber habe den Tatrichter vielmehr nur von der früher geltenden strengen Bindung an den schärferen Strafrahmen freistellen wollen. Die Rechtsauffassung des BGH ermögliche es, § 243 in Fällen des *versuchten* Diebstahls einfach und einheitlich anzuwenden, so daß es bei der Bestrafung nicht darauf ankomme, ob der Erschwerungsgrund an eine Handlung des Täters (§ 243 I Nr. 1 und 6) oder an eine Eigenschaft des Diebstahlsobjekts gebunden sei (§ 243 I Nr. 2 und 5).

Der Hinweis des BGH auf die Praktikabilität seiner Rechtsauffassung hat aus der Sicht der Strafrechtspraxis gewiß ein nicht zu unterschätzendes Gewicht. Dieser Vorteil wiegt indessen die Bedenken nicht auf, die gegen den Standpunkt des BGH sprechen. Im Endeffekt läuft dessen Grundsatzentscheidung auf eine Korrektur des Gesetzes, d. h. darauf hinaus, im Wege der Analogie zu §§ 22, 23 II dem bloßen „Ansetzen" zur Verwirklichung eines Regelbeispiels die gleiche Indizwirkung beizulegen wie seiner vollständigen Verwirklichung. Dafür fehlt es aber an einer tragfähigen Begründung. Im Bereich der **Strafzumessung** kommt es auf die **Tatbestandsnähe** der Regelbeispiele nicht an; sie hat nur für die Frage Bedeutung, ob der Versuch des einschlägigen **Grunddelikts** schon mit dem Ansetzen zur Verwirklichung eines Regelbeispiels beginnt (vgl. *Wessels*, AT § 14 II 2). Richtig ist zwar, daß die Schuld des Täters Grundlage der Strafzumessung ist. Daraus ergibt sich jedoch nichts für die Frage, ob die Steigerung der Schuld, die sich im Entschluß zur Verwirklichung erschwerender Umstände niederschlägt, über *die Indizwirkung des betreffenden Regelbeispiels* oder statt dessen **gemäß § 46 II in den Grenzen des Normalstrafrahmens beim Grunddelikt** zu erfassen ist.

Prüft man die Konsequenzen, zu denen die Rechtsauffassung des BGH führt, stößt man auf weitere Bedenken. Stellt man nämlich im Bereich des § 243 beim Eintritt der Regelwirkung entscheidend auf den Entschluß und das Vorstellungsbild des Täters ab, so erstreckt sich der strengere Strafrahmen auch auf Irrtumsfälle, d. h. auf die nur vermeintliche Erfüllung eines Regelbeispiels. Bei § 243 I Nr. 1 käme es dann nicht mehr darauf an, ob der Täter mit Hilfe eines „falschen" oder durch unbefugte Benutzung des „richtigen" Schlüssels in den geschützten Raum gelangt ist; es würde genügen, daß er den Schlüssel *für falsch gehalten* hat. Die Frage, ob das einschlägige Regelbeispiel objektiv erfüllt war oder nicht, brauchte künftig nicht mehr aufgeklärt zu werden, sofern nur feststeht, daß der Angeklagte mindestens zur Ausführung eines entsprechenden Entschlusses angesetzt hatte. Vollständige, versuchte und vermeintliche Erfüllung eines Regelbeispiels stünden danach, soweit es um den Eintritt der Regelwirkung und die Anwendbarkeit des verschärften Strafrahmens geht, auf einer Stufe. Trotz der ganz unterschiedlichen Sachlage käme es letzten Endes allein auf den bösen Willen und dessen Betätigung an.

> An der h.M., die beim Eintritt der Regelwirkung zwischen der vollständigen und bloß teilweisen Verwirklichung eines Regelbeispiels unterscheidet, ist daher festzuhalten. Sie ebnet die aus der jeweiligen Sachlage folgenden Unterschiede nicht „der Einfachheit halber" ein, sondern wird ihnen in der Weise gerecht, daß sie im hier behandelten Beispielsfall den Strafrahmen des § 243 I S. 1 nur dann für anwendbar hält, wenn die **Gesamtwürdigung** der beabsichtigten Tat, der ihrer Ausführung dienenden kriminellen Energie, der Täterpersönlichkeit und der sonstigen Umstände, die für Unrecht und Schuld relevant sind, deren Einordnung in den Kreis der *besonders schweren Fälle* gestattet (vgl. dazu BGHSt 29, 319). In dieser Hinsicht gilt hier somit das gleiche wie in dem zu c) erörterten Beispielsfall.

4. Ob **Anstiftung** oder **Beihilfe** zum Diebstahl unter den Voraussetzungen des § 243 I einen *besonders schweren Fall* darstellt, ist für jeden Beteiligten nach dem Gewicht seines Tatbeitrags selbständig zu ermitteln (vgl. BGH NStZ 83, 217). Dabei gelten die allgemeinen Akzessorietätsregeln und die dem § 28 II zugrunde liegenden Wertungen entsprechend (näher *Dreher-Tröndle*, StGB, § 243 Rdnr. 44; Sch-Sch-*Eser*, StGB, § 243 Rdnr. 47; *Wessels*, Maurach-Festschr. S. 295, 307).

II. Die einzelnen Regelbeispiele des § 243

1. § 243 I Nr. 1 faßt eine Gruppe von besonderen Erscheinungsformen des Diebstahls mit gewissen Gemeinsamkeiten (u.a. den *Einbruchs-, Einsteige-* und *Nachschlüsseldiebstahl*) zusammen, bei denen der Täter

> zur Ausführung der Tat in ein Gebäude, eine Wohnung, einen Dienst- oder Geschäftsraum oder in einen anderen umschlossenen Raum einbricht, einsteigt, mit einem falschen Schlüssel oder einem anderen nicht zur ordnungsmäßigen Öffnung bestimmten Werkzeug eindringt oder sich in dem Raum verborgen hält.

Vorausgesetzt wird hiernach dreierlei: Die Verletzung eines bestimmten **räumlichen Schutzbereichs,** eine bestimmte **Form des Eindringens** unter Einbeziehung des **Sich-Verborgenhaltens** sowie die Vornahme der einschlägigen Handlung **zur Ausführung des Diebstahls.**

a) Den Oberbegriff des geschützten Bereichs bildet der *umschlossene Raum.* Als **umschlossener Raum** i.S. des § 243 I Nr. 1 ist jedes Raumgebilde anzusehen, das (zumindest auch) zum **Betreten durch Menschen** bestimmt und mit Vorrichtungen versehen ist, die das Eindringen von Unbefugten abwehren sollen und tatsächlich ein Hindernis bilden, das ein solches Eindringen nicht unerheblich erschwert (BGHSt 1, 158, 164; BGH StrVert 83, 149). **Umschlossen** bedeutet nicht *verschlossen;* auch bei offenen, unbewachten Eingängen oder Zufahrten kann ein Raum umschlossen sein (BGH NJW 54, 1897; RGSt 32, 141; 55, 153). Erforderlich ist nur, daß nicht

§ 3 II 1

jedermann frei und ungehindert Zutritt hat und daß es nicht offensichtlich an einem Ausschlußwillen des Berechtigten fehlt, wie dies etwa bei Telefonzellen (OLG Hamburg NJW 62, 1453) oder öffentlichen Bedürfnisanstalten der Fall ist. Wer den umschlossenen Raum durch eine vorhandene Lücke betritt, ohne dabei Schwierigkeiten überwinden zu müssen, also z. B. durch einen schadhaften Zaun auf einen Lagerplatz gelangt, ohne die Umfriedung zu übersteigen, unter ihr durchzukriechen oder sie mit Kraftanstrengung beiseite zu drücken, verwirklicht das Regelbeispiel des § 243 I Nr. 1 nicht (BGH StrVert 83, 204).

> Zu den **umschlossenen Räumen** gehören beispielsweise eingezäunte oder mit Mauern umgebene Höfe, Gärten und Lagerplätze (RGSt 39, 104; 54, 20), auch Friedhöfe zur Nachtzeit (BGH NJW 54, 1897). Viehweiden fallen nicht darunter, wenn die Umzäunung nur dem Zweck dient, das Vieh am Fortlaufen zu hindern (OLG Bremen JR 51, 88). Da es entgegen der reichsgerichtlichen Rechtsprechung nach heute einhelliger Auffassung auf die Frage der Beweglichkeit oder Bodenverbundenheit nicht ankommt (BGHSt 1, 158), sind *umschlossene Räume* auch Schiffe, Eisenbahnwagen (wie der Pack- und Paketwagen oben im Fall 13), Wohnwagen, Lastkraftwagen (BGHSt 4, 16), der Insassenraum von Personenkraftwagen (BGHSt 2, 214; nicht aber der *Kofferraum*, der nur *Behältnis* ist: BGHSt 13, 81) sowie Teile im Innern eines Gebäudes. **Wohnungen, Dienst- oder Geschäftsräume** (vgl. dazu *Wessels*, BT-1 § 13 I 2) und **Gebäude** sind dem Begriff des *umschlossenen Raumes* in § 243 I Nr. 1 lediglich als illustrierende Beispiele vorangestellt.
>
> **Gebäude** ist ein durch Wände und Dach begrenztes, mit dem **Erdboden fest** (wenn auch allein durch die eigene Schwere) **verbundenes Bauwerk**, das den Eintritt von Menschen gestattet und Unbefugte fernhalten soll (BGHSt 1, 158, 163). Darunter kann auch ein unbewohntes, zum Abbruch vorgesehenes Gebäude fallen. Während es hier aber um den bauwerksmäßigen **Schutz von Sachen** geht, handelt es sich bei Gebäuden i.S. der §§ 306, 308 um den Schutz menschlicher Wohnstätten (vgl. dazu BGHSt 6, 107; *Wessels*, BT-1 § 21 II 2).

b) **Einbrechen** ist das gewaltsame, nicht notwendig substanzverletzende Öffnen einer dem Zutritt entgegenstehenden Umschließung.

> Vorausgesetzt wird eine **Kraftentfaltung** nicht ganz unerheblicher Art. Daran fehlt es oben im Fall 13 beim Entriegeln des offenstehenden Kippfensters durch A, während das mit einer gewissen Anstrengung verbundene **Ausheben der Tür des Paketwagens** den Begriff des *Einbrechens* erfüllt (vgl. RGSt 44, 74). Ob das Aufdrücken des unverriegelten Seitenfensters eines Kraftwagens zum Hindurchgreifen und Entsperren der Tür von innen genügt, wie BGH NJW 56, 389 und VRS 35, 416 annehmen (ablehnend *Eser*, Strafrecht IV, S. 66), hängt von den näheren Umständen des Einzelfalles, insbesondere von der mehr oder weniger schweren Beweglichkeit solcher Fenster ab (vgl. dazu LK-*Heimann-Trosien*, StGB, § 243 Rdnr. 14).

Verwirklicht ist der erschwerende Umstand des Einbrechens mit der gewaltsamen Beseitigung des den Zutritt verwehrenden Hindernisses. Ein Betreten des *umschlossenen Raumes* durch den Täter ist nicht erforderlich; es reicht aus, daß er die entwendete Sache mit der Hand oder mit Hilfe eines Geräts herausholt (BGH NStZ 85, 217; OLG Düsseldorf MDR 84, 961). Es kommt nach der heutigen Fassung des § 243 I Nr. 1 auch nicht mehr darauf an, ob „aus" dem umschlossenen Raum gestohlen oder ob dieser selbst entwendet wird, wie etwa ein Kraftwagen.

c) **Einsteigen** ist jedes Hineingelangen in das Gebäude oder den umschlossenen Raum durch eine zum **ordnungsgemäßen Eintritt nicht bestimmte Öffnung** unter Überwindung von Hindernissen und Schwierigkeiten, die sich aus der Eigenart des Gebäudes oder der Umfriedung des umschlossenen Raumes ergeben (BGHSt 10, 132).

§ 3 II 1

Das Benutzen eines verbotenen, aber offenen Eingangs genügt nicht, ebenso nicht das einfache Überschreiten einer niedrigen Garteneinfassung, wohl aber das Überklettern einer Mauer oder eines Zaunes (BGH NJW 59, 948) sowie das Einsteigen durch ein Fenster.

Einer „steigenden" Bewegung bedarf es jedoch nicht unbedingt. Nach einhelliger Ansicht umfaßt der Begriff des Einsteigens auch das Hinab- oder Hineinkriechen und jedes sonstige Hindurchzwängen durch eine schmale Öffnung (BGH MDR 54, 16 bei *Dallinger*; RGSt 55, 144). Infolgedessen ist A im Fall 13 in den **Paketwagen** in gleicher Weise „eingestiegen" wie in das elterliche Haus der F.

Alle genannten Vorgänge können sich auch innerhalb eines Gebäudes abspielen, wobei es gleichgültig ist, ob es sich bei dem Täter um einen „Hausfremden" oder einen Hausbewohner handelt (vgl. BGHSt 22, 127 mit abl. Anm. *Säcker*, NJW 68, 2116).

Das bloße Hineingreifen und Herausholen von Sachen durch eine Öffnung genügt hier ebensowenig wie ein schlichtes Hineinbeugen mit dem Oberkörper (BGHSt 10, 132; BGH NJW 68, 1887). Andererseits braucht der Täter nicht mit dem ganzen Körper eingedrungen zu sein. Erforderlich ist nur, daß er **innerhalb des Raumes einen Stützpunkt gewonnen** hat, der ihm die Wegnahme ermöglicht (OLG Hamm NJW 60, 1359; LK-*Heimann-Trosien*, StGB, § 243 Rdnr. 15).

d) Erschwerend wirkt ferner das Eindringen mit einem **falschen Schlüssel** oder einem anderen *nicht zur ordnungsmäßigen Öffnung* bestimmten Werkzeug. Vom **Gebrauch falscher Schlüssel** ist der *Mißbrauch* eines *richtigen* Schlüssels zu unterscheiden. **Falsch** ist jeder Schlüssel, der zur Tatzeit vom Berechtigten nicht oder nicht mehr zum Öffnen des betreffenden Verschlusses bestimmt ist (BGHSt 13, 15; 14, 291; 21, 189). Maßgebend ist also der Wille dessen, dem die Verfügungsgewalt über den Raum zusteht.

Falsch ist nicht nur der **nachgemachte Schlüssel**, sondern auch derjenige, dem der Berechtigte die frühere Bestimmung zur ordnungsmäßigen Öffnung wieder **entzogen** hat. Bisweilen ist die erwähnte Bestimmung von vornherein **befristet**; sie endet dann mit Fristablauf. Letzteres ist bei einem Schlüssel, den der bisherige Wohnungsmieter nach Beendigung des Vertragsverhältnisses ohne Wissen des Vermieters behalten hat, vom Augenblick des Auszuges an der Fall (BGHSt 13, 15). Ein *richtiger* Schlüssel wird durch **Diebstahl** oder **Verlust** nicht ohne weiteres falsch; er wird es erst dadurch, daß der Berechtigte ihm die Bestimmung zur ordnungsmäßigen Öffnung entzieht. Die **Entdeckung des Verlustes** durch den Berechtigten rechtfertigt aber zumeist den Schluß auf eine solche „Entwidmung" (BGHSt 21, 189).

Im Fall 13 hat A den Geräteschuppen zwecks Entwendung des Fahrrades nicht mit einem falschen, sondern mit Hilfe des *richtigen* Schlüssels geöffnet. Daß dieser sich (wie der vielzitierte Schlüssel unter der Fußmatte) in einem Versteck befand, berührt seine Bestimmung zur ordnungsmäßigen Öffnung des Schuppens nicht. § 243 I Nr. 1 scheidet daher insoweit aus.

Die dem falschen Schlüssel gleichgestellten **anderen Werkzeuge** können von beliebiger Art sein (= Dietriche, Haken usw.), müssen vom Täter aber in der Weise angewandt werden, daß der **Mechanismus des Verschlusses ordnungswidrig in Bewegung gesetzt** wird (BGHSt 5, 205; BGH MDR 52, 563; RGSt 52, 321; 53, 277).

Daran fehlt es, wenn mit ihnen der Verschluß aufgebrochen wird; ein derartiges gewaltsames Öffnen (wie im Fall 13 das Ausheben der Paketwagentür aus der Laufschiene durch Einsatz eines Stemmeisens) verwirklicht lediglich das Merkmal des „Einbrechens" (BGH NJW 56, 271; RGSt 53, 277).

e) Den vorgenannten Formen des Eindringens in den räumlichen Schutzbereich stellt das Gesetz den Fall des **Sich-Verborgenhaltens** gleich. Bei dieser Alternative kommt

§ 3 II 2

es nicht darauf an, wie der Täter in den Raum gelangt ist, ob er ihn legal oder illegal betreten hat und um welche Tageszeit es sich handelt.

Beispiel: Ein Angestellter läßt sich nach Geschäftsschluß im Kaufhaus einschließen, um dort ungestört stehlen zu können.

Allen Begehungsformen des § 243 I Nr. 1 ist gemeinsam, daß sie auch von solchen Tätern verwirklicht werden können, die **an sich berechtigt** sind, sich in dem betreffenden Gebäude oder umschlossenen Raum **aufzuhalten** (BGHSt 22, 127 mit abl. Anm. *Säcker*, NJW 68, 2116).

f) Die in § 243 I Nr. 1 erwähnten Handlungen müssen **zur Ausführung der Tat**, d.h. zur Begehung eines **Diebstahls** vorgenommen werden. Daraus folgt, daß der Diebstahlsvorsatz schon im Zeitpunkt des Einbrechens, Einsteigens usw. vorgelegen haben muß.

Im Fall 13 ist A in das elterliche Haus der F nicht zur Begehung eines Diebstahls, sondern in der Absicht **eingestiegen,** mit F Zärtlichkeiten auszutauschen. Seinen Entschluß, den Wäscheschrank zu durchsuchen und sich das dort vorgefundene Geld zuzueignen, hat er erst gefaßt, **nachdem er eingestiegen war** und sich bereits in den Wohnräumen befand. Für § 243 I Nr. 1 ist daher in dieser Hinsicht kein Raum.

Demnach ist der **Erschwerungsgrund des § 243 I Nr. 1** im Fall 13 nur insoweit verwirklicht, als A mit Diebstahlsvorsatz in den **Pack- und Paketwagen eingebrochen** ist. Zu prüfen bleibt aber, ob und ggf. inwieweit auch das Regelbeispiel des § 243 I Nr. 2 in Betracht kommt.

2. § 243 I Nr. 2 betrifft den Diebstahl von Sachen, die durch ein **verschlossenes Behältnis** oder eine **andere Schutzvorrichtung** gegen Wegnahme besonders gesichert sind.

Den **Grund** der Strafschärfung bildet hier neben der größeren deliktischen Energie auch die Bedenkenlosigkeit, mit der sich der Täter über die besondere Gewahrsamssicherung und das daraus ersichtliche Erhaltungsinteresse des Eigentümers an eben diesen Sachen hinwegsetzt. Im Gegensatz zu § 243 I Nr. 2 a.F. stellt die **Neufassung** aber nicht mehr auf das „Erbrechen" des Behältnisses, sondern nur noch auf das **Vorhandensein einer Schutzvorrichtung** besonderer Art und auf die **Wegnahme** der durch sie **gesicherten Sache** ab. Wo und wie die Überwindung dieser Gewahrsamssicherung erfolgt, ist gleichgültig; es kommt auch nicht darauf an, ob das Behältnis am Tatort oder anderswo aufgebrochen oder sonstwie geöffnet wird (BGHSt 24, 248 mit Anm. *Krüger*, NJW 72, 648; a.A. *Schröder*, NJW 72, 778). Die Voraussetzungen des Regelbeispiels sind selbst dann erfüllt, wenn der Täter das verschlossene Behältnis als Ganzes entwendet, aber nicht geöffnet hat, weil er schon vorher entdeckt worden ist oder weil es ungeöffnet veräußert hat (*Bittner*, MDR 71, 104; *Dreher-Tröndle*, StGB, § 243 Rdnr. 25; *Lackner*, StGB, § 243 Anm. 4b, cc; *Maurach-Schroeder*, BT § 34 IV B 2b; a. A. Sch-Sch-*Eser*, StGB, 243 Rdnr. 25).

Behältnis ist ein zur Aufnahme von Sachen dienendes und sie umschließendes Raumgebilde, das **nicht** dazu bestimmt ist, von Menschen betreten zu werden (BGHSt 1, 158, 163), wie etwa eine Truhe, Kassette oder Kiste, ein Schrank, Koffer, Warenautomat und dergleichen (vgl. BGHSt 9, 173; 13, 81; 15, 134). **Verschlossen** ist das Behältnis, wenn sein Inhalt durch ein Schloß, eine sonstige technische Schließvorrichtung oder auf andere Weise (z.B. durch festes Verschnüren) **gegen einen ordnungswidrigen Zugriff von außen gesichert** ist. Daran fehlt es, wenn der Schlüssel im Schloß steckt oder wenn eine Registrierkasse sich durch einfaches Drehen einer Kurbel öffnen läßt (vgl. BGH

§ 3 II 2

NJW 74, 567). Das Regelbeispiel des § 243 I Nr. 2 ist auch dann nicht verwirklicht, wenn der Täter das verschlossene, aber an dem bisherigen Ort verbleibende Behältnis mit dem *richtigen* Schlüssel öffnet, den er *befugtermaßen* in Besitz hat. In einem solchen Fall ist nämlich der erhöhte Schutz, den der Verschluß gegen eine Wegnahme der im Behältnis befindlichen Sachen bewirken soll, *ihm gegenüber* aufgehoben und insoweit nicht existent (OLG Hamm NJW 82, 777).

> Beispiel: Während der Mittagspause entwendet eine Verkäuferin Geld aus dem verschlossenen Ladentresor, den sie mit dem ihr vorübergehend zur Verwahrung anvertrauten Tresorschlüssel geöffnet hat. Der grobe Vertrauensbruch, der in ihrem Verhalten liegt, gibt hier freilich Anlaß zu der Prüfung, ob nicht ein sonstiger (den Regelbeispielen des § 243 I entsprechender) *besonders schwerer Fall* des Diebstahls anzunehmen ist (vgl. OLG Hamm NJW 82, 777; BGHSt 29, 319; zweifelnd *Kadel,* Anm. JR 85, 386).

Andere Schutzvorrichtungen sind alle sonstigen Vorkehrungen und technischen Mittel, die dazu bestimmt und geeignet sind, Sachen gegen Entwendung zu schützen, den ungehinderten Zugriff auf sie auszuschließen und ihre **Wegnahme wenigstens zu erschweren.** Der Schutz, den sie bieten, braucht nicht vollkommen zu sein.

> Beispiele: Fahrrad- und Lenkradschlösser, ferner Ketten, Drahtseile oder Stricke als Mittel zur Verhinderung von Diebstählen; desgleichen *mittelbare* Schutzvorrichtungen, wie etwa ein verschlossenes Behältnis als Aufbewahrungsort für einen Schlüssel zu einem Raum i.S. der Nr. 1 (vgl. Sch-Sch-*Eser,* StGB, § 243 Rdnr. 23).

Zweck der Vorrichtung muß – zumindest auch – die **Sicherung** von Sachen **gegen Wegnahme** sein (näher OLG Stuttgart NStZ 85, 76). Bei **verschlossenen Behältnissen** ist diese Voraussetzung in der Regel gegeben. Das gilt insbesondere für verschlossene Geld- und Schmuckkassetten, abgeschlossene Reisekoffer, zugenagelte Kisten, mit Plomben versehene Säcke und fest verschnürte Pakete, die der Bahn oder Post zur Beförderung übergeben worden sind (näher OLG Hamm NJW 78, 769; *Dreher-Tröndle,* StGB, § 243 Rdnr. 24; LK-*Heimann-Trosien,* StGB, § 243 Rdnr. 25; zu eng Sch-Sch-*Eser,* StGB, § 243 Rdnr. 25). In den letztgenannten Fällen dient das Behältnis nämlich nicht ausschließlich dem Transport, sondern auch dem Zweck, die darin befindlichen Sachen gegen Diebstahl zu schützen und dem Zugriff auf sie ein Hindernis in den Weg zu legen. Maßgebend sind aber die jeweiligen Umstände des Einzelfalles, die mit dem **Grundgedanken** des § 243 I Nr. 2 in Einklang stehen müssen; Verallgemeinerungen sind hier fehl am Platze. So bilden verschlossene Kartons bei der Belieferung von Geschäften mit Waren oft nicht mehr als eine reine *Verpackung* oder *Umhüllung,* die nur dazu bestimmt ist, den Inhalt vor Beschädigung zu schützen und für den Transport zusammenzufassen. Auch ein zugeklebter Briefumschlag dient lediglich als Umhüllung für seinen Inhalt (vgl. OLG Stuttgart NJW 64, 738; OLG Köln NJW 56, 1932; a.A. RGSt 54, 295); bei einem **versiegelten** Briefumschlag steht einer Anwendung des § 243 I Nr. 2 dagegen nichts im Wege. Das Befestigen von Gegenständen auf dem Gepäckträger eines Fahrrades dient dazu, sie vor dem Herunterfallen (= vor Verlust schlechthin) zu bewahren, ist daher regelmäßig nicht als eine *besondere Sicherung gegen Wegnahme* aufzufassen. Der Einbau eines Autoradios bezweckt in der Regel ebenfalls nur die Sicherung dieses Gegenstandes vor Erschütterungen, die mit der Bewegung des Fahrzeugs verbunden sind (OLG Schleswig NJW 84, 67).

> Pelzmäntel und andere Bekleidungsstücke in Kaufhäusern sind nicht im Sinne des § 243 I Nr. 2 **gegen Wegnahme** besonders gesichert, wenn das an ihnen befestigte elektromagne-

tische **Sicherungsetikett** aufgrund seiner Konstruktion erst nach der Gewahrsamserlangung durch den Dieb (hier: beim Verlassen des Kaufhauses an dessen Publikumsausgang) durch optische und akustische Signale Alarm auslöst, dem Bestohlenen also nur die **Wiedererlangung** des bereits eingebüßten Gewahrsams durch rasches Eingreifen seines Personals erleichtert (OLG Stuttgart NStZ 85, 76; kritisch dazu *Seier*, JA 85, 387). Ob bei einer solchen Sachlage ein *besonders schwerer Fall* außerhalb der Regelbeispiele des § 243 I angenommen werden kann, hängt von den sonst noch gegebenen Umständen des jeweiligen Einzelfalles ab (kritisch in dieser Hinsicht *Kadel*, Anm. JR 85, 386).

Im Fall 13 wird demnach nicht das Öffnen des Briefumschlages im elterlichen Haus der F, wohl aber die Entwendung des Koffers und des Paketes aus dem Packwagen des Güterzuges durch § 243 I Nr. 2 erfaßt. Insoweit liegt außerdem ein *Verwahrungsbruch* vor (§ 133 I, vgl. dazu *Wessels*, BT-1 § 15 III). Zu den Konkurrenzen siehe nachfolgend unter II 7.

Zur Anwendbarkeit des § 243 I Nr. 2 bei Manipulationen an **Geldspielautomaten**, deren Gehäuse ein verschlossenes Behältnis i.S. dieser Vorschrift darstellt, ist folgendes zu beachten:

Wer den Spielablauf, das Spielwerk und die für einen Gewinn erforderliche Stellung der Walzen regelwidrig wie etwa in der Weise beeinflußt, daß er durch ein (von ihm hergestelltes oder vorgefundenes) Bohrloch ein Drahtstück in den Automaten einführt und das Spielwerk so zum Auswerfen von Geld veranlaßt, begeht einen Diebstahl (näher dazu unten § 15 II 6) und verwirklicht zugleich das Regelbeispiel des § 243 I Nr. 2 (BayObLG NJW 81, 2826 mit lehrreicher Anm. *Meurer*, JR 82, 292: bitte lesen!). Wer dagegen lediglich den Antriebsmechanismus überlistet und das Spielwerk ordnungswidrig (z.B. durch den Einwurf von Falschgeld oder von ausländischen Münzen) in Gang setzt, ohne außerdem den Spielablauf als solchen durch weitere, zusätzliche Einwirkungen von außen zu manipulieren, macht sich zwar des Diebstahls schuldig, verwirklicht aber nicht das Regelbeispiel des § 243 I Nr. 2, weil er keine Handlungen vornimmt, die gerade den Sicherungsmechanismus des Spielautomaten überwinden oder in seiner Funktion beeinträchtigen sollen (vgl. OLG Stuttgart NJW 82, 1659, das die Grenzen freilich zu eng zieht, wenn es unter allen Umständen Eingriffe von außen „in das Behältnis" verlangt und andere Manipulationen, wie etwa das wiederholte Herausziehen des Anschlußkabels oder heftige Schläge mit der Faust gegen den Automaten während des laufenden Spiels für § 243 I Nr. 2 als nicht ausreichend bezeichnet; siehe dazu auch *Albrecht*, JuS 83, 101).

3. Das Regelbeispiel des § 243 I Nr. 3 für den **gewerbsmäßigen** Diebstahl ist neu in dieser Vorschrift. **Gewerbsmäßig** handelt, wer sich aus der wiederholten Tatbegehung eine **fortlaufende Einnahmequelle** von einigem Umfang und einer gewissen Dauer verschaffen will (BGHSt 1, 383; BGH GA 1955, 212). Eine Weiterveräußerung ist indessen nicht unbedingt erforderlich; es genügt, daß der Täter die unrechtmäßig erlangten Sachen **für sich verwenden will** (BGH MDR 76, 633 bei *Holtz*).

Gewerbsmäßigkeit in diesem Sinne kann schon bei der ersten Tat gegeben sein. **Gewohnheitsmäßiges** Stehlen fällt nicht unter § 243 I Nr. 3, bildet aber u.U. einen **sonstigen** (= unbenannten) *besonders schweren Fall* des Diebstahls.

4. Bei Diebstählen aus Kirchen oder anderen der Religionsausübung dienenden Gebäuden oder Räumen (einschließlich der Sakristei: RGSt 45, 243) werden von § 243 I Nr. 4 nur diejenigen Gegenstände erfaßt, die dem **Gottesdienst gewidmet** sind oder der **religiösen Verehrung** dienen. Zur ersten Gruppe zählen u.a. der Altar, die Altarkerzen (RGSt 53, 144), Kelche, Monstranzen, Meßbücher und liturgische Gewänder. Der religiösen Verehrung dienen z.B. Kruzifixe, Christus- und Heiligenbilder, Votivtafeln in Wallfahrtskirchen usw. (näher BGHSt 21, 64).

Sonstige Sachen, die zum Inventar gehören (= Bänke, Stühle oder Opferstöcke: BGH NJW 55, 1119 Nr. 21) oder die nur *mittelbar* der Religionsausübung dienen, wie etwa Gebet- und Gesangbücher, scheiden aus. Das gleiche gilt für die zur Kirchenausstattung gehörenden Kunstwerke als solche, die aber u.U. den Schutz des § 243 I Nr. 5 genießen. Ggf. ist hier auch (wie vor allem bei Kultgegenständen von Weltanschauungsvereinigungen) das Vorliegen eines **sonstigen** *besonders schweren Falles* zu prüfen.

5. § 243 I Nr. 5 betrifft den sog. **Diebstahl öffentlicher Sachen,** die für Wissenschaft, Kunst oder Geschichte oder für die technische Entwicklung von Bedeutung sind und sich in einer **allgemein zugänglichen Sammlung** befinden oder **öffentlich ausgestellt** sind.

Dieses Regelbeispiel bildet eine gewisse Parallele zu § 304 (vgl. dazu oben § 1 III), weicht davon aber teilweise ab.

6. Kennzeichnend für die in § 243 I Nr. 6 umschriebene Regelbeispielsgruppe ist deren *verwerfliche Begehungsweise,* die sich darin zeigt, daß der Täter die **Hilflosigkeit** eines anderen (z.B. eines Schwerkranken, Gelähmten oder Blinden: vgl. BayObLG NJW 73, 1808), einen **Unglücksfall** oder eine **gemeine Gefahr** zum Stehlen ausnutzt. In den beiden letztgenannten Fällen braucht der Bestohlene nicht zu den Opfern des Unglücksfalles oder zum Kreis der Gefährdeten zu gehören, denn das Bestehlen eines Retters oder Hilfswilligen ist unter solchen Umständen nicht minder verwerflich (vgl. LK-*Heimann-Trosien,* StGB, § 243 Rdnr. 42).

7. Die einzelnen Merkmale der Regelbeispiele in § 243 I sind dem Täter nur zuzurechnen, wenn er sie **vorsätzlich** verwirklicht; § 16 I 1 gilt insoweit analog. Da § 243 keinen Tatbestandscharakter hat, sondern lediglich **Strafzumessungsregel** zu § 242 ist, gibt es zwischen diesen beiden Vorschriften **kein Konkurrenzverhältnis.** Treffen bei einem Diebstahl innerhalb einunddersselben Tat **mehrere Erschwerungsgründe** i.S. des § 243 I zusammen (wie Nr. 1 und 2 im Fall 13 bezüglich der Entwendung des Koffers und des Paketes aus dem Packwagen des Güterzuges), so liegt nur *ein* Diebstahl in einem *besonders schweren Fall* vor.

Regelmäßige Begleittat zu § 243 I Nr. 1 ist die Begehung eines Hausfriedensbruchs (§ 123). Da dieser Umstand in die **Gesamtwürdigung der Tat** und ihre Bewertung als *besonders schwerer Fall* des Diebstahls eingeht, wird der Verstoß gegen § 123 nach h.M. durch die Bestrafung gemäß §§ 242, 243 I Nr. 1 **mit abgegolten** (= *Konsumtion*). Das gleiche gilt bei einem Einbruchsdiebstahl für die damit einhergehende Sachbeschädigung (§ 303). Näher KG JR 79, 249 mit zust. Anm. *Geerds;* Sch-Sch-*Eser,* StGB, § 243 Rdnr. 59; *Wessels,* AT § 17 V 3; a.A. *Maurach-Schroeder,* BT § 34 IV B 3d).

III. Die Ausschlußklausel des § 243 II

Fall 14: Der Heimwerker H wohnt im Haus des Süßwarenhändlers S zur Miete. Angeregt durch die ihm vorgeführten Gaumenfreuden verspürt H beim abendlichen Fernsehprogramm plötzlich Heißhunger auf Süßigkeiten. Mit einem Dietrich verschafft er sich Zutritt zum Kellerraum des S, aus dem er 2 Schachteln Pralinen im Gesamtwert von 20 DM entwendet, deren Inhalt er mit Wohlbehagen verzehrt.

Strafbarkeit nach §§ 242, 243?

1. H hat einen Diebstahl (§ 242) begangen. Trotz der Verwirklichung eines Regelbeispiels (§ 243 I Nr. 1 = sog. Nachschlüsseldiebstahl) könnte mit Rücksicht auf den **geringen Wert** der Beute gemäß § 243 II das Vorliegen eines *besonders schweren Falles* zu verneinen sein.

§ 3 III 1

§ 243 II enthält eine **zwingende Ausschlußklausel** mit einer unwiderleglichen, jedes Regelbeispiel (§ 243 I) entkräftenden **Gegenschlußwirkung**, die dann eingreift, wenn die Tat sich in *objektiver* wie in *subjektiver* Hinsicht „auf eine geringwertige **Sache bezieht**" (ebenso *Lackner,* StGB, § 243 Anm. 3b; Sch-Sch-*Eser,* StGB, § 243 Rdnr. 52).

> Der Gesetzgeber hat hier einen einzelnen Umstand, mit dem zwar nicht immer, aber doch häufig eine **Minderung des Unrechts- und Schuldgehalts** der Tat verbunden ist, in der Weise verabsolutiert, daß der betreffende Diebstahl trotz der erschwerenden Begleitumstände mit dem Etikett eines **Bagatelldelikts** versehen und so in den Anwendungsbereich der §§ 248a StGB, 153, 153a StPO einbezogen wird. Bei Sachen *ohne meßbaren Verkehrswert* ist § 243 II *unanwendbar* (näher unten III 2).

Die Problematik des § 243 II deckt sich mit der des § 248a aber keineswegs vollständig: § 248a setzt lediglich voraus, daß der Diebstahl bzw. die Unterschlagung **objektiv** eine *geringwertige Sache* zum Gegenstand hat und daß es sich um einen **Anwendungsfall des § 242** bzw. **des § 246** handelt. Ob der Täter die Geringwertigkeit der Sache erkannt oder infolge eines Irrtums falsch beurteilt hat, ist dort belanglos, weil § 248a nicht den sachlichen Charakter der Tat, sondern nur die *Zulässigkeit der Strafverfolgung* betrifft und bei Verfahrensvoraussetzungen allein auf die **objektive Sachlage** abzustellen ist (vgl. BGHSt 18, 123, 125; *Wessels,* AT § 12 III 2 und § 4 II 1). Im Gegensatz dazu geht es im Rahmen des § 243 II um eine **qualitative Bewertung** des Tatgeschehens, die davon abhängt, ob sich die Tat *auf eine geringwertige Sache* „bezogen" hat. Für dieses **Beziehungsverhältnis** genügt es nicht, daß die weggenommene Sache tatsächlich geringwertig war (so aber *Braunsteffer,* NJW 75, 1570); andererseits kommt es auch nicht ausschließlich darauf an, was der Täter sich insoweit vorgestellt hat (so indessen *Gribbohm,* NJW 75, 1153). Maßgebend ist vielmehr beides zusammen: Nach § 243 II ist die Annahme eines *besonders schweren Falles* kraft Gesetzes nur dann ausgeschlossen, wenn die gestohlene Sache **objektiv geringwertig** und außerdem der **Vorsatz** des Täters auf die Wegnahme einer geringwertigen Sache gerichtet war (vgl. BGHSt 26, 104; *Dreher-Tröndle,* StGB, § 243 Rdnr. 41; differenzierend *Zipf,* Dreher-Festschr. S. 389, 397). Daß hier gerade die **subjektive Komponente** von Bedeutung ist, zeigen die Fälle des **Versuchs**, bei denen allein der Tatentschluß und die Vorsatzrichtung darüber Aufschluß geben können, ob die Voraussetzungen des § 243 II erfüllt sind oder nicht.

Für die Lösung der (umstrittenen) **Irrtumsprobleme** in bezug auf § 243 II ergeben sich daraus folgende Konsequenzen:

> a) Ist die gestohlene Sache, wie etwa eine echte Perlenkette, **objektiv wertvoll**, so fehlt es selbst dann an den Voraussetzungen des § 243 II, wenn der Täter sie **irrig** als geringwertig angesehen (das kostbare Stück z.B. für eine billige Imitation gehalten) hat. **Handlungsunwert** und **Schuldgehalt** können hier aber so sehr gemindert sein, daß die *indizielle* Wirkung des einschlägigen Regelbeispiels versagt und der Richter innerhalb der **Gesamtwürdigung von Tat und Täter** zur Verneinung eines *besonders schweren Falles* gelangt.
>
> b) Hält der Täter umgekehrt eine **objektiv geringwertige** Sache aufgrund falscher Vorstellungen **für höherwertig**, scheitert die Anwendbarkeit des § 243 II am fehlenden **subjektiven Bezug**, d.h. daran, daß der **Vorsatz** des Täters nicht auf die Entwendung einer geringwertigen Sache gerichtet war. Auch hier ist es wiederum eine Frage der **Gesamtwürdigung von Tat und Täter,** ob es geboten erscheint, das Vorliegen eines *besonders schweren Falles* entgegen der Regelwirkung wegen des **erheblich geminderten Erfolgsunwertes** zu verneinen (näher *Lackner,* StGB, § 243 Anm. 3b m.w.N.).

2. Der Begriff der **Geringwertigkeit** in § 243 II deckt sich weitgehend mit dem des „*unbedeutenden Wertes*" in § 370 I Nr. 5 a.F., so daß die dazu ergangene Rechtsprechung weiterhin verwertbar bleibt (vgl. BGH GA 1960, 181; BGHSt 6, 41). Maßgebend ist grundsätzlich der **objektiv** zu beurteilende **Verkehrswert** der Sache zur Zeit der Tat (BGH NStZ 81, 62).

Ob daneben auch die persönlichen und wirtschaftlichen Verhältnisse der Beteiligten berücksichtigt werden dürfen, ist umstritten (verneinend Sch-Sch-*Eser*, StGB, § 248a Rdnr. 7; bejahend BGH GA 1957, 17 und 19; OLG Celle NJW 66, 1931; OLG Hamm NJW 71, 1954; *Dreher-Tröndle*, StGB, § 248a Rdnr. 5; *Lackner*, StGB, § 248a Anm. 3a). Für die letztgenannte Auffassung spricht, daß es Fälle gibt, in denen der Verletzte auch durch den Verlust einer objektiv geringwertigen Sache **fühlbar geschädigt** werden kann.

Gering ist der Wert einer Sache, wenn er nach der allgemeinen Verkehrsauffassung für den Gewinn wie für den Verlust als unerheblich anzusehen ist (näher Sch-Sch-*Eser*, StGB, § 248a Rdnr. 8 ff.).

Die Rechtsprechung lehnt es mit Recht ab, dafür starre Regeln aufzustellen, wie etwa die Heranziehung der wöchentlichen Arbeitslosenunterstützung als Maßstab (BGHSt 6, 41). Die obere Grenze des **geringen Wertes** dürfte zur Zeit bei etwa 50 DM liegen (vgl. *Dreher-Tröndle*, StGB, § 248a Rdnr. 5). BGH MDR 75, 543 (bei *Dallinger*) und OLG Hamm MDR 77, 424 sind noch von 30 DM ausgegangen.

Im Falle **fortgesetzter Tatbegehung** kommt es ebenso wie bei **mehreren Tatbeteiligten** allein auf die **Gesamtmenge** und den **Gesamtwert** der Diebesbeute an (BGH NJW 64, 117; 69, 2210).

Im Fall 14 scheidet die Annahme eines *besonders schweren Falles* aufgrund des § 243 II aus, weil die entwendeten Pralinen Sachen von geringem Wert (20 DM) waren und der Vorsatz des H von vornherein auf dieses *geringwertige* Tatobjekt gerichtet war. Demnach liegt nur ein einfacher Diebstahl (§ 242) vor. Da ein *besonderes öffentliches Interesse* an der **Strafverfolgung** nicht ersichtlich ist, hängt deren Zulässigkeit gemäß § 248a von einem **Strafantrag** des S ab. Eine Bestrafung des H wegen des gleichzeitig begangenen Hausfriedensbruchs ist ausschließlich **auf Antrag** des S möglich (§§ 123 I, II, 52).

Wie den vorstehend erörterten Voraussetzungen zu entnehmen ist, hängt die Anwendbarkeit des § 243 II prinzipiell davon ab, daß das Diebstahlsobjekt einen **in Geld meßbaren Verkehrswert** hat. Fehlt es daran, wie etwa bei der Entwendung von Strafakten (lehrreich dazu BGH NJW 77, 1460) oder von anderen Gegenständen ohne objektiv meßbaren Substanzwert (BayObLG JR 80, 299 zählt dazu u.a. Personalausweise, Scheckkarten und Scheckformulare), so folgt daraus nicht, daß die betreffende Sache *geringwertig* oder gar *wertlos* ist. In dem für sie einschlägigen Funktionsbereich kann ihr (allein in Betracht kommender) *funktioneller* Wert vielmehr von größter Bedeutung, ja unersetzlich sein. Die Ausschlußklausel in § 243 II, deren Formulierung die Schwere des Falles nach rein **wirtschaftlichen Kriterien** beurteilt, paßt für die letztgenannten Tatobjekte überhaupt nicht (BGH NJW 77, 1460).

Anders verhält es sich bei einem **Firmenstempel** und **Briefbögen** mit Firmenkopf. Sie sind bei entsprechender Bestellung im freien Handel zu erwerben, haben somit einen in Geld meßbaren Verkehrswert. Da es bei § 243 II auf die Wertverhältnisse im Zeitpunkt der Wegnahmehandlung ankommt, ist ihr Verkehrswert auch dann als gering zu veranschlagen, wenn die Entwendung in der Absicht erfolgt ist, die Firmenbögen in mißbräuchlicher Weise auszufüllen und mit ihrer Hilfe durch Kreditbetrug gegenüber einer Bank einen hohen Gewinn zu erzielen (BGH NStZ 81, 62).

§ 3 III 3

3. Schwierigkeiten ergeben sich bei der Frage der Anwendbarkeit des § 243 II in den Fällen eines **Objekts-** und **Vorsatzwechsels** zwischen *Versuch* und *Vollendung* der Tat.

Fall 15: Der Angler A ist in das Bootshaus eines Segelclubs eingebrochen, um Geld und sonstige Wertsachen zu stehlen. Als er nichts Mitnehmenswertes vorfindet und sich gestört fühlt, macht er sich unter Mitnahme eines Feuerzeugs im Wert von 8 DM aus dem Staube. Strafbarkeit nach §§ 242, 243?

Fall 16: Nach der Erledigung von Renovierungsarbeiten steigt der Anstreichergeselle A nachts durch ein offenes Kellerfenster in das Wohnhaus des Gutsbesitzers G ein, um eine kostbare antike Kaminuhr zu entwenden und sie zu Geld zu machen. Beim Berühren der Uhr setzt er ungewollt deren Spielwerk in Gang. Die leise erklingende Melodie: „*Üb immer Treu und Redlichkeit*..." ruft das Bild seiner toten Mutter mit solcher Eindringlichkeit in ihm wach, daß er sich entschließt, die Uhr stehen zu lassen und sich ohne Beute zu entfernen. Auf dem Weg nach draußen nimmt er dann jedoch vom schon gedeckten Frühstückstisch eine Bauernmettwurst im Wert von 10 DM mit, weil er bei ihrem Anblick Hunger verspürt und seinen knurrenden Magen besänftigen will. Strafbarkeit nach §§ 242, 243?

a) Im Fall 15 hat A durch Wegnahme des Feuerzeugs einen vollendeten Diebstahl (§ 242) begangen. Die Entwendung dieses geringwertigen Objekts entsprach allerdings nicht seinem ursprünglichen Tatentschluß, der im Augenblick des Einbrechens auf Gegenstände von höherem Wert gerichtet war. Hier ist zu prüfen, welche Bedeutung der **Objekts-** und **Vorsatzwechsel** innerhalb des Versuchsstadiums für die rechtliche Bewertung des Tatgeschehens und die Anwendbarkeit des § 243 I, II hat.

Nach der Rechtsprechung ist es für die Gesamtbeurteilung einer **einheitlichen Tat** unwesentlich, ob der Diebstahlsvorsatz zunächst auf *bestimmte* Objekte beschränkt war oder dahin ging, *alles Stehlenswerte* mitzunehmen. Sein Fortbestand wird nicht dadurch berührt, daß er sich während der Tatausführung verengt, erweitert oder sonst ändert (BGHSt 22, 350; BGH MDR 53, 272 bei *Dallinger*). Wer also zur Begehung eines Diebstahls in ein Gebäude einbricht, verwirklicht die Merkmale der §§ 242, 243 I Nr. 1 auch dann, wenn er das Gesuchte nicht vorfindet und statt dessen etwas anderes entwendet. Die zur Vollendung gelangte Tat kann bei dieser Sachlage **nur einheitlich**, d. h. *im ganzen* entweder als **vollendeter Diebstahl** in einem *besonders schweren Fall* oder als **einfacher Diebstahl** angesehen werden (vgl. BGHSt 26, 104; *Blei*, JA 75, 591, 661; *Zipf*, Dreher-Festschr. S. 389, 394).

Als A im Fall 15 zur Verwirklichung des § 242 ansetzte und *zur Ausführung der Tat* in das Bootshaus einbrach (§ 243 I Nr. 1), war sein **Vorsatz** auf die Wegnahme von **Geld und Wertsachen** gerichtet. Infolgedessen „bezog" sein Tatentschluß sich im Versuchsstadium nicht auf die Entwendung geringwertiger Sachen, so daß § 243 II schon aus diesem Grunde entfällt. Im Augenblick des **Objekts-** und **Vorsatzwechsels** lag bereits ein **versuchter Diebstahl** in einem *besonders schweren Fall* vor, der nur deshalb nicht zum gewünschten Erfolg führte, weil A das Gesuchte nicht vorfand. Der während der Tatausführung gefaßte Entschluß, sich mit dem Feuerzeug zu begnügen, berührte hier weder den Fortbestand des Diebstahlsvorsatzes *als solchen* noch die Einheitlichkeit und sachliche Zusammengehörigkeit des Geschehens, so daß die Tat *insgesamt* ohne Rücksicht auf den geringen Wert der letztlich erzielten Beute gemäß §§ 242, 243 I Nr. 1 als **vollendeter Diebstahl** in einem *besonders schweren Fall* zu beurteilen ist (BGHSt 26, 104; *Dreher-Tröndle*, StGB, § 243 Rdnr. 41; Sch-Sch-Eser, StGB, § 243 Rdnr. 55). Für die Anwendbarkeit des § 243 I Nr. 1 auf die Tat im ganzen spricht hier auch der Umstand, daß der Erschwerungsgrund des Einbrechens im Fall 15 selbst dann durchgreifen würde, wenn A *gar nichts* mitgenommen und das Bootshaus ohne jede Beute verlassen hätte. Anderseits widerspräche eine

Aufspaltung des Vorgangs in einen erschwerten Fall des Diebstahlsversuchs (= bezüglich der nicht vorgefundenen Wertsachen) und in einen vollendeten einfachen Diebstahl (= bezüglich des Feuerzeugs) dem **einheitlichen Charakter** des Geschehensablaufs.

b) Anders liegt es dagegen im Fall 16, wo A von dem durch *Einsteigen* begangenen **Versuch,** die Kaminuhr zu stehlen, gemäß § 24 I 1 **freiwillig zurückgetreten** war, bevor er auf den Gedanken kam, das plötzlich auftretende Hungergefühl durch Mitnahme der Bauernmettwurst zu stillen.

Seinen ursprünglichen Entschluß, (nur) die Kaminuhr zu stehlen, hatte A bereits **endgültig aufgegeben**, ehe er noch am Tatort (= im Innern des Gebäudes) den **neuen Vorsatz** faßte, seinen knurrenden Magen mit Hilfe der Wurst zu besänftigen. Hier handelt es sich im Bereich des Verwirklichungswillens um eine echte **Zäsur**, die dazu führt, daß der zweite Abschnitt des Geschehens *selbständig* zu würdigen und als **neue Tat anzusehen** ist, deren Strafbarkeit sich allein nach §§ 242, 248a, 123, 52 I richtet (= einfacher Diebstahl in Tateinheit mit Hausfriedensbruch). Der vorhergehende Erschwerungsgrund des *Einsteigens* ergreift diesen nachfolgenden Diebstahl nicht, weil A nicht „zur Ausführung dieser Tat" eingestiegen ist. Demnach kommt es insoweit auf § 243 II gar nicht mehr an.

Maßgebend für die **Abgrenzung** bei Fallgestaltungen dieser Art ist somit, ob der **Wille zum Stehlen** trotz des Objekts- und Vorsatzwechsels (wie im Fall 15) während des Gesamtgeschehens **fortbestanden** oder ob es sich um eine **endgültige Aufgabe** des ursprünglichen Diebstahlsvorsatzes gehandelt hat, dem ein **neuer Diebstahlsentschluß** hinsichtlich eines anderen Gegenstandes auf dem Fuße gefolgt ist.

Obwohl dies selten sein dürfte, kann der letztgenannte Fall auch nach dem endgültigen Scheitern eines fehlschlagenden Versuchs, d.h. dort eintreten, wo ein freiwilliger Rücktritt vom Versuch entfällt (Beispiel: BGH MDR 69, 722 bei *Dallinger* zu § 73 a.F.).

§ 4 DIEBSTAHL MIT WAFFEN UND BANDENDIEBSTAHL

Während § 243 n.F. nur noch Regelbeispiele für *besonders schwere Fälle* des Diebstahls aufzählt, bildet § 244 weiterhin einen **qualifizierten Tatbestand,** der auf dem **Grundtatbestand** des § 242 aufbaut und zu ihm in einem sog. **Stufenverhältnis** steht (vgl. *Wessels,* AT § 4 II 1). Die drei Erschwerungsgründe des § 244 I enthalten mithin eine *zwingende* und *abschließende* Regelung, die stets, aber auch nur dann eingreift, wenn die dort genannten Voraussetzungen erfüllt sind.

I. Diebstahl mit Waffen

Fall 17: Nach dem Aufbrechen eines Kellerfensters steigt A in das Landhaus der Schauspielerin S ein, um Schmuck und andere Wertsachen zu stehlen. Für den Fall, daß er beim Durchsuchen der Wohnräume überrascht werden sollte, hat er eine ungeladene Pistole ohne Munition (Kaliber 7,65 mm) eingesteckt. Zur Zeit der Tat ist jedoch niemand im Haus anwesend, so daß A unbehelligt reiche Beute machen kann.
Strafbarkeit nach §§ 242 ff.?

1. Der von A begangene *Einbruchs-* und *Einsteigediebstahl* erfüllt alle Merkmale des § 242 und die Voraussetzungen des § 243 I Nr. 1. Zu prüfen ist, ob ein **Diebstahl mit Schußwaffen** (§ 244 I Nr. 1) in Betracht kommt.

§ 4 I 1

Zur Bestimmung der Schußwaffeneigenschaft greift die Rechtsprechung auf § 1 I BWaffG vom 8. 3. 1976 (BGBl I 432) und den allgemeinen Sprachgebrauch zurück. **Schußwaffen** sind danach Geräte, bei denen **Geschosse** durch einen **Lauf** mit Bewegungsrichtung nach vorn getrieben werden. Dazu gehören u.a. Karabiner, Jagdgewehre, Pistolen und Luftgewehre (BGH MDR 74, 547 bei *Dallinger*), aber auch **Gaspistolen**, sofern sie so konstruiert sind, daß aus ihnen *Gaspatronen* verschossen werden und das durch Zündung freigesetzte Gas den Lauf **in Richtung nach vorn** verläßt, also nicht lediglich seitwärts ausströmt (BGHSt 24, 136; BGH MDR 76, 813 bei *Holtz*; NStZ 81, 301; *Dreher-Tröndle*, StGB, § 244 Rdnr. 3; *Preisendanz*, StGB, § 244 II 1a; a.A. *Lackner*, StGB, § 244 Anm. 2b; LK-*Heimann-Trosien*, StGB, § 244 Rdnr. 3; *Schröder*, JR 71, 382).

§ 244 I Nr. 1 setzt nicht voraus, daß die Schußwaffe bei Begehung des Diebstahls eingesetzt wird oder daß die Bereitschaft besteht, im Bedarfsfall von ihr Gebrauch zu machen. Es genügt, daß der Täter oder ein anderer Beteiligter sie zu irgendeinem Zeitpunkt des Tathergangs zwischen Versuchsbeginn und Beendigung des Diebstahls (vgl. BGHSt 20, 194; BGH MDR 80, 106) im Bewußtsein ihrer Einsatzfähigkeit und jederzeitigen Verwendungsmöglichkeit **bei sich führt** (BGHSt 3, 229, 232). Belanglos ist, ob der Täter die Schußwaffe schon zum Tatort mitnimmt oder sie erst dort an sich bringt (BGHSt 13, 259; BGH NStZ 85, 547). Es wird auch nicht verlangt, daß er sie während der Tat in der Hand hält oder wenigstens am Körper trägt. Sie muß ihm nur **zur Verfügung stehen**, d.h. in gebrauchsbereitem Zustand räumlich so in seiner Nähe sein, daß er sich ihrer ohne besondere Schwierigkeiten und ohne nennenswerten Zeitaufwand bedienen kann.

An den Voraussetzungen des § 244 I Nr. 1 fehlt es beispielsweise, wenn der Täter eine geladene Schußwaffe in seinem Kraftwagen zurückläßt, den er 200 Meter vom vorgesehenen Tatort entfernt abstellt und mit dem er ohne Beute die Flucht ergreift, nachdem sein Einbruchsversuch (durch Auslösen der Alarmanlage oder aus anderen Gründen) mißlungen ist. Zum „Tathergang" im oben erwähnten Sinn gehört hier weder die Fahrt zum Tatort noch die spätere Flucht, denn erstere fällt in das bloße Vorbereitungsstadium (liegt also vor Versuchsbeginn), während der gescheiterte Einbruchsversuch bereits beendet ist, ehe die Flucht mit dem Kraftwagen und der darin befindlichen Schußwaffe beginnt (lehrreich dazu BGHSt 31, 105; *Kühl*, Anm. JR 83, 425).

Grund der **Strafschärfung** in § 244 I Nr. 1 ist die von einer gebrauchsbereiten Schußwaffe ausgehende *abstrakte* Gefährlichkeit von Täter und Tat. Das Bewußtsein, über ein derart wirkungsvolles, leicht handliches und auf Distanz einsetzbares Angriffsmittel zu verfügen, kann leicht dazu führen, es im Bedarfsfall einzusetzen und zur Einschüchterung des Bestohlenen oder eines Tatentdeckers zu verwenden. Da das Gesetz aus wohlerwogenen Gründen keinerlei Ausnahmen vorsieht und (abweichend von § 243 II) keine Geringwertigkeitsklausel enthält, ist § 244 I Nr. 1 auch auf Polizeibeamte und Bundeswehrsoldaten anwendbar, die während ihres Streifendienstes oder Wachganges Sachen von geringem oder hohem Wert entwenden und dabei die zu ihrer Ausrüstung gehörende Schußwaffe tragen (BGHSt 30, 44; OLG Köln NJW 78, 652 und NZWehrR 1978, 36; *Bockelmann*, BT/1 S. 30; *Hettinger*, GA 1982, 525; *Katzer*, NStZ 82, 236; *Lackner*, StGB, § 244 Anm. 2b; *Sonnen*, JA 78, 648).

Die Gegenansicht, die insbesondere für berufsmäßige Waffenträger eine *teleologische Reduktion* des § 244 I Nr. 1 unter dem Blickwinkel der „inneren Beziehung zwischen Bewaffnung und Tat" oder der „widerlegbaren Gefährlichkeitsvermutung" befürwortet (*Dreher-Tröndle*, StGB, § 244 Rdnr. 4; *Hruschka*, Anm. NJW 78, 1338; *Lenckner*, Anm. JR 82, 424; *Schünemann*, JA 80, 349, 355; *Sch-Sch-Eser*, StGB, § 244 Rdnr. 5), ist mit dem

Gesetzeszweck nicht vereinbar und greift zu Unterscheidungskriterien, die sich der Beweisbarkeit entziehen oder den Unterschied zwischen § 244 I Nr. 1 und Nr. 2 einebnen. Der Einwand, es sei logisch widersprüchlich, ein *pflichtgemäßes* Verhalten (= das Tragen der Dienstwaffe) zugleich als *unrechtserhöhenden* Umstand zuzurechnen (*Hruschka*, NJW 78, 1338), geht fehl, da die Begehung von Diebstählen nicht zu den Dienstpflichten eines Polizeibeamten oder Soldaten gehört und der Entschluß, eine solche Dienstpflichtverletzung zu begehen, aus freien Stücken und in Kenntnis der Umstände gefaßt wird, aus denen die besondere Gefährlichkeit der Tat hervorgeht. Davon, daß ein berufsmäßiger Waffenträger bei der Begehung von Diebstählen weniger gefährlich sei als ein ohne amtliche Eigenschaft handelnder (vorsorglich oder zufällig bewaffneter) Dieb, kann keine Rede sein. Wer eine besondere „innere Beziehung" zwischen dem Beisichführen der Schußwaffe und dem Diebstahl verlangt, löst sich vom Gesetz, das auf eine solche Beziehung in § 244 I Nr. 1 (im Gegensatz zu Nr. 2) bewußt verzichtet. Erwägenswert könnte allenfalls der Vorschlag sein, das Mitführen einer Schußwaffe als „widerlegbare Gefährlichkeitsvermutung" zu deuten und diese Vorschrift dann nicht anzuwenden, wenn die Gefahr eines Waffengebrauchs (wie etwa bei einem Diebstahl unter Angehörigen oder beim Ausplündern eines sinnlos Betrunkenen in einsamer Gegend) „erfahrungsgemäß ausgeschlossen" war (*Lenckner*, JR 82, 427). Soweit es sich dabei nicht um Fälle rein akademischer Natur handelt, die ohnehin nicht zur Kenntnis der Strafverfolgungsbehörden gelangen würden und die für die praktische Strafrechtspflege bedeutungslos sind, vermag aber auch dieser Einschränkungsversuch nicht zu überzeugen, da jeder Zweifel in der betreffenden Hinsicht *zu Lasten* des Täters gehen müßte und es keinen Erfahrungssatz darüber gibt, wie sich ein Mensch in einer von ihm nicht erwarteten kritischen Situation verhält und ob er der Versuchung widerstehen würde, von der Schußwaffe zu Einschüchterungszwecken Gebrauch zu machen. Etwaige Härten des § 244 I Nr. 1 lassen sich daher nur im Rahmen der Strafzumessung (z. B. durch Verhängung der Mindeststrafe und deren Aussetzung zur Bewährung) abmildern.

Gebrauchsbereit ist eine Schußwaffe, wenn sie **funktionsfähig** ist und jederzeit zum Schießen eingesetzt werden kann. Dazu muß sie nicht unbedingt geladen oder durchgeladen sein. Es reicht aus, daß die erforderliche Munition griffbereit mitgeführt wird (vgl. BGH NStZ 81, 301; 85, 547). Eine **defekte** Schußwaffe ist nicht gebrauchsbereit i.S. des § 244 I Nr. 1; das gleiche gilt für eine ohne Munition mitgeführte Schußwaffe. Da eine solche Waffe aber zum Drohen und u.U. zum Schlagen geeignet ist, kann sie unter § 244 I Nr. 2 fallen.

Im Fall 17 scheidet § 244 I Nr. 1 aus, weil A keine Munition bei sich hatte; hier ist nur Raum für § 244 I Nr. 2 (BGHSt 24, 339).

2. § 244 I Nr. 2 erfaßt alle anderen **Waffen** im technischen Sinn, die wie Hieb-, Stoß- oder Stichwaffen zur körperlichen Verletzung von Menschen geeignet und bestimmt sind (vgl. BGHSt 4, 125, 127). Ihnen stehen **Werkzeuge** (z.B. Brotmesser, Knüppel, Eisenstangen usw.) und sonstige **Mittel** (= Pfeffer, Salzsäure, Chemikalien usw.) gleich, die man als Waffe zu dem Zweck verwenden kann, andere körperlich zu verletzen oder einzuschüchtern. Im Gegensatz zu § 244 I Nr. 1 muß das Beisichführen dieser Angriffsmittel hier **mit dem Willen** geschehen, sie im Bedarfsfall einzusetzen, um den Widerstand eines anderen durch **Gewalt** oder **Drohung mit Gewalt** zu verhindern oder zu überwinden. Dieser **Einsatzwille** kann vom Eintritt bestimmter Bedingungen abhängig gemacht werden; einer *Gebrauchsabsicht* in dem Sinne, daß es dem Täter auf den Einsatz der Waffe „ankommen" müsse, bedarf es nicht (vgl. LK-*Heimann-Trosien*, StGB, § 244 Rdnr. 9; *Küper*, JuS 76, 645 Fußnote 7).

§ 4 II

Auch hier ist es nicht notwendig, daß es zum Einsatz der Waffe kommt. Geschieht das doch, so liegt zumeist ein Raub, Raubversuch oder räuberischer Diebstahl vor (vgl. §§ 249, 250 I Nr. 2, 252); anders aber, wenn der Waffengebrauch bei einem Diebstahlsversuch nur den Rückzug des *ohne Beute* flüchtenden Täters decken soll.

Sofern A im Fall 17 willens gewesen wäre, die Pistole bei Begehung des Diebstahls ggf. als **Schlagwerkzeug** einzusetzen, bestünde an der Strafbarkeit nach §§ 242, 244 I Nr. 2 kein Zweifel (vgl. BGHSt 3, 229, 232). Fraglich ist dagegen, ob § 244 I Nr. 2 auch dann eingreift, wenn er die **ungeladene Pistole** lediglich „*in Anschlag bringen*", d.h. als **Scheinwaffe** zu einer gar nicht realisierbaren **Drohung** (= im Widerstandsfalle mit ihr zu schießen) verwenden wollte. Die h.M. läßt für § 244 I Nr. 2 das Mitführen von **Scheinwaffen** und von **scheinbar gefährlichen Werkzeugen** genügen (BGHSt 24, 339; ebenso *Dreher-Tröndle*, StGB, § 244 Rdnr. 8; LK-*Heimann-Trosien*, StGB, § 244 Rdnr. 10; *Schünemann*, JA 80, 349, 355). In der Rechtslehre wird jedoch unter Hinweis auf die gleichlautende Gesetzesfassung in § 250 I Nr. 2 auch die gegenteilige Ansicht vertreten (*Blei*, JA 74, 233; *Küper*, Anm. NStZ 82, 28, NJW 72, 1059 und JuS 76, 645; *Lackner*, StGB, § 244 Anm. 2c; Sch-Sch-*Eser*, StGB, § 244 Rdnr. 14; lehrreich dazu *Eser*, JZ 81, 761, 766).

Der h.M. ist zuzustimmen. **Grund der Strafschärfung** in § 244 I Nr. 2 ist nicht nur die erhöhte Gefährlichkeit von Tat und Täter, sondern vor allem das **Schutzbedürfnis des Opfers**, das nicht allein gegen Gewalt, sondern schon **vor der Bedrohung mit ihr** geschützt werden soll. Für die **Willensentschließung** des Opfers macht es keinen Unterschied, ob das zur Bedrohung vorgesehene Werkzeug in Wirklichkeit oder nur in seiner Vorstellung **gefährlich** ist. Der gesteigerte Unrechts- und Schuldgehalt der Tat im Vergleich zum einfachen Diebstahl liegt hier in der Bereitschaft des Täters zu einem **Angriff auf die Freiheit der Willensentschließung und Willensbetätigung** anderer, die vom Grundtatbestand des § 242 nicht erfaßt wird (das unterscheidet § 244 I Nr. 2 trotz des gleichen Gesetzeswortlauts von § 250 I Nr. 2; vgl. *Braunsteffer*, NJW 75, 623).

Infolgedessen ist A im Fall 17 auch dann wegen **Diebstahls mit Waffen** nach §§ 242, 244 I Nr. 2 zu bestrafen, wenn er die mitgeführte Pistole lediglich als **Scheinwaffe** zur evtl. **Bedrohung** eines anderen hat einsetzen wollen (zu den Konkurrenzfragen vgl. unten II 2 am Ende).

II. Bandendiebstahl

Fall 18: A, B und C haben sich zur fortgesetzten Begehung von Nachschlüsseldiebstählen aus Kleinläden zusammengeschlossen, die nach folgendem Muster ablaufen: Während B zur Mittagszeit den Inhaber des Geschäfts auf telefonischem Wege fortlockt und sich mit ihm unter einem geschäftlichen Vorwand in einem Restaurant zum Essen trifft, verschaffen A und C sich mit Hilfe von Nachschlüsseln Zugang zum Laden des Opfers, wo sie die Kasse aufbrechen und plündern. Von dem erbeuteten Geld erhält jeder einen gleich hohen Anteil.
Strafbarkeit nach §§ 242 ff.?

Hier sind alle Voraussetzungen des gemeinschaftlichen Diebstahls in einem *besonders schweren Fall* erfüllt (§§ 242, 243 I Nr. 1, 2 in Verbindung mit § 25 II). Fraglich ist, ob und inwieweit auch der qualifizierte Tatbestand des § 244 I Nr. 3 in Betracht kommt.

§ 4 II 1, 2

1. Die Strafschärfung in § 244 I Nr. 3 gilt für jeden, der als **Mitglied einer Bande**, die sich zur fortgesetzten Begehung von Raub oder Diebstahl verbunden hat, **unter Mitwirkung eines anderen Bandenmitgliedes** stiehlt. Die erhöhte Strafwürdigkeit des Bandendiebstahls beruht auf seiner besonderen Gefährlichkeit für die Allgemeinheit, die sich u.a. aus der Gefahr einer Spezialisierung (z.B. auf Trickdiebstähle, Wohnungseinbrüche, Tresorknacken usw.) sowie aus der engen Bindung untereinander ergibt, die einen ständigen Anreiz zur Fortsetzung des kriminellen Engagements bildet.

Bande ist die auf einer ausdrücklichen oder stillschweigenden Vereinbarung beruhende Verbindung von **mindestens zwei Personen** (BGHSt 23, 239 mit zust. Anm. *Schröder*, JR 70, 388; anders *Dreher-Tröndle*, StGB, § 244 Rdnr. 9; *Schünemann*, JA 80, 395; *Volk*, Anm. JR 79, 426) zur **fortgesetzten Begehung** mehrerer selbständiger, im einzelnen noch ungewisser Taten i.S. der §§ 242, 249 (BGH GA 1974, 308; MDR 78, 624 bei *Holtz*). Die bloße Verbindung zu *einer* in sich *fortgesetzten* Tat genügt dafür nicht (BGH MDR 72, 752 bei *Dallinger* zu § 250 I Nr. 2 a.F.). Das Gesetz verlangt vielmehr eine noch ungenaue Vielzahl von Taten als Gegenstand der Vereinbarung. Die Verbindung muß unbestimmt und unbeschränkt (über die Planung einer konkreten Einzeltat, die Ausnutzung einer bestimmten Gelegenheit und über ein kurzfristiges Zusammenwirken hinaus) **ganz allgemein** auf die künftige Begehung von Raub oder Diebstahl abzielen. Dazu gehört, daß sie nicht auf wenige Stunden oder nur auf einen Tag begrenzt sein, sondern für eine gewisse Dauer aufrechterhalten werden soll (zutreffend OLG Hamm NJW 81, 2207 mit zust. Anm. *Tenckhoff*, JR 82, 208; *Schild*, GA 1982, 55, 81).

Die **Bandenmitgliedschaft** ist nach h.M. ein *besonderes persönliches Merkmal* i.S. des § 28 II. Außenstehende sind daher nur nach §§ 242, 243 zu bestrafen (vgl. *Lackner*, StGB, § 244 Anm. 3b m.w.N.).

2. An der Begehung des Diebstahls müssen im Falle des § 244 I Nr. 3 **mindestens zwei** Bandenmitglieder tatsächlich mitwirken. **Täter** eines Bandendiebstahls kann im übrigen nur ein Bandenmitglied sein, das **am Tatort** (wenn auch nicht unbedingt körperlich) **selbst mitwirkt** (BGHSt 25, 18; 33, 50; a.A. *Meyer*, JuS 86, 189; *Schild*, GA 1982, 55, 83; Sch-Sch-*Eser*, StGB, § 244 Rdnr. 27; *Schünemann*, JA 80, 395; kritisch auch *Jakobs*, Anm. JR 85, 342).

Im Fall 18 haben A und C sich des **Bandendiebstahls** schuldig gemacht (§§ 242, 244 I Nr. 3, 25 II). Die Nr. 1 und 2 des § 243 I gehen darin auf (BGHSt 25, 18). Das Bandenmitglied B, das am Tatort *nicht unmittelbar selbst* mitgewirkt hat, ist als **Mittäter zum Diebstahl** in einem *besonders schweren Fall* (§§ 242, 243 I Nr. 1, 2, 25 II) in Tateinheit mit **Beihilfe zum Bandendiebstahl** (§§ 244 I Nr. 3, 27) zu bestrafen (näher BGHSt 25, 18; 33, 50).

Innerhalb des § 244 I geht die Nr. 1 der Nr. 2 vor. § 244 I Nr. 3 kann dagegen mit den übrigen Fällen des § 244 in Tateinheit stehen (BGH MDR 71, 363 bei *Dallinger*; a.A. *Lackner*, StGB, § 244 Anm. 4a). Letzteres hängt damit zusammen, daß es insoweit an einem gemeinsamen Oberbegriff fehlt, unter dem sich der Bandendiebstahl mit den anderen Erschwerungsgründen des § 244 zu *einem* einheitlichen Fall der qualifizierten Tatbegehung zusammenfassen ließe.

§ 5 UNTERSCHLAGUNG UND VERUNTREUUNG

Fall 19: Vor seiner Abreise zur internationalen Verbandstagung in Brüssel übergibt der ostfriesische Viehhändler V seinem 18jährigen Sohn S eine ausgefüllte Zahlkarte und zwei 1 000-DM-Scheine mit dem Auftrag, das Geld im Laufe des Tages bei der Post einzuzahlen. S schlägt indessen nicht den Weg zum Postamt ein, sondern geht in die entgegengesetzte Richtung zur Wohnung der geschiedenen Frau F, die er stürmisch liebt und deren Zuneigung er dadurch zu gewinnen hofft, daß er ihr die beiden Geldscheine schenkt. Unterwegs begegnet S seinem jüngeren Bruder B, den er in sein Vorhaben einweiht und der den Wagemut des S staunend bewundert. Zur Enttäuschung des jugendlichen Liebhabers lehnt F es jedoch ab, die ihr als Geschenk angebotenen Geldscheine anzunehmen, da ihr klar ist, daß diese dem S nicht gehören.

Hat S eine Unterschlagung begangen? Worin könnte ggf. die Zueignungshandlung zu erblicken sein?

I. Einfache Unterschlagung

Im Fall 19 kommt eine *veruntreuende* Unterschlagung in Betracht (§ 246 I *zweite* Alternative). Zunächst ist zu prüfen, ob der **Grundtatbestand** des § 246 I verwirklicht ist.

1. Nach § 246 I *erste* Alternative wird wegen Unterschlagung bestraft, wer eine fremde bewegliche Sache, die er im Besitz oder Gewahrsam hat, sich rechtswidrig zueignet. Im Gegensatz zum Diebstahl entfällt hier eine Wegnahme der Sache; geschütztes **Rechtsgut** ist daher allein das **Eigentum**.

2. **Objekt** der Tat ist eine **fremde bewegliche Sache.** Der Inhalt dieser Merkmale unterscheidet sich von denen des § 242 nicht. Zu beachten ist allerdings, daß Gegenstand der Unterschlagung nur Sachen sein können, die ihrer **Individualität nach bestimmt** sind. Wer einem anderen unter den Voraussetzungen des § 246 **unausgesonderte Teile** einer Sachgesamtheit zum Erwerb anbietet, die lediglich der Menge nach bestimmt sind (= 20 Sack Zement oder 20 Zentner Kartoffeln aus einem größeren Lagerbestand), begeht durch den bloßen Abschluß des Kaufvertrages noch keine *vollendete* Unterschlagung; dazu bedarf es vielmehr der **Aussonderung** des Zueignungsobjekts (zutreffend RG JW 34, 614; LK-*Heimann-Trosien*, StGB, § 246 Rdnr. 4; Sch-Sch-*Eser*, StGB, § 246 Rdnr. 3; *Tenckhoff*, JuS 84, 775; anders RGSt 73, 235).

3. Dem Wortlaut des § 246 zufolge muß die den Gegenstand der Tat bildende Sache „im Besitz oder Gewahrsam" des Täters stehen. Diese Formulierung ist ungenau und hinsichtlich ihrer Bedeutung umstritten.

Die h.M. nimmt an, daß der Begriff des „Besitzes" hier nicht im Sinne des BGB unter Einschluß des *mittelbaren* Besitzes (§ 868 BGB) zu verstehen, sondern mit dem des **Gewahrsams** gleichzusetzen ist (RGSt 37, 198, 200; OLG Schleswig NJW 79, 882 m.w.N.). Zu den Gewahrsamsproblemen im einzelnen vgl. oben § 2 III 3.

Anerkannt ist ferner, daß der Mitgewahrsam eines anderen der Anwendbarkeit des § 246 nicht entgegensteht, wenn dieser mit der Aufhebung seines Gewahrsams durch den Täter **einverstanden** ist (BGHSt 8, 273, 276; näher oben § 2 III 3f zu Fall 5).

Umstritten ist dagegen, ob und zu welchem Zeitpunkt sich die fremde Sache im Gewahrsam des Täters oder Mittäters befunden haben muß:

a) Die engste, am Wortlaut des § 246 haftende Auffassung hält eine der Zueignung **zeitlich vorausgehende** Gewahrsamserlangung für notwendig (*Bockelmann*, MDR 53,

§ 5 I 4

3 und BT/1 S. 37; *Ranft*, JA 84, 277, 286; SK-*Samson*, StGB, § 246 Rdnr. 17 ff.; *Schünemann*, JuS 68, 114). Eine **Fundunterschlagung** kann hiernach nicht schon durch Ergreifen der gefundenen Sache mit Zueignungswillen, sondern erst durch einen *nachfolgenden* Zueignungsakt begangen werden (z.B. durch Ableugnen des Besitzes oder durch eine sonstige Einverleibung der Sache in das eigene Vermögen).

b) Die h.M. stellt stärker auf den Sinn des Gesetzes als auf dessen Wortlaut ab. Im Wege der „berichtigenden Auslegung" hält sie es für zulässig und ausreichend, daß Gewahrsamserlangung und Zueignung **gleichzeitig** erfolgen, also in *einem* Akt **zeitlich zusammenfallen** (Beispiel: Ausplündern eines tödlich verunglückten Motorradfahrers in einer einsamen Gegend; näher BGH LM Nr. 3 zu § 246; BGHSt 4, 76; BGH MDR 71, 546 bei *Dallinger* zu § 330a; RGSt 49, 194, 198; 67, 70; *Dreher-Tröndle*, StGB, § 246 Rdnr. 10; *Lackner*, StGB, §246 Anm. 3; *Preisendanz*, StGB, § 246 Anm. 3c; Sch-Sch-*Eser*, StGB, § 246 Rdnr. 1). Täter oder Mittäter einer Unterschlagung kann von diesem Standpunkt aus nur sein, wer spätestens im Augenblick der Zueignungshandlung **eigenen Gewahrsam** erlangt; andernfalls kommt statt Mittäterschaft lediglich Anstiftung oder Beihilfe zur Unterschlagung in Betracht (vgl. BGHSt 2, 317). Bei der **Fundunterschlagung** ergeben sich zwischen der h.M. und der engeren Auffassung kaum Unterschiede, weil das *bloße Ergreifen* der Sache durchweg unverfänglich ist, d.h. auch zwecks Ablieferung des Fundes erfolgen kann und in der Regel **keine hinreichend erkennbare Betätigung** des evtl. schon vorhandenen Zueignungswillens darstellt.

c) Noch einen Schritt weiter geht die sog. „große berichtigende Lösung", die in der umstrittenen Gesetzespassage kein Tatbestandsmerkmal des § 246, sondern nur ein „*schlecht formuliertes Abgrenzungskriterium*" gegenüber dem Diebstahl (§ 242) erblickt, mit dem ausgedrückt werden solle, daß jede Zueignung **ohne Gewahrsamsbruch** als Unterschlagung anzusehen sei (LK-*Heimann-Trosien*, StGB, § 246 Rdnr. 15; *Maurach-Schroeder*, BT § 35 I A 2; *Schmidhäuser*, BT 8/42; *Welzel*, Lb S. 345; differenzierend *Blei*, BT § 56 I). In dem Bestreben, sämtliche Lücken zwischen § 242 und § 246 zu schließen, will diese Ansicht mit Hilfe des § 246 vor allem den Fall erfassen, daß ein *mittelbarer Besitzer* die von ihm verliehene fremde Sache widerrechtlich an den Entleiher oder an einen Dritten veräußert (vgl. §§ 929 S. 2, 931, 870 BGB).

d) Die Gründe, die von der erstgenannten Auffassung für eine streng restriktive Auslegung des § 246 vorgebracht werden, überzeugen nicht. Auch der „großen berichtigenden Lösung" ist nicht zuzustimmen, da sie die Grenzen der Gesetzesauslegung überschreitet und gegen das **Analogieverbot** verstößt, das es gerade untersagt, Straftatbestände zuungunsten des Täters dadurch zu erweitern, daß man Tatbestandserfordernisse in „*Abgrenzungskriterien*" umdeutet und sie so der **Garantiefunktion** des Gesetzes entzieht (vgl. dazu OLG Schleswig NJW 79, 882; *Charalambakis*, Der Unterschlagungstatbestand, 1985, S. 35 ff., 86; *Krey*, Studien zum Gesetzesvorbehalt im Strafrecht, 1977, S. 221; *Lenckhoff*, JuS 84, 175, 177; *Wessels*, AT § 2 I 3, II). Etwaige Lücken zwischen § 242 und § 246 zu schließen, ist Sache des Gesetzgebers, der dazu bisher keinen Anlaß gesehen hat. Solange es an einer solchen Gesetzesänderung fehlt, verdient die h.M. den Vorzug.

4. Die **Tathandlung** besteht darin, daß der Täter die fremde bewegliche Sache „**sich rechtswidrig zueignet**". Zum *Zueignungsbegriff* und zur *Rechtswidrigkeit* der Zueignung wird auf die Ausführungen zu § 242 verwiesen (vgl. oben § 2 IV 3, 5). Im Gegensatz zum Diebstahl, wo eine Wegnahme *zwecks* Zueignung, d.h. ein Handeln in

der *Absicht* rechtswidriger Zueignung genügt, bedarf es bei der Unterschlagung einer äußerlich in Erscheinung tretenden **Zueignungshandlung** in Form einer **objektiv erkennbaren Betätigung des Zueignungswillens** (RGSt 65, 145; 67, 70; OLG Braunschweig JR 66, 393; OLG Düsseldorf StrVert 85, 330; *Maurach-Schroeder*, BT § 35 II 2c, cc; Sch-Sch-*Eser*, StGB, § 246 Rdnr. 11; anders SK-*Samson*, StGB, § 246 Rdnr. 30 ff., 40, der die Unterschlagung in ein Delikt mit *überschießender Innentendenz* umdeutet). Mit der h.M. ist in dieser Hinsicht darauf abzustellen, ob aus dem Verhalten des Täters für einen *gedachten* Beobachter, der die Sachlage vollständig überblickt, die Verwirklichung des Zueignungsentschlusses hervorgeht (RG JW 35, 3636).

> Im Fall 19 waren die beiden Geldscheine für S **fremde** bewegliche Sachen, die V ihm nicht übereignet, sondern zur Erledigung des Einzahlungsauftrags nur *übergeben* hatte. Davon, daß sie **im alleinigen Gewahrsam** des S standen, kann im Hinblick auf die Auslandsreise des V ausgegangen werden. Beim Verlassen des elterlichen Hauses war S bereits fest entschlossen, sie F zu schenken und über sie unter Ersparung eigener Aufwendungen kraft ihr angemaßter Eigentümerstellung zu verfügen (vgl. BGHSt 4, 236). Eine äußerlich erkennbare Betätigung dieses Zueignungswillens lag aber noch nicht darin, daß S – statt den Weg zur Post zu wählen – weisungswidrig in die entgegengesetzte Richtung ging. Welchem Zweck das diente, blieb zunächst seine rein innere Angelegenheit. Nach außen trat sein Zueignungswille erstmals hervor, als er den B in sein Vorhaben einweihte. Doch auch damit hatte S seinen vorgefaßten Entschluß nur kundgegeben und noch **nicht betätigt**. Den Anforderungen des § 246 genügt aber die *bloße Kundgabe* dessen, was man zu tun beabsichtigt, keinesfalls. Entscheidend ist vielmehr die **Betätigung** des Zueignungswillens, die allerdings bisweilen in einer bestimmten Erklärung enthalten sein kann (wie etwa im Ableugnen des Besitzes einer gefundenen oder entliehenen Sache gegenüber dem Berechtigten; vgl. RGSt 67, 70 und RG JW 28, 410 Nr. 16, wo eine Willensäußerung bzw. ein Verhalten gefordert wird, das den Zueignungswillen „offenbart *und* betätigt"; ebenso BGHSt 14, 38, 41). Hiernach kommt im Fall 19 als **Zueignungshandlung** i.S. des § 246 ausschließlich das **Schenkungsangebot** gegenüber F in Betracht, mit dessen Abgabe die Zueignung der beiden Geldscheine durch S bewirkt und die **Unterschlagung vollendet** war (vgl. BGH MDR 54, 398 bei *Dallinger;* RGSt 67, 70, 73; LK-*Heimann-Trosien*, StGB, § 246 Rdnr. 24; Sch-Sch-*Eser*, StGB, § 246 Rdnr. 16; *Tenckhoff*, JuS 84, 775, 779). Daß F die Annahme des Geldes abgelehnt hat, hindert die Vollendung der Tat somit nicht.

Typische Zueignungsakte sind beispielsweise der Verbrauch, die Verarbeitung (§ 950 BGB), die Veräußerung und der Verkauf unter Anmaßung der Eigentümerrechte, wobei schon das *Angebot* oder der *Auftrag* zum Verkauf genügt (vgl. BGHSt 14, 38, 41; RGSt 58, 230). Ob in der **Vermischung** fremder Gelder oder vertretbarer Sachen mit eigenen eine Zueignung liegt, hängt von den jeweiligen Umständen ab. Da hier regelmäßig Miteigentum entsteht (§§ 948, 947 BGB), kommt es darauf an, ob der Vermischende das Miteigentum des Betroffenen respektieren oder den Gesamtbestand für eigene Zwecke verwenden will (im einzelnen streitig; vgl. RGSt 71, 95; LK-*Heimann-Trosien*, StGB, § 246 Rdnr. 30; Sch-Sch-*Eser*, StGB, § 246 Rdnr. 15). Die mehrfache **Sicherungsübereignung** derselben Sache an verschiedene Gläubiger (§§ 929, 930 BGB) kann Betrug oder Unterschlagung sein. Die Voraussetzungen des § 246 sind dann zu bejahen, wenn der Täter die erneute Übereignung für rechtswirksam hält oder sonst die Eigentümerrechte des ersten Sicherungsnehmers zu vereiteln sucht (BGHSt 1, 262; BGH GA 1965, 207; MDR 67, 173 bei *Dallinger*). Die eigenmächtige **Verpfändung** fremder Sachen (§§ 1204 ff. BGB) kann ohne Rücksicht auf ihre Wirksamkeit (RG JW 24, 1435) bloße Gebrauchsanmaßung oder Zueignung sein.

Letzteres ist der Fall, wenn die Wiedereinlösung des Pfandes aufgrund der Vermögensverhältnisse des Täters nicht mit Sicherheit sofort erfolgen kann, sobald der Eigentümer die verpfändete Sache benötigt (BGHSt 12, 299 mit krit. Anm. *Bockelmann*, JZ 59, 495; RGSt 66, 155). Entsprechendes gilt bei der **Pfändung** von Sachen, die dem Schuldner nicht gehören (§§ 808, 814 ff. ZPO). Wer deren Versteigerung und Verwertung zwecks Verringerung seiner Schulden dadurch ermöglicht, daß er die erforderliche Mitteilung der Pfändung an den Sacheigentümer *pflichtwidrig* unterläßt, eignet sie sich ihrem wirtschaftlichen Werte nach zu (vgl. OLG Oldenburg NJW 52, 1267; OLG Schleswig SchlHA 53, 216; *Dreher-Tröndle*, StGB, § 246 Rdnr. 15; anders *Ranft*, JA 84, 287). In der **Nichtanzeige eines Fundes** und in der **Nichtrückgabe einer entliehenen Sache** liegt noch keine objektiv erkennbare Zueignungshandlung, da beides auf bloßer Nachlässigkeit beruhen kann (vgl. OLG Koblenz StrVert 84, 287; LK-*Heimann-Trosien*, StGB, § 246 Rdnr. 31). Das **Ableugnen des Besitzes** gegenüber dem Berechtigten, ein sonstiges Verheimlichen der Sache oder deren Inanspruchnahme als *angeblich eigene* enthält dagegen regelmäßig eine Betätigung des Zueignungswillens (RGSt 72, 380; BayObLG JR 55, 271; anders u.U. bei reinen *Schutzbehauptungen* gegenüber der Polizei innerhalb eines Ermittlungsverfahrens: OLG Hamm JR 52, 204). Wer den Entschluß, sich einer fremden Sache durch deren **Preisgabe** zu entledigen, erst faßt und verwirklicht, nachdem diese ihre Verwendungsfähigkeit für ihn eingebüßt hat, begeht mangels *Aneignung* keine Unterschlagung (lesenswert BGH NJW 70, 1753 mit Anm. *Schröder*; BayObLG NJW 61, 280 Nr. 25). Wird eine **Inkassotätigkeit** *auftragsgemäß* erledigt, so liegt in der Annahme des Geldes mit dem Willen, es nicht abzuliefern und zu behalten, noch keine Unterschlagung. Etwas anderes gilt jedoch, wenn schon bei diesem Vorgang die vorgeschriebenen oder vereinbarten Kontrollmaßnahmen (z.B. Eintragung in die Inkassoliste, Erteilung einer fortlaufend numerierten Quittung) nicht eingehalten oder sonstige Manipulationen vorgenommen werden, die eine Betätigung des Zueignungswillens enthalten (vgl. *Schröder*, NJW 63, 1958; BGH NJW 53, 1924). In der unbefugten Verwendung fremder Gelder zum **Ausgleich von Kassenfehlbeträgen** durch den ersatzpflichtigen oder sich für ersatzpflichtig haltenden Kassenverwalter erblickt die h.M. stets eine Unterschlagung (näher unten zu III).

5. Der **Tatbestandsvorsatz**, für den *dolus eventualis* ausreicht, muß neben der Fremdheit der Sache auch die Rechtswidrigkeit der Zueignung umfassen (vgl. OLG Hamm NJW 69, 619).

> Im Fall 19 kann bei S vom Vorliegen dieser Voraussetzungen ausgegangen werden. Zu prüfen bleibt der sog. *Veruntreuungstatbestand* des § 246 I *zweite* Alternative.

II. Veruntreuende Unterschlagung

1. Die Zueignung **anvertrauter Sachen** ist als *veruntreuende* Unterschlagung mit höherer Strafe bedroht (§ 246 I *zweite* Alternative). **Anvertraut** sind solche Sachen, deren Gewahrsam der Täter vom Eigentümer oder von einem Dritten mit der Verpflichtung erlangt hat, sie zu einem bestimmten Zweck zu verwenden oder zurückzugeben (BGHSt 9, 90; 16, 280). Auf diese Umstände muß sich der Tätervorsatz erstrecken.

> **Anvertraut** sind z.B. gemietete, geliehene, in Verwahrung gegebene, zur Erledigung eines Auftrags übernommene und unter Eigentumsvorbehalt gelieferte Sachen bis zur vollständigen Bezahlung des Kaufpreises.

§ 5 II 2; III

Im Fall 19 hat S sich somit der *veruntreuenden* Unterschlagung schuldig gemacht, da V ihm das Geld im Rahmen des Einzahlungsauftrags anvertraut hatte. Nach § 247 kann sein Fehlverhalten aber **nur auf Antrag** des V verfolgt und geahndet werden.

Anvertraut ist eine Sache auch dann, wenn das in Betracht kommende Rechtsgeschäft sittenwidrig oder aus anderen Gründen unwirksam ist (BGH NJW 54, 889; OLG Braunschweig NJW 50, 656; *Maurach-Schroeder*, BT § 35 III A 1; a.A. Sch-Sch-*Eser*, StGB, §246 Rdnr. 30). Vorausgesetzt wird insoweit aber, daß die Überlassung der Sache an den Täter den Eigentümerinteressen nicht zuwiderläuft (RGSt 40, 222). Eine gestohlene Sache, die der Dieb dem Hehler zur Verwahrung übergibt, ist nicht i.S. des § 246 anvertraut (anders dagegen, wenn der Dieb sie einem Mittelsmann *zwecks Rückgabe an den Bestohlenen* aushändigt).

Beim Zulaufen eines Hundes und in anderen Fällen *einseitiger* Gewahrsamsbegründung scheidet der *Veruntreuungstatbestand* aus.

2. Das **Anvertrautsein** bildet einen *besonderen persönlichen Umstand* i.S. des § 28 II (vgl. RGSt 72, 326, 328; Sch-Sch-*Eser*, StGB, § 246 Rdnr. 29). Teilnehmer, die außerhalb dieser besonderen Vertrauensbeziehung stehen, werden daher nur aus dem Grundtatbestand (§ 246 I *erste* Alternative) bestraft.

III. Ausgleich von Kassenfehlbeträgen mit Fremdmitteln

Fall 20: Der Postbeamte B ist Leiter einer ländlichen Postnebenstelle. Im Schalterdienst erledigt er den gesamten Ein- und Auszahlungsverkehr. Nach seinen Dienstvorschriften sind die mittels Zahlkarte oder Postanweisung eingelieferten Geldbeträge unter einer fortlaufenden Nummer in der Einzahlungsliste zu erfassen, bevor sie der amtlichen Kasse zugeführt werden, deren Bestand täglich abzurechnen ist. Etwaige Fehlbeträge sind unverzüglich zu melden und (im Rahmen der §§ 78 I 2 BBG, 282 BGB) von B zu erstatten.

Eines Tages stellt B fest, daß in seiner Kasse 1 000 DM fehlen. Wie es dazu gekommen ist, läßt sich nicht klären; B ist aber davon überzeugt, daß er sich nicht zu entlasten vermag und daher Ersatz zu leisten hat. Da er kürzlich wegen kleinerer Dienstverstöße eine Mißbilligung erhalten hat und nicht in den Verdacht der Veruntreuung geraten möchte, beschließt er, die vorgeschriebene Meldung zu unterlassen und den Fehlbetrag nach und nach abzudecken. Mit seinen Ersparnissen in Höhe von 400 DM vermindert er den Fehlbetrag sofort auf 600 DM. Um die verbleibende Differenz für den Fall einer Kassenprüfung zu verdecken, verfährt B eine Zeitlang wie folgt: Bei ihm passend erscheinenden Beträgen legt er das mittels Zahlkarte eingelieferte Geld in die amtliche Kasse, ohne die vorgeschriebene Eintragung in die Einzahlungsliste vorzunehmen. Den Einlieferungsschein händigt er dem Einzahler aus; den Stamm- und Empfängerabschnitt der Zahlkarte hält er dagegen für zwei bis drei Tage zurück. Sobald dann neue Einzahlungen erfolgen, die er in der gleichen Weise behandelt, bringt er die zurückgehaltenen Zahlkarten in den Postverkehr und holt die Eintragung des in ihnen ausgewiesenen Betrages in die Einzahlungsliste nach. Bei einer überraschenden Kassenrevision wird er jedoch überführt, weil er eine – ihr vorausgegangene – Kontrolleinzahlung nicht verbucht hat.

Liegt eine *veruntreuende* Unterschlagung durch B vor?

Der geheime Vorbehalt des B, die eingezahlten und in seinen Alleingewahrsam gelangten Gelder im Eigeninteresse zur Verschleierung des Kassenfehlbetrages zu verwenden, hindert den **Übergang des Eigentums** vom Einzahler auf die Bundespost nicht (vgl. §§ 929, 164, 116 BGB). Die Anwendbarkeit des § 246 im Fall 20 hängt somit allein davon ab, ob B sich diejenigen Gelder, die Gegenstand der Manipulation waren, rechtswidrig **zugeeignet** hat.

1. Die h.M. in Rechtsprechung und Rechtslehre vertritt seit langem den Standpunkt, daß ein Beamter sich der *erschwerten* **Unterschlagung** (früher §§ 350, 351, nunmehr § 246 I *zweite* Alternative) schuldig macht, wenn er einen **Kassenfehlbetrag**, zu dessen Ersatz er verpflichtet ist (beachte dazu BVerwGE 52, 255) oder sich für verpflichtet hält, dadurch ausgleicht oder verschleiert, daß er die eingenommenen Gelder zwar in die amtliche Kasse legt, jedoch die dazugehörigen **Zahlungsbelege zurückhält** und die vorgeschriebene **Eintragung in die Eingangsliste wenigstens zeitweilig unterläßt**, um sich so die Möglichkeit zu verschaffen, den Fehlbetrag aus eigenen Mitteln nach und nach zu ersetzen (BGHSt 24, 115; 9, 348; RGSt 62, 173; 63, 130; 64, 414; *Lackner*, StGB, § 246 Anm. 4a, aa; LK-*Heimann-Trosien*, StGB, Rdnr. 12a zu § 350; *Maurach-Gössel*, Fälle und Lösungen, S. 45; *Rudolphi*, GA 1965, 33, 43 ff.; *Tenckhoff*, JuS 84, 775, 778; *Tröndle*, GA 1973, 289, 338; *Wessels*, JZ 65, 631, 636; differenzierend Sch-Sch-*Eser*, StGB, § 246 Rdnr. 12).

> Die früheren Vorschriften zur **Amtsunterschlagung** (§§ 350, 351) sind durch Art. 19 Nr. 194 EGStGB aufgehoben worden und seit dem 9. 4. 1974 ersatzlos weggefallen (Art. 326 III EGStGB). Ihr Anwendungsbereich wird jetzt durch § 246 I *zweite* Alternative mit erfaßt.

2. In der Rechtslehre war die der h.M. zugrunde liegende Rechtsprechung seit jeher umstritten, wobei teilweise in Anlehnung an vereinzelt gebliebene Entscheidungen des Reichsgerichts (JW 27, 908 Nr. 29; HRR 40, 711) der Versuch unternommen wurde, zwischen einer *vorübergehenden* und **endgültigen** Verwendung der amtlichen Gelder zum bloßen *Verdecken* oder aber zum abschließenden **Ausgleich** (= Abdecken) des Fehlbetrages zu unterscheiden (vgl. *Dreher-Tröndle*, StGB, § 246 Rdnr. 18).

> In einer Anmerkung zu RG JW 32, 950 Nr. 16 hat schon *Merkel* aaO. den Einwand erhoben, das RG habe den Begriff der Zueignung verkannt. Im gegebenen Fall habe der Beamte seinem Vermögen „keinen Pfennig" zugeführt, weil nicht die amtlichen Gelder, sondern nur die Zahlungsbelege Gegenstand seiner Manipulation gewesen seien. Die Falschbuchung habe nicht dem Zweck gedient, eine Unterschlagung zu ermöglichen, sondern einen schon vorhandenen und *ohne* Unterschlagung entstandenen Fehlbetrag zu „verdecken". Daher komme lediglich der Tatbestand des **Betruges** (§ 263) in Betracht. Diese Auffassung wird mit gleichlautenden oder ähnlichen Erwägungen auch von *Deubner* (Anm. NJW 71, 1469), *Gribbohm* (JuS 63, 106), *Koch* (Anm. NJW 57, 150) und *Schöneborn* (MDR 71, 811) vertreten. *Krey* (BT/2 Rdnr. 180, 181) folgt ihr mit der Einschränkung, daß eine Bestrafung wegen **Untreue** (§ 266) erfolgen müsse.

3. Die Kritik der Mindermeinung steht und fällt mit der These, daß die Manipulation des Beamten ausschließlich die Zahlungsbelege, nicht jedoch das der Kasse zugeführte **Geld** betreffe und daß es hier an einer *Eigentumsleugnung* wie an einer *Enteignung* des Geldeigentümers fehle. Die darauf gestützten Einwände sind jedoch nicht stichhaltig.

Die Annahme, daß der Beamte mit dem der Kasse zugeführten **Geld ordnungsgemäß verfahre** und es nicht anders behandele, als wenn kein Fehlbestand vorhanden wäre, ist unrichtig. Sie krankt daran, daß sie einen **einheitlichen Vorgang** willkürlich in seine Einzelbestandteile zerlegt und diese unter Mißachtung ihres untrennbaren Sachzusammenhangs einer isolierten Beurteilung unterwirft. In Wirklichkeit läßt sich die Pflichtwidrigkeit des Täterverhaltens nicht auf die Behandlung der Einzahlungsbelege reduzieren; sie ergreift den **Einzahlungsvorgang insgesamt** mit all seinen Einzelakten und Sinnbezügen.

§ 5 III 3

Im Fall 20 war das Einlegen der Gelder in die amtliche Kasse, soweit es **ohne** die vorgeschriebene und schlechthin unerläßliche **Verbuchung des Geldeingangs** erfolgte, daher nicht ordnungsgemäß, sondern in der tatsächlich vollzogenen Form **ordnungswidrig**.

Maßgebend für die strafrechtliche Beurteilung eines Lebenssachverhalts kann nur eine Betrachtungsweise sein, die den **sozialen Bedeutungsgehalt des Geschehens seinem Gesamtsinn nach wertend zu erfassen** sucht (so auch BGHSt 24, 115, 120 ff. mit Nachweisen). Unter diesem Blickwinkel ist im Fall 20 das Vorliegen einer rechtswidrigen **Zueignung** (= *Aneignung* plus *Enteignung*) überzeugend zu begründen. **Gegenstand** des Angriffs auf das Eigentum der Bundespost waren diejenigen Geldscheine, deren **Neueingang** B dadurch **verheimlichte**, daß er die vorgeschriebene Eintragung in die Einzahlungsliste zunächst unterließ und die dazugehörigen Zahlkarten zeitweilig zurückhielt. In dieser Manipulation, die B dazu benutzte, um den von ihm aus eigenen Mitteln **sofort** zu erstattenden **Fehlbetrag auszugleichen,** lag die Anmaßung einer eigentümerähnlichen Verfügungsgewalt *zu eigenen Zwecken* durch die nach außen erkennbare Betätigung des Willens, diese Gelder ihrem wirtschaftlichen Wert nach wenigstens vorübergehend dem eigenen Vermögen einzuverleiben (= Aneignung). Bei korrektem Verhalten hätte B die betreffenden Geldmittel als **Neueinzahlung** deklarieren und **in dieser Eigenschaft** innerhalb des Postbetriebes weiterleiten müssen. Tatsächlich hat er sie **seiner eigenen Verfügungsgewalt unterworfen,** indem er sie als *angeblich eigene* zum Ausgleich des verbliebenen Kassenfehlbetrages eingesetzt und so Aufwendungen erspart hat, die er zu genau diesem Zeitpunkt aus eigenen Mitteln hätte erbringen müssen. Um sein Ziel zu erreichen, mußte B die Bundespost unter **Leugnung ihrer Eigentümerrechte** zwangsläufig **aus ihrer ursprünglichen Eigentümerposition verdrängen** und sich selbst wirtschaftlich an ihre Stelle setzen (= *Enteignung*). Bezeichnet man den durch B aus seinen Ersparnissen abgedeckten Fehlbetrag von 400 DM mit F 1 und den verbliebenen Fehlbetrag von 600 DM mit F 2, zu dessen Verschleierung B zwei Einzahlungen von je 300 DM zeitweilig nicht verbucht hat (= nachfolgend mit N 1 und N 2 bezeichnet), so läßt sich das Gesagte wie folgt verdeutlichen:

a) In bezug auf F 1 hat B zwar die vorgeschriebene Meldung vom Vorhandensein des Fehlbetrages unterlassen, sich sonst aber pflichtgemäß verhalten. Hier hat er auf eigene Ersparnisse zurückgegriffen, die er zwecks sofortiger Erfüllung seiner Ersatzpflicht aus seinem Eigentum in das der Post verbracht hat.

b) Die Neueingänge N 1 und N 2 hat B nicht als *der Post kraft Einzahlung gehörend* zur Kasse gebracht, sondern als *angeblich ihm gehörend* **zur Erfüllung seiner Ersatzpflicht in bezug auf F 2** verwandt, sie der Post also unter Inanspruchnahme eines ganz **anderen Rechtsgrundes** nur zum nochmaligen „Erwerb" überlassen. Damit sind N 1 und N 2 als *konkrete Geldmenge* faktisch an die Stelle von F 2 getreten. An ihrem Verbleib im Herrschaftsbereich der Post hat sich rein äußerlich zwar nichts geändert. Der in ihnen verkörperte wirtschaftliche Wert ist jedoch dem Vermögen der Post entzogen und dem Vermögen des B zugeführt worden, weil dessen Manipulation bewirkte, daß er von seiner *sofort* zu erbringenden Ersatzleistung im tatsächlichen Sinne „befreit" wurde. Von dem ihr entzogenen Sachwert blieb die Post auch in der Folgezeit endgültig ausgeschlossen, da B die von ihm geschaffenen Tatsachen nicht rückgängig machen, sondern lediglich die wirtschaftlichen Folgen seines Verhaltens wieder ausgleichen konnte, wobei er entweder auf andere Neueingänge (= N 3, N 4 usw.) oder auf inzwischen angesammelte eigene Ersparnisse zurückgreifen mußte. Daß B bestrebt war, die effektiv fehlenden 600 DM nach und nach aus eigenen Mitteln abzudecken, schließt nicht seinen Zueignungswillen in bezug auf N 1 und N 2, sondern allein die Absicht aus, sich am Ende auf Kosten der Bundespost zu bereichern. Für die Anwendung des § 246 ist das Fehlen einer *Bereicherungsabsicht* aber ebenso bedeutungslos wie im Rahmen des § 242.

Die Kritik an der h.M. greift demnach nicht durch, vielmehr ist der grundlegenden Entscheidung BGHSt 24, 115 in allen wesentlichen Punkten zuzustimmen. Es trifft auch nicht zu, daß Fälle dieser Art ebenso zu beurteilen seien wie der *„Dienstmützenfall"* (vgl. oben § 2 IV 4g zu Fall 12). Denn dort konnte der Täter die Abwendung seiner Ersatzpflicht erreichen, ohne das Eigentum der Bundeswehr an der Dienstmütze leugnen zu müssen, wobei als weiterer Unterschied hinzukommt, daß es sich dort nicht um die Verheimlichung eines *neu* in das Eigentum der Bundeswehr gelangten Gegenstandes handelte. Bei der Verwendung von Geldern seines Dienstherrn zum vorläufigen oder endgültigen **Ausgleich von Kassenfehlbeträgen** muß sich der Täter dagegen zwangsläufig eine **eigentümerähnliche Verfügungsgewalt zu eigenen Zwecken anmaßen,** um sein Ziel zu verwirklichen. Infolgedessen geht es hier nicht um einen Sachverhalt wie im *„Dienstmützenfall"*, sondern um die gleichen Probleme wie im *„Getreidefall"* (RGSt 57, 199) und wie bei der Rückveräußerung entwendeter oder unterschlagener Sachen an den nichtsahnenden Sacheigentümer (vgl. oben § 2 IV 4c zu Fall 10e).

Im Fall 20 hat B somit eine *veruntreuende* Unterschlagung (§ 246 I *zweite* Alternative) begangen. Nach außen trat die Betätigung seines Zueignungswillens durch die **Unterdrückung** und **zeitweilige Zurückhaltung der Zahlkarten** deutlich in Erscheinung. Erst daraus ging hinreichend klar hervor, daß die mangelnde Verbuchung der Einzahlung in der Eingangsliste nicht auf einem Versehen oder auf bloßer Nachlässigkeit beruhte. In diesem Zeitpunkt war die Zueignung der eingezahlten Gelder vollendet.

Das Verhalten des B erfüllt des weiteren alle Merkmale der **Untreue** in Form des *Treubruchstatbestandes* (§ 266 I *zweite* Alternative; näher BGHSt 13, 315; BGH NJW 53, 1924). Infolgedessen ist zu prüfen, ob eine **Untreue** im Vergleich zur *veruntreuenden* **Unterschlagung** das schwerere Delikt ist und ob der Verstoß gegen § 246 I *zweite* Alternative ggf. durch eine Bestrafung des Täters nach § 266 I mit abgegolten wird. Soweit nicht § 266 II eingreift, ist der Strafrahmen jedoch in beiden Fällen gleich hoch. Da es zudem um den Schutz verschiedener Rechtsgüter geht (= des *Eigentums* bei § 246, des *Vermögens* bei § 266), ist **Tateinheit** i.S. des § 52 anzunehmen, wenn **einunddieselbe Ausführungshandlung** den einen wie den anderen Straftatbestand verwirklicht (ebenso BGHSt 13, 315 zu §§ 266, 350 a.F.; BGHSt 17, 360, 362; BGH NJW 53, 1924; *Blei*, BT § 56 III). Das ist freilich sehr umstritten (vgl. BGHSt 14, 38; OLG Stuttgart JZ 73, 739; *Lackner*, StGB, § 266 Anm. 8; *Sch-Sch-Lenckner*, StGB, § 266 Rdnr. 55; lehrreich *Schröder*, NJW 63, 1958 zu OLG Köln NJW 63, 1992). Im Rahmen einer einheitlichen Tat ist aber kein Grund dafür ersichtlich, das Verhältnis des § 266 zu § 246 anders zu beurteilen, als es bei § 242 geschieht, wo ebenfalls **Tateinheit** für möglich gehalten wird (BGH MDR 54, 399 bei *Dallinger* zu § 266; RGSt 75, 190, 191; 77, 34, 37; siehe dazu auch unten § 18 III 5).

IV. Wiederholbarkeit der Zueignung

Fall 21: Der Dachdecker D hat dem Weltenbummler W eine wertvolle chinesische Vase entwendet, um die Ausstattung seiner Wohnung zu bereichern. Als er am Tage darauf nur durch eine glückliche Fügung vor einem schweren Unfall bewahrt bleibt, wird er von Reue

ergriffen. Er beschließt, die Vase heimlich in das Haus des W zurückzuschaffen. Sein Freund F, der ihm dabei helfen soll, sucht dies jedoch zu verhindern, weil er mit W verfeindet ist und ihm die Wiedererlangung des wunderschönen Sammelstücks mißgönnt. Er überredet den D daher, die Vase an den Hehler H zu veräußern und den Erlös der Aktion „Brot für die Welt" zur Verfügung zu stellen. So geschieht es.
Strafbarkeit des F?

Da es F allein darum ging, dem W zu **schaden,** ist es fraglich, ob sein Verhalten den Tatbestand der Begünstigung (§ 257 I) in subjektiver Hinsicht erfüllt (vgl. dazu *Lackner,* StGB, § 257 Anm. 5a; *Sch-Sch-Stree,* StGB, § 257 Rdnr. 22 ff.). Näher liegt die Annahme, daß F sich der **Anstiftung zur Unterschlagung** schuldig gemacht hat. Voraussetzung dafür ist aber, daß die Veräußerung der Vase durch D *tatbestandsmäßig* i.S. des § 246 I *erste* Alternative war. Seit der Entscheidung BGHSt 14, 38 ist umstritten, ob **Zueignung** i.S. des § 246 nur die **erstmalige** oder auch die **wiederholte** Betätigung des Zueignungswillens an Sachen sein kann, die sich der Täter bereits vorher durch ein Zueignungs- oder Vermögensdelikt in *strafbarer* Weise verschafft hatte.

1. Von der zunächst herrschenden Auffassung, daß die einem Erwerbsdelikt nachfolgenden **Verwertungshandlungen** zwar tatbestandsmäßig i.S. des § 246 sein könnten, im Verhältnis zum Sacheigentümer aber auf der **Konkurrenzebene** unter dem Gesichtspunkt der *mitbestraften Nachtat* zu erledigen seien (RGSt 68, 204; 73, 6; BGHSt 3, 370, 372; 6, 314, 316; 8, 254, 260; BGH GA 1955, 271), hat die Rechtsprechung sich inzwischen gelöst. Im Beschluß vom 7. 12. 1959 (BGHSt 14, 38) hat der *Große Senat für Strafsachen* beim BGH den Standpunkt eingenommen, nicht jede weitere Betätigung des Herrschaftswillens durch den Dieb, Betrüger oder Erpresser bilde einen neuen Zueignungsakt. Schon dem Wortsinn nach sei Zueignung die **Herstellung** der eigentümerähnlichen Herrschaft über die Sache bzw. die **erstmalige Verfügung** über sie, nicht aber die bloße Ausnutzung dieser Herrschaftsstellung. Unterschlagung i.S. des § 246 setze schon **tatbestandlich** voraus, daß sich der Täter die fremde Sache nicht bereits mit Zueignungswillen durch eine *strafbare* Handlung wie Diebstahl, Raub, Erpressung oder Betrug verschafft habe. Wer dem Dieb ohne Bereicherungsabsicht beim Absatz der Beute helfe, dürfe nicht wegen Beihilfe zur Unterschlagung, sondern nur wegen Begünstigung (§ 257) bestraft werden.

>   Der Hinweis, daß dies für den Helfer wegen des wesentlich milderen Strafrahmens in § 257 a.F. günstiger sei (BGHSt 14, 38, 46), war damals richtig, trifft heute aber nicht mehr zu. Praktisch nähert sich die angegebene Entscheidung des BGH weitgehend dem Reformvorschlag in § 240 E 1962, wo eine Umgestaltung des jetzigen § 246 in einen *subsidiären Auffangtatbestand* des Inhalts vorgesehen ist, daß die rechtswidrige Zueignung einer fremden Sache nur dann als Unterschlagung bestraft werden soll, „wenn die Tat nicht bereits als Diebstahl, Raub, Betrug, Erpressung, Untreue oder Hehlerei mit Strafe bedroht" ist.
>   Die Ansicht des BGH wird u.a. gebilligt von *Lackner,* StGB, § 246 Anm. 4a, bb; *Krey,* BT/2 Rdnr. 173; *Maiwald,* Der Zueignungsbegriff im System der Eigentumsdelikte, 1970, S. 261 ff.; *Otto,* Die Struktur des strafrechtl. Vermögensschutzes, 1970, S. 107 ff.; *Schünemann,* JuS 68, 114.

2. In der Rechtslehre, die überwiegend an der bislang h.M. festhält, ist die neuere Rechtsprechung auf Kritik gestoßen (vgl. *Baumann,* NJW 61, 1141; *Bockelmann,* JZ 60, 621; *Sch-Sch-Eser,* StGB, § 246 Rdnr. 19; *Schröder,* JR 60, 308; *Tenckhoff,* JuS 84, 775, 778). Da das fortbestehende Eigentum des Betroffenen auch nach Entziehung

§ 6 I

der Sache schutzwürdig bleibt, sprechen für die herkömmliche Auffassung und eine Problemlösung im **Konkurrenzbereich** gewichtige Gründe. Daß die sog. *Tatbestandslösung* (BGHSt 14, 38) nicht ohne Korrekturen auskommt, haben zwischenzeitlich ergangene Entscheidungen gezeigt.

Vgl. insoweit BGHSt 16, 280 zur Unterschlagung einer durch *Besitzbetrug* erlangten Sache; ferner BGH NJW 61, 1171 zu einem Fall der Gebührenüberhebung.

Es kann auch nicht bestritten werden, daß die *Aneignung* fremder Sachen ebenso wiederholbar ist wie die sog. *Enteignung* (vgl. BGHSt 13, 43 zur Zueignung gestohlener oder unterschlagener Sachen durch Dritte). So ist eine Bestrafung wegen Unterschlagung unumgänglich, wenn jemand eine *verlorene* Sache, die er für *derelinquiert* gehalten und in Eigenbesitz genommen hat, schleunigst veräußert, nachdem er seinen Irrtum erkannt hat. Das gleiche gilt für den Täter, der im Zustand der Nüchternheit die Zueignung einer Sache wiederholt, die er als *Volltrunkener* (§ 323a n.F.) gestohlen hat (vgl. LK-*Spendel*, StGB, § 323a Rdnr. 342; *Weber*, JZ 76, 102).

Im Fall 21 ist die Veräußerung der Vase durch D deshalb als **tatbestandsmäßige Zueignung** i.S. des § 246 anzusehen, weil D die *Aneignung* durch Übergang von der Sachsubstanz- zur Sachwertzueignung wiederholt und die *Enteignung* des W durch Weitergabe der Sache in die Hand des H intensiviert hat. Für D handelt es sich zwar um eine **mitbestrafte Nachtat**, d.h. um eine bloße Verwertungshandlung zum vorher begangenen Diebstahl, die kein neues Rechtsgut verletzt (siehe *Wessels*, AT § 17 VI 2). Da Dritte jedoch in strafbarer Weise an einer *mitbestraften Nachtat* teilnehmen können, hat F sich der **Anstiftung zur Unterschlagung** schuldig gemacht. Vom Standpunkt der Rechtsprechung aus wäre F dagegen wegen Begünstigung (§ 257 I) zu bestrafen, wobei näher zu begründen wäre, daß auch ein Anstiften zur Weiterveräußerung als „Hilfeleisten" i.S. dieser Vorschrift anzusehen ist und daß die *Absicht* der Vorteilssicherung schon dann bejaht werden darf, wenn die Erhaltung der Verfügungsmöglichkeit zugunsten des D eine dem F erwünschte Folge seines Verhaltens war (vgl. dazu BGHSt 4, 122 und 16, 1).

§ 6 PRIVILEGIERTE FÄLLE DES DIEBSTAHLS UND DER UNTERSCHLAGUNG

Fall 22: Nach einem aufregenden Kartenspiel, bei dem er alles gewagt und sein letztes Geld verloren hat, sucht der Soldat S in seinen Sachen verzweifelt nach einer Zigarette. Da sein Vorrat jedoch zur Neige gegangen ist, löst er vom Spind seines Vetters V, der mit ihm die Unterkunft innerhalb der Standortkaserne teilt, ein Brett an der Rückwand, greift durch die Öffnung und entwendet aus einem darin hängenden Jackett eine Schachtel mit Zigaretten.

Strafbarkeit und Verfolgbarkeit der Tat?

I. Haus- und Familiendiebstahl

S hat einen **Diebstahl** (§ 242) begangen. Sein Verhalten erfüllt außerdem die Merkmale des in § 243 I Nr. 2 genannten Regelbeispiels. Da die Tat sich jedoch objektiv wie subjektiv auf eine **geringwertige Sache** bezog, ist die Annahme eines *besonders schweren Falles* nach § 243 II ausgeschlossen. Zu prüfen bleibt, ob es zur Strafverfolgung eines **Strafantrags** des V bedarf.

§ 6 I 1, 2; II

Nach § 247 werden Diebstahl und Unterschlagung in all ihren Erscheinungsformen unter Einschluß der §§ 243, 244 **nur auf Antrag** verfolgt, wenn durch die Tat ein *Angehöriger* bzw. der *Vormund* verletzt ist oder wenn der Täter zur Zeit der Tat mit dem Verletzten in *häuslicher Gemeinschaft* lebt. Das Antragserfordernis beruht hier nicht auf geringerem Unrecht oder geminderter Schuld, da die Tat wegen des mit ihr verbundenen Vertrauensbruchs sogar besonders schwer wiegen kann. Zweck des Gesetzes ist es vielmehr, den familiären oder häuslich-internen Frieden vor zusätzlichen Störungen durch eine unerwünschte Strafverfolgung zu schützen und den Mitgliedern des betroffenen Näheverhältnisses die Möglichkeit offenzuhalten, die Angelegenheit unter sich zu bereinigen (BGHSt 29, 54). **Antragsberechtigt** ist der Verletzte (§ 77 I). Bei einer Unterschlagung ist das der Sacheigentümer, bei einem Diebstahl auch der Gewahrsamsinhaber (BGHSt 10, 400; 29, 319, 323; a.A. *Dreher-Tröndle*, StGB, § 247 Rdnr. 5; Sch-Sch-*Eser*, StGB, § 247 Rdnr. 9, 10). Sind dies verschiedene Personen, müssen beide in dem vorausgesetzten Verhältnis zum Täter stehen; ein bloß *untergeordneter* Mitgewahrsam und eine Gewahrsamsbeziehung dessen, dem keinerlei Besitzrecht zusteht, bleibt hier jedoch außer Betracht (BGHSt 10, 400).

§ 247 gilt nicht für Raub und räuberischen Diebstahl (§§ 249–252), wohl aber – neben § 248a – bei den Tatbeständen der Hehlerei (§ 259 II), des Betruges (§ 263 IV), des Computerbetruges (§ 263a II), der Leistungserschleichung (§ 265a III) und der Untreue (§ 266 III).

1. Im Fall 22 ist V kein **Angehöriger** des S, da er nicht zu dem in § 11 I Nr. 1a genannten Personenkreis zählt.

2. Unter einer **häuslichen Gemeinschaft** i.S. des § 247 ist vor allem der gemeinsam geführte Haushalt von Familienmitgliedern unter Einschluß des darin beköstigten Personals (vgl. dazu RGSt 74, 373), aber auch jede sonstige **freigewählte** Wohn- und Lebensgemeinschaft zu verstehen, die auf eine gewisse Dauer angelegt und *ernstlich* von dem Willen getragen ist, die aus der persönlichen Bindung folgenden Verpflichtungen zu übernehmen (BGHSt 29, 54).

Eine Gemeinschaft dieser Art besteht z. B. innerhalb eines Klosters, eines Internats oder einer studentischen Wohngemeinschaft, zumeist auch unter Bewohnern eines Altersheims. An einem *freien* Zusammenschluß fehlt es dagegen bei Soldaten in einer Kaserne, den in einem Flüchtlingslager Untergebrachten oder bei Insassen einer Straf- oder Verwahrungsanstalt. Infolgedessen ist § 247 im Fall 22 nicht anwendbar.
BGHSt 29, 54 verneint das Vorhandensein eines *ernstlichen* Bindungswillens (und damit die Notwendigkeit des Strafantrags) bei demjenigen, der das Zusammenleben von vornherein allein dazu ausnutzen will, *strafbare Handlungen* gegenüber Mitgliedern der Gemeinschaft zu begehen.

II. Diebstahl und Unterschlagung geringwertiger Sachen

Anders als § 247 bezieht § 248a sich beim Diebstahl *geringwertiger Sachen* **nur auf § 242**, so daß diejenigen Diebstahlsfälle ausscheiden, die unter § 244 fallen (OLG Köln NJW 78, 652) oder bei denen das Vorliegen eines *besonders schweren Falles* zu bejahen, die Strafe also nach § 243 zu bestimmen ist. Bei der Unterschlagung erfaßt § 248a dagegen wie § 247 auch den *Veruntreuungstatbestand* des § 246 I.

§ 248a soll in Verbindung mit §§ 153 I, 153a StPO im Wege der sog. *prozessualen Lösung* die Behandlung der **Bagatellkriminalität** befriedigender regeln als bisher. Näher BVerfGE

50, 205; *Dreher*, Welzel-Festschr. S. 917; *Krümpelmann*, Die Bagatelldelikte, 1966; *Vogler*, ZStW 90, 132, 151; rechtsvergleichend *Hirsch*, ZStW 92, 218; *Nowakowski*, ZStW 92, 255; *Hauser*, ZStW 92, 295; *Cosmo*, ZStW 92, 561; *Hulsmann*, ZStW 92, 568; *Beckmann*, ZStW 92, 592.

Das Kriterium des **geringen Wertes** in § 248a ist rein wirtschaftlich zu verstehen. Bei der Entwendung oder Unterschlagung von Sachen, die keinen in Geld meßbaren **Verkehrswert** haben, ist für § 248a kein Raum (vgl. oben § 3 III 2 und BGH NJW 77, 1460 zur Entwendung von Strafakten; BayObLG JR 80, 299 in bezug auf Personalausweise, Scheckkarten und Scheckformulare). Kritisch dazu *Jungwirth*, NJW 84, 954 mit dem Vorschlag, bei allen Gegenständen auf den ggf. um notwendige Marktleistungen zu erhöhenden unmittelbaren Herstellungswert abzustellen (was m.E. nicht überzeugt).

Zum Begriff der **Geringwertigkeit** siehe oben § 3 III 2. Entscheidend ist der **Verkehrswert** der Sache zur Zeit der Tat (BGH NStZ 81, 62), wobei die Verhältnisse der Beteiligten zwar in der Regel, aber nicht unter allen Umständen außer Betracht bleiben. **Geringwertigkeit** ist in der Rechtsprechung der oberen Gerichte bei der Entwendung von 10 Schachteln Zigaretten im Wert von 20 bis 25 DM bejaht, bei einem Objekt im Wert von 33 DM dagegen verneint worden (vgl. BGH MDR 75, 543 bei *Dallinger*; OLG Hamm MDR 77, 424). Starre Regeln lassen sich dazu freilich nicht aufstellen. Der obere Grenzwert dürfte zur Zeit bei etwa 50 DM liegen (näher *Dreher-Tröndle*, StGB, § 248a Rdnr. 5; LG Kempten NJW 81, 933; AG Köln MDR 81, 780).

Im Fall 22 wird der Verstoß des S gegen § 242 somit nur **auf Antrag des V** verfolgt, sofern nicht die Staatsanwaltschaft wegen eines *besonderen öffentlichen Interesses* an der Strafverfolgung ein Einschreiten *von Amts wegen* für geboten hält. Im Gegensatz zu § 247 handelt es sich im Bereich des § 248a lediglich um *relative* Antragsdelikte; ein Einschreiten *von Amts wegen* ist daher möglich, wenn die Staatsanwaltschaft ein besonderes öffentliches Interesse an der Strafverfolgung für gegeben hält.

Zur Problematik der zumeist unter § 248a fallenden **Ladendiebstähle** siehe oben § 2 I 2.

III. Irrtumsfragen

Ein Irrtum über die in §§ 247, 248a umschriebenen Antragsvoraussetzungen ist bedeutungslos, da er allein die **Verfolgbarkeit**, d.h. die *verfahrensrechtliche* Seite der Tat betrifft. In dieser Hinsicht kommt es nur auf die tatsächlichen Gegebenheiten, nicht auf die Vorstellung des Täters an (BGHSt 18, 123).

3. Kapitel: Raub

§ 7 DER GRUNDTATBESTAND DES RAUBES

Fall 23: Fräulein F schlendert durch eine Grünanlage. In einem Anflug von jugendlicher Verspieltheit läßt sie ihre Handtasche an einem Finger der linken Hand lose hin- und herpendeln. In diesem Augenblick saust von hinten der Radfahrer R heran, der es auf das Geld der F abgesehen hat. Mit blitzschnellem Griff erfaßt er die Handtasche, die er ein Stückchen weiter zu Boden fallen läßt, nachdem er ihr die Geldbörse mit etwa 20 DM Inhalt entnommen hat.

a) Strafbarkeit des R?

§ 7 I 1

b) Ändert sich die Beurteilung, wenn F die Absicht des R im letzten Moment erkannt hat und die Handtasche mit beiden Händen am Trageriemen fest umklammert, R sein Ziel jedoch gleichwohl erreicht, weil er die Tasche mit solcher Wucht an sich reißt, daß der Trageriemen sich löst und in den Händen der F zurückbleibt?

I. Die Unrechtsmerkmale des Raubes

Im Fall 23 ist zunächst zwischen Handtasche und Geldbörse zu unterscheiden: Wer nämlich ein **Behältnis** (wie etwa eine Handtasche, Aktentasche oder dergleichen) wegnimmt, es aber **allein auf den Inhalt** abgesehen hat und das Behältnis wegwirft, sobald sein Inhalt entnommen ist, handelt in bezug auf das Behältnis nicht mit Zueignungsabsicht (lehrreich dazu BGH MDR 75, 22 bei *Dallinger*). Anders wäre freilich zu entscheiden, wenn der Täter das Behältnis zum Transport der Beute verwenden will, denn dann erstreckt sein Aneignungswille sich auch auf das Behältnis. Letzteres trifft im Fall 23 nicht zu; in der Fallabwandlung (= Fall 23b) ist allerdings auf § 303 einzugehen.

Hinsichtlich der **Geldbörse** nebst Inhalt könnte ein **Raub** (§ 249) vorliegen, sofern nicht lediglich ein sog. *offener* Diebstahl (§ 242) in Betracht kommt.

1. Der **Tatbestand des Raubes** verbindet die Merkmale des Diebstahls mit einer qualifizierten Nötigung (= **Gewalt** gegen eine Person oder **Drohung** mit gegenwärtiger Gefahr für Leib oder Leben) zu einem *zweiaktigen* Delikt **eigenständiger Art** (BGHSt 20, 235). Der Räuber nötigt sein Opfer, die Wegnahme zu dulden. Gewalt oder Drohung werden von ihm als **Mittel** zu dem **Zweck** eingesetzt, die Wegnahme zu ermöglichen und Widerstand dagegen zu verhindern oder zu überwinden. **Raub** ist somit die Wegnahme fremder beweglicher Sachen *zwecks* Zueignung (= Sachangriff) *mittels* der in § 249 umschriebenen Nötigungshandlung (= Personenangriff). Zur finalen Verklammerung zwischen dem Nötigungsakt und der nachfolgenden Wegnahme siehe BGH JA 82, 617.

§ 249 geht den §§ 240, 242 ff. als *lex specialis* vor (BGHSt 20, 235). **Geschützte Rechtsgüter** sind Eigentum, Gewahrsam und persönliche Freiheit. Den Schwerpunkt bildet der Eigentumsschutz; **Raub** ist ein **Eigentumsdelikt**. Die im selben Abschnitt des StGB geregelte **räuberische Erpressung** (§ 255) ist dagegen ein **Vermögensdelikt** (näher unten § 17 II; zu den Einzelproblemen von Raub und räuberischer Erpressung siehe auch die zusammenfassende Darstellung bei *Geilen*, Jura 79, 53 ff. und *Schünemann*, JA 80, 349, 393, 486).

An der **Gesamtkriminalität** sind Raub, räuberische Erpressung und räuberischer Angriff auf Kraftfahrer mit einem Anteil von 0,7 % der registrierten Taten beteiligt; die Aufklärungsquote liegt bei 50 % (vgl. die Übersicht oben vor § 1). Am häufigsten ereignen sich Raubüberfälle in Großstädten ab 500 000 Einwohnern. Der Einsatz von Schußwaffen dominiert bei Angriffen auf Geldinstitute, Geschäfte, Werttransporte und auf Kraftfahrer. Frauen betätigen sich relativ selten als Räuber. Beim Handtaschenraub stellen Kinder und Jugendliche mehr als 50 % der Tatverdächtigen; Opfer der Tat sind hier zumeist ältere Frauen. Insgesamt weist die Raubkriminalität seit Jahren eine stark ansteigende Tendenz auf (näher *Schneider*, Rechtsfälle S. 171).

Im Grundtatbestand des Raubes (§ 249) sind alle objektiven und subjektiven Merkmale des § 242 enthalten. Insoweit wird auf die früheren Ausführungen verwiesen (vgl. oben § 2 II–IV).

Raubmittel sind entweder **Gewalt gegen eine Person** oder **Drohungen mit gegenwärtiger Gefahr für Leib oder Leben.**

Zum Begriff der **Gewalt** und der **Drohung** im allgemeinen vgl. *Wessels*, BT-1 § 8 III 2, 3 zu § 240.

2. Gewalt gegen eine Person ist nur der **körperlich wirkende Zwang** durch eine unmittelbare oder mittelbare **Einwirkung auf einen anderen,** die nach der Vorstellung des Täters dazu bestimmt und geeignet ist, einen tatsächlich geleisteten oder erwarteten Widerstand zu überwinden oder unmöglich zu machen.

Eine *rein seelische* Zwangswirkung (= *psychischer* Zwang) genügt hier im Gegensatz zu § 240 nicht (BGHSt 23, 126; BGH StrVert 86, 61; LK-*Herdegen,* StGB, § 249 Rdnr. 5).

Die Anwendung von Gewalt erfordert nicht unbedingt einen besonderen Kraftaufwand. Maßgebend ist nicht die vom Täter entwickelte körperliche Kraftentfaltung, sondern die **beim Opfer erzielte Zwangswirkung,** d.h. die Ausschaltung oder Überwindung jedweder Art von Widerstand durch **körperlich** wirkenden **Zwang.**

Die Rechtsprechung geht in dieser Hinsicht sehr weit. So hat der BGH im Rahmen des § 249 schon das *heimliche* Beibringen eines Betäubungsmittels (BGHSt 1, 145), das Forttragen eines Bewußtlosen von der öffentlichen Straße zum Zwecke des Ausplünderns (BGHSt 4, 210), das Wegschieben der Hand eines Sterbenden von seiner Gesäßtasche, in der sich die Geldbörse befand (BGHSt 16, 341), sowie das Einsperren eines Menschen innerhalb eines Raumes durch bloßes Abschließen der Tür (BGHSt 20, 194, 195) als Anwendung von **Gewalt gegen eine Person** angesehen. Beim überraschenden Entreißen von Sachen scheint sich neuerdings eine restriktivere Tendenz durchzusetzen (vgl. BGH StrVert 86, 61).

Entgegen einer häufig anzutreffenden, stereotyp wiederkehrenden Formulierung bedarf es zur Gewaltanwendung i.S. des § 249 nicht unbedingt einer *„unmittelbaren Einwirkung auf den Körper"* des Opfers, sei es durch dessen Berührung oder eine andere die Sinne beeinflussende Tätigkeit.

Richtig ist nur, daß **Gewalt gegen Sachen** *für sich allein* nicht genügt; wer eine Tür oder ein Fenster aufbricht, um an die Beute zu gelangen, begeht einen Einbruchsdiebstahl (§§ 242, 243 I Nr. 1), aber keinen Raub. Um Gewaltanwendung i.S. des § 249 handelt es sich jedoch dann, wenn eine unmittelbare Sacheinwirkung sich *mittelbar* **gegen eine Person** richtet, wie dies beim Verschließen einer Tür zum Zwecke des Einsperrens der Fall ist (BGHSt 20, 194, 195). Daß § 249 entgegen BGHSt 1, 145, 147 nicht notwendigerweise eine „unmittelbare Einwirkung auf den Körper" des Opfers voraussetzt, hat BGHSt 23, 126, 127 zutreffend klargestellt.

Irreführend ist auch die Formulierung, daß die Einwirkung vom Opfer als körperlicher Zwang *„empfunden"* werden müsse (das ist u.a. in BGHSt 23, 126 übersehen). Die **körperliche Zwangswirkung** als Folge der Gewaltanwendung ist zwar unerläßlich. Sie braucht vom Opfer aber nicht unbedingt „empfunden" zu werden, vielmehr ist Gewalt i.S. des § 249 auch gegenüber **Schlafenden** und **Bewußtlosen** möglich, die von dem gewaltsamen Vorgehen des Täters **nichts merken** (BGHSt 4, 210, 212; 25, 237, 238; einschränkend *Schünemann,* JA 80, 349, 350; *Seelmann,* JuS 86, 202).

Schließlich braucht die Anwendung der Gewalt (das gleiche gilt für die Drohung) zum Gelingen der Wegnahme **nicht objektiv erforderlich** gewesen zu sein. Es genügt, daß sie nach der **subjektiven Zwecksetzung** des Täters als wesentlicher Bestandteil der Tat dazu dienen sollte, die Wegnahme durch Ausschaltung oder Überwindung eines in Rechnung gestellten Widerstandes zu ermöglichen (BGHSt 30, 375, 377; BGH StrVert 86, 61; Sch-Sch-*Eser,* StGB, § 249 Rdnr. 6a; *Schünemann,* JA 80, 349, 352; kritisch *Bockelmann,* BT/1 S. 50; SK-*Samson,* StGB, § 249 Rdnr. 18).

Es kommt also nicht darauf an, ob der Einsatz von Gewalt oder von Drohungen *condicio sine qua non* für das Gelingen der Wegnahme war. Maßgebend in dieser Hinsicht sind

§ 7 I 3, 4

allein die **Vorstellung und der Wille des Täters**. Demnach reicht es aus, daß dieser ihre Anwendung **für geeignet hält**, die Wegnahme zu ermöglichen.

Ob die Gewalt sich gegen den Eigentümer, den Gewahrsamsinhaber oder gegen eine andere zum Schutz des Gewahrsams bereite Person richtet, wie etwa gegen einen Begleiter des zu Beraubenden oder gegen den in einem Warenlager tätigen Nachtwächter, ist gleichgültig (vgl. BGHSt 3, 297; RGSt 67, 183, 186).

Auch insoweit genügt die **Vorstellung des Täters**, daß der Angegriffene der Wegnahme ein Hindernis in den Weg legen könnte (*Blei*, BT § 57 II; Sch-Sch-*Eser*, StGB, § 249 Rdnr. 6a).

Erscheinungsformen der Gewalt sind *vis absoluta* und *vis compulsiva* (näher *Wessels*, BT-1 § 8 III 2b); beide kommen als Raubmittel in Betracht. Gewaltanwendung i.S. des § 249 kann auch die **Tötung des Opfers** zum Zwecke der Wegnahme sein (RGSt 67, 183, 186; näher LK-*Herdegen*, StGB, § 249 Rdnr. 17).

3. Der Gewaltanwendung stellt das Gesetz die **Drohung mit gegenwärtiger Gefahr für Leib oder Leben** gleich. Ob die Drohung ausführbar ist und ob der Täter sie verwirklichen will, ist belanglos. Maßgebend ist allein, daß sie den **Anschein der Ernstlichkeit erwecken** und vom Bedrohten ernst genommen werden soll. Infolgedessen fällt unter § 249 auch die Bedrohung mit einer Schreckschuß- oder Spielzeugpistole (vgl. *Dreher-Tröndle*, StGB, § 249 Rdnr. 5).

Adressat der Drohung kann jeder sein, der *nach der Vorstellung des Täters* zum Schutz des fremden Gewahrsams verpflichtet oder bereit ist. Ob das angedrohte Übel ihn selbst, eine ihm irgendwie nahestehende Person oder sonst jemanden betrifft, für den er sich verantwortlich fühlt, ist unerheblich (vgl. Sch-Sch-*Eser*, StGB, § 249 Rdnr. 5).

4. Der **Raubvorsatz** muß alle Merkmale des *zweiaktig* gegliederten objektiven Tatbestandes umfassen. Hinzukommen muß die **Absicht** des Täters oder Mittäters, **sich** die fremde Sache rechtswidrig zuzueignen.

Mittäter kann daher nur sein, wer „*sich*" die wegzunehmende Sache zueignen will, wozu es freilich keines „*Behaltenwollens*" bedarf (BGHSt 17, 87, 92; BGH StrVert 86, 61); andernfalls kommt nur **Teilnahme** in Betracht. *Sukzessive* Mittäterschaft durch Eintritt in eine bereits begonnene und noch nicht abgeschlossene Ausführungshandlung (Gewaltanwendung oder Drohung i. S. des § 249 zum Zwecke der Wegnahme) ist entsprechend den allgemeinen Regeln möglich (BGH MDR 69, 533 bei *Dallinger*; vgl. auch *Wessels*, AT § 13 III 2). Hatte der Angreifer dem bewußtlos geschlagenen Opfer die Geldbörse nebst Inhalt jedoch schon weggenommen, so wird ein Mitbeteiligter, der das Opfer gerade nicht berauben, sondern lediglich verprügeln wollte (§§ 223a, 25 II), nicht dadurch Mittäter des Raubes, daß er sich (seine ursprüngliche Weigerung aufgebend) vom räuberisch handelnden Rädelsführer einen Beuteanteil aufdrängen läßt (im konkreten Fall 60 DM von den in der Geldbörse befindlichen 120 DM). Die gegenteilige Ansicht des BGH (JZ 81, 596 mit abl. Besprechung *Küper*, JZ 81, 568) verdient keine Zustimmung (siehe dazu auch *Kühl*, JuS 82, 189; LK-*Herdegen*, StGB, § 249 Rdnr. 20).

Zur **Rechtswidrigkeit** der beabsichtigten Zueignung vgl. BGH GA 1968, 121. Zu den einschlägigen **Irrtumsproblemen** siehe BGHSt 17, 87; BGH GA 1962, 144; 1966, 211; JA 82, 617; OLG Schleswig StrVert 86, 64.

5. Vollendet ist der Raub nicht schon mit der Gewaltanwendung oder Drohung, sondern erst bei Vollendung der mit diesen Mitteln erzwungenen *Wegnahme* (näher BGHSt 20, 194; LK-*Herdegen*, StGB, § 249 Rdnr. 19).

> Zur Abgrenzung zwischen Vorbereitung und **Versuch** beachte BGHSt 26, 201 mit Anm. *Otto*, NJW 76, 578 und *Gössel*, JR 76, 249; vgl. auch *Wessels*, AT § 14 II 2.
>
> Verzwickt wird die Rechtslage bei einem **fingierten Raubüberfall,** den der betroffene Mitgewahrsamsinhaber mit dem eigentlichen Drahtzieher des Geschehens verabredet hat, ohne den ausführenden Komplizen in den Tatplan einzuweihen. Lehrreich zu diesem Fall BGH MDR 74, 724 bei *Dallinger* (bitte lesen und durchdenken!).

6. Ob das überraschende **Entreißen einer Handtasche** die Merkmale des Raubes (§ 249) erfüllt oder nur als ein listig eingefädelter Diebstahl (§ 242) zu beurteilen ist, hängt ganz von den Umständen des Einzelfalles ab. Gewalt gegen eine Person i.S. des § 249 setzt zwar keinen besonderen Kraftaufwand, aber doch die Herbeiführung einer **körperlichen Zwangswirkung** zur Verhinderung oder Überwindung von Widerstand, d.h. **mehr** voraus, als es zum **bloßen Wegnehmen** i.S. des § 242 erforderlich ist.

> Führt – wie im Fall 23a – schon der blitzschnelle *einfache* Zugriff des Täters auf die Sache zum Gewahrsamswechsel, ehe das Opfer darauf zu reagieren vermag, handelt es sich nur um einen sog. **offenen** Diebstahl, bei dem die Wegnahme *vor den Augen* und *gegen den Willen* des Betroffenen erfolgt (zutreffend BGH MDR 68, 17 bei *Dallinger* und BGH GA 1968, 337; ebenso BGH StrVert 86, 61; zu weit BGHSt 18, 329).
>
> Hält der Überfallene dagegen (wie insbesondere bei Erwartung des Angriffs) die Tasche derart fest in der Hand, daß sie ihm nur **mittels erheblicher Kraftentfaltung** entrissen werden kann (so im Fall 23b), bedarf es der Überwindung eines tatsächlich geleisteten oder erwarteten Widerstandes mit der Folge, daß **Raub** vorliegt (BGH NJW 55, 1404; LK-*Herdegen*, StGB, § 249 Rdnr. 8).

II. Sachentwendung bei fortwirkenden, nicht zu Raubzwecken geschaffenen Zwangslagen

> Fall 24: A hat die vom Einkauf heimkommende Frau F an einsamer Stelle überfallen und vergewaltigt. Bevor er sich nach Beendigung dieses Verbrechens aus dem Staube macht, entwendet er aufgrund eines *erst jetzt* gefaßten Entschlusses aus der offenen Einkaufstasche der F eine Geldbörse mit rund 30 DM Inhalt, ohne daß die noch völlig verstörte F dies bemerkt.
> Raub oder Diebstahl?

Im Falle des Raubes müssen die Nötigung des Opfers und die Wegnahme der fremden Sache in einer inneren Beziehung und in einem bestimmten zeitlichen Verhältnis zueinander stehen.

> Die Nötigung darf nicht bloß Begleiterscheinung, sondern muß – zumindest nach der Vorstellung des Täters – das **Mittel** zur Wegnahme gewesen sein (BGH MDR 84, 276 bei *Holtz*). Daraus folgt, daß das Ausnutzen einer zunächst *aus anderen Gründen* geschaffenen oder entstandenen Zwangslage zu einer Sachentwendung nicht ohne weiteres Raub (§ 249) begründet. Je nach den Tatumständen ist hier wie folgt zu unterscheiden:

1. Faßt und verwirklicht der Täter seinen Wegnahmeentschluß während der **noch fortdauernden Gewaltanwendung,** so begeht er einen **Raub,** weil er die zunächst zu anderen Zwecken verübte Gewalt aufgrund eines neuen Tatentschlusses unter aktiver Aufrechterhaltung der körperlichen Zwangswirkung nunmehr als Mittel zum Zwecke der Sachentwendung benutzt.

So lag es im *Armbanduhrfall* (BGHSt 20, 32), wo der Täter ein Mädchen auf öffentlicher Straße gewaltsam an sich zog, um es zu küssen, dann bei dem Gerangel dessen linken Arm zu fassen bekam, dort eine Armbanduhr fühlte und diese aufgrund eines *neuen* Entschlusses an sich brachte, ohne daß das sich heftig wehrende Mädchen dies bemerkte (eingehend dazu *Eser*, Strafrecht IV, Fall 8).

2. Anders ist zu entscheiden, wenn der Täter – wie A oben im Fall 24 – nur die fortdauernde **Wirkung** der von ihm ohne Wegnahmevorsatz verübten Gewalt im Rahmen eines neuen Entschlusses zur Entwendung von Sachen **ausnutzt, ohne** daß die Nötigungshandlung als solche andauert (BGHSt 32, 88, 92 mit Anm. *Otto*, JZ 84, 143; BGH StrVert 83, 460; NJW 69, 619; *Eser*, NJW 65, 377; LK-*Herdegen*, StGB, § 249 Rdnr. 16). Hier kommt lediglich Diebstahl (§ 242) in Betracht. Entsprechendes (u. U. in Verbindung mit Nötigung) gilt, wenn der Täter nach beendeter Gewaltanwendung *mehr* als ursprünglich geplant wegnimmt und dabei aufgrund von Fehlvorstellungen i.S. des § 16 I 1 nur hinsichtlich des Mehrbetrages, nicht aber bezüglich des zunächst ins Auge gefaßten Betrages von der *Rechtswidrigkeit* der beabsichtigten Zueignung ausgeht (BGH JA 82, 617 für den Fall eines Taxifahrers, dem es bei Anwendung der Gewalt allein um die Durchsetzung seines Anspruchs auf Zahlung des Fahrpreises ging, der dann aber den gesamten Inhalt der zu Boden gefallenen Geldbörse des zahlungsunwilligen Fahrgastes in Höhe von 870 DM an sich nahm und behielt).

Zu beachten ist allerdings, daß § 249 selbst *nach Abschluß der Gewalt* anwendbar bleibt, wenn der Täter (u.U. schon durch die Art seines einschüchternden Auftretens) zur **Drohung** mit gegenwärtiger Gefahr für Leib oder Leben übergeht (lehrreich dazu BGH MDR 68, 17, 18 bei *Dallinger*).

§ 8 RAUBQUALIFIKATIONEN

Fall 25: Der Landstreicher L ist nachts in das einsam gelegene Haus der alleinstehenden Bäuerin B eingedrungen. Durch die Drohung, sonst das gesamte Haus auf den Kopf zu stellen und sie notfalls zu erschießen, nötigt er die 74jährige B unter Verwendung eines harmlosen, aber echt aussehenden Spielzeugrevolvers zur Nennung des Verstecks, in welchem sie ihre Ersparnisse aufbewahrt. Nachdem L das gesamte Bargeld an sich genommen und in seine Jacke gesteckt hat, stößt er erneut Drohungen gegen B für den Fall aus, daß sie die Polizei alarmiere. In diesem Augenblick bricht B vor Aufregung tot zusammen. Mit einem solchen Ausgang hatte L nicht gerechnet.
Strafbarkeit des L?

I. Schwerer Raub

§ 250 I enthält *tatbestandlich* geformte **Qualifikationen** zum Grundtatbestand des § 249, deren Fassung in den Nr. 1, 2 und 4 denen des § 244 I angeglichen ist. Kraft Verweisung gelten diese Erschwerungsgründe auch für den räuberischen Diebstahl (§ 252) und die räuberische Erpressung (§ 255). Wo ein Fall des § 250 I neben § 249 vorliegt, erfolgt die Verurteilung wegen „*schweren Raubes*" (BGH MDR 73, 191 bei *Dallinger*).

Im Fall 25 hat L zunächst einen Hausfriedensbruch (§ 123) begangen. Sein Verhalten verwirklicht ferner in objektiver wie in subjektiver Hinsicht den **Grundtatbestand des Raubes** (§ 249), der mit dem Einstecken des Geldes durch L **vollendet** war (vgl. BGHSt

20, 194, 196). Der Umstand, daß B durch Preisgabe des Geldverstecks zu ihrer Schädigung selbst beigetragen hat, macht die Tat nicht zur räuberischen Erpressung (§ 255), da B ihre Ersparnisse nicht *herausgegeben* hat, sondern durch L zur **Duldung der Wegnahme** gezwungen worden ist (vgl. BGHSt 7, 252; BGH MDR 84, 276 bei *Holtz* und 55, 17 bei *Dallinger*; NJW 76, 248; dazu *Küper*, JuS 76, 645, 648). Zu prüfen bleibt die Anwendbarkeit der §§ 250, 251.

1. Eine **Schußwaffe** i.S. des § 250 I Nr. 1 hat L nicht bei sich geführt (vgl. insoweit die Ausführungen zu § 244 I, oben § 4 I 1 und BGH NJW 82, 2784; NStZ 85, 547; 81, 301).

§ 250 I Nr. 1 setzt voraus, daß der Täter oder ein anderer Beteiligter die Schußwaffe im Bewußtsein ihrer Einsatzfähigkeit und jederzeitigen Verwendungsmöglichkeit zu irgendeinem Zeitpunkt des Tathergangs zwischen **Versuchsbeginn** und **Beendigung** des Raubes bei sich führt. Das bloße Mitführen im Vorbereitungsstadium (z. B. im Kraftwagen während der Fahrt zum vorgesehenen Tatort) oder während der Flucht nach einem *mißlungenen* Überfall genügt nicht (BGHSt 31, 105).

Wer bei einer **Versuchshandlung** eine Schußwaffe bei sich führt, sich ihrer dann jedoch entledigt, um die geplante Tat ohne Waffe zu vollenden, soll nach BGH NStZ 84, 216 (mit abl. Anm. *Zaczyk*) wegen vollendeten schweren Raubes gemäß §§ 249, 250 I Nr. 1 zu bestrafen sein, weil es keinen **Teilrücktritt** von qualifizierenden Tatbestandsmerkmalen gebe. Der Grundgedanke des § 24 dürfte indessen der Anerkennung eines solchen Teilrücktritts nicht prinzipiell entgegenstehen (vgl. zu diesem Fragenkreis *Lackner*, StGB, § 24 Anm. 3a, bb; Sch-Sch-*Eser*, StGB, §24 Rdnr. 113; *Streng*, JZ 84, 652 und Anm. NStZ 85, 359; *Wessels,* AT § 14 IV 4).

2. Dagegen hat L den Spielzeugrevolver mit sich geführt, um ihn ggf. als **Scheinwaffe** zu verwenden und den Widerstand der B durch Drohung mit Gewalt zu verhindern oder zu überwinden. Ob das wie im Falle des § 244 I Nr. 2 (vgl. oben § 4 I 2) auch im Rahmen des § 250 I Nr. 2 genügt, ist umstritten.

Abweichend von der bisherigen Rechtsprechung zu § 250 I Nr. 1 a.F. (BGHSt 24, 276, 278; 24, 339, 342) soll diese Frage nunmehr mit Rücksicht auf die neue Fassung des § 250 I Nr. 2 zu bejahen sein (so BGH NJW 76, 248; NStZ 85, 408), weil die *subjektive* Tatbestandsformulierung dies nahelege, der Gesichtspunkt der **objektiven Gefährlichkeit** zurückgetreten sei und die Bereitschaft des Täters, notfalls als bewaffnet in Erscheinung zu treten, seine gesteigerte verbrecherische Energie erkennen lasse (ebenso *Dreher-Tröndle*, StGB, § 250 Rdnr. 5). Diese Begründung überzeugt jedoch nicht (näher *Braunsteffer*, NJW 75, 623; *Eser*, JZ 81, 761, 821; *Geilen*, Jura 79, 389; *Küper*, JuS 76, 645 und Anm. NStZ 82, 28). Mit BGHSt 24, 276 ff. und 339 ff. ist vielmehr daran festzuhalten, daß sämtliche Erschwerungsgründe des § 250 I ihren Grund in der **besonders erhöhten objektiven Gefährlichkeit von Tat und Täter** finden und daß die relativ unbedeutende Steigerung des Unrechtsgehalts, die im Beisichführen einer *Scheinwaffe* liegt, durch den **Strafrahmen des § 249** hinreichend abgedeckt wird (so auch LG Hamburg NJW 77, 1931). Daß die Auslegung des Gesetzes hier trotz gleichen Wortlauts zu einem anderen Ergebnis als bei § 244 I Nr. 2 führt, ergibt sich zwangsläufig daraus, daß dem Schutzbedürfnis des Opfers und dem Angriff auf seine *persönliche Freiheit* bei Verwendung der Scheinwaffe zwar durch § 249, nicht jedoch durch § 242 Rechnung getragen werden kann (vgl. dazu oben § 4 I 2).

Von diesem Standpunkt aus sind im Fall 25 die Voraussetzungen des § 250 I Nr. 2 zu verneinen (mit seiner gegenteiligen Auffassung will der BGH wohl auch der *bloßen*

§ 8 I 3, 4

Schutzbehauptung des nicht am Tatort, sondern erst später gefaßten Räubers begegnen, bei der von ihm benutzten Pistole habe es sich nur um eine harmlose Scheinwaffe gehandelt). Wer nur durch die Stellung seiner Hand bzw. der Finger in seiner Tasche beim Opfer den Eindruck hervorrufen will, er führe eine Waffe bei sich, verwirklicht allerdings auch nach der Rechtsprechung den Erschwerungsgrund des § 250 I Nr. 2 nicht (BGH StrVert 85, 456).

Die Voraussetzungen des § 250 I Nr. 2 sind beispielsweise erfüllt, wenn ein Räuber dem zu Boden geschlagenen Opfer zur Ermöglichung der Wegnahme von Sachen mit dem **beschuhten Fuß** Tritte gegen den Kopf versetzt (BGHSt 30, 375). Ob ein **Schuh am Fuß** ein *Werkzeug* oder *Mittel* i.S. des § 250 I Nr. 2 ist, hängt von den Umständen des Einzelfalles ab. Dabei kommt es auf die Beschaffenheit der Schuhe, die Heftigkeit der Tritte und insbesondere darauf an, gegen welche Körperteile die Tritte sich richten (näher *Hettinger*, JuS 82, 895). Ein **Beisichführen** von Werkzeugen usw. ist auch dann zu bejahen, wenn der Täter sich **erst während der Tatausführung** entschließt, einen mitgeführten oder am Tatort ergriffenen Gegenstand als Waffe einzusetzen, um den Widerstand des Betroffenen durch Gewalt oder durch Drohung mit Gewalt zu verhindern oder zu überwinden (BGHSt 13, 259; 30, 375).

Wer in einem fremden Auto Platz nimmt, um es mit den darin befindlichen Wertsachen zu entwenden, und sodann die Kraft des Motors zu dem Zweck einsetzt, die Eigentümerin des Fahrzeuges abzuschütteln, die den Griff der noch nicht geschlossenen Wagentür fest mit den Händen umklammert, benutzt das Fahrzeug **als Waffe** und begeht einen schweren Raub i.S. des § 250 I Nr. 2 (BGH MDR 78, 987 bei *Holtz*).

3. Bei dem Qualifikationstatbestand des **gefährlichen Raubes** (§ 250 I Nr. 3) handelt es sich **nicht** um ein erfolgsqualifiziertes Delikt i.S. des § 18, sondern um einen **Gefährdungstatbestand**, der den Eintritt einer **konkreten Gefahr** des Todes bzw. der schweren Körperverletzung (§ 224) und einen entsprechenden **Gefährdungsvorsatz** voraussetzt, wobei *dolus eventualis* genügt (vgl. BGHSt 26, 176 und 244; näher dazu *Geilen*, Jura 79, 445; *Küper*, NJW 76, 543; *Meyer-Gerhards*, JuS 76, 228; *Schünemann*, JA 80, 393).

Der andere, um dessen Gefährdung es geht, braucht weder der Beraubte noch eine Person zu sein, von der Widerstand geleistet oder erwartet wird (Sch-Sch-*Eser*, StGB, § 250 Rdnr. 22 m.w.N.). Erforderlich ist indessen, daß die Gefährdung **durch die Tat** (= vom Stadium des Versuchs bis zu ihrer Beendigung) herbeigeführt wird. Beispiele: Bedrohung eines erkennbar schwer Herzkranken, Zurücklassen des gefesselten Opfers in der winterlichen Kälte oder in einer einsamen Gegend, Gefährdung der Verfolger oder von Passanten bei wilder Fahrt mit dem Fluchtauto usw. Darauf, ob der drohende Erfolg eintritt oder nicht, kommt es nicht an, doch ist § 250 I Nr. 3 auch dann erfüllt, wenn sich (wie im Fall 25) die qualifizierende Gefahr in einem entsprechenden Erfolg realisiert (Sch-Sch-*Eser*, StGB, § 250 Rdnr. 21). L kann sich daher des schweren Raubes (§§ 249, 250 I Nr. 3) schuldig gemacht haben, sofern er in der genannten Hinsicht mit *Gefährdungsvorsatz* gehandelt hat; letzteres ist Tatfrage.

4. Der **Bandenraub** (§ 250 I Nr. 4) entspricht dem Vorbild des § 244 I Nr. 3 (vgl. oben § 4 II). Dieser Erschwerungsgrund gilt auch für Teilnehmer, wenngleich § 250 I Nr. 4 aus sprachlichen Gründen nur den „Täter" hervorhebt.

Liegen bei derselben Straftat mehrere Erschwerungsgründe i.S. des § 250 I vor, so ist nach h.M. lediglich *ein* (einziger) „schwerer Raub" anzunehmen (Sch-Sch-*Eser*, StGB, § 250 Rdnr. 27 m.w.N.).

II. Raub mit Todesfolge

Im Fall 25 kann L nach §§ 249, 251 bestraft werden, wenn er „durch den Raub" **leichtfertig** den Tod der B verursacht hat.

1. Seit der Neufassung des § 251 durch das EGStGB kommt es nicht mehr darauf an, ob der Tod des Opfers oder eines anderen Menschen Folge der *verübten Gewalt* war (vgl. zur alten Fassung BGHSt 22, 362; 23, 126 mit Anm. *Geilen*, JZ 70, 521). Es genügt jetzt, daß der Tod auf die spezifische Gefährlichkeit des **Raubes** als solchen (= vom Versuchsbeginn bis zur Beendigung der Tat) zurückzuführen ist.

Hiernach reicht es aus, daß B im Fall 25 durch die von der **Drohung** ausgehende Schockwirkung zu Tode gekommen ist. § 251 erfaßt auch den Fall, daß ein Unbeteiligter sein Leben einbüßt (z. B. durch eine abirrende Kugel; zutreffend Sch-Sch-*Eser*, StGB, § 251 Rdnr. 3; anders *Rengier*, Erfolgsqualifizierte Delikte und verwandte Erscheinungsformen, 1986, S. 226 ff.). Im tödlichen Ausgang muß sich allerdings stets die dem Raub und seiner Begehung anhaftende **tatbestandsspezifische Gefahr** für das Leben anderer niedergeschlagen haben. Diese dem Raub eigentümliche Gefahr läßt sich nur auf die in § 249 umschriebene Gewaltanwendung oder Drohung, nicht aber auf die *Wegnahme* als solche stützen. Führt lediglich diese zum Eintritt der schweren Folge, wie etwa bei der Wegnahme eines lebenswichtigen Medikaments oder in der Weise, daß die ihres Pelzmantels beraubte Frau sich bei strengem Frost eine tödlich verlaufende Lungenentzündung holt, scheidet § 251 aus (insoweit verbleibt es beim Rückgriff auf § 222 oder ggf. auf §§ 212, 211). Für § 251 ist auch Raum, wenn der Täter sich erst zwischen Vollendung und Beendigung des Raubes den Fluchtweg freischießt (zutreffend Sch-Sch-*Eser*, StGB, § 251 Rdnr. 4; nach anderer Auffassung soll hier nur § 252 in Verbindung mit § 251 anwendbar sein: so LK-*Herdegen*, StGB, § 251 Rdnr. 3, 7; *Rengier*, a.a.O. S. 221). Andererseits genügt es nicht, daß der Beraubte oder Dritte bei der Verfolgung des fliehenden Räubers ohne Einwirkung von dessen Seite tödlich verunglücken.

Obwohl es sich bei § 251 um ein **erfolgsqualifiziertes Delikt** handelt, ist abweichend von § 18 **Leichtfertigkeit** erforderlich, was dem Begriff der *groben Fahrlässigkeit* entspricht (vgl. *Wessels*, AT § 15 I 2).

Die Leichtfertigkeit des Handelns muß sich gerade auf die **konkrete Todesverursachung** beziehen. Ihr Vorliegen darf nicht schon aus der Raubbegehung als solcher hergeleitet werden; andernfalls müßte nämlich nahezu jede vorhersehbare Todesfolge als leichtfertig verursacht gelten, was dem *einschränkenden* Zweck des Gesetzes gegenüber § 18 widersprechen würde (zutreffend *Lackner*, StGB, § 251 Anm. 2; Sch-Sch-*Eser*, StGB, § 251 Rdnr. 6). Hat nur einer von **mehreren Beteiligten** die Todesursache gesetzt, haften die übrigen aus § 251, sofern die erfolgsursächliche Handlung **keinen Exzeß** darstellt und **ihnen ebenfalls Leichtfertigkeit zur Last fällt**.

Im Fall 25 liegt die Annahme von *Leichtfertigkeit* i.S. des § 251 mit Rücksicht auf das hohe Alter der B sehr nahe. Eine abschließende Beurteilung ist ohne genaue Kenntnis der näheren Umstände des Tatgeschehens jedoch nicht möglich.

2. § 251 geht den §§ 222, 226 als *lex specialis* vor. Nach BGHSt 26, 175 soll seit der Neufassung des § 251 **Tateinheit** mit §§ 212, 211 nicht mehr möglich sein, weil dieser Erschwerungsgrund jetzt *nur noch* die *leichtfertige* Verursachung des Todes erfasse (ebenso BGH NStZ 84, 453; zustimmend *Lackner*, StGB, § 251 Anm. 4; *Rudolphi*, Anm. JR 76, 74).

Wie *Rudolphi* aaO. nachgewiesen hat, widerspricht diese Auffassung aber eindeutig dem Willen des Reformgesetzgebers. Da der Wortlaut des § 251 auch keineswegs zu der vom

§ 9 I 1

BGH vertretenen Auffassung zwingt, die in anderen gleichliegenden Fällen unannehmbare Konsequenzen haben würde (vgl. § 218 II 2 Nr. 2), ist § 251 seinem Sinn und Zweck nach immer dann anzuwenden, wenn der Tod *mindestens* **leichtfertig** verursacht worden ist. Tateinheit zwischen § 251 und §§ 212, 211 ist daher weiterhin möglich (ebenso *Geilen*, Jura 79, 557 ff., 613; LK-*Jähnke*, StGB, § 212 Rdnr. 40, 41; LK-*Herdegen*, StGB, § 251 Rdnr. 11–14; Sch-Sch-*Eser*, StGB, § 251 Rdnr. 9).

Die Erschwerungsgründe des § 250 I treten hinter § 251 zurück (BGHSt 21, 183; *Dreher-Tröndle*, StGB, § 251 Rdnr. 6; a.A. Sch-Sch-*Eser*, StGB, § 251 Rdnr. 10).

4. Kapitel: Raubähnliche Sonderdelikte

§ 9 RÄUBERISCHER DIEBSTAHL UND RÄUBERISCHER ANGRIFF AUF KRAFTFAHRER

I. Räuberischer Diebstahl

Fall 26: Der Strafgefangene S ist von einer Außenarbeitsstelle entwichen und mit einem Dietrich in die Wohnung der abwesenden Frau F gelangt. Aus den Beständen des unlängst verstorbenen Ehemannes der F kleidet er sich zunächst von Kopf bis Fuß neu ein. Sodann durchsucht er die Wohnung nach Schmuck und Bargeld; was ihm mitnehmenswert erscheint, steckt er ein. Während er sich zum Verlassen der Wohnung anschickt, kommt F heim. S versteckt sich rasch hinter der Küchentür und nimmt einen aus Stahl gefertigten Stieltopf zur Hand. Als F einen Augenblick später die Küche betritt, versetzt er ihr damit von hinten zwei wuchtige Schläge auf den Kopf. Ehe F wieder zu sich kommt, ist S auf und davon.

Strafbarkeit des S?

Bei Rückkehr der F in ihre Wohnung hatte S sich bereits des Hausfriedensbruchs (§ 123) und des Diebstahls in einem *besonders schweren Fall* (§§ 242, 243 I Nr. 1) schuldig gemacht. An der **Vollendung** der Wegnahme besteht unter den gegebenen Umständen kein Zweifel. Der sodann folgende Angriff auf F erfüllt den Tatbestand der gefährlichen Körperverletzung (§§ 223 I, 223a). Zu prüfen ist, ob durch die Gewaltanwendung aus dem vollendeten, aber noch nicht *beendeten* Diebstahl ein **räuberischer Diebstahl** geworden ist.

Näher zum obigen Fall BGHSt 26, 95; kritisch, aber fehlgehend dazu *Dreher*, MDR 76, 529 und 79, 529, dessen Konzeption zum räuberischen Diebstahl allgemein abgelehnt wird (vgl. BGHSt 28, 224; *Blei*, JA 76, 525; *Seier*, JuS 79, 336; Sch-Sch-*Eser*, StGB, § 252 Rdnr. 3; *Schünemann*, JA 80, 393, 397).

1. Der **räuberische Diebstahl** (§ 252) ist kein erschwerter Fall des § 242, sondern ein **raubähnliches Sonderdelikt** (BGHSt 3, 76, 77; RGSt 66, 353, 355; h.M.), das in der **Verteidigung der Diebesbeute mit Raubmitteln** besteht und bei dessen Verwirklichung der Täter „*gleich einem Räuber*" bestraft wird. Die Erschwerungsgründe des Raubes (§§ 250, 251) gelten danach auch für den räuberischen Diebstahl.

Da ein vollendeter Diebstahl (§ 242) aber erst durch den in § 252 umschriebenen Nötigungsakt zum *räuberischen* Diebstahl wird und § 251 voraussetzt, daß die Todesfolge „durch den räuberischen Diebstahl" verursacht worden ist, muß hier ein tatbestandsspezifischer Zusammenhang zwischen dem **Nötigungsvorgang** und der **Todesfolge** bestehen. Daß der Tod allein auf der voraufgegangenen *Wegnahmehandlung* beruht, kann im Bereich des § 252 nicht genügen.

Sachlich unterscheiden § 249 und § 252 sich dadurch, daß die Anwendung von **Gewalt** oder von **Drohungen** beim *Raub* der **Erlangung** des Gewahrsams, bei einem *räuberischen Diebstahl* dagegen der **Erhaltung** des schon erlangten Gewahrsams an der Beute dient.

Die Gleichbehandlung des räuberischen Diebstahls mit dem Raub erscheint deshalb berechtigt, weil es beim Betreffen des Täters *auf frischer Tat* oft nur von Zufälligkeiten abhängt, ob die **Wegnahme** bereits **vollendet** war oder nicht. Von demjenigen, der im unmittelbaren Anschluß an die Wegnahme Raubmittel zur Verteidigung der Diebesbeute einsetzt, ist zu erwarten, daß er zu diesen Mitteln *auch zwecks Erlangung* des Gewahrsams gegriffen hätte, wenn er etwas früher überrascht worden wäre (vgl. BGHSt 9, 255, 257; RGSt 73, 343, 345). Im übrigen ist der Wille, den *schon erlangten* Gewahrsam mit Raubmitteln zu verteidigen, nicht weniger gefährlich als der Wille, die Wegnahme auf diese Weise zu ermöglichen (LK-*Herdegen*, StGB, § 252 Rdnr. 3).

2. Der **äußere Tatbestand** des § 252 setzt voraus, daß der bei einem Diebstahl nach Vollendung der Wegnahme **auf frischer Tat betroffene Täter** gegen eine Person **Gewalt** verübt oder **Drohungen** mit gegenwärtiger Gefahr für Leib oder Leben anwendet.

Geeignete **Vortat** i.S. des § 252 kann neben dem **Diebstahl** (§ 242) in all seinen Erscheinungsformen unter Einschluß der §§ 243 ff. auch ein **vollendeter Raub** (§ 249) sein, in dem alle Diebstahlselemente enthalten sind (BGHSt 21, 377). Letzteres wird bedeutsam, wenn der Räuber die erschwerenden Umstände der §§ 250, 251 erst in *der Zeitphase* verwirklicht, die § 252 erfaßt (näher BGHSt 20, 194; 21, 377).

Ebenso wie der Raub kennt der räuberische Diebstahl keinerlei Privilegierung. Die **Geringwertigkeit** der Beute (§ 248a) ist daher für die Anwendbarkeit des § 252 schlechthin belanglos (vgl. BGHSt 3, 76; BGH MDR 75, 543 bei *Dallinger*; a. A. *Burkhardt*, NJW 75, 1687 und JZ 73, 110).

Auf frischer Tat betroffen ist der Täter, wenn er **alsbald** nach Vollendung der Wegnahme **am Tatort** oder in dessen **unmittelbarer Nähe** von einem anderen wahrgenommen, bemerkt oder schlicht angetroffen wird (BGHSt 9, 255, 257; 26, 95; 28, 224).

Das Merkmal des **Betreffens auf frischer Tat** dient dazu, die Voraussetzungen **raumzeitlich** einzugrenzen, unter denen der zu Raubmitteln greifende Dieb einem Räuber gleichgestellt werden darf.

a) In **zeitlicher Hinsicht** beginnt der Anwendungsbereich des § 252 mit **Vollendung der Wegnahme**, während er spätestens mit der **tatsächlichen Beendigung** des Diebstahls endet (vgl. BGHSt 28, 224, 229; BGH StrVert 85, 13). Was im Rahmen des Nötigungsaktes *vor* Eintritt des Gewahrsamswechsels zur Ermöglichung der Wegnahme geschieht, wird von § 249 bereits unmittelbar erfaßt. Was sich (nach gelungener Wegnahme) erst zu einem Zeitpunkt abspielt, in welchem der Dieb schon *gesicherten* Gewahrsam erlangt hatte und der Diebstahl *beendet* war (siehe dazu BGHSt 8, 390; 20, 194; BGH VRS 60, 294; 13, 350 sowie oben § 2 III 5), fällt unter den allgemeinen Nötigungstatbestand des § 240 (zutreffend OLG Hamm MDR 69, 238; LK-*Herdegen*, StGB, § 252 Rdnr. 6; Sch-Sch-*Eser*, StGB, § 252 Rdnr. 3; *Schünemann*, JA 80, 397, 398).

§ 9 I 3

Wie lange der Diebstahl nach Vollendung der Wegnahme eine „frische Tat" i.S. des § 252 bleibt, ist umstritten. Die h. M. nimmt zutreffend an, daß er diesen Charakter spätestens verliert, sobald der Dieb *gesicherte* Sachherrschaft (= *gefestigten* Gewahrsam) erlangt hat und die Tat als *beendet* anzusehen ist (BGHSt 28, 224, 229; *Geilen*, Jura 79, 614, 670; anders *Lackner*, StGB, § 252 Anm. 4).

Je nach dem Ablauf des Geschehens kann ein vollendeter Diebstahl aber auch schon vor dem Beendigungszeitpunkt aufhören, eine *frische Tat* zu sein (so etwa im Fall BGHSt 28, 224: Dort hatte der Taxifahrer T während einer Autofahrt von Stuttgart in Richtung Hamm dem Fahrgast F unbemerkt die Brieftasche mit 15 500 DM entwendet und eingesteckt. Da F erst nach längerer Zeit, einer inzwischen zurückgelegten Fahrstrecke von 50 km und dem Verlassen der Autobahn argwöhnisch geworden war, ehe T an einsamer Stelle zu Tätlichkeiten gegen ihn griff und ihn aus dem Auto stieß, sah der BGH den von T verübten Diebstahl im Augenblick der Gewaltanwendung nicht mehr als *frische* Tat i.S. des § 252 an. Kritisch dazu *Eser*, Strafrecht IV, S. 92).

b) In **räumlicher Beziehung** muß der Täter alsbald nach Vollendung der Wegnahme entweder **am Tatort selbst** oder in dessen **unmittelbarer Nähe** betroffen sein (BGHSt 9, 255; 28, 224). Ist das der Fall, so genügt es, wenn der **Einsatz der Nötigungsmittel** erst während der sofort aufgenommenen **Verfolgung** im Verlauf seiner Flucht erfolgt, mag dies mittlerweile auch weit vom Ort der Entwendung entfernt sein (vgl. BGHSt 3, 76; BGH GA 1962, 145; LK-*Herdegen*, StGB, § 252 Rdnr. 14).

Davon zu unterscheiden sind die Fälle, in denen zunächst nur der *Diebstahl als solcher* entdeckt worden ist und der **Dieb** aufgrund der sofort eingeleiteten Suche **erst während der Nacheile „betroffen"** wird. Hier bleibt bei Nötigungshandlungen lediglich für § 240 Raum.

c) **Wer** den Dieb „betrifft", ist gleichgültig; es kann der Sacheigentümer, der Gewahrsamsinhaber oder ein Dritter sein. § 252 ist auch anwendbar bei einem sog. *offenen* Diebstahl unmittelbar vor den Augen des Bestohlenen (BGH NJW 58, 1547; RGSt 73, 343). Ob der andere den Vorgang als Diebstahl erkannt hat oder ahnungslos ist, spielt keine Rolle (vgl. BGHSt 9, 255, 258).

Im Fall 26 hat F den S noch unmittelbar am Tatort angetroffen. Daß sie ihn **noch nicht bemerkt** hatte, bevor sie von ihm niedergeschlagen wurde, steht der Anwendbarkeit des § 252 nicht entgegen. Denn ein Dieb, der dem **Bemerktwerden durch rasches Zuschlagen zuvorkommt**, muß nach dem Sinn und Zweck des § 252 genauso behandelt werden wie einer, der zuschlägt, nachdem er gesehen oder sonstwie wahrgenommen worden ist (BGHSt 26, 95; anders *Schnarr*, JR 79, 314).

d) Die **Nötigungsmittel** i.S. des § 252 müssen sich gegen einen anderen richten, von dem der Dieb – sei es auch nur irrtümlich – annimmt, daß er ihm den *gerade erlangten* Gewahrsam **zugunsten des Verletzten** wieder entziehen werde oder daß er dem Fortschaffen der Beute in anderer Weise ein Hindernis in den Weg legen könnte (BGHSt 9, 162 und 255; 28, 224; LK-*Herdegen*, StGB, § 252 Rdnr. 15).

Schießt ein auf frischer Tat betroffener **Mittäter** zwecks Sicherung seiner Diebesbeute auf einen Komplizen, der hinter ihm herläuft, und den er während der nächtlichen Flucht irrtümlich für einen Verfolger hält, liegt ein **vollendeter** schwerer räuberischer Diebstahl vor (§§ 252, 250 I Nr. 1; zum evtl. *Tötungsversuch* vgl. insoweit BGHSt 11, 268).

3. Der **subjektive Tatbestand** verlangt *Vorsatz* und die *Absicht* des Täters, **sich im Besitz des gestohlenen Gutes zu erhalten.** Zu welchem Zeitpunkt der Entschluß zur Gewaltanwendung usw. gefaßt wird, ist belanglos (BGHSt 3, 76, 78).

Zur **Absicht** im vorgenannten Sinn gehört der Wille, eine Entziehung des gerade erlangten Gewahrsams *zugunsten des Bestohlenen* zu verhindern, die – sei es auch nur nach Meinung des Täters – gegenwärtig ist oder **unmittelbar bevorsteht.** Dies braucht aber nicht das einzige Ziel des Handelns zu sein, vielmehr kann die Absicht i.S. des § 252 mit dem Bestreben einhergehen, sich der Ergreifung zu entziehen (vgl. BGHSt 13, 64; BGH GA 1984, 475). Anders verhält es sich, wenn der flüchtende Dieb seine Beute im Stich läßt (sie z.B. fortwirft) und beim Einsatz der Nötigungsmittel *nur noch* das Ziel im Auge hat, sich der Festnahme zu entziehen. Hier fehlt es an der Absicht i.S. des § 252 (vgl. BGHSt 9, 162).

    Im Fall 26 ist § 252 auch in subjektiver Hinsicht zu bejahen.

4. Die **Vollendung** des räuberischen Diebstahls tritt mit dem **Einsatz der Nötigungsmittel** ein. Sie wird nicht dadurch ausgeschlossen, daß es dem Täter nicht gelingt, sich im Besitz des gestohlenen Gutes zu erhalten (BGH NJW 68, 2386).

    Ein **Versuch** des § 252 kommt u.a. in Betracht, wenn die Anwendung der Nötigungsmittel über das Versuchsstadium nicht hinausgeht oder wenn der Täter eine *ihm selbst gehörende,* irrtümlich für „fremd" gehaltene Sache weggenommen hatte.

5. Nach BGHSt 6, 248 soll auch der bloße *Diebesgehilfe* **Täter** eines räuberischen Diebstahls sein können, sofern er sich **im Besitz der Diebesbeute** befindet (vgl. dazu *Arndt,* GA 1954, 269). Dem steht jedoch entgegen, daß § 252 in der gleichen Weise aus Diebstahls- und Nötigungselementen zusammengesetzt ist wie der Raub. Daraus folgt, daß **Täter** oder **Mittäter** des § 252 nur sein kann, wer **beide Elemente** (ggf. in der Form der *sukzessiven* Mittäterschaft: BGHSt 2, 344) **täterschaftlich verwirklicht,** also in der Absicht gehandelt hat, *sich* die entwendete Sache rechtswidrig zuzueignen und *sich* im Besitz der Beute zu erhalten (zutreffend *Geilen,* Jura 80, 46; LK-*Herdegen,* StGB, § 252 Rdnr. 18; Sch-Sch-*Eser,* StGB, § 252 Rdnr. 9–11; *Schünemann,* JA 80, 397, 399).

    Für alle übrigen Personen kommt lediglich **Teilnahme** am Delikt des § 252 oder **Täterschaft** nach § 240 in Betracht.

6. Der räuberische Dieb ist **gleich einem Räuber** zu bestrafen. Diese Verweisung betrifft nicht nur den Strafrahmen des § 249, sondern auch die Anwendbarkeit der §§ 250, 251, die dann so zu lesen sind, als stünde anstelle des Wortes „Raub" jeweils die Bezeichnung „räuberischer Diebstahl".

    Im Fall 26 hat S sich des **schweren räuberischen Diebstahls** schuldig gemacht (§§ 252, 250 I Nr. 2). Der von ihm als Schlagwaffe benutzte Stieltopf war ein *„sonstiges (gefährliches) Werkzeug"* i.S. des § 250 I Nr. 2. Zum Merkmal des „Beisichführens" genügt es, daß er diesen Gegenstand **während der Tatausführung** zu dem Zweck ergriffen hat, einen etwaigen Widerstand der F mit Gewalt zu verhindern oder zu überwinden (BGHSt 20, 194, 197; 13, 259). Die gleichzeitig begangene **gefährliche Körperverletzung** (§§ 223 I, 223a) steht dazu im Verhältnis der Tateinheit (§ 52).

7. Konkurrenzprobleme und Abgrenzungsfragen zwischen § 249 und § 252 können sich insbesondere dann ergeben, wenn erschwerende Umstände i.S. des § 250 erst nach Vollendung der Wegnahme, aber vor Beendigung der Tat erfüllt werden. Zwei Fallgruppen sind hier zu unterscheiden:

    a) War die Vortat ein **Diebstahl** und greift der Täter erst nach vollendeter Wegnahme zur Gewaltanwendung gegen eine Person oder zu Drohungen mit gegenwärtiger Gefahr für Leib oder Leben, kommt allein § 252 in Verbindung mit § 250 in Betracht. Dies folgt daraus, daß ein Nötigungsakt **nach Vollendung der Wegnahme** nicht mehr deren „Mittel" sein kann, wie es § 249 voraussetzt, sondern lediglich der Sicherung des bereits erlangten Gewahrsams an der Beute dient (BGHSt 28, 224, 226; BGH StrVert 85, 13). Gegenüber der spezielleren Regelung in §§ 252, 250 treten die §§ 242 ff. hier wegen Gesetzeseinheit zurück (Sch-Sch-*Eser*, StGB, § 252 Rdnr. 14; *Schünemann*, JA 80, 393; differenzierend bei nur versuchter Gewaltanwendung *Lackner*, StGB, § 252 Anm. 8; LK-*Herdegen*, StGB, § 252 Rdnr. 21).

b) War die Vortat ein **Raub**, bei dem erschwerende Umstände erst nach der Vollendung, aber vor dessen Beendigung hinzukommen, stünde nach allgemeinen Grundsätzen nichts im Wege, den § 250 über § 249 (vgl. BGHSt 20, 194) oder statt dessen über § 252 in Ansatz zu bringen (für letzteres *Isenbeck*, NJW 65, 2326; LK-*Herdegen*, StGB, § 252 Rdnr. 10; vgl. auch *Schünemann*, JA 80, 393 ff.). Klar ist allerdings, daß der Täter hier nicht zugleich wegen schweren Raubes und wegen schweren räuberischen Diebstahls verurteilt werden darf, weil sonst der Diebstahl, der in beiden Delikten enthalten ist, zweimal erfaßt würde. Fraglich kann also nur sein, ob die §§ 249 ff. den Vorrang genießen (vgl. dazu Sch-Sch-*Eser*, StGB, § 250 Rdnr. 28 und § 252 Rdnr. 15) oder aber durch die §§ 252, 250 aufgezehrt werden. BGH GA 1969, 347 sagt dazu folgendes: „Zwischen diesen Taten besteht Gesetzeseinheit. Ebenso wie ein vorausgegangener Diebstahl wird auch der Raub als Vortat durch § 252 aufgezehrt, wenn nur der räuberische Diebstahl unter den erschwerenden Voraussetzungen des § 250 begangen ist. Im umgekehrten Fall wird durch die Bestrafung wegen schweren Raubes der räuberische Diebstahl mitbestraft. Das gilt auch bei *gleichschweren* Tatbegehungen; da der Täter ohnehin als Räuber verurteilt wird, also nicht erst *gleich einem Räuber* bestraft zu werden braucht, besteht dann auch kein Bedürfnis zur Anwendung des § 252" (zustimmend *Lackner*, StGB, § 252 Anm. 8).

Zur Abgrenzung zwischen **räuberischem Diebstahl** und **räuberischer Erpressung** siehe *Seier*, NJW 81, 2152 mit dem zutreffenden Hinweis, daß die Anwendbarkeit des § 255 in den hier einschlägigen Fällen regelmäßig am Fehlen des in §§ 255, 253 vorausgesetzten **Vermögensnachteils** scheitert.

Auf den Verlust des Gewahrsams an der entwendeten Sache kann man insoweit nicht abstellen, weil diese Einbuße schon mit der Vollendung des Diebstahls eingetreten war. Das Vereiteln der Bemühungen um Wiedererlangung der gestohlenen Sache begründet für sich allein aber keinen *neuen*, den Gewahrsamsverlust übersteigenden Schaden i.S. des § 255, so daß zwischen dieser Vorschrift und § 252 keine aktuellen Konkurrenzprobleme auftreten.

II. Räuberischer Angriff auf Kraftfahrer

Fall 27: A hat mit der Prostituierten P in seinem Kraftwagen außerhalb der Stadt geschlechtlich verkehrt. Als er auf der Rückfahrt kurze Zeit anhält, um sich anhand der Tageszeitung über das Nachtprogramm der Lichtspieltheater zu vergewissern, drängt P ihn mit einer kränkenden Bemerkung zur Weiterfahrt. Da sie ihn schon vorher durch abfällige Äußerungen gereizt hat, gerät A in Wut. Er richtet seine ungeladene Gaspistole auf P, fordert „sein Geld" zurück und nimmt den 50-DM-Schein, den er ihr als Entgelt ausgehändigt und den sie in ihre Mantelsche gesteckt hatte, mit Gewalt wieder an sich (nach BGHSt 19, 191).
Strafbarkeit des A?

Die Wegnahme des Geldscheins mittels Gewalt gegenüber P unter gleichzeitiger Anwendung von Drohungen mit einer *Scheinwaffe* erfüllt alle Merkmale des **Raubes** (§ 249).

Der 50-DM-Schein war für A eine **fremde** Sache, da er durch Übereignung nach § 929 S. 1 BGB in das **Eigentum der P** übergegangen war. Die Sittenwidrigkeit des zugrundeliegenden Kausalgeschäfts (§ 138 I BGB) berührte die Wirksamkeit der dinglichen Übereignung nicht (vgl. BGHSt 6, 377). Davon, daß dieser Geldschein jetzt der P gehörte, dürfte A ausgegangen sein; mit der Rückforderung „*seines Geldes*" war wohl nur das „*von ihm gezahlte*" Entgelt gemeint. Ein Anspruch auf Rückübereignung (§ 812 I BGB) stand dem A gemäß § 817 S. 2 BGB nicht zu; die von ihm erstrebte Zueignung war daher objektiv widerrechtlich. Falls A (was für die weitere Erörterung unterstellt werden soll, aber Tatfrage ist) das Bestehen eines solchen Anspruchs auch nicht irrtümlich angenommen hat, bestehen gegen die Bejahung des § 249 keine Bedenken (zur evtl. Fallgestaltung bei *irriger Annahme* eines Rückzahlungsanspruchs vgl. für den Bereich von Raub und Erpressung BGHSt 4, 105; 17, 329). § 250 I Nr. 2 greift hier nicht ein, weil es sich bei der ungeladenen Gaspistole nur um eine – zum Schießen ungeeignete – *Scheinwaffe* gehandelt hat (vgl. oben § 8 I 2; a.A. BGH NJW 76, 248; NStZ 81, 436 mit abl. Anm. *Küper*, NStZ 82, 28).

Zu prüfen bleibt, ob A sich nach § 316a I strafbar gemacht hat (bejahendenfalls wäre **Tateinheit** zwischen § 316a und § 249 anzunehmen: BGHSt 25, 224, 229).

1. § 316a stellt im Wege einer weitreichenden **Vorverlegung** des Strafschutzes schon das **Unternehmen eines Angriffs** auf Leib, Leben oder Entschlußfreiheit des Führers eines Kraftfahrzeugs oder eines Mitfahrers *zur Begehung* eines Raubes, eines räuberischen Diebstahls oder einer räuberischen Erpressung unter Strafe, sofern die Tat **unter Ausnutzung der besonderen Verhältnisse des Straßenverkehrs** begangen wird. Angesichts der hohen Strafdrohung bemüht die Rechtsprechung sich um eine *restriktive* Tatbestandsauslegung (vgl. BGHSt 22, 114; 24, 320).

Vorläufer des § 316a war das Gesetz gegen Straßenraub mittels Autofallen vom 22. 6. 1938 (RGBl I 651).

a) Zum **Unternehmen** des Angriffs genügt jede feindselige Handlung gegen eines der in § 316a genannten Rechtsgüter, ohne daß es zum Eintritt einer Verletzung zu kommen braucht (BGHSt 6, 82).

Ob der Angriff innerhalb oder außerhalb des Fahrzeugs erfolgt, ist gleichgültig (BGHSt 15, 322, 324).

b) Der Angriff muß sich gegen den Kraftfahrzeugführer oder einen Mitfahrer richten. **Angreifer** kann jeder sein (= der Fahrer selbst, ein Mitfahrer oder Dritte; vgl. BGHSt 13, 27; 25, 315).

Im Fall 27 war A bei dem Angriff auf die Entschlußfreiheit der P zwecks Begehung eines Raubes **tauglicher Täter** i.S. des § 316a (zur *Täterschaft* bei einem geplanten **Raub** beachte BGHSt 24, 284).

c) **Unter Ausnutzung der besonderen Verhältnisse des Straßenverkehrs** handelt der Täter, wenn er die typischen Situationen und Gefahrenlagen des Kraftfahrzeugverkehrs in den Dienst seines Vorhabens stellt. Die Tat muß in **enger Beziehung** zur Benutzung des Fahrzeugs als **Verkehrsmittel** stehen (BGHSt 22, 114; 24, 320; 25, 315; 33, 378).

§ 316a ist hiernach nicht nur beim Bereiten von Autofallen, sondern beispielsweise auch dann anwendbar, wenn der Täter das verkehrsbedingte Anhalten eines Kraftwagens vor einer Ampel zu Raubzwecken ausnutzt (BGHSt 25, 315). An den Voraussetzungen des § 316a fehlt es dagegen, wenn das Opfer mit einem Kraftwagen zwar in eine einsame Gegend gelockt wird, der Raubüberfall jedoch (wie im voraus geplant) erst nach einem längeren Fußmarsch in die umliegenden Weinberge stattfindet (BGHSt 22, 114 = im dort gegebenen Fall 750 m vom Auto entfernt). Da zur Vollendung des § 316a schon das „Unternehmen" des Angriffs genügt, kommt es in Fällen dieser Art aber

§ 9 II 2, 3

nicht entscheidend darauf an, wo und an welchem Ort der spätere Überfall tatsächlich erfolgt. Maßgebend dafür, ob der Angriff „unter Ausnutzung der besonderen Verhältnisse des Straßenverkehrs" geschehen soll, ist vielmehr, was der Täter insoweit **im Augenblick des „Unternehmens"** plant. Soll das Opfer durch Täuschung zur Fahrt in eine einsame Gegend bewogen, dort zum Anhalten und Aussteigen veranlaßt und sodann (im unmittelbaren räumlichen und zeitlichen Zusammenhang damit) alsbald überfallen werden, steht der Anwendbarkeit des § 316a nichts entgegen. Wesentlich ist nur, daß die für den Überfall vorgesehene einsame Stelle bereits zu diesem Zeitpunkt in der Vorstellung des Täters genügend konkretisiert ist (BGHSt 33, 378). Nimmt der Täter mit derartigem Angriffsvorsatz im Kraftwagen Platz, ist die Tat nach § 316 a mit Fahrtbeginn vollendet. Wo der so geplante Überfall später wirklich ausgeführt wird, berührt den Schuldspruch nicht mehr.

> Demgegenüber ist für § 316a kein Raum, wenn das Opfer vom Haltepunkt des Kraftwagens aus an eine einsame Stelle gelockt werden soll, die ihrerseits keine zum Straßenverkehr wesenseigene Beziehung aufweist (näher BGHSt 33, 378).
>
> Im Fall 27 liegt darin allein, daß A die P *innerhalb des haltenden Kraftwagens* angegriffen hat, noch kein „Ausnutzen der besonderen Verhältnisse des Straßenverkehrs". Sein Entschluß, der P den Geldschein wieder abzunehmen, stand **nicht in einer nahen Beziehung** zur Benutzung des Kraftfahrzeugs als **Verkehrsmittel**; mit den dem Straßenverkehr wesenseigenen Gefahrenlagen hatte dieser Vorfall nichts zu tun (näher BGHSt 19, 191; ebenso BGH GA 1979, 466 für die Beraubung von Autoinsassen auf einsamen Rastplätzen der Bundesautobahn).

2. Die **Vollendung** des § 316a tritt gemäß § 11 I Nr. 6 schon ein, sobald der **Angriff** das Stadium des *Versuchs* erreicht hat.

> In subjektiver Hinsicht genügt es, daß der **Vorsatz** erst während der Fahrt mit dem Kraftwagen (BGHSt 15, 322) oder gar erst während eines aus ganz anderen Gründen (z.B. zwecks Mißhandlung) unternommenen Angriffs auf den Fahrzeugführer gefaßt wird (BGHSt 25, 315 mit Anm. *Hübner*, JR 75, 201).

3. Gemäß § 316a II kann das Gericht die **Strafe mildern** oder ganz von einer Bestrafung nach *dieser* Vorschrift (= § 316a) absehen, wenn der Täter sein Angriffsvorhaben **freiwillig aufgibt** und den **Erfolg abwendet.** Unterbleibt der Erfolg ohne Zutun des Täters, so genügt sein ernsthaftes Bemühen, den Erfolg abzuwenden.

> Mit dem hier erwähnten **Erfolg** ist nach h.M. nicht der geplante Raub usw. gemeint, sondern die Vollendung des schon in das Versuchsstadium gelangten **Angriffs** auf Leib, Leben oder Entschlußfreiheit des Betroffenen (BGHSt 10, 320; *Dreher-Tröndle*, StGB, § 316a Rdnr. 6; LK-*Schäfer*, StGB, § 316a Rdnr. 32, 34; a.A. Sch-Sch-*Cramer*, StGB, § 316a Rdnr. 11).

Teil II
Straftaten gegen sonstige spezialisierte Vermögenswerte

Vorbemerkung:

Zwischen den Eigentumsdelikten und den Straftaten gegen das Vermögen als Ganzes sind diejenigen Strafvorschriften einzuordnen, die den **Schutz spezialisierter Vermögenswerte** betreffen. Unter ihnen stehen die **Entziehung elektrischer Energie** (§ 248c) und die strafrechtlich erfaßten Fälle der **Gebrauchsanmaßung** (§§ 248b, 290) dem Eigentumsschutz am nächsten. Etwas weiter davon entfernt sind die Bestimmungen über die **Jagd- und Fischwilderei** (§§ 292 ff.), bei denen es um den Schutz von *Aneignungsrechten* geht, die bestimmten Personen vorbehalten sind. Schließlich gehören zu diesem Bereich die durch das Erste Gesetz zur Bekämpfung der Wirtschaftskriminalität (1. WiKG) vom 29. 7. 1976 (BGBl I 2034) in das StGB übernommenen **Konkursstraftaten** (§§ 283 ff.) sowie die seit jeher hier geregelten **Straftaten gegen Einzelgläubigerrechte** unter Einbeziehung gewisser Gebrauchs- und Nutzungsrechte (§§ 288, 289).

5. Kapitel: Gebrauchsanmaßung

§ 10 UNBEFUGTER GEBRAUCH VON FAHRZEUGEN UND PFANDSACHEN

Fall 28: Der bei einer Importfirma angestellte Kraftfahrer K hat seinen Lastzug nach Einbruch der Dunkelheit auf einem unbewachten Parkplatz stehen lassen, um im nahe gelegenen Gasthof zu übernachten. Seiner Aufmerksamkeit ist entgangen, daß eine Tür des Führerhauses nicht richtig verschlossen ist. Am anderen Morgen findet K den Landstreicher L schlafend im Führerhaus des Lastzuges vor, aus dem ihm ein penetranter Geruch entgegenschlägt. Sein Ärger kennt keine Grenzen, als L ihn nach dem etwas unsanften Wecken in unflätiger Weise beschimpft.
K möchte wissen, ob L sich durch die Benutzung des Lastkraftwagens zum Schlafen strafbar gemacht hat.

I. Unbefugter Gebrauch eines Fahrzeugs

Ein *Hausfriedensbruch* scheidet aus, weil der parkende Lastzug nicht zu dem in § 123 genannten Schutzbereich zählt: Als bewegliche Sache fällt er nicht unter den Begriff des *„befriedeten Besitztums"*; er war hier auch nicht zum *„öffentlichen"*, sondern nur zum privaten Verkehr bestimmt (näher *Wessels*, BT-1 § 13 I 2). Es könnte aber ein Verstoß gegen § 248b vorliegen.

1. Nach § 248b macht sich strafbar, wer ein Kraftfahrzeug oder ein Fahrrad **gegen den Willen des Berechtigten** in Gebrauch nimmt, soweit die Tat nicht in anderen Vorschriften mit schwererer Strafe bedroht ist (= relative Subsidiarität). Der **Versuch** ist strafbar. Die Verfolgung tritt nur **auf Antrag** ein (§ 248b III).

Diese Regelung geht auf die frühere VO vom 20. 10. 1932 (RGBl I 496) gegen unbefugten Gebrauch von Kraftfahrzeugen und Fahrrädern zurück. Sie dient dem **Schutz des**

§ 10 I 2, 3

Gebrauchsrechts, das nicht unbedingt dem Eigentümer zustehen muß und dessen Ausübung vor allem deshalb erhöhten Gefahren ausgesetzt ist, weil die auf Straßen und Plätzen abgestellten Fahrzeuge leicht zu **Schwarzfahrten** mißbraucht werden können und dabei häufig Schaden erleiden.

Kraftfahrzeuge i.S. der Legaldefinition des § 248b IV sind u.a. Autos aller Art, Motorräder, Mofas, Luftfahrzeuge und Motorboote, nicht aber *Segelboote* und an Bahngleise gebundene Landkraftfahrzeuge wie *Straßenbahnen* oder *Lokomotiven*.

2. Berechtigter i.S. des § 248b ist derjenige, dem das **Recht zur Verfügung über den Gebrauch** des Fahrzeugs oder Fahrrades zusteht. Das muß nicht notwendig der Eigentümer sein; in Betracht kommt vielmehr jeder dinglich oder obligatorisch Berechtigte, wie etwa ein Nießbraucher oder ein Mieter (BGH VRS 39, 199; *Dreher-Tröndle,* StGB, § 248b Rdnr. 4; *Lackner,* StGB, § 248b Anm. 4; LK-*Heimann-Trosien,* StGB, § 248b Rdnr. 10; *Preisendanz,* StGB, § 248b Anm. II).

Die Gegenmeinung, die § 248b als *Eigentumsdelikt* behandelt und grundsätzlich den Eigentümer als Berechtigten ansieht (*Franke,* NJW 74, 1803; *Sch-Sch-Eser,* StGB, § 248b Rdnr. 1,7), ist zu eng. So läßt sich z.B. die Strafbarkeit dessen, der zwar mit Zustimmung des Eigentümers, aber **gegen den Willen des Nießbrauchers** handelt, nicht in Zweifel ziehen. Daß dann auf Antrag des Nießbrauchers u.U. sogar der Eigentümer selbst nach § 248b bestraft werden kann, ist keineswegs befremdlich, wie entsprechende Parallelen im Bereich des § 289 oder des § 123 zeigen.

Ein *abgeleitetes* Gebrauchsrecht kann inhaltlich und zeitlich begrenzt sein; so ist der Entleiher oder Mieter eines Fahrzeugs regelmäßig nicht zur Weiterüberlassung an Dritte befugt (vgl. BGH GA 1963, 344; OLG Neustadt MDR 61, 708).

3. Den äußeren Tatbestand des § 248b I verwirklicht, wer das Kraftfahrzeug oder Fahrrad **gegen** den ausdrücklich erklärten oder mutmaßlich entgegenstehenden Willen des Berechtigten **in Gebrauch nimmt.** Darunter fällt nicht jede beliebige Benutzung. **Ingebrauchnehmen** i.S. des § 248b ist nur die **bestimmungsgemäße Verwendung** des Fahrzeugs als Beförderungsmittel **zum Zwecke der Fortbewegung,** wobei es belanglos ist, ob dies mit oder ohne Ingangsetzen des Motors geschieht (BGHSt 11, 44 und 47).

Danach handelt nicht tatbestandsmäßig, wer ein fremdes Kraftfahrzeug unbefugt **zum Übernachten benutzt** oder in einem Autobus als *blinder Passagier* mitfährt (letzteres kann aber gegen § 265a verstoßen). Im Fall 28 hat L sich somit nicht nach § 248b strafbar gemacht.

Dem **Ingebrauchnehmen** stellt die Rechtsprechung das unbefugte **Ingebrauchhalten** gleich (näher BGHSt 11, 47; BGH GA 1963; 344; OLG Zweibrücken VRS 34, 444; ebenso LK-*Heimann-Trosien,* StGB, § 248b Rdnr. 7).

Einer **Wegnahme** bedarf es zur Tatbestandsverwirklichung nicht. Unternimmt ein Mechaniker beispielsweise mit dem ihm zur Reparatur *übergebenen* Kraftwagen eine **Schwarzfahrt,** so macht er sich nach § 248b strafbar. Das gleiche gilt für Schwarzfahrten durch Chauffeure und sonstige Angestellte.

§ 248b ist kein *eigenhändiges* Delikt. Ein Ingebrauchnehmen kann auch darin liegen, daß jemand sich durch einen anderen fahren läßt, etwa deshalb, weil er selbst keinen Führerschein besitzt (BGH VRS 19, 288; RGSt 76, 176). Bloßes Mitfahren bei einer Fahrt, die der Lenker des Kraftwagens ohnehin unternommen hätte, genügt für sich allein aber nicht.

Die Ingebrauchnahme muß **gegen den Willen** des Berechtigten erfolgen. Bei einer von ihm erteilten **Gebrauchserlaubnis** entfällt bereits der objektive Tatbestand des § 248b.

Die irrige Vorstellung, daß der Berechtigte mit der Ingebrauchnahme **einverstanden** sei, schließt den **Tatbestandsvorsatz** aus (§ 16 I).

4. **Vollendet** ist die Tat mit dem **Anfahren**; das Einschalten der Zündung zu diesem Zweck begründet **Versuch** (vgl. Sch-Sch-*Eser*, StGB, § 248b Rdnr. 4). Das Delikt **endet** erst mit der Einstellung des Gebrauchs (= *Dauerdelikt*). Die **Rückführung** des Kraftfahrzeugs an den Berechtigten wird aber vom Schutzzweck der Norm nicht mehr erfaßt; wer dem Täter lediglich dabei behilflich ist, macht sich nicht strafbar (OLG Düsseldorf JZ 85, 590). Durch eine Bestrafung nach § 248b wird der *Verbrauch an Treibstoff* mit abgegolten; da andernfalls für den Anwendungsbereich dieser Vorschrift kaum noch Raum bliebe, scheidet *insoweit* ein Rückgriff auf § 242 aus (BGH GA 1960, 182).

Zur **Abgrenzung** zwischen einer bloßen **Gebrauchsanmaßung** i.S. des § 248b und den Tatbeständen des **Diebstahls** bzw. der **Unterschlagung** vgl. oben § 2 IV 3b.

II. Unbefugter Gebrauch von Pfandsachen

Die in der Praxis fast bedeutungslose Vorschrift des § 290 bezieht sich nur auf **öffentliche Pfandleiher**, d.h. auf Personen, die ein Pfandleihgewerbe betreiben und deren Geschäft allgemein zugänglich ist. Auf das Vorliegen einer behördlichen Konzession kommt es nicht an (RGSt 8, 269). **Gebrauch** i.S. des § 290 ist **jede nutzbare Verwendung** der Sache, die mit ihrer Beschaffenheit verträglich ist und über die bloße Verwahrung hinausgeht (vgl. BGHSt 11, 47, 48).

Private Pfandgläubiger fallen nicht unter § 290; der Schutz des Eigentümers ist hier auf das Zivilrecht beschränkt (vgl. § 1217 BGB).

6. Kapitel: Verletzung von Aneignungsrechten

§ 11 JAGD- UND FISCHWILDEREI

Fall 29: Der Naturfreund N durchstreift einen Wald im Jagdrevier des J. Plötzlich steigt vor ihm eine Fasanenhenne von ihren soeben gelegten Eiern auf. Da er gern wissen möchte, wie solche Eier schmecken, nimmt N einige von ihnen zum Verzehr mit.
Hat N sich dadurch strafbar gemacht?

I. Jagdwilderei

Diebstahl (§ 242) oder Unterschlagung (§ 246) scheiden hier aus, weil die Eier von einem wildlebenden Tier stammen und wie dieses selbst herrenlos sind, also niemandem gehören (§ 960 I 1 BGB). In Betracht kommt aber Jagdwilderei (§ 292 I *zweite* Alternative).

1. Das Wesen der Jagdwilderei besteht vornehmlich in der **Verletzung fremden Aneignungsrechts** an Gegenständen, die dem Jagdrecht unterliegen (vgl. dazu §§ 1 ff. BJagdG).

Die **Schutzfunktion** des § 292 erschöpft sich allerdings nicht in der Wahrung des Aneignungsrechts als Vermögenswert. Die Strafdrohung bezweckt *auch* den Schutz des durch Hege erhaltenen Wildbestandes (RGSt 70, 220, 222; *Dreher-Tröndle*, StGB, § 292 Rdnr. 1; *Lackner*, StGB, § 292 Anm. 1; LK-*Schäfer*, StGB, § 292 Rdnr. 2, 3; a.A.

Maurach-Schroeder, BT § 39 I 2; Sch-Sch-*Eser*, StGB, § 292 Rdnr. 1). Seine Bestätigung findet dies in § 1 BJagdG, wonach das Jagdrecht die ausschließliche Befugnis enthält, wildlebende Tiere **in einem bestimmten Revier zu hegen,** auf sie die Jagd auszuüben und sie sich als Jagdbeute anzueignen.

Das **Jagdrecht** als dingliches Recht folgt aus dem Eigentum am Grund und Boden, mit dem es untrennbar verbunden ist (§ 3 I BJagdG). Es darf nur in Jagdbezirken ausgeübt werden (§§ 3 III ff. BJagdG). Die **Ausübung** des Jagdrechts ist übertragbar und kann Gegenstand von Jagdpachtverträgen sein (näher §§ 11 ff. BJagdG); in solchen Fällen geht das **Jagdausübungsrecht** dem Jagdrecht des Grundeigentümers vor. Auf den Bundeswasserstraßen (wie etwa in den Rheinstromjagdbezirken) steht das Jagdausübungsrecht nicht den Bundesländern, sondern der Bundesrepublik Deutschland zu (BGH JZ 82, 809; a.A. *Wichmann*, JZ 82, 793).

Auf Grundflächen, die zu keinem Jagdbezirk gehören, und in befriedeten Bezirken **ruht die Jagd** (§ 6 S. 1 BJagdG). **Befriedete Bezirke** sind u.a. **Hausgärten,** die unmittelbar an eine Behausung anstoßen und durch irgendeine Umfriedung begrenzt oder sonst vollständig abgeschlossen sind (vgl. § 4 I b LJagdG NW). Der Grundeigentümer, der in ihnen dem Wilde nachstellt oder es erlegt, begeht nach h.M. keine Jagdwilderei i.S. des § 292, sondern nur eine **Ordnungswidrigkeit** i.S. des § 39 I Nr. 1 BJagdG (OLG Düsseldorf JMBl NW 62, 179; OLG Hamm GA 1961, 89; OLG Köln MDR 62, 671; a.A. *Furtner*, MDR 63, 98). Der Anteil der Jagdwilderei an der registrierten **Gesamtkriminalität** reicht kaum an 0,1% heran; die Aufklärungsquote beträgt rund 40%. Das Dunkelfeld ist bei diesem Delikt sehr hoch; nur jede zehnte Tat dürfte überhaupt erfaßt werden. Literarische Schilderungen und Filme über Wilderei aus Jagdleidenschaft tragen vielfach romantische bis heroisierende Züge. Die moderne Zeit hat in dieser Hinsicht viel verändert; in manchen Gegenden steht heute die nichtweidmännische Art des Wilderns aus dem Auto heraus im Vordergrund.

2. Der **Grundtatbestand** des § 292 I enthält zwei Alternativen:

a) **Objekt** der *ersten* Alternative ist ausschließlich **lebendes Wild** (= wildlebende *jagdbare* Tiere). Bestraft wird, wer solchem Wild nachstellt, es fängt, erlegt oder sich zueignet. Zur **Vollendung** der Wilderei genügt das **bloße Nachstellen,** d.h. jede Handlung, die unmittelbar – wenn auch erfolglos – auf das Fangen, Erlegen oder Sichzueignen des lebenden Wildes gerichtet ist (= unechtes Unternehmensdelikt, vgl. Sch-Sch-*Eser*, StGB, § 11 Rdnr. 64 und § 292 Rdnr. 5). Darunter fällt z.B. das Anpirschen, Auflauern und Durchstreifen des Jagdreviers mit gebrauchsbereiten Jagdwaffen (RGSt 20, 4), das Legen von Ködern oder Schlingen (RGSt 14, 419) sowie das Aufsuchen geeigneter Plätze innerhalb des Wildwechsels zum Legen mitgeführter Schlingen (RGSt 70, 220).

Die sonstigen Tathandlungen der ersten Alternative des § 292 I gewinnen nur dann selbständige Bedeutung, wenn es an vorausgegangenen Nachstellungsakten fehlt (Beispiel: Ein Spaziergänger findet ein verlassenes, entkräftetes Rehkitz, das er aufhebt und mit nach Hause nimmt, um es aufzuziehen). **Fangen** heißt, ein Tier lebend in seine Gewalt bringen. **Erlegen** ist jede, auch die nicht weidmännische Art des Tötens. Auf das Vorhandensein eines Zueignungswillens kommt es allein beim Merkmal des **Sichzueignens** an, das neben der Gewahrsamsbegründung die nach außen erkennbare Betätigung des Willens erfordert, unter dauerndem Ausschluß des Aneignungsberechtigten wie ein Eigentümer über das Tatobjekt zu verfügen. Die Verwirklichung mehrerer Modalitäten des § 292 I ändert am Vorliegen *eines* einheitlichen Delikts nichts.

b) Die *zweite* Alternative betrifft das Sichzueignen, Beschädigen oder Zerstören **herrenloser Sachen,** die dem Jagdrecht unterliegen.

§ 11 I 3, 4

Welche Sachen das sind, ist in § 1 V BJagdG geregelt (= Fallwild, verendetes Wild, Abwurfstangen und die Eier jagdbaren Federwildes; vgl. dazu KG JW 36, 621). Bei der **Tathandlung** übernimmt das Gesetz die in § 246 und § 303 enthaltenen Begriffe des Sichzueignens, Beschädigens und Zerstörens, wenngleich es hier nicht um den Schutz fremden *Eigentums* geht, sondern an dessen Stelle auf das Aneignungsrecht des Jagdausübungsberechtigten abzustellen ist. Zur **Vollendung** des Sichzueignens, die früh einsetzt und kein Wegschaffen der Beute aus dem fremden Jagdrevier voraussetzt, gilt das zu § 246 Gesagte sinngemäß (vgl. oben § 5 I 4 sowie LK-*Schäfer*, StGB, § 292, Rdnr. 56, 65).

3. In beiden Tatbestandsalternativen des § 292 I muß die Tat **unter Verletzung fremden Jagdrechts** begangen werden. **Täter** kann außer dem Jagdausübungsberechtigten jeder sein, u.U. sogar der Jagdberechtigte selbst oder ein Jagdgast, der die ihm eingeräumte (eine besondere Erlaubnis erfordernde) Abschußbefugnis überschreitet (vgl. RGSt 43, 439; RG DR 41, 2059 Nr. 19).

Maßgebend für diese Voraussetzung ist der **Standort des Wildes**, nicht der des Jägers. Wer sich bei einer Treibjagd aus einem fremden Jagdrevier Wild zutreiben läßt, begeht Wilderei in der Form des Nachstellens (BayObLG GA 1955, 247). Die Zulässigkeit der **Wildfolge**, d.h. der Verfolgung angeschossenen Wildes auf fremdes Jagdgebiet, hängt von einer entsprechenden Vereinbarung mit dem Jagdnachbarn ab, soweit es an einer gesetzlichen Regelung fehlt (vgl. dazu §§ 22a II BJagdG, 29 LJagdG NW; RGSt 72, 387; OLG Hamm NJW 56, 881; LK-*Schäfer*, StGB, § 292 Rdnr. 49 ff.).

An **gewilderten Tieren** kann auch außerhalb des Jagdreviers durch Verstoß gegen die *zweite* Alternative des § 292 I seitens Dritter noch Wilderei begangen werden, solange die **Herrenlosigkeit fortbesteht**. Diese endet erst, wenn das gewilderte Objekt in das Eigentum des Jagdausübungsberechtigten (§ 958 I BGB) oder eines gutgläubigen Erwerbers (§ 932 BGB) fällt. Näher RGSt 23, 89; BayObLGSt 1954, 116; Sch-Sch-*Eser*, StGB, § 292 Rdnr. 17. Bei einem *abgeleiteten* Erwerb tritt § 292 allerdings hinter § 259 (Hehlerei) zurück.

Oben im Fall 29 verwirklicht das Verhalten des N die *zweite* Alternative des § 292 I in der Form des **Sichzueignens**. Nach § 1 V in Verbindung mit § 2 I Nr. 2 BJagdG waren die **Fasaneneier** ein taugliches **Wildereiobjekt** (vgl. KG JW 36, 621).

4. Bei **gefangenem** oder **erlegtem Wild** sind im Rahmen des § 292 I unter Berücksichtigung des § 958 BGB in Verbindung mit §§ 1 ff. BJagdG folgende Fallgestaltungen zu unterscheiden:

a) Fall 30: Der Jagdausübungsberechtigte J hat in seinem Revier einen Rehbock geschossen, in Besitz genommen und zum späteren Abtransport bereitgelegt. Der Spaziergänger S, der ihm aus der Ferne zugeschaut hat, nimmt das Tier in einem geeigneten Moment an sich und eilt damit fort, um es für sich zu verwenden.
Strafbarkeit des S?

Nach § 958 I BGB in Verbindung mit §§ 1 ff. BJagdG hat J an dem erlegten Rehbock dadurch **Eigentum** erworben, daß er ihn **in Eigenbesitz genommen** hat. Von diesem Augenblick an hörte das Tier auf, taugliches Objekt der Wilderei zu sein; als fremde bewegliche Sache unterlag es nunmehr dem Eigentumsschutz (§§ 242 ff.). Im Fall 30 hat S einen **Diebstahl** begangen, weil der von J begründete Gewahrsam im Zeitpunkt der Wegnahme durch S fortbestand (vgl. oben § 2 III 3c).

b) Fall 31: Der Spaziergänger S hat den Wilderer W im Jagdrevier des J beim Aufstellen von Fallen beobachtet. Bei Dämmerungsbeginn sucht S diese Stelle auf und eignet sich einen

97

Hasen zu, den er verletzt, aber lebend in der Falle vorfindet und mit seinem Taschenmesser auf möglichst schmerzlose Weise tötet.

Strafbarkeit des S?

Der gefangene Hase war seiner natürlichen Freiheit beraubt, aber weiterhin **herrenlos** und **gewahrsamslos,** als S ihn erlegte. Wer wie W in einem **fremden Jagdgebiet** widerrechtlich Fallen aufstellt oder Schlingen legt, erlangt nach der Verkehrsanschauung nicht schon mit dem *Einfangen* von Tieren, sondern **erst durch reale Besitzergreifung** Gewahrsam an der Beute (RGSt 23, 89).

Anders liegt es beim Auslegen von Netzen und Fanggeräten durch den **Jagd- oder Fischereiberechtigten selbst** (RGSt 29, 216).

Im Fall 31 hat S die *erste* Alternative des § 292 I verwirklicht, sich also der **Wilderei** in der Form des *Erlegens* wie des *Sichzueignens* schuldig gemacht. Der lebende Hase unterlag weiterhin dem Jagdausübungs- und Aneignungsrecht des J.

c) Fall 32: Ändert sich die Beurteilung im Fall 31, wenn W den Hasen selbst erlegt, aus der Falle genommen, in seinen Rucksack gestopft und diesen am Waldrand versteckt hat, um ihn nach Einbruch der Dunkelheit abzuholen, S jedoch heimlich gefolgt ist und sich den Hasen zueignet, ehe W zum Versteck zurückkehrt?

Hier liegen die Dinge insofern anders, als W den gewilderten Hasen bereits in Besitz genommen und **eigenen Gewahrsam begründet** hatte. Im Hinblick darauf ist zu prüfen, ob der Hase gleichwohl noch ein taugliches Objekt der Wilderei war. Die h.M. vertritt den Standpunkt, daß gewilderte Tiere auch dann **herrenlos bleiben** und weiterhin dem alleinigen **Aneignungsrecht des Jagdausübungsberechtigten** unterliegen, wenn der Wilderer sie in Eigenbesitz genommen und aus dem Jagdrevier fortgeschafft hat (BayObLGSt 1954, 116; *Maurach-Schroeder*, BT § 39 II 1a; Sch-Sch-*Eser*, StGB, § 292 Rdnr. 17; Erman-*Hefermehl*, BGB, § 958 Rdnr. 5; RGRK-*Pikart*, BGB, § 958 Rdnr. 12; Staudinger-*Berg*, BGB, § 958 Rdnr. 9).

Dem ist zuzustimmen. Der **Wilderer selbst** kann nach § 958 II BGB kein Eigentum erwerben, weil er fremdes Aneignungsrecht verletzt. Der **Jagdausübungsberechtigte** erwirbt nach § 958 I BGB nicht schon dann Eigentum, wenn *irgendwer* das erlegte Wild in Eigenbesitz nimmt (so die Mindermeinung: *Baur*, Sachenrecht, § 53 f III 2; *Heck,* Sachenrecht, § 64, 6; *H. Westermann,* Sachenrecht, § 58 IV), sondern nur unter der Voraussetzung, daß die Besitzbegründung entweder unmittelbar durch ihn oder seitens Dritter zu dem Zweck erfolgt, *ihm* den Eigenbesitz zu verschaffen (vgl. RGSt 23, 89; BayObLGSt 1954, 116; *Wessels*, Probleme der Jagdwilderei und ihrer Abgrenzung zu den Eigentumsdelikten, JA 84, 221). Im Fall 32 hat S sich somit nach der *zweiten* Alternative des § 292 I strafbar gemacht. Auch **erlegtes Wild** gehört zu den **Sachen,** die nach § 1 V BJagdG dem Aneignungsrecht des Jagdausübungsberechtigten unterworfen sind.

5. Im Rahmen der Tatumstands- und Bedeutungskenntnis muß der **Vorsatz** des Täters (zumindest in der Form des *dolus eventualis*) das Bewußtsein umfassen, fremdes Jagdrecht zu verletzen. Die Beurteilung der hier auftauchenden **Irrtumsprobleme** ist umstritten; im einzelnen ist wie folgt zu unterscheiden:

a) Fall 33: Der Spaziergänger S stößt im Jagdrevier des J auf einen frisch geschossenen, mit Zweigen bedeckten und zum Abtransport bereitgelegten Rehbock. Er eignet sich das Tier in der Vorstellung zu, daß es von J oder von einem Wilderer erlegt und in Besitz genommen worden ist.

Strafbarkeit des S?

Wäre der Rehbock von J erlegt worden, hätte S – wie aus § 958 I BGB folgt – eine **fremde** Sache i.S. des § 242 weggenommen. War dagegen ein Wilderer am Werk, wäre das Tier gemäß § 958 II BGB **herrenlos** und damit taugliches Objekt der Wilderei geblieben (§ 292 I *zweite* Alternative). Jede dieser beiden Möglichkeiten wird von der Vorstellung des S umfaßt, so daß ein sog. **alternativer Vorsatz** gegeben und S aus *dem* Straftatbestand zu verurteilen ist, den er objektiv verwirklicht (näher *Wessels*, AT § 7 II 4 und JA 84, 221, 223).

> Ähnlich läge es im Ergebnis, wenn S sich gar keine Gedanken darüber gemacht hätte, wer den Rehbock erlegt haben könnte. Das Fehlen einer detaillierten Vorstellung zur Frage der Fremdheit oder Herrenlosigkeit des von ihm entdeckten Tieres würde nämlich nicht bedeuten, daß er in der betreffenden Hinsicht *ohne Vorsatz* gehandelt hätte. Vielmehr wäre seine innere Einstellung zum Tatgeschehen bei lebensnaher Betrachtung so aufzufassen, daß es ihm gleichgültig war, ob er mit der Entwendung des Rehbocks das Eigentum oder das Aneignungsrecht eines anderen verletzte. Ein **genereller Vorsatz** dieser Art schließt bei der maßgebenden Parallelwertung in der Laiensphäre aber alle wesentlichen Umstände ein, von denen bei der gegebenen Sachlage die Anwendbarkeit des § 242 oder der zweiten Alternative des § 292 I abhängt. Entsprechend dieser inneren Einstellung und aufgrund seines Willens, die *in Betracht kommenden* Rechte dessen zu verletzen, der den Rehbock erlegt und in Besitz genommen hatte oder der sonst Zugriffsberechtigter sein könnte, wäre dem S **das Delikt** anzulasten, dessen Straftatbestand er **objektiv verwirklicht** hat.

b) Fall 34: Der Landarbeiter L hat auf dem Wochenmarkt einen Hasen erstanden, den er zu Hause an die Tür seines Schuppens hängt, um ihm nach dem Abendbrot das Fell abzuziehen. In der irrigen Annahme, daß L den Hasen gewildert habe, entwendet der Nachbar N ihn zum alsbaldigen Verzehr.

Hat N sich strafbar gemacht?

Das Verhalten des N erfüllt objektiv den Tatbestand des **Diebstahls** (§ 242), weil der Hase Eigentum des L war. Da N ihn jedoch für *gewildert* und aufgrund einer entsprechenden Vorstellung in der Laiensphäre für *herrenlos* hielt, mithin nicht wußte, daß er in Wirklichkeit „fremd" war, **fehlt es am Diebstahlsvorsatz** (§ 16 I). § 242 entfällt demnach aus subjektiven Gründen. Eine Bestrafung wegen **Wilderei** kommt ebenfalls nicht in Betracht, weil der Tatbestand der *zweiten* Alternative des § 292 I **objektiv nicht verwirklicht** ist. Aufgrund der Fehlvorstellung des N liegt nur ein *untauglicher Versuch* (= Untauglichkeit des Tatobjekts) vor, der straflos bleibt, weil § 292 den **Versuch** der Wilderei nicht mit Strafe bedroht.

> Diese Lücke im Gesetz muß hingenommen werden (vgl. RG JW 1902, 298 Nr. 19; *Krey*, BT/2 Rdnr. 270; *Otto*, BT S. 219). Sie läßt sich nicht mit der von *Welzel* (Lb S. 363) vertretenen Ansicht schließen, bei §§ 242, 292 komme es auf eine juristisch exakte *„Gehörensvorstellung"* nicht an, da es sich in beiden Fällen um Zueignungsdelikte (hier unter Verletzung des Eigentums, dort unter Mißachtung des Aneignungsrechts) handle, was bedeute, daß Diebstahls- und Wildereivorsatz *gleichartig* seien. Diese Betrachtungsweise, die im Fall 34 zur Bestrafung des N wegen *vollendeten Diebstahls* führen würde, ist dogmatisch nicht haltbar. Erstens ist die Wilderei kein Zueignungsdelikt (beim Nachstellen, Fangen und Erlegen kommt es auf eine Zueignungsabsicht nicht an, beim Beschädigen oder Zerstören von Sachen, die dem Jagdrecht unterliegen, ist für einen Zueignungswillen kein Raum). Zweitens verstößt die von *Welzel* befürwortete Konstruktion gegen das Analogieverbot, das bei juristisch verschiedenartigen Tatobjekten (d.h. bei einer *fremden* Sache i.S. des § 242 und jagdbarem Wild bzw. einer dem Jagdrecht unterliegenden *herrenlosen* Sache i.S. des § 292) nicht nur innerhalb des objektiven Tatbestandes, sondern auch im Vorsatzbereich zu beachten ist und das es gerade nicht zuläßt, einen Wildereivor-

satz dem andersartigen Diebstahlsvorsatz gleichzusetzen (im übrigen würde der Standpunkt von *Welzel* auch nicht nur den Weg zu § 242, sondern ebenso zu § 244 und ggf. zu § 252 öffnen, was mit der **Garantiefunktion des Strafgesetzes** gewiß nicht zu vereinbaren wäre). Abzulehnen ist insoweit ferner die von *Jagusch* entwickelte **Plus-Minus-Theorie**, die in den einschlägigen Fällen bei irriger Annahme der Herrenlosigkeit wie bei irriger Annahme der Fremdheit des Tatobjekts jeweils *vollendete Wilderei* für gegeben hält (LK-*Jagusch*, StGB, 8. Aufl., § 292 Anm. 6; ähnlich *Maurach-Schroeder*, BT § 39 II 1d). Diese Theorie verstößt ebenfalls gegen die Garantiefunktion des Strafgesetzes, da die subjektive Vorstellung des Täters den in Betracht kommenden Mangel am objektiven Tatbestand nicht zu ersetzen vermag (näher *v. Löbbecke*, MDR 74, 119). Da es im Fall 34 schließlich auch nicht möglich ist, an ein „dem Wilde Nachstellen" anzuknüpfen (vgl. zu dieser Ersatzkonstruktion LK-*Schäfer*, StGB, § 292 Rdnr. 75; *Waider*, GA 1962, 176, 182 ff.), bleibt N hier straffrei.

c) Unterschiedliche Auffassungen werden in der Rechtslehre auch bei der Beurteilung von Sachverhalten vertreten, in denen der Täter eine objektiv herrenlose Sache für „fremd" gehalten hat.

Fall 35: Wie verhält es sich im Fall 34 mit der Strafbarkeit des N, wenn L den Hasen tatsächlich gewildert hatte, N aber irrtümlich davon ausging, der Gutsbesitzer G habe ihn in seinem Jagdrevier erlegt und dem bei ihm beschäftigten L zum Geschenk gemacht?

Hier fehlt es **mangels Fremdheit** der Sache am objektiven Tatbestand des § 242; entsprechend seiner Vorstellung ist N jedoch wegen **versuchten Diebstahls** zu bestrafen (§§ 242, 22 = Versuch am untauglichen Objekt). Eine Bestrafung aus dem objektiv verwirklichten Tatbestand der *zweiten* Alternative des § 292 I entfällt, weil N nicht gewußt hat, daß der Hase gewildert und demnach noch herrenlos war (ebenso RGSt 39, 427, 433; *Dreher-Tröndle*, StGB, § 292 Rdnr. 20; *Krey*, BT/2 Rdnr. 278; *Otto*, BT S. 220; *Preisendanz*, StGB, § 292 Anm. 7a).

Zum Teil wird angenommen, daß insoweit eine Bestrafung wegen **vollendeter Wilderei** möglich sei, weil der Diebstahlsvorsatz als qualitatives *„Plus"* den weniger weit reichenden Wildereivorsatz als *„Minus"* mit einschließe (*Arzt/Weber*, BT/3 Rdnr. 302; *Lackner*, StGB, § 292 Anm. 4; *Maurach-Schroeder*, BT § 39 II 1d). Für eine derart *modifizierte* „Plus-Minus-Theorie" fehlt es ungeachtet ihrer dogmatischen Fragwürdigkeit jedoch an einem praktischen Bedürfnis, da der Unwertgehalt der Tat durch die Bestrafung des Täters wegen **versuchten Diebstahls** hinreichend erfaßt wird.

6. Im Ausgangsfall 29 könnte man angesichts des **geringen Wertes** der von N mitgenommenen **Fasaneneier** die Frage aufwerfen, ob § 248a bei einem Verstoß gegen § 292 I *analog* anzuwenden ist (bejahend Sch-Sch-*Eser*, StGB, § 292 Rdnr. 1, 19).

Unabhängig vom Streit um das durch § 292 geschützte Rechtsgut muß diese Frage schon deshalb **verneint** werden, weil das Gesetz in dieser Hinsicht **keine Regelungslücke** aufweist. Daß der Gesetzgeber die sinngemäße Anwendbarkeit des § 248a im EGStGB lediglich für den Bereich der §§ 257, 259, 263, 265a, 266, nicht aber zugleich für § 292 vorgesehen hat, kann nämlich nicht als *Versehen* gedeutet, sondern nur als **Verzicht auf eine solche Regelung** im Falle der **Wilderei** aufgefaßt werden. Für die gegenteilige Annahme fehlt es an jedem Anhaltspunkt.

Ein **Strafantragserfordernis** gilt im Wildereibereich somit nur in den durch § 294 erfaßten Fällen.

II. Erschwerungsgründe

1. Im Gegensatz zu § 243 liegt den in § 292 II genannten Erschwerungsgründen nicht die *Regelbeispielsmethode* (vgl. dazu oben § 3 I), sondern die **exemplifizierende Methode** mit der Ausgestaltung zugrunde, daß die Erschwerungsgründe zwar nicht *abschließend* umschrieben sind, daß der strengere Strafrahmen jedoch *zwingend* anzuwenden ist, wenn der Täter einen im Gesetz benannten Erschwerungsgrund verwirklicht.

Wird die Wilderei i.S. der *ersten* Alternative des § 292 I z.B. zur Nachtzeit, in der Schonzeit oder unter Anwendung von Schlingen begangen, so liegt **immer** ein *besonders schwerer Fall* i.S. des § 292 II vor, selbst wenn im Einzelfall Milderungsgründe in Betracht kommen (BGHSt 5, 211; OLG Hamm NJW 62, 601; *Dreher-Tröndle,* StGB, § 292 Rdnr. 25; LK-*Schäfer,* StGB, § 292 Rdnr. 86). Die Mindermeinung, die den Strafschärfungsgründen der §§ 292 II, 293 II nur die Bedeutung von Regelbeispielen nach Art des § 243 I zugesteht (*Maurach-Schroeder,* BT § 39 II 2; Sch-Sch-*Eser,* StGB, § 292 Rdnr. 22; SK-*Samson,* StGB, §292 Rdn. 22), nimmt eine noch nicht realisierte Reform dieser Vorschriften vorweg und setzt sich an die Stelle des Gesetzgebers, der es bisher nicht für angebracht gehalten hat, die §§ 292 II, 293 II nach der flexibleren Regelbeispielsmethode umzugestalten. Indessen steht nichts im Wege, den Anwendungsbereich des § 292 II entsprechend seinem Sinn und Zweck auf *primäre* Wildereihandlungen zu beschränken, davon also solche Fälle auszunehmen, bei denen erst eine „in zweiter Hand" begangene Wilderei vorliegt (zutreffend LK-*Schäfer,* StGB, § 292 Rdnr. 35). Ebenso passen die Modalitäten „innerhalb der Schonzeit" und „unter Anwendung von Schlingen" lediglich für die *erste* Alternative des § 292 I, nicht aber für die Zueignung von verendetem Wild. Sinn der Bestimmungen über die Schonzeit ist es nämlich, Hege und Erhaltung des Wildbestandes zu sichern. Eine Begehung „zur Nachtzeit" setzt voraus, daß der Täter die Dunkelheit gerade zur Ausführung der Tat und zur Verletzung des fremden Jagdrechts ausgenutzt hat. Dieser funktionale Zusammenhang fehlt, wenn sich jemand zur Nachtzeit verendetes Wild zueignet, das er auf einer Landstraße gefunden hat oder das von ihm bei einer vorangegangenen Kollision mit seinem Kraftfahrzeug versehentlich getötet worden ist (BayObLGSt 1963, 86). Andererseits ist dieser Erschwerungsgrund nicht auf die erste Alternative des § 292 I beschränkt; sein Grundgedanke, dem erhöhten Anreiz zum Wildern bei Nacht und den gesteigerten Gefahren bei Ausübung des Jagdschutzes zur Nachtzeit mit einer Verschärfung der Strafdrohung zu begegnen, kann auch für die *zweite* Alternative des § 292 I zutreffen (Beispiel: Jemand sucht im Anschluß an eine abgebrochene Treibjagd das Gelände unter dem Schutz der Dunkelheit gezielt nach Beute ab).

> Vorausgesetzt wird bei § 292 II stets, daß der **Vorsatz** des Täters den straferhöhenden Umstand mit umfaßt (vgl. OLG Celle MDR 56, 54).

2. Für den, der **gewerbs-** oder **gewohnheitsmäßig** wildert, sieht § 292 III eine nochmalige Strafschärfung vor (näher BGHSt 22, 11).

III. Fischwilderei

Die einzelnen Tatbestände der **Fischwilderei** (§ 293) sind denen des § 292 nachgebildet, wobei innerhalb des Grundtatbestands (§ 293 I) ebenfalls zwei Alternativen zu unterscheiden sind.

§ 12 I 1

Das zu § 292 Ausgeführte gilt hier sinngemäß; der Strafrahmen ist aber durchweg milder. Zu beachten ist, daß Fische in *geschlossenen Privatgewässern* nach § 960 I 2 BGB nicht *herrenlos* sind, also dem Eigentumsschutz (§§ 242 ff.) unterliegen. **Fischen** ist jede auf Fang oder Erlegen von wildlebenden Wassertieren gerichtete Handlung ohne Rücksicht darauf, ob sie zum Erfolg führt. Das setzt eine enge räumliche Beziehung zwischen Tathandlung und Gewässer voraus. Sofern der Täter sich mit seinem Fanggerät nicht auf dem Wasser befindet, muß er die Fangvorrichtung als solche im Gewässer ausgelegt haben (vgl. OLG Frankfurt NJW 84, 812).

7. Kapitel: Vereiteln und Gefährden von Gläubigerrechten

§ 12 PFANDKEHR, VOLLSTRECKUNGSVEREITELUNG UND KONKURSSTRAFTATEN

I. Pfandkehr

Fall 36: Der in einem Zeitschriftenverlag tätige Z hat seinem Gläubiger G zur Sicherheit für eine fällige Darlehensverbindlichkeit eine wertvolle Filmkamera verpfändet. Kurz darauf gewinnt Z bei einem Preisausschreiben eine einwöchige Studienreise nach Venedig. Seine Bitte, ihm für die Dauer dieser Reise die verpfändete Kamera zum Gebrauch zu überlassen, lehnt G mit dem Hinweis ab, das sei ihm aus vielerlei Gründen zu riskant. Die Hausangestellte H, die das Gespräch mit angehört hat, ist über die Hartherzigkeit des G empört. Bei passender Gelegenheit nimmt sie die Filmkamera heimlich aus dem im Aktenschrank liegenden und dort verbleibenden Futteral, bringt sie zu Z und übergibt sie ihm gegen dessen Zusicherung, ihr die Kamera sofort nach der Reise zwecks Rückführung an G wieder auszuhändigen. Beide hoffen, daß dieser in der Zwischenzeit nichts davon merkt.
Hat H sich strafbar gemacht?

1. Ein Diebstahl (§ 242) entfällt mangels Zueignungsabsicht. H kann sich jedoch der **Pfandkehr** (§ 289) schuldig gemacht haben. Unter dieser zu eng gefaßten Bezeichnung schützt das Gesetz **Nutznießungsrechte** (§§ 1030 ff. BGB), **Pfandrechte** (z.B. §§ 559, 585, 590, 647, 704, 1204 ff. BGB), **Gebrauchsrechte** (vgl. §§ 535, 581, 598 BGB) und **Zurückbehaltungsrechte** (z.B. §§ 273, 972, 1000 BGB, 369 HGB) dagegen, daß **ihre Ausübung** dem Berechtigten durch Wegnahme **unmöglich gemacht** wird.

Umstritten ist, ob auch das **Pfändungspfandrecht** (§ 804 ZPO) hierher gehört oder ob § 136 I insoweit als *lex specialis* vorgeht. Im Hinblick auf die unterschiedliche **Schutzfunktion** (= Schutz der öffentlich-rechtlichen Verstrickung und staatlichen Verfügungsgewalt in § 136 I, Schutz der Rechtsausübung des Einzelnen in § 289) ist der Auffassung zu folgen, die je nach den Umständen **Tateinheit** zwischen § 289 und § 136 I für möglich hält (näher LK-*Schäfer*, StGB, § 289 Rdnr. 4; *Wessels*, BT-1 § 15 II; offengelassen in RGSt 64, 77).

Bei den **Zurückbehaltungsrechten** macht es keinen Unterschied, ob sie auf *Vertrag* oder *Gesetz* beruhen. Ein dem Vermieter zur Umgehung der §§ 559 S. 3 BGB, 811 ZPO eingeräumtes Zurückbehaltungsrecht an den eingebrachten Sachen des Mieters genießt jedoch keinen Schutz; die gegenteilige Ansicht in RGSt 37, 118; 63, 209 ist mit dem heutigen Verständnis der sozialstaatlichen Grundlagen dieser Regelungsmaterie nicht mehr zu vereinbaren (zutreffend LK-*Schäfer*, StGB, § 289 Rdnr. 7; anders noch *Maurach-Schroeder*, BT § 40 II 1; *Sch-Sch-Eser*, StGB, § 289 Rdnr. 6).

2. § 289 sieht zwei den **Täterkreis** betreffende Alternativen vor: die Begehung durch den Sacheigentümer selbst und durch einen im Eigentümerinteresse handelnden Dritten. **Tathandlung** ist in beiden Fällen die **Wegnahme** der Sache. Dieses Merkmal ist hier anders als beim Diebstahl (§ 242) in einem **sehr weitgefaßten Sinn** zu verstehen. Es setzt keinen Gewahrsamsbruch, sondern nur die **räumliche Entfernung** der Sache aus dem **tatsächlichen Macht- und Zugriffsbereich des Rechtsinhabers** voraus, wie er insbesondere bei einem Vermieterpfandrecht besteht (RGSt 25, 115; 38, 174; BayObLG JZ 81, 451; *Dreher-Tröndle*, StGB, § 289 Rdnr. 2; *Maurach-Schroeder*, BT § 40 II 1; a.A. *Arzt/Weber*, BT/3 Rdnr. 311; *Bohnert*, JuS 82, 256; *Otto*, Anm. JR 82, 32; Sch-Sch-*Eser*, StGB, § 289 Rdnr. 8).

> Würde man hier einen Gewahrsamsbruch wie in § 242 fordern, blieben alle *besitzlosen* gesetzlichen Pfandrechte ungeschützt, was dem Sinn und Zweck des Gesetzes widerspräche. Bei **Pfändungspfandrechten** ist freilich zu beachten, daß es auch vom Standpunkt der h.M. aus an einem *tatsächlichen Gewaltverhältnis* i.S. des § 289 zugunsten des Pfändungsgläubigers fehlt, wenn der Gerichtsvollzieher die gepfändete Sache gemäß § 808 II ZPO **im Gewahrsam des Schuldners belassen** hat; für eine *Wegnahme* (§ 289) ist in diesem Falle kein Raum (RGSt 64, 77; anders LK-*Schäfer*, StGB, § 289 Rdnr. 11).

3. In **subjektiver Hinsicht** setzt § 289 neben dem *Tatbestandsvorsatz* ein Handeln in „*rechtswidriger Absicht*" voraus.

Absicht i.S. dieser Vorschrift ist der zielgerichtete Wille zur zeitweiligen oder dauernden Vereitelung des fremden Rechts (vgl. Sch-Sch-*Eser*, StGB, § 289 Rdnr. 9). Ist der Täter ein Dritter, darf er *nicht lediglich eigene* Interessen verfolgen, vielmehr muß sein Wille darauf gerichtet sein, **dem Sacheigentümer** unter Verletzung des geschützten Rechts einen Vorteil zu verschaffen (RG JW 31, 542 Nr. 22).

> Im Fall 36 erfüllt das pfandrechtsverletzende Verhalten der H (vgl. dazu §§ 1204, 1227, 1253 II BGB) alle Erfordernisse des § 289. Ihr Bestreben, den früheren Zustand nach der Studienreise des Z wiederherzustellen, steht der Tatbestandsverwirklichung nicht entgegen. Die Strafverfolgung ist allerdings davon abhängig, daß G **Strafantrag** stellt (§ 289 III).

II. Vereiteln der Zwangsvollstreckung

> Fall 37: Der Kunststudent K schuldet dem Gläubiger G aufgrund eines vollstreckbaren Zahlungstitels 3 000 DM aus Darlehen. Er verfügt über keine nennenswerten Barmittel, besitzt aber als Erbstücke einen Orientteppich im Wert von 5 000 DM sowie im annähernd gleichen Wert eine handsignierte Lithographie von *Friedensreich Hundertwasser*, an der sein ganzes Herz hängt. Auch G ist von der Ausdruckskraft dieses Kunstwerkes fasziniert. In der zutreffenden Annahme, daß G es darauf abgesehen hat, den „Hundertwasser" im Wege der Pfändung an sich zu bringen, schafft K die Lithographie schleunigst zu seiner Bekannten B, die bereit ist, sie solange aufzuheben, bis die Darlehensschuld des K gegenüber G getilgt ist.
> Hat K sich durch Beiseiteschaffen des Kunstwerks strafbar gemacht?

1. In Betracht kommt ein Verstoß gegen § 288, dessen gesetzliche Benennung als **Vereiteln der Zwangsvollstreckung** in zweifacher Hinsicht ungenau ist: Einmal braucht es zum Eintritt eines Vereitelungserfolges nicht zu kommen, vielmehr genügt ein darauf gerichtetes Verhalten des Schuldners (= *Vereitelungsabsicht*). Zum anderen schützt § 288 nicht etwa das Vollstreckungsrecht als solches, sondern allein das durch die Tat gefährdete **materielle Recht des Gläubigers auf Befriedigung aus dem**

§ 12 II 2

Schuldnervermögen (BGHSt 16, 330, 334). **Gläubiger** i.S. dieser Vorschrift ist ohne Rücksicht auf das Vorhandensein oder Fehlen eines Vollstreckungstitels daher nur, wer im maßgeblichen Zeitpunkt einen bereits entstandenen (= nicht unbedingt auch fälligen), **sachlich begründeten und durchsetzbaren Anspruch** gegen den Schuldner hat (RG JW 37, 1336 Nr. 41; LK-*Schäfer*, StGB, § 288 Rdnr. 6 ff.; Sch-Sch-*Eser*, StGB, § 288 Rdnr. 7 ff.). Das Bestehen des Anspruchs ist vom Strafrichter *selbständig* zu prüfen; an ein den Anspruch bejahendes Zivilurteil ist er nicht gebunden (BayObLGSt 1952, 224).

§ 288 bildet für die Einzelvollstreckung eine gewisse Parallele zu den in §§ 283 ff. geregelten Konkursstraftaten.

2. Der **äußere Tatbestand** des § 288 setzt voraus, daß derjenige, dem aufgrund eines sachlich begründeten Anspruchs die Zwangsvollstreckung droht, Bestandteile *seines* Vermögens veräußert oder beiseite schafft.

a) Eine Zwangsvollstreckung „**droht**" nicht erst nach Klageerhebung oder Erteilung eines Vollstreckungsauftrags, sondern schon dann, wenn konkrete Anhaltspunkte darauf hindeuten, daß der Gläubiger seinen **Anspruch alsbald zwangsweise durchsetzen** wird (RGSt 63, 341; BGH MDR 77, 638 bei *Holtz*).

Die Zwangsvollstreckung kann auch noch „drohen", wenn sie bereits begonnen hat, aber weitere Vollstreckungshandlungen zu erwarten sind, wie z.B. die Versteigerung der zuvor gepfändeten Sache (vgl. RGSt 35, 62).

Im Fall 37 hatte G schon einen Vollstreckungstitel gegen K erwirkt. Soweit das geschehen ist, darf ohne weiteres vom *Drohen* der Zwangsvollstreckung ausgegangen werden (LK-*Schäfer*, StGB, § 288 Rdnr. 12). Im übrigen stand dem G auch ein *sachlich begründeter* Anspruch auf Zahlung von 3 000 DM zu.

b) Derjenige, dem die Zwangsvollstreckung droht, muß Bestandteile seines Vermögens **veräußern** oder **beiseite schaffen.** Der Begriff des **Vermögens** ist hier *rein vollstreckungsrechtlich* zu verstehen; zu seinen Bestandteilen zählen bei der Zwangsvollstreckung wegen einer Geldforderung alle pfändbaren Sachen und Rechte. Auch der **Sachbesitz** eines Vorbehaltskäufers gehört zu dem der Vollstreckung unterliegenden Schuldnervermögen (BGHSt 16, 330; BGH GA 1965, 309); wichtig ist das bei Herausgabeansprüchen i. S. des § 883 ZPO und bei einer Pfändung, die auf Betreiben des Vorbehaltsverkäufers in die ihm noch gehörende Sache erfolgt. **Unpfändbare** Sachen und Rechte werden bei der Zwangsvollstreckung wegen Geldforderungen (§§ 803 ff. ZPO) vom Schutzzweck des § 288 nicht erfaßt (RGSt 71, 216, 218). Das gleiche gilt für Forderungen, die dem Schuldner nur *zur Einziehung* abgetreten sind (sog. Inkassozession; vgl. RGSt 72, 252), und für Vermögensgegenstände, an denen Dritten ein die Veräußerung hinderndes Recht i. S. des § 771 ZPO zusteht, so daß der Gläubiger sich daraus keine Befriedigung verschaffen kann (LK-*Schäfer*, StGB, § 288 Rdnr. 20; SK-*Samson*, StGB, § 288 Rdnr. 13).

Veräußerung i.S. des § 288 ist im Hinblick auf den Schutzzweck der Norm jede rechtsgeschäftliche Verfügung, durch die ein Vermögenswert **ohne vollen Ausgleich** aus dem Schuldnervermögen ausgeschieden wird, so daß er dem Zugriff des Gläubigers **rechtlich entzogen** oder dessen Befriedigungsmöglichkeit verringert ist (RGSt 61, 107; 62, 277; 66, 130; 71, 227; BGH NJW 53, 1152; *Lackner*, StGB, § 288 Anm. 4; LK-*Schäfer*, StGB, § 288 Rdnr. 22). Bei einer drohenden *Geldvollstreckung* verbietet das Gesetz den *bloßen Austausch* gleichwertiger Vermögensstücke nicht (BGH NJW 53,

1152). Die Befriedigung *anderer* Gläubiger verwirklicht den Tatbestand nur, wenn ihnen eine *inkongruente* Deckung gewährt wird, auf die in dieser Form oder zu diesem Zeitpunkt kein Anspruch bestand (RGSt 71, 227, 231; BayObLGSt 1952, 224; näher dazu unten III 5).

Beiseiteschaffen ist jede sonstige Handlung, durch die ein Gegenstand der Vollstreckung **tatsächlich entzogen** wird, ohne daß er rechtlich aus dem Schuldnervermögen auszuscheiden braucht.

> Beispiele dafür bilden das räumliche Entfernen und Verbergen (BGH GA 1965, 309) sowie das Zerstören von Sachen (RGSt 19, 25), nicht aber das bloße *Beschädigen* (RGSt 42, 62; *Dreher-Tröndle*, StGB, § 288 Rdnr. 10; LK-*Schäfer*, StGB, § 288 Rdnr. 26; a.A. Sch-Sch-*Eser*, StGB, § 288 Rdnr. 17).

c) **Täter** kann dem Wortlaut des § 288 nach nur der **Vollstreckungsschuldner**, d.h. derjenige sein, dem die Zwangsvollstreckung droht und der aus irgendeinem Rechtsgrund zur Duldung der Zwangsvollstreckung in sein Vermögen verpflichtet ist, auch wenn es sich bei ihm nicht um den *persönlichen Schuldner* des Gläubigers handelt (RGSt 68, 108; LK-*Schäfer*, StGB, § 288 Rdnr. 27 ff.; Sch-Sch-*Eser*, StGB, § 288 Rdnr. 24).

> Die Möglichkeit der **Teilnahme** richtet sich nach den allgemeinen Vorschriften. So kann z.B. der Empfänger der Sache sich als *Gehilfe* strafbar machen (RGSt 20, 214; zum *Beihilfevorsatz* vgl. RG JW 30, 2536).

> Im Fall 37 verwirklicht das Verhalten des K den äußeren Tatbestand des § 288 in der Form des Beiseiteschaffens.

3. In **subjektiver Hinsicht** muß der **Vorsatz** des Täters alle vorgenannten Tatumstände umfassen, wobei *dolus eventualis* genügt. Hinzukommen muß die **Absicht**, die **Befriedigung des Gläubigers dauernd oder zeitweilig zu vereiteln** (BayObLGSt 1952, 224).

> Unter *Absicht* i.S. des § 288 ist nach allgemeiner Auffassung der *direkte Vorsatz* zu verstehen. Es genügt, daß der Täter die Benachteiligung des Gläubigers als notwendige und sichere Folge seines Verhaltens vorausgesehen und in seinen Willen aufgenommen hat (RGSt 27, 241; 59, 314; LK-*Schäfer*, StGB, § 288 Rdnr. 36; Sch-Sch-*Eser*, StGB, § 288 Rdnr. 19).

Der Vollstreckungsschuldner muß die **Befriedigung** des Gläubigers **allgemein** vereiteln wollen. Die bloße Absicht, eine *bestimmte Vollstreckungsmaßnahme* zu verhindern und **nur ein bestimmtes Vermögensstück dem Zugriff des Gläubigers zu entziehen**, erfüllt den subjektiven Tatbestand des § 288 nicht, sofern noch andere greifbare Vermögenswerte vorhanden sind, die zur Befriedigung des Gläubigers ausreichen (RG JW 30, 2536 mit Anm. *Köhler*; BayObLGSt 1952, 224).

> So lag es im Fall 37. Dem K ging es lediglich darum, seinen „Hundertwasser" vor der Pfändung durch G zu retten. Da der Gläubiger einer *Geldforderung* aber keinen Anspruch darauf hat, sich aus einem *bestimmten* Vermögensstück seines Schuldners zu befriedigen, und der vorhandene Orientteppich im Wert von 5 000 DM nicht nur in gleicher Weise pfändbar war, sondern zur Befriedigung des G auch ersichtlich ausreichte, hat K sich nicht strafbar gemacht.

4. Ein Verstoß gegen § 288 wird nur **auf Antrag** verfolgt (§ 288 II). Antragsberechtigt ist jeder Gläubiger, von dessen Seite dem Täter die Zwangsvollstreckung drohte und dessen Befriedigung durch die Tat vereitelt werden sollte.

Werden bereits gepfändete Sachen beiseite geschafft, liegt zwischen § 288 und § 136 I **Tateinheit** vor. Auch mit § 246 kommt Tateinheit in Betracht (BGH GA 1965, 309).

III. Konkursstraftaten

Das 1. WiKG vom 29. 7. 1976 (BGBl I 2034) hat die zuvor in §§ 239 ff. KO geregelten **Konkursdelikte** grundlegend reformiert und wieder in das StGB übernommen. Ziel dieser Reform war es, das Konkursstrafrecht effektiver auszugestalten und Bedenken auszuräumen, die unter dem Blickwinkel des Schuldprinzips zum früher geltenden Recht geäußert worden waren (näher *Heinz*, GA 1977, 193, 225; *Tiedemann*, NJW 77, 777 und Dünnebier-Festschr. S. 519, 535).

Im einzelnen handelt es sich um folgende Tatbestände: **Bankrott** (§§ 283, 283a), **Verletzung der Buchführungspflicht** (§ 283b), **Gläubigerbegünstigung** (§ 283c) und **Schuldnerbegünstigung** (§ 283d).

1. Die §§ 283 ff. dienen dem **Zweck,** die Gesamtheit der Gläubiger vor einer Gefährdung oder Beeinträchtigung ihrer Befriedigung aus dem zur etwaigen Konkursmasse gehörenden Schuldnervermögen zu schützen (= Vermögensschutz). Im Allgemeininteresse soll damit zugleich die Funktionsfähigkeit der Wirtschaft gesichert werden, deren Belange durch Konkursdelikte zumeist mitbetroffen sind (vgl. *Schlüchter,* Anm. JR 79, 513, 515; Sch-Sch-*Stree*, StGB, Rdnr. 2 vor § 283; *Tiedemann*, NJW 79, 254).

Die Verluste, die der deutschen Volkswirtschaft alljährlich durch Konkursausfälle entstehen, gehen wertmäßig in die Milliarden (vgl. *Schwind/Gehrich*, JR 80, 228; *Tiedemann*, Wirtschaftsstrafrecht und Wirtschaftskriminalität, 1976, BT S. 75). Die Zahl der sog. Millionenkonkurse mit ihren verhängnisvollen Begleiterscheinungen (Zusammenbruch weiterer Unternehmen aus dem Kreis der Zulieferer und Warenabnehmer, Vernichtung von Arbeitsplätzen, Minderung des Steueraufkommens, Erschütterung des allgemeinen Vertrauens in die Redlichkeit kaufmännischer Geschäftsführung usw.) zeigt eine ständig ansteigende Tendenz. Man schätzt, daß ein großer Teil dieser Insolvenzen (etwa ein Drittel) mit kriminellen Verhaltensweisen zu tun hat, wenngleich Verurteilungen wegen Bankrotts (vor allem im Hinblick auf die Schwierigkeit der Ermittlungen und des Schuldnachweises) nur in relativ wenigen Fällen zu verzeichnen sind (zumeist unter 5%). Für das Jahr 1985 weist die Polizeiliche Kriminalstatistik in der Bundesrepublik rund 2200 Konkursstraftaten mit einer Aufklärungsquote von fast 100% aus; dahinter verbirgt sich indessen ein hohes Dunkelfeld.

2. Bei den einschlägigen Tatbeständen des Konkursstrafrechts (§ 283 – § 283d) handelt es sich nach überwiegender Ansicht um **abstrakte Gefährdungsdelikte.** Die *konkrete* Gefahr einer Benachteiligung sämtlicher oder einzelner Gläubiger wird hier somit nicht vorausgesetzt (vgl. *Wessels,* AT § 1 II 3b).

Eine gewisse Abmilderung erfährt diese dogmatische Einordnung dadurch, daß die in § 283 I, II zum Straftatbestand gehörende **wirtschaftliche Krise** (vgl. nachfolgend III 3) *typischerweise* eine Gefahrenlage für die geschützten Rechtsgüter bildet und daß im Wege der einschränkenden Gesetzesauslegung (mangels Strafbedürfnisses) die **Strafbarkeit verneint** wird, wenn das abstrakt gefährliche Verhalten im Einzelfall *erwiesenermaßen* zu dem später eingetretenen Zusammenbruch **in keinerlei Beziehung** gestanden und keine beeinträchtigenden Auswirkungen gehabt hat (näher BGHSt 28, 231, 234; BGH JZ 79, 75, 77; *Dreher-Tröndle*, StGB, Rdnr. 16, 17 vor § 283; *Maurach-Schroeder*, BT § 43 I 3; *Otto*, Gedschr. für R. Bruns, S. 265, 268; *Schlüchter*, Anm. JR 79, 513).

3. Die den **Bankrott** regelnde Bestimmung des § 283 faßt die in Abs. 1 Nr. 1–8 umschriebenen Tathandlungen in der Weise zusammen, daß sie *während* einer **wirt-**

schaftlichen Krise vorgenommen werden müssen, die das Gesetz als Zustand der **Überschuldung** oder der drohenden bzw. eingetretenen **Zahlungsunfähigkeit** bezeichnet. Diesen Tatbeständen stellt § 283 II die Fälle gleich, in denen der Schuldner durch eine der in § 283 I genannten Verhaltensweisen seine Überschuldung oder Zahlungsunfähigkeit **herbeiführt,** d. h. wenigstens mitverursacht.

Überschuldung liegt vor, wenn die Passiven das Aktivvermögen übersteigen, letzteres also die Verbindlichkeiten nicht mehr deckt (siehe dazu u. a. auch §§ 207, 209, 215 KO). Sie ist nach betriebswirtschaftlichen Erkenntnissen zu ermitteln (OLG Düsseldorf wistra 83, 121), wobei nicht die Bilanzwerte, sondern die **realen Gegenwartswerte** unter Berücksichtigung der konkret in Betracht kommenden Verwertungsmöglichkeiten in Ansatz zu bringen sind. Im einzelnen herrscht hier aber große Unsicherheit. Zu weit dürfte es gehen, diesem Merkmal bei natürlichen Personen und Personalgesellschaften jede strafrechtliche Relevanz abzusprechen (so indessen *Otto,* Gedschr. für R. Bruns, S. 265, 276; anders *Lackner,* StGB, § 283 Anm. 3). Umstritten ist ferner, ob generell die sog. Zerschlagungswerte (so *Franzheim,* NJW 80, 2500 und wistra 84, 212) oder die Betriebsfortführungswerte (so *Schlüchter,* MDR 78, 265) maßgebend sind (mit Recht auf den Einzelfall abstellend *Lackner,* StGB, § 283 Anm. 3; *Otto,* aaO. S. 270).

Angesichts der vielfältigen Bewertungsunsicherheiten kann für die strafrechtliche Beurteilung von der Feststellung der **Überschuldung** nur dann ausgegangen werden, wenn *alle* einschlägigen Berechnungsweisen eindeutig zu diesem Ergebnis führen (näher *Tiedemann,* Schröder-Gedschr. S. 289; vgl. auch *Schlüchter,* Der Grenzbereich zwischen Bankrottdelikten und unternehmerischen Fehlentscheidungen, 1977, S. 67 ff., 127 sowie wistra 84, 41).

Zahlungsunfähig ist, wer mangels der erforderlichen Geldmittel voraussichtlich fortdauernd außerstande ist, seine fälligen Zahlungsverpflichtungen ganz oder im wesentlichen zu erfüllen (näher *Hoffmann,* MDR 79, 713; *Schlüchter,* MDR 78, 265). Voraussetzung dafür ist die Illiquidität des Schuldners. Zahlungsunfähigkeit **droht,** wenn sie sich als **nahe bevorstehend** darstellt, ihr alsbaldiger Eintritt nach den Umständen des Einzelfalles somit wahrscheinlich ist.

Anzeichen in dieser Hinsicht können u. a. sein fruchtlose Pfändungen, sich häufende Wechselproteste, unerwartet hohe Steuernachforderungen, plötzliches Fälligstellen sämtlicher Altschulden (BGH JZ 79, 75, 76), ein rapider Ertragsverfall ohne ausreichende Reserven und dergleichen mehr (näher *Dreher-Tröndle,* StGB, Rdnr. 11 vor § 283; *Otto,* Gedschr. für R. Bruns, S. 265, 278).

Während § 283 III den **Versuch** mit Strafe bedroht (vgl. als Beispiel RGSt 61, 107 zum Versuch des *Beiseiteschaffens* von Vermögensbestandteilen durch Abschluß eines Grundstücksveräußerungsvertrages), umschreibt § 283a zu § 283 I – III **Regelbeispiele** für *besonders schwere Fälle* des Bankrotts (Handeln aus Gewinnsucht, wissentliches Herbeiführen einer wirtschaftlichen Notlage für *viele* Personen oder der Gefahr eines Verlustes ihrer dem Täter anvertrauten Vermögenswerte).

§ 283 IV, V regelt ergänzend, unter welchen Voraussetzungen und in bezug auf welche Tatbestandsmerkmale **Fahrlässigkeit** bzw. **Leichtfertigkeit** genügt.

Objektive Bedingung der Strafbarkeit aller Bankrotthandlungen ist nach § 283 VI (auf den die nachfolgenden Strafvorschriften in der ihnen angepaßten Weise Bezug nehmen), daß der Schuldner seine Zahlungen eingestellt hat und daß über sein Vermögen

§ 12 III 3

das Konkursverfahren eröffnet oder der Eröffnungsantrag mangels Masse abgelehnt worden ist (vgl. BGHSt 28, 231, 234; §§ 102 ff., 107 KO).

Eine **Zahlungseinstellung**, die keiner ausdrücklichen Erklärung bedarf (RGSt 41, 309, 312) und auch bei bloßer Zahlungsunwilligkeit gegeben sein kann (BGH GA 1953, 73 bei *Herlan*), liegt dann vor, wenn der Schuldner wegen eines wirklichen oder angeblichen Mangels an Geldmitteln aufhört, seine fälligen Zahlungsverpflichtungen ganz oder im wesentlichen zu erfüllen (siehe zu diesem Begriff auch § 30 KO).

Anhand von Beispielen aus der Rechtsprechung beschränkt die nachfolgende Darstellung sich auf die wichtigsten Abgrenzungsfragen innerhalb der Konkursdelikte und auf einige typische Fallgestaltungen.

Fall 38: Der Schuhhändler S ist durch Fehleinkäufe und mangelnde Anpassungsfähigkeit in finanzielle Schwierigkeiten geraten. Als er zu der Einsicht kommt, daß die Schulden ihm über den Kopf gewachsen sind und er wirtschaftlich am Ende ist, entschließt er sich, alsbald die Eröffnung des Konkursverfahrens zu beantragen (vgl. § 103 KO). An seinem Grundstück, dessen Verkehrswert mindestens 300 000 DM beträgt und das mit Grundpfandrechten in Höhe von 275 000 DM belastet ist, bestellt er zuvor jedoch für seine Mutter M, der er über ihre Rentenbezüge hinaus eine Zuwendung für ihren Lebensabend machen möchte, eine Grundschuld von 30 000 DM. Von einem Sparguthaben von 12 000 DM, das er für Notzeiten angelegt hat, hebt er einen Betrag von 4000 DM ab, den er in der Folgezeit für seinen Lebensunterhalt verbraucht. Bei seinen Auskünften, die er dem Konkursverwalter einige Zeit später nach der Konkurseröffnung erteilt, verschweigt er die Existenz dieses Sparguthabens.

Hat S sich gemäß §§ 283 ff. strafbar gemacht?

a) S kann den Tatbestand des **Bankrotts** (§ 283 I Nr. 1) verwirklicht haben, wenn er bei Überschuldung oder bei drohender oder eingetretener Zahlungsunfähigkeit **Vermögensbestandteile**, die im Falle der Konkurseröffnung zur Konkursmasse gehören, **beiseite geschafft** oder **verheimlicht** hat. Nach § 1 KO fällt das gesamte Vermögen des Gemeinschuldners in die Konkursmasse, soweit es der Zwangsvollstreckung unterliegt und ihm zur Zeit der Konkurseröffnung gehört. Im Fall 38 trifft dies für das Grundstück des S gemäß § 864 ZPO und für das Sparguthaben gemäß §§ 803, 828 ff. ZPO zu.

§ 283 I Nr. 1 würde freilich verdrängt, wenn § 283c als *privilegierende* Sondervorschrift in Betracht käme. Daran könnte man hier deshalb denken, weil M gegen S keinen Anspruch auf eine Zuwendung in Form der Grundschuldbestellung hatte. § 283c verlangt als Begünstigten jedoch einen „Gläubiger" und bringt damit unmißverständlich zum Ausdruck, daß derjenige, dem die *inkongruente* Sicherung oder Befriedigung gewährt wird, im Zeitpunkt der Leistung bereits Gläubiger gewesen sein muß. Sein Gläubigerrecht muß schon bestanden haben, *bevor* ihm die Sicherung oder Befriedigung verschafft wird. An dieser Voraussetzung fehlt es, wenn durch einunddieselbe Handlung das Gläubigerrecht begründet und zugleich eine Sicherung oder Befriedigung gewährt wird (wie etwa bei der Aufnahme *neuer* Darlehen unter gleichzeitiger Absicherung des Darlehensgebers in entsprechender Höhe; vgl. RGSt 35, 127 zu § 241 KO a.F.). Wer (wie M im Fall 38) bei Empfang der Leistung überhaupt keine Forderung gegen den späteren Gemeinschuldner besessen hat, scheidet erst recht als „Gläubiger" i.S. des § 283c aus (näher *Vormbaum*, Jura 80, 422 und GA 1981, 101).

Zu prüfen bleibt daher, ob S das Grundstück und den von seinem Sparguthaben abgehobenen Geldbetrag i.S. des § 283 I Nr. 1 beiseite geschafft hat.

§ 12 III 3

Unter einem **Beiseiteschaffen** i.S. des § 283 I Nr. 1 ist jede Handlung zu verstehen, die einen Vermögensbestandteil durch räumliches Verschieben oder durch ein Verändern der rechtlichen Lage dem **Gläubigerzugriff entzieht** oder diesen Zugriff erheblich **erschwert,** ohne daß dies im Rahmen einer ordnungsmäßigen Wirtschaft geschieht oder ein entsprechender, **alsbald greifbarer Gegenwert** in das Schuldnervermögen gelangt (BGH MDR 79, 457 bei *Holtz;* RGSt 61, 107; 64, 138; 66, 130; *Tiedemann,* KTS 1984, 539).

Ob es sich um eine rechtsgeschäftliche oder rein tatsächliche Verfügung über den betreffenden Gegenstand handelt, ist hiernach gleichgültig. Entscheidend ist allein, daß die Möglichkeit des Zugriffs zum Zwecke der Befriedigung zu Lasten der Gläubiger vereitelt oder verkürzt wird. Infolgedessen liegt darin, daß S im Fall 38 sein Grundstück ohne Erlangung eines Gegenwertes mit einer Grundschuld zugunsten der M belastet hat, ein **Beiseiteschaffen** i.S. des § 283 I Nr. 1. Hierdurch ist sein Vermögensbestand verringert und das Befriedigungsinteresse seiner Gläubiger nachteilig berührt worden, weil die bis zu diesem Zeitpunkt schon bestehenden Grundpfandrechte den **Verkehrswert des Grundstücks nicht erschöpften** und der zu erwartende **Überschuß** den Konkursgläubigern zugute gekommen wäre (vgl. RGSt 66, 130). Der Umstand, daß der Konkursverwalter die Verfügung des S gemäß § 32 Nr. 1 KO anfechten kann, ist strafrechtlich ohne Bedeutung und schließt die Tatbestandsmäßigkeit des Verhaltens i.S. des § 283 I Nr. 1 nicht aus.

In der Verfügung über das **Sparguthaben** durch Abheben des Betrages von 4000 DM liegt dagegen kein Beiseiteschaffen i.S. des § 283 I Nr. 1. Anstelle der Forderung, die S insoweit eingebüßt hat, ist nämlich sogleich ein entsprechender Geldbetrag als gleichwertiges Äquivalent in sein Vermögen geflossen, so daß dieses in seinem Bestand nicht verringert ist. Zu fragen bleibt, ob im **Verbrauch** der 4000 DM ein Beiseiteschaffen zu erblicken ist. Die Verwendung von Geld oder anderen Gegenständen **zum Lebensunterhalt** in den Grenzen des *angemessenen* Aufwandes dient indessen einer geordneten Lebensführung und hält sich im Rahmen einer ordnungsmäßigen Wirtschaft. Ein solches Verhalten ist kein Beiseiteschaffen i.S. des § 283 I Nr. 1, was indirekt dadurch bestätigt wird, daß § 283 I Nr. 2 nur den übermäßigen, wirtschaftlich unvertretbaren Aufwand mißbilligt (näher RGSt 66, 88; vgl. auch BGH JR 82, 29 mit Anm. *Schlüchter* sowie GA 1959, 340 bei *Herlan*).

S könnte jedoch Bestandteile seines Vermögens **verheimlicht** haben, als er die Existenz des Sparguthabens dem Konkursverwalter gegenüber verschwieg.

Den Begriff des **Verheimlichens** i.S. des § 283 I Nr. 1 erfüllt jedes Verhalten, durch welches das Vorhandensein eines Vermögensbestandteils oder dessen Zugehörigkeit zur Konkursmasse der Kenntnis des Konkursverwalters oder der Gläubiger entzogen wird (RGSt 64, 138; 66, 153). Beispiele dafür bilden unrichtige Angaben gegenüber dem Konkursverwalter, das Ableugnen des Besitzes sowie die Verletzung von Auskunfts- und Anzeigepflichten (BGHSt 11, 145; BGH GA 1956, 123; Sch-Sch-*Stree,* StGB, § 283 Rdnr. 5).

Im Fall 38 war S dem Konkursverwalter gemäß §§ 100, 117, 123, 124 KO zur Auskunft über den Bestand seines pfändbaren Vermögens und über alle das Verfahren betreffenden Verhältnisse verpflichtet. Selbst wenn er keine falschen Erklärungen abgegeben haben sollte, sich vielmehr darauf beschränkt haben sollte, die Existenz des Sparguthabens zu verschweigen, wäre sein pflichtwidriges Unterlassen ein **Verheimlichen** i.S. des § 283 I Nr. 1 (näher BGH GA 1956, 123; RGSt 66, 88).

b) Die in § 283 I aufgezählten Bankrotthandlungen müssen, wie schon eingangs erwähnt, während einer **wirtschaftlichen Krise** (bei Überschuldung oder bei drohender bzw. eingetretener Zahlungsunfähigkeit) vorgenommen werden. Handlungen, die

§ 12 III 3

erst *nach* dem wirtschaftlichen Zusammenbruch erfolgen (wie z. B. das Verheimlichen des Sparguthabens im Fall 38), können ebenfalls genügen (vgl. BGHSt 1, 186, 191).

Im Fall 38 sind diese Tatbestandserfordernisse erfüllt.

c) § 283 I setzt (ebenso wie dessen Abs. 2) vorsätzliches Handeln voraus, wobei Eventualvorsatz ausreicht. Der **Vorsatz** des Täters muß neben der Tathandlung im Falle des § 283 I das Vorhandensein der dort umschriebenen wirtschaftlichen Krise umfassen und sich im Falle des § 283 II darauf erstrecken, daß sein Verhalten die Krise (hier Überschuldung oder Zahlungsunfähigkeit) als Tatererfolg herbeiführt.

Im Fall 38 ist am Tatbestandsvorsatz des S nicht zu zweifeln.

d) **Objektive Bedingung der Strafbarkeit** ist das Hinzukommen einer der in § 283 VI genannten Voraussetzungen (Zahlungseinstellung, Konkurseröffnung oder Ablehnung des Eröffnungsantrages mangels Masse). Darüber hinaus ist mit der h.M. zu fordern, daß zwischen der Bankrotthandlung und dem Tatbestandsannex i.S. des § 283 VI wenigstens ein äußerer, rein **tatsächlicher Zusammenhang** besteht, der erkennen läßt, daß die wirtschaftliche Krise, in der die Tathandlung vorgenommen wurde, **nicht überwunden** werden konnte, sondern sich bis zur Zahlungseinstellung, Konkurseröffnung oder deren Ablehnung mangels Masse **fortentwickelt** hat (näher BGHSt 28, 231, 233; BGH JZ 79, 75; *Lackner*, StGB, § 283 Anm. 8a; *Schlüchter*, JR 79, 513; Sch-Sch-*Stree*, StGB, § 283 Rdnr. 59; *Tiedemann*, NJW 77, 777, 783). Steht fest, daß ein solcher Zusammenhang (z. B. wegen zwischenzeitlicher Überwindung der ursprünglichen Krise) **ausgeschlossen** ist, entfällt ein Strafbedürfnis und damit die Strafbarkeit der betreffenden Tathandlung. Etwaige Zweifel in dieser Hinsicht gehen zu Lasten des Täters (zutreffend *Arzt/Weber*, BT/4 Rdnr. 221; *Tiedemann*, aaO. S. 783).

Im Fall 38 ist unschwer zu begründen, daß diese Bedingungen der Strafbarkeit (ebenso wie Rechtswidrigkeit und Schuld) gegeben sind.

e) **Täter** kann (wie aus § 283 VI und § 283d hervorgeht) nur der **Schuldner** oder gemäß § 14 I dessen vertretungsberechtigtes Organ, ein vertretungsberechtigter Gesellschafter oder ein sonstiger gesetzlicher Vertreter sein. Die Möglichkeit der **Teilnahme** richtet sich nach den allgemeinen Regeln.

Bloße Beihilfe bleibt insoweit straffrei, als es sich um einen Fall *notwendiger* Teilnahme handelt (vgl. RGSt 61, 314; BGH GA 1956, 348 und 1967, 265 bei *Herlan*).

f) **Mehrere** nacheinander begangene **Bankrotthandlungen** werden durch die Zahlungseinstellung oder Entscheidung im Konkursverfahren (§ 283 VI) nicht zu einer rechtlichen Einheit verbunden (BGHSt 1, 186, 190). Ihre Konkurrenz richtet sich vielmehr nach dem Verhältnis der Bankrotthandlungen untereinander. Das Verheimlichen eines bereits beiseite geschafften Vermögensbestandteils ist *mitbestrafte* Nachtat zum Beiseiteschaffen (Sch-Sch-*Stree*, StGB, § 283 Rdnr. 66; teilw. anders BGHSt 11, 145 und BGH wistra 82, 231, wonach *eine* einheitliche Straftat vorliegen soll). Zur Abgrenzung zwischen Bankrott und Untreue bei Handlungen eines GmbH-Geschäftsführers siehe unten § 18 III 5.

Im Fall 38 betreffen die Tathandlungen des S verschiedene Vermögensgegenstände. Zwischen dem Beiseiteschaffen des Grundstücks und dem Verheimlichen des Sparguthabens ist daher Tatmehrheit (§ 53) anzunehmen, da für einen *Fortsetzungszusammenhang* nichts ersichtlich ist.

§ 12 III 4, 5

4. Die **Verletzung der Buchführungspflicht** (§ 283b) weist Parallelen zu § 283 I Nr. 5–7 auf, setzt aber keine wirtschaftliche Krise des Schuldners voraus und bildet gegenüber § 283 einen *subsidiären* Vorfeld- und Auffangtatbestand.

Fall 39: A, der geschäftsführende und vertretungsberechtigte Gesellschafter einer oHG, hat es vorsätzlich unterlassen, die ihm gemäß §§ 39 II, 41 HGB obliegende Pflicht zur Erstellung von Bilanzen für die Jahre 1977 und 1978 zu erfüllen. Er holt dieses Versäumnis im Frühjahr 1980 nach. Ende 1980 verliert die oHG infolge eines Konjunktureinbruchs ihren einzigen Großabnehmer, für den sie als Zulieferer tätig war und der seinen Geschäftsbetrieb einstellt. Diesen Ausfall übersteht die oHG nicht. Im Herbst 1981 wird über ihr Vermögen das Konkursverfahren eröffnet.
Hat A ein Konkursdelikt begangen?

Für § 283 I Nr. 7b in Verbindung mit § 14 I Nr. 2 ist hier kein Raum, da die oHG sich im Zeitpunkt der Pflichtverletzung des A (vgl. §§ 39 II, 41 HGB) nicht in einer wirtschaftlichen Krise befand. Die Anwendbarkeit des § 283 II in Verbindung mit § 283 I Nr. 7b scheidet ebenfalls aus, da der Verstoß gegen §§ 39 II, 41 HGB für die im Jahre 1981 eingetretene Krise weder ursächlich noch mitursächlich war. In Betracht kommt allein eine **Verletzung der Buchführungspflicht** gemäß § 283b I Nr. 3b in Verbindung mit § 14 I Nr. 2.

Der Tatbestand dieses *abstrakten* Gefährdungsdelikts ist in objektiver wie in subjektiver Hinsicht gegeben, da A es vorsätzlich unterlassen hat, der ihm obliegenden Bilanzierungspflicht in der vorgeschriebenen Zeit zu genügen. Umstände, aus denen sich die Unmöglichkeit rechtzeitiger Pflichterfüllung ergeben könnte, liegen nicht vor.

Zwischen dem tatbestandsmäßigen Verhalten und dem Eintritt der in § 283b III vorausgesetzten objektiven Bedingung der Strafbarkeit, die im Fall 39 in Gestalt der Konkurseröffnung eingetreten ist, muß auch hier wenigstens ein äußerer, rein tatsächlicher **Zusammenhang** bestehen. Zu seiner Bejahung würde es beispielsweise ausreichen, wenn die Bilanzierungspflicht bei Konkurseröffnung noch nicht erfüllt wäre und vom Konkursverwalter erledigt werden müßte (BGHSt 28, 231; Sch-Sch-*Stree*, StGB, § 283b Rdnr. 7).

Im Fall 39 hatte A die Aufstellung der Bilanzen für die Jahre 1977 und 1978 schon längere Zeit vor der Konkurseröffnung nachgeholt. Irgendwelche negativen Auswirkungen seiner voraufgegangenen Pflichtverletzung im Zeitpunkt der Konkurseröffnung sind nicht ersichtlich. Da der wirtschaftliche Zusammenbruch der oHG in keinerlei Beziehung zu ihrer Buchführungs- und Bilanzierungspflicht steht, sondern allein darauf beruht, daß der Verlust des einzigen Großabnehmers ihren Geschäftsbetrieb mit in den finanziellen Ruin gerissen hat, fehlt es im Fall 39 an jeglichem Zusammenhang zwischen der Konkurseröffnung und den früheren Versäumnissen des A. Unter diesen Umständen begründet die Verletzung der Bilanzierungspflicht **keine Strafbarkeit** gemäß § 283b I Nr. 3b, III in Verbindung mit § 14 I Nr. 2.

Bilanzfälschungen zu Täuschungszwecken werden nicht zwangsläufig von § 283b erfaßt. So ist der Tatbestand des § 283b I Nr. 3a beispielsweise dann nicht erfüllt, wenn der Täter neben den ordnungsgemäß geführten Büchern und wahrheitsgemäß erstellten Bilanzen davon abweichende *besondere* Bilanzen mit *unrichtigem* Inhalt angefertigt hat, um sie bei Banken einzureichen und sich so in betrügerischer Weise (§ 263) weiteren Kredit zu verschaffen (näher BGHSt 30, 186).

5. Eine **Gläubigerbegünstigung** (§ 283c) begeht, wer in Kenntnis seiner Zahlungsunfähigkeit einem Gläubiger eine Sicherheit oder Befriedigung gewährt, die dieser **nicht**

§ 12 III 5

oder **nicht in der Art** oder **nicht zu der Zeit** zu beanspruchen hat, und ihn dadurch absichtlich oder wissentlich vor den übrigen Gläubigern begünstigt. Im Verhältnis zu § 283 ist § 283c eine *privilegierende* Sondervorschrift mit einem milderen Strafrahmen. Der Grund für die Privilegierung liegt darin, daß der Schuldner hier lediglich die *gleichmäßige* Befriedigung der (Konkurs-) Gläubiger beeinträchtigt, nicht aber den Zugriff auf sein Vermögen und dessen Verwertung zur Abdeckung seiner Zahlungsverpflichtungen zu hintertreiben sucht (vgl. BGHSt 8, 55; RGSt 71, 227, 230; *Maurach-Schroeder*, BT § 32 III C).

> Fall 40: Im Verlauf einer Konjunkturkrise gerät der Bauunternehmer B in finanzielle Schwierigkeiten. Als er zahlungsunfähig geworden ist und keinen Ausweg mehr sieht, wickelt er vor dem sich anbahnenden wirtschaftlichen Zusammenbruch noch folgende Geschäfte ab: Mit dem Rest seines Bargeldes zahlt er ein Darlehen von 5000 DM, das gerade fällig geworden ist, an seinen Freund F zurück. Dem Lieferanten L, mit dem er ebenfalls befreundet ist und der schon seit Monaten auf die Begleichung einer Kaufpreisforderung von 2800 DM wartet, übergibt er einen Kundenscheck im Betrage von 2500 DM, den L dankend entgegennimmt und sofort seinem Konto bei der Stadtsparkasse gutschreiben läßt. Dem Kaufmann K, der für ihn auf 3 Monate eine selbstschuldnerische Bürgschaft bis zur Höhe von 20 000 DM übernommen hatte und jetzt Befreiung von der dadurch entstandenen Verbindlichkeit verlangt, überläßt er im Wege der Sicherungsübereignung zwei Baufahrzeuge, durch deren Verwertung K einen Erlös von 18 000 DM erzielt.
>
> Hat B, über dessen Vermögen inzwischen das Konkursverfahren eröffnet worden ist, sich strafbar gemacht?

B hat die genannten Gläubiger (F, L und K) zumindest *wissentlich* vor den übrigen Gläubigern **begünstigt**, indem er ihnen in Kenntnis seiner Zahlungsunfähigkeit Vorteile mit dem Ziel einräumte, ihnen rascher, in besserer Weise oder mit größerer Aussicht auf Erfolg Befriedigung hinsichtlich ihrer bereits bestehenden Ansprüche zu verschaffen. Fraglich ist allein, ob es sich bei diesen Leistungen um eine **inkongruente Deckung** i.S. des § 283c gehandelt hat. Die Antwort darauf ergibt sich aus den Regeln des bürgerlichen Rechts (RGSt 66, 88, 90).

a) Nicht zu beanspruchen hat ein Gläubiger die ihm gewährte Leistung, wenn seine Forderung nicht oder nicht mehr durchgesetzt werden kann (wie bei Spiel und Wette nach § 762 BGB oder wegen Verjährung gemäß § 222 BGB) oder wenn ihr ein nach §§ 119 ff. BGB anfechtbares Rechtsgeschäft zugrunde liegt.

> Ohne Bedeutung ist insoweit, ob die den Vorteil gewährende Rechtshandlung des Schuldners nach den einschlägigen Vorschriften der Konkursordnung (§§ 30, 31 KO) vom Konkursverwalter angefochten werden kann (RGSt 66, 88, 90). Denn wie ein Vergleich zwischen § 37 KO und § 142 I BGB zeigt, haben die *konkursrechtliche* und die *bürgerlichrechtliche* Anfechtung nichts miteinander zu tun.

b) Nicht in der Art ist der erlangte Vorteil zu beanspruchen, wenn er gegenüber dem Anspruch des Gläubigers eine *andersartige* Leistung darstellt, wie etwa die Hingabe von Waren, die Abtretung einer Forderung oder die Einräumung einer sonstigen Sicherheit anstelle der geschuldeten Geldleistung (BGHSt 16, 279; BGH MDR 79, 457 bei *Holtz*).

> Etwas anderes gilt freilich dann, wenn dem Schuldner nach den ursprünglich getroffenen Vereinbarungen (also nicht lediglich in Erwartung des Konkurses) das Recht zur Leistung an Erfüllungs Statt oder eine anderweitige Ersetzungsbefugnis eingeräumt worden war (vgl. BGH GA 1956, 348 bei *Herlan*; Sch-Sch-Stree, StGB, § 283c Rdnr. 10).

c) **Nicht zu der Zeit** besteht ein Anspruch auf die erfolgte Leistung, wenn diese bei einer betagten Forderung vor deren Fälligkeit oder bei einer aufschiebend bedingten Forderung vor Eintritt der Bedingung erbracht wird.

Im Fall 40 war der Anspruch des F gegen B auf Rückzahlung des Darlehens von 5000 DM fällig. Da F exakt das erhalten hat, was er zur fraglichen Zeit der Art und der Höhe nach beanspruchen konnte, ist ihm keine inkongruente, sondern eine *kongruente* Deckung gewährt worden. Insoweit hat B daher den objektiven Tatbestand des § 283c I nicht erfüllt. Für einen Rückgriff auf § 283 I Nr. 1 ist bei dieser Sachlage kein Raum, weil im Erbringen der geschuldeten Leistung an den Gläubiger F kein Beiseiteschaffen der 5000 DM liegt, die damit verbundene Benachteiligung der übrigen Gläubiger vielmehr nur eine unvermeidliche Begleiterscheinung der die Besserstellung des F bezweckenden Handlung des B war (näher dazu BGHSt 8, 55 zu §§ 241, 239 I Nr. 1 KO, denen heute die §§ 283c, 283 I Nr. 1 StGB entsprechen).

L hat hingegen anstelle der ihm gebührenden **Geldleistung** (= Zahlung von 2800 DM) einen **Kundenscheck** über 2500 DM erhalten. Darin ist, anders als bei der Hingabe eines *eigenen* Schecks, ebenso wie in der Übertragung eines Kundenwechsels eine **inkongruente Deckung** i.S. des § 283c zu erblicken. Während die Hingabe eines *eigenen* Schecks eine Form der bargeldlosen Zahlung darstellt und dem Gläubiger nur die *ihm zustehende* Befriedigung verschaffen soll, enthält die Weitergabe eines Kundenschecks (schon im Hinblick auf Art. 12 ScheckG, wonach der Aussteller für die Zahlung des Schecks haftet) eine *zusätzliche* Leistung des Schuldners, die der Gläubiger nicht zu beanspruchen hat. Die in § 283c I vorausgesetzte **Artverschiedenheit** zwischen dem, was der Gläubiger zu verlangen hat, und dem, was er erhält, ist somit gegeben (näher BGHSt 16, 279).

Ähnlich verhält es sich im Fall 40 bei der Sicherstellung des K durch B. Das befristete Auftragsverhältnis, das zwischen beiden bestand und zur Bürgschaftsverpflichtung des K geführt hatte, war abgelaufen. Als ihm die Baufahrzeuge übereignet wurden, konnte K lediglich **Befreiung von seiner Verbindlichkeit** fordern. Ein solcher Befreiungsanspruch begründet aber ebenso wie ein Zahlungsanspruch für sich allein keinen Anspruch auf Gewährung von **Sicherheiten**. Infolgedessen hat K von B eine **inkongruente Deckung** erhalten, die er in dieser Art nicht zu beanspruchen hatte (näher BGH MDR 79, 457 bei *Holtz*).

In **subjektiver Hinsicht** muß der Täter zur Verwirklichung des § 283c I in Kenntnis seiner Zahlungsunfähigkeit handeln (*dolus eventualis* genügt insoweit nicht) und den Begünstigungserfolg absichtlich oder wissentlich (also mindestens mit direktem Vorsatz) herbeiführen. Im übrigen, d.h. in bezug auf die Gläubigerstellung des Begünstigten und die Inkongruenz der ihm gewährten Deckung genügt einfacher **Vorsatz** unter Einschluß des *dolus eventualis* (vgl. *Lackner*, StGB, § 283c Anm. 5; Sch-Sch-*Stree*, StGB, § 283c Rdnr. 16; SK-*Samson*, StGB, § 283c Rdnr. 12; teilw. anders *Dreher-Tröndle*, StGB, § 283c Rdnr. 10; *Vormbaum*, GA 1981, 101, 122).

Im Fall 40 wäre sorgfältig zu prüfen, ob B die Inkongruenz der dem L und dem K gewährten Deckung erkannt oder billigend in Kauf genommen hat. Ein diesbezüglicher Irrtum hätte gemäß § 16 I 1 vorsatzausschließende Wirkung. Wäre der subjektive Tatbestand des § 283c I gegeben, könnte beim Tatbestandsannex (§ 283c III) der erforderliche Zusammenhang zwischen der objektiven Bedingung der Strafbarkeit und den Tathandlungen des B damit begründet werden, daß von deren Auswirkungen jeweils *dieselben* Gläubiger betroffen waren.

Einen Fahrlässigkeitstatbestand kennt § 283c (ebenso wie § 283d) nicht.

Durch die bloße Annahme der inkongruenten Sicherung oder Befriedigung macht der begünstigte Gläubiger sich nicht der Beihilfe schuldig (= *notwendige* Teilnahme; RGSt

61, 314). Strafbar wird seine Beteiligung nur bei einer darüber hinausgehenden Tätigkeit; das gilt insbesondere für die **Anstiftung** (RGSt 65, 418; BGH GA 1967, 265 bei *Herlan*).

6. Der Tatbestand der **Schuldnerbegünstigung** (§ 283d) nimmt die in § 283 I Nr. 1 umschriebenen Tathandlungen auf, erfaßt jedoch einen anderen Täterkreis, und zwar **außenstehende Dritte,** die *mit Einwilligung* oder *zugunsten* des in einer wirtschaftlichen Krise befindlichen Schuldners tätig werden. Da solche Personen aber nicht die gleiche Verantwortung für die geschützten Rechtsgüter und die Befriedigung der Gläubiger trifft wie den Schuldner selbst, stellt § 283d in verschiedener Hinsicht engere Strafbarkeitsvoraussetzungen auf als § 283.

> So genügt im Rahmen der Krise *Überschuldung* nicht. Abweichend von § 283 II scheiden auch solche Bankrotthandlungen aus, die erst *zur Herbeiführung* der Krise führen. Schließlich muß der Täter die dem Schuldner drohende Zahlungsunfähigkeit positiv kennen (§ 283d I Nr. 1) oder vorsätzlich in einer Situation (= nach Zahlungseinstellung, in einem Konkursverfahren usw.) tätig werden, in welcher die wirtschaftliche Krise des Schuldners evident geworden ist (§ 283d I Nr. 2). Zur objektiven Bedingung der Strafbarkeit (§ 283d IV) gilt dagegen die gleiche Regelung wie bei § 283.

An der Tat kann auch der Schuldner selbst als Anstifter oder Gehilfe teilnehmen, soweit sein Tatbeitrag nicht als Mittäterschaft erfaßt werden kann, die in *seiner* Person nach § 283 I Nr. 1 zu ahnden wäre. Liegt in der Verwirklichung des § 283d durch den außenstehenden Dritten zugleich eine Teilnahme an der Bankrotthandlung des Schuldners (§ 283 I Nr. 1), so tritt diese Teilnahme nach allgemeinen Regeln hinter die von ihm begangene Schuldnerbegünstigung zurück (näher *Arzt/Weber,* BT/4 Rdnr. 227; *Lackner,* StGB, § 283d Anm. 5, 7).

§ 13 I

TEIL III
Straftaten gegen das Vermögen als Ganzes

8. Kapitel: Betrug und Erpressung

§ 13 BETRUG UND COMPUTERBETRUG

I. Schutzgut und Tatbestandsaufbau des Betruges

Betrug (§ 263) ist die zur Erlangung eines rechtswidrigen Vermögensvorteils mittels Täuschung unternommene und durch Herbeiführung einer irrtumsbedingten Verfügung erzielte Schädigung fremden Vermögens (= *Vermögensverschiebungsdelikt*). **Geschütztes Rechtsgut** ist das **Vermögen** in seiner Gesamtheit als **Inbegriff aller wirtschaftlichen Güter** (BGHSt 16, 220, 321; RGSt 44, 230). Zwischen den objektiven Merkmalen des Betrugstatbestandes muß ein *durchlaufender ursächlicher Zusammenhang* bestehen; außerdem muß die **Vermögensverfügung** des Getäuschten das **Bindeglied** zwischen der Vermögensbeschädigung und dem vom Täter (für sich oder für einen Dritten) erstrebten Vermögensvorteil bilden. Aufgrund dieser Deliktsstruktur ist es notwendig, bei Betrugsfällen innerhalb der Sachprüfung eine bestimmte Reihenfolge einzuhalten. Das nachfolgend skizzierte **Aufbaumuster** sucht dafür eine Orientierungshilfe zu bieten:

1. **Täuschung** über äußere oder innere **Tatsachen** (= Einwirkung auf das Vorstellungsbild eines anderen)

    durch Vorspiegelung falscher bzw. Entstellung oder Unterdrückung wahrer Tatsachen im Wege des *aktiven Tuns* oder des *pflichtwidrigen Unterlassens* in Garantenstellung (BGHSt 6, 198; RGSt 70, 151; 56, 227).

2. Erregung oder Unterhaltung eines **Irrtums** als Folge der Täuschungshandlung.

    Vgl. insoweit OLG Köln NJW 61, 1735; OLG Düsseldorf NJW 69, 623.

3. Vornahme einer irrtumsbedingten **Vermögensverfügung** durch den Getäuschten (BGHSt 14, 170; RGSt 70, 225).

    Getäuschter und **Verfügender** müssen **identisch** (= personengleich) sein.

4. Eintritt einer **Vermögensbeschädigung** oder einer ihr gleichkommenden **konkreten Vermögensgefährdung** (BGHSt 21, 112) zum Nachteil des Getäuschten oder eines Dritten als **unmittelbare Folge** der Vermögensverfügung.

    Verfügender und **Geschädigter** brauchen **nicht** identisch zu sein; die vermögensschädigende Wirkung der Verfügung kann auch zu Lasten eines Dritten gehen.

    Einzelne Gliederungspunkte:

    a) **Vermögensbegriff**
       = primär nach **wirtschaftlichen** Gesichtspunkten zu bestimmen (BGHSt 16, 220).
    b) **Schadensbegriff** und **Schadensberechnung**
       = abgestellt auf den Zeitpunkt der Vermögensverfügung unter Zugrundelegung eines

objektiv-individuellen Beurteilungsmaßstabes (BGHSt 16, 220, 321; 19, 37; 23, 300; RGSt 44, 230)

b.1 nach dem **Prinzip der Gesamtsaldierung** durch Vergleich der Vermögenslage *vor* und *nach* der irrtumsbedingten Vermögensverfügung (BGHSt 3, 99; 16, 220; RGSt 16, 1)

b.2 unter Berücksichtigung einer etwaigen **Schadenskompensation,** bei deren Ermittlung (= Ausgleich des eingetretenen Vermögensverlustes durch gleichzeitig erlangte Vorteile: BGHSt 22, 88) **gesetzliche Ersatzansprüche** und dergleichen **außer Betracht bleiben** (BGH MDR 70, 13 bei *Dallinger*; BGHSt 21, 384; RGSt 41, 27).

c) **Unmittelbarkeitsbeziehung** zwischen Vermögensverfügung und Vermögensbeschädigung.

5. **Tatbestandsvorsatz** (= *dolus eventualis* genügt: BGH MDR 75, 22 bei *Dallinger;* RGSt 30, 333).

6. **Absicht,** sich oder einem Dritten einen **objektiv rechtswidrigen Vermögensvorteil** zu verschaffen (= *Bereicherungsabsicht*).

Einzelne Gliederungspunkte:

a) **Vorteils-** (RGSt 50, 277) und **Absichtsbegriff** (BGHSt 16, 1).

b) **Rechtswidrigkeit** des erstrebten Vermögensvorteils (hängt davon ab, ob auf ihn ein **sachlich begründeter Anspruch** besteht: BGHSt 3, 160; 19, 206);
= muß vom **Vorsatz** des Täters umfaßt sein, wobei *dolus eventualis* genügt (BGH NJW 53, 1479; BGHSt 4, 105; RGSt 55, 257).

c) **Unmittelbarkeitsbeziehung** zwischen der vermögensschädigenden Verfügung und dem erstrebten Vorteil (sog. *„Stoffgleichheit"*)
= **Vermögensbeschädigung** und erstrebter **Vorteil** müssen durch **einunddieselbe Vermögensverfügung** vermittelt werden, dürfen also nicht auf *verschiedenen* Verfügungen beruhen (BGHSt 6, 115; 21, 384; OLG Braunschweig NJW 61, 1272).

Zur **historischen Entwicklung** des Betruges als Vermögensdelikt und bezüglich der **Literaturübersicht** vgl. LK-*Lackner*, StGB, § 263 Rdnr. 1–3; *Maurach-Schroeder*, BT § 46 (bis zur Anm. I B). Zu den Einzelproblemen des § 263 siehe *Otto*, JZ 85, 69; *Ranft*, JA 84, 723; *Samson*, JA 78, 469, 564, 625; *Seelmann*, JuS 82, 268, 509, 748.

Statistisch weist der **Betrug** seit Jahren eine stark ansteigende Tendenz auf. Mit einem Anteil von 8,8% an der Gesamtkriminalität nimmt er in der Kriminalitätshäufigkeit den 3. Platz ein; vor ihm rangieren lediglich der Einbruchsdiebstahl und der einfache Diebstahl (vgl. die Übersicht oben vor § 1). 1985 wurden in der Bundesrepublik rund 370 000 Betrugsfälle registriert. Der Aufklärungsquote von 93% steht ein hohes Dunkelfeld gegenüber, da eine Anzeige häufig unterbleibt, weil das Opfer um den Verlust seines Ansehens fürchtet (= nicht als „der Dumme dastehen" möchte) oder seinerseits etwas zu verbergen hat (manche „schwarze Kasse" von Steuersündern geht beim Geldanlageschwindel wieder verloren). Unter den Tätern dominieren die Männer (etwa 75%); am stärksten vertreten ist dabei die Altersgruppe von 30–40 Jahren. Durch ihr sicheres, oft formvollendetes Auftreten, ihre Gerissenheit, Anpassungsfähigkeit und mit Schmeicheleien garnierte Überredungskunst gelingt es Betrügern bisweilen mühelos, die Unerfahrenheit, Arglosigkeit und Leichtgläubigkeit oder bestimmte Daseinsängste und Zukunftssorgen ihrer Opfer auszunutzen. Man braucht nur den *Siriusfall* (BGHSt 32, 38) nachzulesen, um sich ein Bild davon zu machen, auf welch grotesken Unsinn Menschen hereinfallen können. Deshalb verdienen auch vereinzelte Vorschläge, den Betrugstatbestand bei selbstverschuldeten

Irrtümern zu Lasten der Geschädigten einzuschränken (vgl. die Belege zu II 2), keine Zustimmung. Im *Siriusfall* (a.a.O. S. 43) hat der BGH einen solchen Gedanken nicht einmal in Erwägung gezogen und den Umstand, daß das Opfer dort „völlig unglaubhaften Suggestionen erlegen" war, mit dem kurzen Hinweis abgetan, „das Erstaunliche des Vorganges entlaste den Täter nicht". Wiederholt vorkommende Fälle, in denen alleinstehenden älteren Menschen mit den übelsten Tricks und oft märchenhaft anmutenden Täuschungen ihre letzten Ersparnisse abgeschwindelt werden, machen hinreichend deutlich, wie unangebracht es wäre, durch eine einschränkende Anwendung des § 263 den Betrügern Freiräume für ihr Ausbeutertum eröffnen zu wollen.

II. Der objektive Tatbestand des § 263

Fall 41: Bei Durchsicht seiner Kontoauszüge stellt der Altwarenhändler A fest, daß seinem zuvor leeren Girokonto bei der Bank aufgrund einer Fehlbuchung irrtümlich ein Betrag von 2 600 DM gutgeschrieben worden ist, der für den Studienrat S bestimmt war. Unter Verwendung einer Auszahlungsquittung hebt A diesen Betrag schleunigst ab, um ihn für eigene Zwecke auszugeben.

Fall 42: Gleich darauf kauft A im Geschäft des G eine Kiste Zigarren zum Preis von 30 DM, die er mit einem 50-DM-Schein bezahlt. Während des Wechselns wird G durch einen Telefonanruf abgelenkt. In der irrigen Annahme, daß A ihm einen 100-DM-Schein übergeben habe, legt G als Wechselgeld 70 DM statt 20 DM auf den Ladentisch. A steckt den gesamten Betrag wortlos ein, obwohl er den Irrtum des G sofort erkannt hat.

Hat A in den Fällen 41 und 42 durch Täuschung einen Irrtum i.S. des § 263 erregt oder unterhalten?

1. Die **Betrugshandlung** setzt eine **Täuschung über Tatsachen** mittels einer wahrheitswidrigen Behauptung oder durch ein sonstiges Verhalten voraus, das einen bestimmten Erklärungswert hat und der Irreführung anderer dient.

Nach der sprachlich ungenauen Umschreibung in § 263 kann die Täuschung durch *Vorspiegelung* „falscher" oder durch *Entstellung* oder *Unterdrückung* wahrer Tatsachen begangen werden.

a) **Tatsachen** sind konkrete Vorgänge oder Zustände der **Vergangenheit** oder **Gegenwart**, die dem **Beweise zugänglich** sind (RGSt 56, 227). Zukünftige Ereignisse fallen nicht unter diesen Begriff. Dagegen ist es für das Vorliegen einer Tatsache ohne Bedeutung, ob das **Geschehene** oder **Bestehende** zu den Erscheinungen der **Außenwelt** oder zum Bereich des **Innenlebens** gehört. Neben *äußeren* Tatsachen (Beispiel: Herkunft oder Beschaffenheit einer Sache, Zahlungsfähigkeit einer Person usw.) erfaßt § 263 auch *innere* Tatsachen, wie etwa das Vorhandensein einer Überzeugung oder bestimmter Kenntnisse und Absichten (vgl. BGHSt 2, 325; 15, 24).

Infolgedessen kommt es bei einer **Zechprellerei** nicht darauf an, ob der Täter nur seine **Zahlungsbereitschaft** (= *innere* Tatsache) oder mangels präsenter Geldmittel auch seine **Zahlungsfähigkeit** (= *äußere* Tatsache) vorspiegelt.

Näher zu diesem Komplex BGH GA 1972, 209; OLG Hamburg NJW 69, 335; LK-*Lackner*, StGB, § 263 Rdnr. 32; Sch-Sch-*Cramer*, StGB, § 263 Rdnr. 28; vgl. auch BGH NJW 83, 2827 sowie OLG Düsseldorf JR 82, 343 zu vergleichbaren Fällen des **Benzintankens** durch Zahlungsunwillige.

Ebenso kann die Täuschungshandlung bei Kreditgeschäften die **Kreditwürdigkeit** (= *äußere* Tatsache) wie den **Zahlungswillen** (= *innere* Tatsache) betreffen (näher insoweit BayObLG JR 58, 66; OLG Köln NJW 67, 740; Sch-Sch-*Cramer*, StGB, § 263 Rdnr. 25 ff.).

§ 13 II 1

Den Gegensatz zur Tatsachenbehauptung bilden reine **Meinungsäußerungen** und bloße **Werturteile**. Ihre Abgrenzung zur ersteren ist wegen der fließenden Übergänge bisweilen schwierig (vgl. BGH JR 58, 106 mit Anm. *Schröder*). Maßgebend ist, ob die Äußerung ihrem objektiven Sinngehalt nach einen **greifbaren, dem Beweise zugänglichen Tatsachenkern** enthält oder nicht.

Im wesentlichen geht es hier um dieselben Abgrenzungsprobleme wie bei den Beleidigungsdelikten (vgl. *Wessels*, BT-1 § 11 III 3). Wer etwa zum Kauf von Aktien durch die Erklärung ermuntert, diese würden bald an der Börse gehandelt, im Wert erheblich steigen und sich als gewinnbringende Kapitalanlage erweisen, weil hinter der Muttergesellschaft finanzstarke und einflußreiche Geschäftsleute stünden, äußert nicht nur seine *Meinung* über die *künftige* Entwicklung des betreffenden Unternehmens, sondern stellt eine **Behauptung tatsächlicher Art** auf (= es handele sich um Aktien eines kapitalkräftigen, gewinnbringenden Unternehmens, dessen Marktchancen in Bank- und Börsenkreisen günstig beurteilt würden: BGH MDR 73, 18 bei *Dallinger*). Demgegenüber fehlt **allgemeinen Redewendungen, übertreibenden Anpreisungen** und insbesondere der sog. **marktschreierischen Reklame** (= es handele sich um die „meistgekaufte" Rasierklinge oder das „beste Waschmittel der Welt" usw.) zumeist ein greifbarer Tatsachenkern und der Charakter einer ernsthaft aufgestellten Behauptung (im Einzelfall Tatfrage und je nach den Umständen sorgfältig zu prüfen; vgl. dazu LK-*Lackner*, StGB, § 263 Rdnr. 12 ff.).

b) **Vorspiegeln einer falschen Tatsache** bedeutet, einen in Wirklichkeit nicht vorliegenden Umstand tatsächlicher Art einem anderen gegenüber als vorhanden oder gegeben hinstellen (vgl. dazu *Schumann*, JZ 79, 588).

Ob das mit Worten in Form einer **wahrheitswidrigen Erklärung** oder **auf andere Weise** geschieht, wie etwa durch den heimlichen Austausch der Preisschilder von Waren (OLG Hamm NJW 68, 1894) oder durch Manipulationen am Kilometerzähler eines Gebraucht- oder Mietwagens (BayObLG MDR 62, 70; LG Marburg MDR 73, 66), ist gleichgültig. Es kommt auch nicht darauf an, ob das Vorspiegeln **ausdrücklich** oder im Wege des **schlüssigen** (= konkludenten) **Handelns** erfolgt. Wesentlich ist nur, daß auf die Vorstellung des Betroffenen eingewirkt wird und daß dem Verhalten des Täters ein bestimmter Erklärungswert zukommt. Maßgebend dafür ist, wie die **Verkehrsauffassung** dieses Verhalten versteht und bei objektiver Beurteilung verstehen darf (näher LK-*Lackner*, StGB, § 263 Rdnr. 18, 28 ff.; *Maurach-Schroeder*, BT § 46 II A 1; Sch-Sch-*Cramer*, StGB, § 263 Rdnr. 11 ff.).

So liegt im Fall 41 in der Verwendung der Auszahlungsquittung über 2 600 DM die **stillschweigende Behauptung** des A, daß sein Kontostand mit der materiellen Rechtslage übereinstimme und daß *ihm ein entsprechendes Guthaben zustehe* (OLG Köln NJW 61, 1735).

Wer in einem Hotel oder Restaurant **Getränke und Speisen bestellt,** bringt konkludent zum Ausdruck, daß er zahlungsfähig und zahlungswillig sei (vgl. oben II 1a). Demgegenüber enthält die bloße Entgegennahme der vorher vereinbarten Beherbergungsleistungen durch einen *nachträglich zahlungsunfähig gewordenen* **Hotelgast** nicht ohne weiteres die Behauptung fortbestehender Zahlungsfähigkeit (vgl. BGH MDR 73, 729 bei *Dallinger*; OLG Hamburg NJW 69, 335; *Triffterer*, JuS 71, 181). Im **Angebot einer Sache zum Kauf** liegt die schlüssige Erklärung, zu ihrer Veräußerung befugt und zur Eigentumsverschaffung imstande zu sein (weitere Einzelheiten bei LK-*Lackner*, StGB, § 263 Rdnr. 40). Die **Hingabe eines Schecks** umfaßt zumindest die Zusicherung, daß er **bei Vorlage eingelöst** werde; umstritten ist nur, ob und inwieweit damit zugleich eine Deckungszusage verbunden ist (vgl. BGHSt 3, 69; 24, 386; BGH wistra 82, 188; LK-*Lackner*, StGB, § 263 Rdnr. 44). Die Einreichung eines Schecks zur Einziehung und **vorläufigen Gutschrift** bei einer Bank enthält nach Ansicht des OLG Köln (NJW 81, 1851) die stillschweigende Erklärung, daß der Scheck eine **bargeldlose Zahlung** des Ausstellers an den Schecknehmer und nicht ausschließlich die Schädigung der Bank durch einen Mißbrauch des Gutschriftverfahrens bezweckt.

> Wer eine Ware oder Leistung zu einem bestimmten Preis anbietet, behauptet damit allein noch nicht die Angemessenheit oder Üblichkeit des verlangten Preises (vgl. RGSt 42, 147; OLG Stuttgart NStZ 85, 503 mit krit. Anm. *Lackner/Werle*; Sch-Sch-*Cramer*, StGB, § 263 Rdnr. 17c).

Falsch i.S. des § 263 ist eine Tatsachenbehauptung, wenn ihr Inhalt mit der **objektiven Sachlage** nicht übereinstimmt. Insoweit gilt das zur Falschheit von Aussagen bei §§ 153 ff. Ausgeführte hier sinngemäß (vgl. *Wessels*, BT-1 § 17 I 2a).

Entstellt wird eine wahre Tatsache, wenn ihr Gesamtbild zwecks Irreführung verändert oder ihre Darstellung durch das Hinzufügen oder Weglassen wesentlicher Einzelheiten **verfälscht** wird. Ein **Unterdrücken** wahrer Tatsachen kann in jedem Handeln liegen, das den betreffenden Umstand der Kenntnis anderer Personen entzieht (vgl. RGSt 42, 171).

> Zwischen dem Vorspiegeln falscher und dem Entstellen oder Unterdrücken wahrer Tatsachen gibt es keine scharfe Trennungslinie, vielmehr gehen diese Erscheinungsformen der Täuschungshandlung zumeist ineinander über. Das gilt insbesondere bei der *unvollständigen* Darstellung von Tatsachen, die ein anderer für vollständig hält und halten soll. Soweit der Täter hier das Richtige entstellt oder unterdrückt, spiegelt er zugleich etwas Falsches vor (vgl. RGSt 70, 151). Wer Erdbeeren in Körben zum Verkauf anbietet und den minderwertigen Inhalt mit einer Schicht der besten Qualität überdeckt, spiegelt vor, die gesamte Menge bestehe aus erstklassiger Ware. Zugleich unterdrückt er die wahre Tatsache, daß der größere Teil minderwertig ist.

c) Eine **Täuschung** ist aber nicht nur durch aktives (= ausdrückliches oder schlüssiges) Tun, sondern nach h.M. auch durch **Unterlassen** möglich (vgl. *Maaß*, Betrug verübt durch Schweigen, 1982; *Volk*, JuS 81, 880; a.A. *Grünwald*, H. Mayer-Festschr. S. 281, 291; *Naucke*, Zur Lehre vom strafbaren Betrug, 1964, S. 214). Voraussetzung dafür ist, daß der Unterlassende **imstande** und als **Garant rechtlich verpflichtet** ist, die Entstehung oder Fortdauer eines Irrtums mit seinen vermögensschädigenden Konsequenzen zu verhindern. Außerdem muß sein Untätigbleiben dem sozialen Sinngehalt nach einer Täuschung durch aktives Tun entsprechen (= sog. *Entsprechungsklausel* in § 13 I Halbsatz 2). Das Nähere dazu ist den allgemeinen Regeln der **unechten Unterlassungsdelikte** zu entnehmen (vgl. LK-*Lackner*, StGB, § 263 Rdnr. 57 ff.; *Wessels*, AT § 16 I 1, II).

> Für einen **Betrug durch Unterlassen** bleibt nur Raum, wo nicht bereits eine Täuschung durch *schlüssiges aktives Tun* vorliegt (vgl. RGSt 70, 151). Daher taucht die Frage, ob A durch **reines Schweigen** getäuscht hat, nicht im Fall 41, sondern lediglich im Fall 42 beim **Annehmen des zu hoch berechneten Wechselgeldes** auf. In der bloßen Entgegennahme einer Leistung ist nämlich nicht etwa die schlüssige Erklärung enthalten, daß sie von dem Leistenden geschuldet werde und daß auf sie ein Anspruch bestehe (LK-*Lackner*, StGB, § 263 Rdnr. 48). Infolgedessen kommt es hier darauf an, ob A **rechtlich verpflichtet** war, den G auf dessen Irrtum hinzuweisen.

§ 13 II 2

Grundlage einer Garantenstellung und der daraus folgenden **Aufklärungspflicht** kann zunächst das **Gesetz** selbst sein (vgl. § 666 BGB für die Auskunftspflicht des Beauftragten, § 16 VVG für Anzeigepflichten des Versicherungsnehmers, § 138 ZPO für die Wahrheitspflicht der Parteien im Zivilprozeß usw.). Offenbarungspflichten können sich ferner aus einem **pflichtwidrigen Vorverhalten** (OLG Stuttgart NJW 69, 1975), aus einem vertraglich oder außervertraglich begründeten **besonderen Vertrauensverhältnis** (vgl. BGH NJW 81, 1231; GA 1965, 208) und nach h.M. in eng begrenzten Ausnahmefällen auch unmittelbar aus dem Grundsatz von **Treu und Glauben** ergeben (näher BGHSt 6, 198; RGSt 70, 151 und 225; LK-*Lackner*, StGB, § 263 Rdnr. 65; anders *Maaß*, a.a.O. S. 141 ff., 150).

Allgemeingültige Richtlinien lassen sich dafür nicht aufstellen; maßgebend sind vielmehr die Besonderheiten des Einzelfalls. Gewiß ginge es zu weit, *jede* Vertragsbeziehung als ausreichende Grundlage für die Bejahung von Aufklärungspflichten anzusehen oder aus § 242 BGB eine *generelle* Offenbarungspflicht ableiten zu wollen. Wer Verträge schließt, bei denen jeder Teil seine Interessen und seinen Vorteil zu wahren sucht, darf nicht erwarten, daß sein Partner ihm das verkehrsübliche Geschäftsrisiko durch Aufdeckung all dessen abnimmt, was sich für ihn ungünstig auswirken könnte. Die **Rechtspflicht** zur Aufklärung kann sich hier von vornherein nur auf Umstände beziehen, die für die Willensentschließung des anderen erkennbar von **wesentlicher Bedeutung** sind. Des weiteren müssen im Einzelfall **Besonderheiten** vorliegen, die ein **Verschweigen** dieser Umstände nach dem Grundsatz von Treu und Glauben als **anstößig** erscheinen lassen (wie etwa die Gefahr eines besonders großen Schadens oder eines übereilten Entschlusses durch einen geschäftlich ganz Unerfahrenen). So hat die Rechtsprechung den Verkäufer eines **Gebrauchtwagens** mit Recht für verpflichtet gehalten, den Kaufinteressenten auch ungefragt darauf hinzuweisen, daß es sich bei dem Kaufobjekt um ein sog. „Unfallfahrzeug" handelt (OLG Nürnberg MDR 64, 693 Nr. 93; vgl. auch BGH NJW 67, 1222). Offenbarungspflichten kommen ferner dann in Betracht, wenn die Vertragsanbahnung erkennbar mit der Erwartung einer fachkundigen Beratung verbunden ist oder wenn das Vertragsverhältnis gerade dem Zweck dient, den anderen Teil vor Schaden zu bewahren (näher LK-*Lackner*, StGB, § 263 Rdnr. 59 ff.).

> Im Fall 42 war A zwar in der Lage, den **ohne sein Zutun entstandenen** und von ihm in keiner Weise geförderten **Irrtum des G** durch den Hinweis zu beseitigen, daß er lediglich mit einem 50-DM-Schein bezahlt habe. **Rechtlich verpflichtet** war er dazu aber **nicht**, da sich beim Fehlen *besonderer Umstände* aus einem Kaufvertrag alltäglicher Art eine diesbezügliche Aufklärungspflicht nicht herleiten läßt (= schlichtes **Ausnutzen** eines schon bestehenden Irrtums: OLG Köln NJW 80, 2366 mit Besprechung *Volk*, JuS 81, 880; OLG Düsseldorf NJW 69, 623). Mangels *Garantenstellung* des A fehlt es hier bereits an einer **Täuschung** durch pflichtwidriges Unterlassen.

2. Durch die Täuschung muß im Getäuschten ein **Irrtum erregt** oder **unterhalten** werden. **Irrtum** i.S. des § 263 ist jede unrichtige, der Wirklichkeit nicht entsprechende Vorstellung über Tatsachen. Unrichtig und irrtumsbehaftet kann eine Vorstellung auch dann sein, wenn sie in einem wesentlichen Punkt **lückenhaft** ist (vgl. LK-*Lackner*, StGB, § 263 Rdnr. 78). **Reines Nichtwissen** ohne jede konkrete Fehlvorstellung (= sog. *ignorantia facti*) reicht nach zutreffender Auffassung im Rahmen des § 263 jedoch **nicht** aus; wer sich überhaupt keine Vorstellung von der maßgebenden Tatsache macht, irrt nicht und kann nicht Opfer einer dem Betrug weseneigenen *Überlistung*

§ 13 II 2

werden (RGSt 42, 40; LK-*Lackner*, StGB, § 263 Rdnr. 75; *Maurach-Schroeder*, BT § 46 II A 2a; anders OLG Celle MDR 57, 436).

Der **Irrtum** des Getäuschten braucht freilich nicht das Ergebnis eines im Bewußtsein substantiiert ablaufenden Denkprozesses zu sein. Ein unreflektiertes **sachgedankliches Mitbewußtsein** am Rande des Vorstellungsinhalts genügt zur Irrtumsbejahung ebenso wie die **aus bestimmten Tatsachen abgeleitete Vorstellung,** daß in der betreffenden Hinsicht „*alles in Ordnung*" sei (OLG Hamburg NJW 83, 768; *Blei*, BT § 61 III 1; LK-*Lackner*, StGB, § 263 Rdnr. 78; *Seelmann*, NJW 80, 2545, 2550). Letzteres trifft beispielsweise für den Schaffner im Zuge zu, der auf seine Frage, ob „*noch jemand ohne Fahrkarte*" sei, keine Antwort erhält. Kellner im Restaurant pflegen bei der Entgegennahme von Bestellungen auch ohne „gezieltes Nachdenken" in der Vorstellung zu handeln, daß der Gast zur Barzahlung bereit und imstande ist. Wer Geld in Empfang nimmt, sieht es als selbstverständlich an, daß man ihm kein Falschgeld anbietet. Auch im Sparkassenverkehr wird der auszahlende Angestellte in aller Regel davon ausgehen, daß der ein Sparbuch Vorlegende zur Verfügung über das Sparguthaben berechtigt ist (die dazu in RGSt 39, 239, 242 geäußerten Bedenken widersprechen der Lebenswirklichkeit; vgl. dazu auch OLG Köln NJW 81, 1851). Im Einzelfall ist das aber **Tatfrage** und durch Beweiserhebung zu klären.

> Die Rechtsprechung verfährt insoweit z.T. recht großzügig (vgl. BGHSt 2, 325 im *Deputatkohlenfall*; 24, 257, 260 zum sog. *Prozeßbetrug* im Mahnverfahren; 24, 386, 389 zum sog. *Scheckkartenbetrug*; kritisch hierzu LK-*Lackner*, StGB, § 263 Rdnr. 84, 85).

Der Getäuschte muß die behauptete Tatsache **für wahr halten** oder zumindest von der **Möglichkeit ihres Wahrseins** ausgehen. **Zweifel** an der Richtigkeit des Behaupteten schließen die Bejahung eines Irrtums nicht aus. § 263 verlangt vom Getäuschten kein Fürwahrhalten i.S. des *Überzeugtseins* oder einer dahin tendierenden überwiegenden Wahrscheinlichkeit, sondern nur ein (die Vermögensverfügung auslösendes oder mitbestimmendes) **Fürmöglichhalten**.

> Näher dazu *Achenbach*, Jura 84, 602; *Herzberg*, GA 1977, 289; LK-Lackner, StGB, § 263 Rdnr. 79 ff.; Sch-Sch-*Cramer*, StGB, § 263 Rdnr. 40; zu eng *Giehring*, GA 1973, 1, 16, 20 ff.; desgleichen *Amelung*, GA 1977, 1, der wegen mangelnder Schutzbedürftigkeit des Opfers alle *konkret begründeten,* in eigene Schutzmaßnahmen umsetzbare Zweifel aus dem Irrtumsbegriff des § 263 ausklammern will, aber übersieht, daß der Strafrechtsschutz gerade für Unerfahrene und Leichtgläubige unentbehrlich ist.

a) Der Täter **erregt** einen Irrtum, wenn er ihn durch **Einwirkung auf die Vorstellung des Getäuschten** selbst hervorruft oder mitverursacht. Darauf, ob die Unrichtigkeit seiner Behauptung bei hinreichend sorgfältiger Prüfung erkennbar gewesen wäre, kommt es nicht an.

> Maßgebend ist nicht, wovon der Getäuschte bei gehöriger Aufmerksamkeit *hätte ausgehen müssen*, sondern nur, wovon er **tatsächlich ausgegangen ist.** Leichtgläubigkeit und mitwirkende Fahrlässigkeit schließen den ursächlichen Zusammenhang zwischen Täuschung und Irrtumserregung nicht aus (BGH MDR 72, 387 bei *Dallinger*; OLG Hamburg NJW 56, 392; LK-*Lackner*, StGB, § 263 Rdnr. 91; a.A. *Naucke*, K. Peters-Festschr. S. 109).

b) **Unterhalten** wird ein Irrtum dadurch, daß der Täter eine bereits vorhandene Fehlvorstellung **bestärkt** oder deren **Aufklärung verhindert oder erschwert** (LK-*Lackner*, StGB, § 263 Rdnr. 92; *Maurach-Schroeder*, BT § 46 II A 2b). Ob das durch

§ 13 II 3

aktives Tun oder ein *pflichtwidriges Unterlassen in Garantenstellung* geschieht, ist gleichgültig. Von dem **Unterhalten** eines Irrtums ist jedoch dessen **bloßes Ausnutzen** ohne Aufklärungspflicht zu unterscheiden; letzteres ist nicht tatbestandsmäßig i.S. des § 263 (vgl. oben II 1c; OLG Köln NJW 80, 2366; OLG Düsseldorf NJW 69, 623; LK-*Lackner*, StGB, § 263 Rdnr. 93).

> Im Fall 41 hat A durch schlüssiges aktives Tun (= Vorlage der Auszahlungsquittung über den Betrag von 2 600 DM und die damit verbundene Bezugnahme auf sein Kontoblatt) in dem bzw. in den mit der Auszahlung befaßten Bankangestellten die **unrichtige Vorstellung hervorgerufen**, daß ihm in der genannten Höhe **ein Guthaben zustehe** (= *Irrtumserregung* i.S. des § 263; näher OLG Köln JR 61, 433). Da auch die übrigen Voraussetzungen des § 263 erfüllt sind, hat A zum Nachteil seiner Bank einen Betrug begangen.
>
> Anders läge es, wenn die zugunsten des A erfolgte Gutschrift nicht auf einer bankinternen **Fehlbuchung**, sondern auf einem Versehen des Überweisenden bzw. des Bareinzahlers, d. h. auf einer **Fehlüberweisung** beruhen würde: Bei einer *Fehlbuchung* begründet die irrtümliche Gutschrift kein Guthaben; die Bank kann ihr eigenes Versehen durch einfache Buchung wieder rückgängig machen (= stornieren). **Fehlüberweisungen** durch ein Versehen **Dritter** berühren dagegen die Wirksamkeit der Gutschrift nicht, vielmehr erwirbt der Kunde hier im Verhältnis zu seiner Bank ein entsprechendes Guthaben und einen Anspruch auf dessen Auszahlung. Damit entfällt die Möglichkeit, das Vorhandensein eines solchen Guthabens vorzuspiegeln, so daß allenfalls für einen *untauglichen* Versuch des § 263 Raum bleibt (wie etwa bei *irriger* Annahme des Kunden, daß eine *Fehlbuchung* erfolgt sei; bitte lesen: OLG Stuttgart JR 79, 471 mit Anm. *Müller*).

3. Durch den in ihm erregten oder unterhaltenen Irrtum muß der Getäuschte zu einer **Verfügung** über sein Vermögen oder das eines Dritten veranlaßt werden. Dieses ungeschriebene Tatbestandsmerkmal stellt den in § 263 vorausgesetzten *ursächlichen Zusammenhang* zwischen dem Irrtum und der Vermögensbeschädigung her (vgl. RGSt 64, 226; 76, 82 = sog. *Transport-* oder *Verbindungsfunktion der Vermögensverfügung*); zugleich ermöglicht es die bisweilen recht schwierige Abgrenzung zwischen Sachbetrug und Diebstahl (= *Abgrenzungsfunktion der Vermögensverfügung*; siehe dazu unten § 14 I, II). Der Begriff der **Vermögensverfügung** ist nicht zivilrechtlich, sondern im **rein tatsächlichen Sinne** zu verstehen. Neben rechtsgeschäftlichen Dispositionen (= Bestellung von Waren, Gewährung eines Darlehens, Übernahme einer Bürgschaft, Erlaß einer Forderung usw.) und staatlichen Hoheitsakten (= Abweisung einer Klage oder Verurteilung zu einer Leistung im Zivilprozeß, Inhaftierung eines obdachsuchenden und sich fälschlich bezichtigenden Nichtseßhaften usw.) umfaßt er **jedes tatsächliche Handeln, Dulden oder Unterlassen** des Getäuschten, das bei diesem selbst oder bei einem Dritten **unmittelbar** zu einer Vermögensminderung im wirtschaftlichen Sinn führt (BGHSt 14, 170).

> Eine tatsächliche Verfügung dieser Art (= Weggabe von Geld oder von sonstigen Sachen usw.) kann auch ein Kind oder ein Geschäftsunfähiger treffen.

An einer Vermögensverfügung i.S. des § 263, die den Vermögensschaden **unmittelbar** (d.h. ohne weiteres *eigenmächtiges* Handeln des Täters) herbeiführt, **fehlt es** u.a. dann, wenn die Täuschung des Opfers dem Täter nur die **Möglichkeit zur nachfolgenden Wegnahme von Sachen** oder zur Vornahme einer anderen deliktischen Handlung, wie etwa zur Fälschung eines Bestellscheins, eröffnen soll (vgl. zum letzteren OLG Hamm wistra 82, 152; näher zur Abgrenzung zwischen „Trickdiebstahl" und Betrug unten § 14 I 1).

§ 13 II 3

Kritisch zum Ganzen, in seinen Schlußfolgerungen jedoch nicht überzeugend *Joecks*, Zur Vermögensverfügung beim Betrug, 1982 (näher unten § 14 II 1).

Die **Vermögensminderung** kann in einem wirtschaftlichen Nachteil beliebiger Art bestehen (wie etwa in der Belastung des Vermögens mit einer Verbindlichkeit, im Verlust einer Sache, einer Forderung, eines Rechts oder einer realen Erwerbsaussicht usw.). Ihr *Eintritt als solcher* hat bereits Bedeutung für den **Verfügungsbegriff.** Die davon zu trennende (und letztlich entscheidende) Frage, ob diese Vermögensminderung durch einen gleichzeitig erfolgten Vermögenszuwachs **kompensiert** und wirtschaftlich voll ausgeglichen wird, gehört dagegen zum Merkmal der **Vermögensbeschädigung** und ist erst im Rahmen der Schadensberechnung zu stellen (vgl. BGHSt 31, 178 und nachfolgend zu II 4b).

a) Ob der Getäuschte *bewußt* oder *unbewußt* verfügt, ist bei Forderungen, Rechten und Erwerbsaussichten belanglos; außerhalb des sog. Sachbetruges setzt § 263 **kein Verfügungsbewußtsein** voraus (näher BGHSt 14, 170; OLG Hamm NJW 69, 620). Eine **Vermögensverfügung** kann daher auch darin liegen, daß ein **Anspruch nicht geltend gemacht** wird, dessen Existenz dem Betroffenen infolge der Täuschung verborgen bleibt (vgl. RGSt 52, 163; 70, 225; 76, 170; OLG Düsseldorf, JZ 85, 251; OLG Stuttgart NJW 69, 1975; LK-*Lackner*, StGB, §263 Rdnr. 97, 98 m.w.N.; anders für den Fall des unbewußten Unterlassens *Bockelmann*, BT/1 S. 96; *Hansen*, MDR 75, 533).

Fall 43: Um den Kassenbestand zwecks späterer Einbehaltung des erzielten Überschusses zu erhöhen, gibt der am Fahrkartenschalter der Bundesbahn tätige B allen eiligen Reisenden jeweils 1 DM Wechselgeld zu wenig zurück. Die Betroffenen bemerken das nicht, weil niemand von ihnen das Wechselgeld nachzählt.

Haben die Reisenden eine ihr Vermögen mindernde *Verfügung* i.S. des § 263 getroffen?

B hat in schlüssiger Form vorgespiegelt, das Wechselgeld in voller Höhe ausbezahlt zu haben; in Wirklichkeit fehlte daran 1 DM. Bei den Reisenden wurde dadurch eine unrichtige Vorstellung hervorgerufen. Ihnen blieb verborgen, daß ihr Zahlungsanspruch in Höhe von 1 DM noch fortbestand. Die **Vermögensverfügung** der Reisenden ist darin zu erblicken, daß sie die unvollständige Leistung des B hinnahmen und es **unbewußt unterließen,** die ihnen verbliebene Restforderung geltend zu machen. Das wirkte sich zu ihren Ungunsten auch *unmittelbar vermögensmindernd* aus, weil ihr Anspruch unter den gegebenen Umständen ohne sofortige Geltendmachung nicht mehr zu realisieren war und – ungeachtet seines *rechtlichen* Fortbestehens – **wirtschaftlich wertlos** wurde. Da die sonstigen Voraussetzungen des § 263 ebenfalls vorliegen, hat B sich des Betruges schuldig gemacht (näher RGSt 52, 163).

b) Zur Bejahung des **ursächlichen Zusammenhanges** zwischen Täuschungshandlung und Verfügung genügt es, daß die Erregung oder Unterhaltung des Irrtums für die Vermögensverfügung des Getäuschten **mitbestimmend** war; sie braucht nicht deren *alleinige* Ursache gewesen zu sein (RGSt 76, 82). Maßgebend ist dabei nach allgemeinen Regeln die Verknüpfung zwischen dem **wirklichen Geschehensablauf** und dem konkreten Erfolg (vgl. *Wessels*, AT § 6 I 3a).

Fall 44: Der Hochstapler H hat sich unter Beilegung eines adeligen Namens in das Vertrauen der Fabrikantenwitwe F eingeschlichen und ihr die Ehe versprochen. Im passenden Moment spiegelt er ihr vor, daß er zum Aufbau einer neuen Existenz kurzfristig 20 000 DM benötige. F glaubt ihm und überläßt ihm diesen Betrag als Darlehen. Wie von vornherein geplant, macht H sich nunmehr aus dem Staube und gibt das gesamte Geld in einem Spielkasino aus.

Dem Rat ihres Anwalts, gegen H Strafanzeige wegen Betruges zu erstatten, widerspricht F mit dem Hinweis, sie könne „dem charmanten H nicht gram sein; da er ihr soviel Lebensfreude geschenkt habe, würde sie ihm die 20 000 DM *auch zu Spielzwecken* überlassen haben, wenn er sie darum gebeten und sich zu seiner Spielleidenschaft bekannt hätte".

War die Täuschungshandlung des H bei dieser Einstellung der F *ursächlich* für deren Vermögensverfügung?

Auszugehen ist hier von dem **realen Umstand,** daß F den falschen Angaben des H geglaubt und sich im Vertrauen auf deren Richtigkeit zur Hingabe des Darlehens entschlossen hat. Der von H erregte Irrtum ist somit für die Vermögensverfügung der F zumindest **mitbestimmend** gewesen. Da *hypothetische Ersatzbedingungen* nach der *Condicio-sine-qua-non*-Formel bei Feststellung des ursächlichen Zusammenhangs nicht hinzugedacht werden dürfen, läßt sich die Ursächlichkeit der Irrtumserregung für die konkrete Vermögensverfügung nicht mit dem Hinweis darauf verneinen, daß F dem H die 20 000 DM auch dann gegeben hätte, wenn er ihr seine Spielleidenschaft und seine wirkliche Verwendungsabsicht offenbart hätte (vgl. LK-*Lackner,* StGB, § 263 Rdnr. 117; *Wessels,* AT § 6 I 3a). Denn der **tatsächliche Verlauf der Willensbildung** verliert sein Dasein und seine Rechtswirkungen nicht dadurch, daß ein *gedachter* Verlauf mit dem gleichen Endergebnis an seine Stelle hätte treten *können,* aber nicht getreten ist. Er bleibt gleichwohl die **wirkliche Grundlage** der betreffenden Vermögensverfügung. Die **reale Verknüpfung** zwischen dem Irrtum der F und der dadurch veranlaßten oder mitveranlaßten Darlehensgewährung, um dem H die Gründung einer neuen Existenz zu ermöglichen, wird nicht dadurch beseitigt, daß F bei wahrheitsgemäßen Angaben durch H **andere Erwägungen** hinsichtlich der Geldhingabe angestellt *hätte* (z.B. Dankbarkeit gegenüber H, Verständnis für seine Spielleidenschaft usw.), die sie jedoch **tatsächlich nicht angestellt hat.** An einer *irrtumsbedingten* Vermögensverfügung i.S. des § 263 ist daher im Fall 44 nicht zu zweifeln (eingehend dazu BGHSt 13, 13; BGH MDR 58, 139, 140 bei *Dallinger; Lenckner,* NJW 71, 599).

> Die Möglichkeit, daß der Getäuschte die Vermögensverfügung auch beim Durchschauen der wahren Zusammenhänge getroffen hätte, vermag also am ursächlichen Zusammenhang nichts zu ändern, wenn der Irrtum für die konkrete Verfügung **tatsächlich** bestimmend oder wenigstens *mitbestimmend* war. Anders liegt es dagegen, falls der Getäuschte das ihm Vorgespiegelte zwar für wahr gehalten, die Vermögensverfügung jedoch **aus ganz anderen Gründen** getroffen hat (Beispiel: Jemand glaubt einem als Bettler auftretenden Schwindler, gibt ihm das Almosen aber nicht aus Hilfsbereitschaft, sondern *ausschließlich* deshalb, weil er den lästigen Bittsteller möglichst rasch loswerden will).

c) Ob der Getäuschte sich des **vermögensmindernden Charakters** seiner Verfügung **bewußt** war oder nicht, spielt für den ursächlichen Zusammenhang keine Rolle. Davon zu unterscheiden ist die auf einer anderen Ebene liegende Streitfrage, ob es *über den Kausalzusammenhang hinaus* einer besonderen **funktionalen Beziehung** zwischen Irrtum und Vermögenseinbuße in dem Sinne bedarf, daß dem Getäuschten die **vermögensschädigende Wirkung seiner Verfügung verborgen geblieben sein** muß.

> Die These, daß § 263 nur die **unbewußte** Selbst- oder Drittschädigung erfasse, wird von der h.M. abgelehnt (RGSt 70, 255; BGHSt 19, 37, 45; BayObLG NJW 52, 798 Nr. 30; *Bockelmann,* BT/1 S. 71; *Dölling,* JuS 81, 570; *Ellscheid,* GA 1971, 161; *Herzberg,* MDR 72, 93 und JuS 72, 570; *Maurach-Schroeder,* BT § 46 II A 3a; *Welzel,* Lb S. 371).

§ 13 II 4

Die Vertreter der Gegenansicht halten § 263 bei einer **bewußten Selbstbeschädigung** für unanwendbar, relativieren ihren Standpunkt aber über die sog. **Zweckverfehlungslehre**, wonach die objektiven Voraussetzungen des Betrugstatbestandes gegeben sein sollen, wenn eine irrtumsbedingte Leistung den ihr immanenten **sozialen Zweck verfehlt** und der Verfügende dies infolge der Täuschung nicht erkannt hat, so daß *insoweit* eine *unbewußte* Selbstschädigung vorliegt (vgl. *Cramer*, Vermögensbegriff und Vermögensschaden im Strafrecht, 1968, S. 206; LK-*Lackner*, StGB, § 263 Rdnr. 164 ff.; *Rudolphi*, Klug-Festschr. S. 315; Sch-Sch-*Cramer*, StGB, § 263 Rdnr. 41, 102; *Schröder*, NJW 62, 721; *Weidemann*, GA 1967, 238).

Die besseren Gründe sprechen für die h.M., da sie einen umfassenden Vermögensschutz gewährleistet und Strafbarkeitslücken im Grenzbereich zwischen Betrug und Erpressung vermeidet. Die praktische Bedeutung der Streitfrage ist freilich gering, weil die **Zweckverfehlungslehre** unter dem Blickwinkel einer wirtschaftlich sinnlosen Ausgabe auch unabhängig von der Theorie der *unbewußten Selbstschädigung* vertreten werden kann und ihrem Grundgedanken nach als **Element des Schadensbegriffs** bereits Eingang in die Rechtsprechung gefunden hat (vgl. BGHSt 19, 37, 45; OLG Hamm NJW 82, 1405). Darauf ist beim Tatbestandsmerkmal der **Vermögensbeschädigung** zurückzukommen (unten II 4b, b.3).

d) Der Getäuschte braucht die Vermögensverfügung nicht unbedingt eigenhändig vorzunehmen. Er kann sich bei ihrer Ausführung – insbesondere im Falle einer **mehraktigen** Verfügung – auch der Hilfe Dritter bedienen (vgl. LK-*Lackner*, StGB, § 263 Rdnr. 108; Sch-Sch-*Cramer*, StGB, § 263 Rdnr. 62).

4. Durch die Vermögensverfügung des Getäuschten muß dessen Vermögen oder das eines Dritten **unmittelbar geschädigt** werden.

a) **Vermögen** bedeutet nach h.M. die **Gesamtheit der wirtschaftlichen Güter** einer natürlichen oder juristischen Person (= sog. **wirtschaftlicher Vermögensbegriff**: BGHSt 16, 220; RGSt 44, 230; näher *Arzt/Weber*, BT/3 Rdnr. 438; *Dreher-Tröndle*, StGB, § 263 Rdnr. 27, 29; *Haft*, BT S. 207; *Krey*, BT/2, Rdnr. 433; LK-*Lackner*, StGB, § 263 Rdnr. 122; *Sonnen*, JA 82, 593). **Bestandteile** des Vermögens sind danach alle Positionen, denen ein **wirtschaftlicher Wert** beizumessen ist; so u.a. dingliche und obligatorische **Rechte** unter Einschluß auch **klagloser Forderungen** (RGSt 40, 21; 68, 379); **Anwartschaften** (BGH JR 78, 298; OLG Stuttgart NJW 62, 502) und tatsächliche **Erwerbsaussichten**, soweit diese hinreichend konkretisiert sind (BGHSt 17, 147; RGSt 73, 382; *Mohrbotter*, GA 1971, 321), die **Stammkundschaft** eines Gewerbetreibenden (RGSt 74, 316), die **Arbeitskraft** (RGSt 68, 379; umfassend dazu *Lampe*, Maurach-Festschr. S. 375), der redlich oder widerrechtlich erlangte **Besitz** an Sachen (BGHSt 14, 386, 388; RGSt 44, 230, 235, 248; OLG Zweibrücken JA 83, 337; LK-*Lackner*, StGB, § 263 Rdnr. 133) sowie **nichtige „Ansprüche"** aus verbotenen oder sittenwidrigen Geschäften unter der Voraussetzung, daß der andere Teil zur Erfüllung bereit und imstande ist (vgl. BGHSt 2, 364; BGH MDR 75, 23 bei *Dallinger;* OLG Köln NJW 72, 1823; OLG Hamburg NJW 66, 1525; *Lenckner*, JZ 67, 105). Die wichtigste Konsequenz des **wirtschaftlichen Vermögensbegriffs** besteht darin, daß auch widerrechtlich erlangte Güter zum Vermögen gehören und daß es grundsätzlich **keine wirtschaftlichen Werte** gibt, die gegen Betrug, Erpressung, Untreue usw. **ungeschützt** sind.

Im Gegensatz dazu verstand die (heute abgelehnte und nicht mehr vertretene) **juristische Vermögenstheorie** unter Vermögen nur die Summe der einzelnen **Vermögensrechte** und **-pflichten** (zur Kritik vgl. LK-*Lackner*, StGB, § 263 Rdnr. 121). Zwischen ihr und der h.M. steht die in unterschiedlicher Ausprägung vertretene **juristisch-ökonomische Vermittlungslehre,** die zum Vermögen einer Person alle Wirtschaftsgüter zählt, die ihrer „rechtlichen Verfügungsmacht unterliegen" (vgl. *Gallas,* Beiträge zur Verbrechenslehre, 1968, S. 226, 233 ff.) bzw. die ihr „unter dem Schutz der Rechtsordnung" (*Franzheim,* GA 1960, 269; SK-*Samson,* StGB, § 263 Rdnr. 112 ff.) oder wenigstens „ohne deren Mißbilligung" zustehen (*Lenckner,* JZ 67, 105; *Seelmann,* JuS 82, 509; Sch-Sch-*Cramer,* StGB, § 263 Rdnr. 82 ff.; ähnlich LK-*Lackner,* StGB, § 263 Rdnr. 123). Hauptanliegen dieser Theorie ist es, Wertungswidersprüche zwischen Zivil- und Strafrecht zu vermeiden (vor allem im Hinblick auf § 817 S. 2 BGB; vgl. dazu auch BGHZ 35, 103, 107). Der Gefahr, daß sich im „Ganovenbereich" ein durch § 263 nicht mehr erfaßter *strafrechtsfreier Raum* bildet, in welchem widerrechtlich erworbene Werte zum Spielball der freien Kräfte mit der Folge werden, daß die Betroffenen zur „Selbstjustiz" greifen müßten, vermag jedoch nur die h.M. vom Boden des **wirtschaftlichen Vermögensbegriffs** aus sachgerecht zu begegnen (vgl. *Bruns,* Mezger-Festschr. S. 335).

Zur **personalen Vermögenstheorie,** die im Zuge der Schadensfestellung vorrangig auf die Minderung der wirtschaftlichen Potenz des Vermögensträgers abstellt, vgl. *Alwart,* JZ 86, 563; *Bockelmann,* JZ 52, 461 und BT/1, S. 88; *Otto,* Die Struktur des strafrechtl. Vermögensschutzes, 1970, S. 34 ff., 69 (kritisch dazu LK-*Lackner,* StGB, § 263 Rdnr. 124).

b) Die **Schadensberechnung** im Rahmen des § 263 erfolgt anhand eines **objektiv-individualisierenden Beurteilungsmaßstabes** nach dem **Prinzip der Gesamtsaldierung** unter Berücksichtigung einer etwaigen **unmittelbaren Schadenskompensation:** Durch einen Vergleich zwischen dem Vermögensstand *vor* und *nach* der Vermögensverfügung ist zu ermitteln, ob eine **nachteilige Vermögensdifferenz** eingetreten ist, ohne daß diese Einbuße durch ein **unmittelbar** aus der Vermögensverfügung fließendes **Äquivalent wirtschaftlich voll ausgeglichen** wird (BGHSt 3, 99, 102; 16, 220, 321; 22, 88; 23, 300; BGH NJW 83, 1917; RGSt 16, 1; 44, 230; *Maurach-Schroeder,* BT § 46 II A 4d; Sch-Sch-*Cramer,* StGB, § 263 Rdnr. 106).

Bei einem sog. **Eingehungsbetrug** (= Täuschung bei Vertragsschluß) sind die **beiderseitigen Vertragsverpflichtungen** miteinander zu vergleichen. Ein **Vermögensschaden** liegt hier nur dann vor, wenn der Anspruch, den der Getäuschte erlangt hat, in seinem wirtschaftlichen Wert hinter der von ihm übernommenen Verpflichtung zurückbleibt. Zu beurteilen ist das nach **objektiven Wertmaßstäben** unter Einbeziehung der **persönlichen Bedürfnisse und individuellen Verhältnisse** des Betroffenen (= sog. „*persönlicher Einschlag*"). Maßgebend für die Bejahung eines Schadens ist jedoch nicht dessen subjektive Einschätzung, sondern das **vernünftige Urteil eines objektiven Betrachters** (BGHSt 16, 220, 321; 23, 300; 32, 22; BGH NJW 85, 1563; LK-*Lackner,* StGB, § 263 Rdnr. 149 und 222 ff.).

Im Falle des sog. **Erfüllungsbetruges,** d.h. bei einer (erstmaligen oder fortwirkenden) Täuschung des Vertragspartners im Stadium der Erfüllung, sind die **geschuldete** und die **tatsächlich erbrachte Leistung** miteinander zu vergleichen. Ergibt sich dabei eine **nachteilige Differenz** zu Lasten des Getäuschten (= er erhält weniger, als ihm zusteht, oder bezahlt mehr, als er von Rechts wegen müßte), liegt ein Vermögensschaden vor (im Prinzip allgemein anerkannt, in den Einzelfragen – vor allem im Hinblick auf die Auswirkung von Gewährleistungsrechten – aber z.T. umstritten; vgl. BGHSt 32, 211 mit Anm. *Puppe,* JZ 84, 531; OLG Stuttgart JR 82, 470 mit Anm. *Bloy; Lenckner,* MDR 61, 652 und Anm. NJW 62, 59; LK-*Lackner,* StGB, § 263 Rdnr. 227 ff.; Sch-Sch-*Cramer,* StGB, § 263 Rdnr. 135 ff.).

b.1) Um die **Schutzrichtung** des § 263 geht es bei der Frage, ob eine **Vermögensbeschädigung** auch dann bejaht werden kann, wenn der Getäuschte im Rahmen eines

Austauschverhältnisses für seine Leistung zwar eine wirtschaftlich gleichwertige Gegenleistung erhalten hat, die vertragliche Verpflichtung beim Durchschauen der wahren Zusammenhänge jedoch nicht eingegangen wäre.

Fall 45: Der Händler H bietet dem arglosen Käufer K an der Wohnungstür einen Orientteppich im Verkehrswert von 800 DM zum regulären Verkaufspreis von 800 DM mit der wahrheitswidrigen Behauptung an, es handele sich um einen Sonderpreis im Rahmen einer zeitlich begrenzten Werbeaktion seiner Firma; der normale Listenpreis für den Teppich betrage 1 800 DM. Um sich diese vermeintliche Gewinnchance nicht entgehen zu lassen, erwirbt K den für ihn brauchbaren, aber nicht dringend benötigten Teppich gegen Zahlung von 800 DM. Ohne die Täuschung hätte er sich auf den Kauf nicht eingelassen.
Hat K einen Vermögensschaden erlitten?

Die irrtumsbedingte Vermögensverfügung des K liegt im **Abschluß des Kaufvertrages**, der ihn zur Zahlung des vereinbarten Kaufpreises verpflichtete (§ 433 II BGB). Aus diesem Rechtsgeschäft hat K indessen einen **kompensationsfähigen Lieferungsanspruch** (§ 433 I BGB) erlangt, dessen Wert die von ihm übernommene Verpflichtung auch unter Berücksichtigung seiner individuellen Bedürfnisse **wirtschaftlich voll ausgleicht**. Infolgedessen fehlt es an einer dem K nachteiligen Vermögensdifferenz. Auch im Zuge der Vertragserfüllung hat K keinerlei Schaden erlitten, vielmehr hat sein Vermögen sich lediglich **in seinen Bestandteilen verändert**. An die Stelle des Bargeldes von 800 DM ist der ihm übereignete Teppich im Wert von 800 DM getreten. Der objektive Tatbestand des § 263 ist somit nicht erfüllt (grundlegend dazu BGHSt 16, 321 im sog. *Melkmaschinenfall*; vgl. ferner BGH NJW 83, 1917; OLG Karlsruhe NJW 80, 1762; OLG Köln GA 1977, 188).

Ob K *sich geschädigt fühlt*, spielt keine Rolle, da seine subjektive Einschätzung nicht maßgebend ist. Sein Vertrauen darauf, im Vergleich zum angeblichen Listenpreis des Teppichs einen Gewinn von 1 000 DM zu erzielen, bleibt ebenfalls außer Betracht, da § 263 seiner **Schutzrichtung** nach nur die **Verhinderung von Vermögensschäden** bezweckt, aber nicht dazu bestimmt ist, *Gewinnerwartungen* zu schützen. K ist auch nicht etwa deshalb geschädigt, weil er den Teppich bei Kenntnis der Wahrheit nicht gekauft hätte. Wollte man *darin* einen Schaden erblicken, verlöre der **Betrug** seinen Charakter als **Vermögensdelikt** und müßte als Angriff auf die *wirtschaftliche Dispositionsfreiheit* aufgefaßt werden. Die Verfügungsfreiheit als solche ist strafrechtlich jedoch allein gegen Gewalt und Drohung (vgl. §§ 240, 253), nicht gegen Täuschung und List geschützt. Bloße Eingriffe in die wirtschaftliche Dispositionsfreiheit des Getäuschten reichen daher zur Bejahung des § 263 nicht aus (siehe dazu auch *Maiwald*, NJW 81, 2777, 2780).

An einer Vermögensbeschädigung fehlt es demnach, wenn die vermögensmindernde Wirkung der irrtumsbedingten Verfügung durch einen **unmittelbar** mit ihr verbundenen **Vermögenszuwachs wirtschaftlich voll ausgeglichen** wird (= sog. **Schadenskompensation**).

Vorteile, die dem Geschädigten aus Rechtsgründen zufließen, die nicht **unmittelbar auf der maßgebenden Vermögensverfügung beruhen**, sondern zu ihr nur in einem äußeren Zusammenhang stehen, bleiben hier aber ebenso unberücksichtigt wie eine nachträgliche Schadensbeseitigung (vgl. RGSt 41, 24; LK-*Lackner*, StGB, § 263 Rdnr. 143–148).

Nicht kompensationsfähig sind ferner alle **gesetzlichen Ansprüche und Rechte**, die dem Betroffenen gerade aufgrund der Täuschung erwachsen, wie etwa Schadensersatzansprüche aus §§ 823 II, 826 BGB oder Bereicherungsansprüche aus §§ 812 ff. BGB

§ 13. II 4

(BGH MDR 70, 13 bei *Dallinger;* LK-*Lackner,* StGB, § 263 Rdnr. 187; Sch-Sch-*Cramer,* StGB, § 263 Rdnr. 120).

Dasselbe gilt für **Anfechtungs-** und **Gewährleistungsrechte** (vgl. BGHSt 21, 384; 23, 300; BGH NJW 85, 1563). Ob das gesetzliche Unternehmerpfandrecht (§ 647 BGB) schlechthin unberücksichtigt bleibt, ist umstritten (bejahend BayObLG JZ 74, 189 = JR 74, 336 mit krit. Anm. *Lenckner;* differenzierend *Amelung,* NJW 75, 624; *D. Meyer,* MDR 75, 357).

b.2) Entspricht der Verkehrswert einer Gegenleistung rein rechnerisch dem der Leistung des Getäuschten, so kommt eine **Vermögensbeschädigung** nur in Betracht, wenn weitere **besondere Umstände** hinzutreten. Nach der grundlegenden Entscheidung BGHSt 16, 321 ist dies insbesondere der Fall, wenn der Erwerber

a) die angebotene Leistung nicht oder nicht in vollem Umfange zu dem vertraglich vorausgesetzten Zweck oder in anderer zumutbarer Weise verwenden kann,

b) oder durch die eingegangene Verpflichtung zu vermögensschädigenden Maßnahmen genötigt wird (*m.E. zweifelhaft*),

c) oder infolge der Verpflichtung nicht mehr über die Mittel verfügen kann, die zur ordnungsmäßigen Erfüllung seiner Verbindlichkeiten oder sonst für eine seinen persönlichen Verhältnissen angemessene Wirtschafts- oder Lebensführung unerläßlich sind (näher dazu LK-*Lackner,* StGB, § 263 Rdnr. 158 ff.; *Schröder,* NJW 62, 721; OLG Hamm wistra 82, 152).

Am Eintritt eines Vermögensschadens ist z.B. nicht zu zweifeln, wenn einem umschulungswilligen Arbeiter unter Vorspiegelung falscher Tatsachen wissenschaftliche Zeitschriften oder Unterrichtswerke „aufgeschwatzt" werden, die als solche zwar *ihren Preis wert* sind, das Verständnis des Bestellers jedoch weit übersteigen oder sonst nach dem Urteil eines objektiven Betrachters **für seine speziellen Zwecke und individuellen Bedürfnisse nicht brauchbar** sind (BGH GA 1963, 208; BGHSt 23, 300; OLG Köln JR 57, 351 und NJW 76, 1222; KG JR 66, 391).

Vereinbarungen oder Zusicherungen über die **Herkunft** einer Ware oder deren **Beschaffenheit** können im Rahmen der Schadensberechnung Bedeutung gewinnen, wenn der Wirtschaftsverkehr Waren bestimmten Ursprungs (z.B. Hopfen aus einem bestimmten Anbaugebiet, BGHSt 8, 46) oder bestimmter Beschaffenheit höher bewertet als andere, objektiv gleichwertige Waren (wie etwa deutsche Markenbutter gegenüber qualitätsgleicher Auslandsbutter, BGHSt 12, 347). Wer beispielsweise für ein **Badesalz** dessen hohen Preis nur deshalb zahlt, weil ihm vorgetäuscht wird, es werde aus der in Bad Reichenhall zur Badetherapie verwendeten Natursole gewonnen, während es sich in Wirklichkeit um ein (als Vieh-, Streu- und Pökelsalz verwendbares) **reines Siedesalz** handelt, erleidet einen Vermögensschaden, selbst wenn Badesalz aus der erwähnten Natursole gar nicht in den Handel kommt (BGH NJW 80, 1760). Entscheidend ist hier, daß der Käufer angesichts der besonderen Herkunfts- und Beschaffenheitsangaben für seine Leistung kein *gleichwertiges* Äquivalent erhält.

b.3) Um die Berücksichtigung der **individuellen Verhältnisse** des betroffenen Vermögens und des sog. „**persönlichen Einschlags**" innerhalb der Schadensermittlung geht es auch bei den Fällen, die man unter dem Gesichtspunkt der **sozialen Zweckverfehlung** und der **wirtschaftlich sinnlosen Ausgabe** zusammenfaßt.

Allgemein anerkannt ist, daß derjenige einen **Betrug** begeht, der durch unwahre Angaben über zuteilungserhebliche Tatsachen sich oder einem Dritten **zweckgebundene öffentliche Mittel** verschafft, die zur Förderung bestimmter sozialpolitischer oder wirtschaftspolitischer Ziele dienen (= Förderung des sozialen Wohnungsbaues, der Gewerbeansiedlung in strukturschwachen Gebieten, der Vermögensbildung in Arbeitnehmerhand, der Unterstützung Hilfsbedürftiger usw.; vgl. BGHSt 19, 37, 44; BGH NJW 82, 2453; KG JR 62, 26; OLG Hamm NJW 82, 1405; LK-*Lackner*, StGB, § 263 Rdnr. 164). Die **Fehlleitung** derartiger Mittel bildet nach einhelliger Auffassung einen Vermögensschaden i.S. des § 263.

Umstritten und noch nicht abschließend geklärt ist dagegen, inwieweit sich dies auf eine vergleichbare **subjektive Zwecksetzung und deren Verfehlung im privaten Bereich** übertragen läßt. Will man der Gefahr einer Subjektivierung des Schadensbegriffs und einer Verfälschung der Schutzrichtung durch deren Ausdehnung auf die *Dispositionsfreiheit* wirksam begegnen, wird man hier von folgender Richtlinie ausgehen müssen: Zur **Schadensbegründung** geeignet kann nur eine **objektivierbare**, der konkreten Leistung **immanente** und **wirtschaftlich relevante Zwecksetzung** sein, nicht jedoch die Verknüpfung einer Vermögenszuwendung mit *bloßen Affektionsinteressen* und Zielvorstellungen *beliebiger* Art. Da die *Irrtumsbedingtheit* einer Vermögensverfügung für sich allein noch keinen Schaden darstellt, ist ein Motivirrtum, der nicht den wirtschaftlich relevanten Gehalt der Leistung selbst betrifft oder der die Erreichung des sozialen Leistungszwecks nicht in Frage stellt, grundsätzlich auszuscheiden (so mit Recht LK-*Lackner*, StGB, § 263 Rdnr. 167). Wie die nachfolgenden Beispiele verdeutlichen, ist dabei zwischen **unentgeltlichen Zuwendungen** und **Austauschgeschäften** zu unterscheiden.

> Fall 46: Mit der wahrheitswidrigen Behauptung, daß seine Mutter plötzlich verstorben sei und ihm nicht genügend Geld für die Heimreise zur Verfügung stehe, erschwindelt der Gastarbeiter G von seinem Arbeitgeber A einen „verlorenen Zuschuß" von 500 DM zur angeblich geplanten Teilnahme an der Beerdigung. In Wirklichkeit hat G vor, einige Tage im Betrieb „blau zu machen" und das Geld in Hamburg zu verjubeln.
> Strafbarkeit nach § 263?
>
> Fall 47: S sammelt im Bezirk einer Pfarrgemeinde für die Caritas. Zur Steigerung des Spendeneifers trägt er zu Beginn der Sammelliste eine in Wahrheit nicht erfolgte Spende des A in Höhe von 30 DM ein. Um nicht hinter A zurückzustehen, spenden die Nachbarn und zahlreiche Bekannte des A ebenfalls mindestens 30 DM, während sie sich sonst mit 10 oder 20 DM als Spende begnügt hätten.
> Strafbarkeit nach § 263?

Im Fall 46 hat die durch Täuschung herbeigeführte **unentgeltliche Zuwendung** des A an G den ihr immanenten und wirtschaftlich relevanten **Zweck verfehlt**. Sie war in objektiv erkennbarer Weise als **Sozialleistung** bestimmt, wurde jedoch dadurch, daß G sie zweckwidrig verwenden wollte, für A zu einer **wirtschaftlich sinnlosen** und sein **Vermögen schädigenden Ausgabe**. G hat einen sog. **„Bettelbetrug"** begangen.

Anders liegt es im Fall 47, in welchem das BayObLG (NJW 52, 798 Nr. 30) die Voraussetzungen des § 263 schon deshalb bejaht hat, weil der von S erregte Irrtum für die Spendenhöhe der Betroffenen mitbestimmend war. Diese Erwägung allein reicht aber unter den hier gegebenen Umständen für eine Bestrafung wegen Betruges nicht aus. Sie geht nämlich daran vorbei, daß der mit den Spenden verfolgte **soziale Zweck** (= die Bereitstellung von Geldern für das Hilfswerk der Caritas) **jeweils erreicht worden** ist, so daß die finanzielle Leistung für jeden Spender eine **wirtschaftlich sinnvolle Ausgabe** blieb. Zwar war die **Höhe** des Geldopfers bei einer Reihe von

§ 13 II 4

Spendern durch den von S erregten Irrtum mitveranlaßt; die Bedeutung *dieses* **Motivirrtums** erschöpfte sich jedoch in einem **reinen Affektionsinteresse** (= nicht hinter A zurückzustehen und nicht weniger freigebig zu erscheinen als dieser), das auch vom Standpunkt des **wirtschaftlichen Vermögensbegriffs** aus zur „Schadensbegründung" nicht ausreicht (im Ergebnis ebenso *Gallas*, Beiträge zur Verbrechenslehre, 1968, S. 226, 258; *Rudolphi*, Klug-Festschr. S. 315; Sch-Sch-*Cramer*, StGB, § 263 Rdnr. 102).

> Diese Lösung gewährleistet, daß ein **bloßes Affektionsinteresse** bei *unentgeltlichen* Zuwendungen im Rahmen des § 263 ebenso unberücksichtigt bleibt, wie dies bei *entgeltlichen* Rechtsgeschäften der Fall ist (näher LK-*Lackner*, StGB, § 263 Rdnr. 162, 171).

Innerhalb von **Austauschverträgen** kommt der **Gleichwertigkeit von Leistung und Gegenleistung** auch gegenüber dem Gesichtspunkt der *Zweckverfehlung* Bedeutung zu:

> Fall 48: A bietet an den Türen Künstlerpostkarten, sortiert zu je 10 Stück, zum Preis von 10 DM zum Kauf an. Ihr wirklicher Wert beträgt allenfalls 5 DM. Die Höhe des Preises rechtfertigt A stets mit dem wahrheitswidrigen Hinweis, der Erlös komme *Contergankindern* zugute, von denen die Karten „mit dem Munde gemalt" seien. Alle Karten tragen auf der Rückseite einen kleinen Stempelaufdruck dieses Inhalts, den A zu Täuschungszwecken jedoch selbst angebracht hat.
> Betrug gegenüber den gutgläubigen Käufern?
> Fall 49: Ändert sich die Beurteilung im Fall 48, wenn die Karten ihren Preis von 10 DM vollauf wert sind und A nur in der Absicht schwindelt, nicht abgewiesen zu werden und seinen Umsatz zu steigern?

Im Fall 48 **fehlt es** an der wirtschaftlichen **Ausgeglichenheit** von Leistung und Gegenleistung, so daß die getäuschten Käufer schon aus diesem Grunde einen **Vermögensschaden** erleiden. Für die Hingabe von 10 DM erhalten sie nur einen Gegenwert von 5 DM. An der Strafbarkeit gemäß § 263 I besteht hier kein Zweifel (zum *Strafantragserfordernis* beachte insoweit § 263 IV in Verbindung mit § 248a).

Demgegenüber sind Leistung und Gegenleistung im Fall 49 **wirtschaftlich voll ausgeglichen,** da die Postkarten (was bei Gegenständen anderer Art im Einzelfall zu prüfen bliebe) für die Käufer brauchbar sind und es sich nicht um eine nutzlose Anschaffung gehandelt hat. **Enttäuscht** wird hier nur die **sozial motivierte Erwartung** der Käufer, daß der Erlös sog. *Contergankindern* zugute komme. Im Falle der wirtschaftlichen **Gleichwertigkeit von Leistung und Gegenleistung** genügt letzteres für sich allein – auch vom Standpunkt der Zweckverfehlungslehre aus – zur Annahme einer Vermögensbeschädigung jedoch nicht (näher *Achenbach*, Jura 84, 602; LK-*Lackner*, StGB, § 263 Rdnr. 177; Sch-Sch*Cramer*, StGB, § 263 Rdnr. 105; *Sonnen*, JA 82, 593; OLG Köln NJW 79, 1419).

> Daß die getäuschten Käufer die ihnen angebotenen Postkarten bei Kenntnis der wahren Sachlage nicht gekauft hätten, ändert am Ergebnis nichts, weil § 263 weder Treu und Glauben im Geschäftsverkehr noch die Verfügungsfreiheit als solche schützt, vielmehr eine **Vermögenseinbuße** fordert, die nicht durch einen unmittelbar erlangten Vermögenszuwachs wirtschaftlich voll ausgeglichen wird (vgl. BGHSt 16, 220 und 321; OLG Karlsruhe NJW 80, 1762).

b.4) Strafbares betrügerisches Verhalten kann es selbst innerhalb von **verbotenen** oder **beiderseits sittenwidrigen Rechtsgeschäften** geben (BGHSt 2, 364; BGH MDR 75, 23 bei *Dallinger;* RGSt 44, 230; OLG Köln NJW 72, 1823; *Dölling,* JuS 81, 570; *Herzberg,* MDR 72, 93).

> Fall 50: A lebt mit seinem Nachbarn N in Streit. B bietet ihm an, gegen Vorauszahlung von 200 DM dem N in der kommenden Nacht sämtliche Fensterscheiben einzuwerfen. Auf diesen Vorschlag geht A freudig ein. In Wirklichkeit denkt B gar nicht daran, seine Zusage einzuhalten; sein Ziel war es, den leichtgläubigen A um die 200 DM zu prellen.
> Hat B sich des Betruges schuldig gemacht?

In der **Hingabe des Geldes** liegt eine irrtumsbedingte Vermögensverfügung, die den A um 200 DM ärmer macht, ohne daß er ein den Verlust ausgleichendes Äquivalent erhält. Die zwischen ihm und B getroffene Abrede war zwar nach § 138 I BGB **sittenwidrig und nichtig;** den Eintritt eines **Vermögensschadens** i.S. des § 263 hindert das jedoch nicht (grundlegend RGSt 44, 230). Der Bestrafung des B wegen Betruges steht auch nicht entgegen, daß es sich bei der Vorleistung des A um eine sog. *bewußte Selbstschädigung* gehandelt hat (vgl. oben II 3c; a.A. Sch-Sch-*Cramer,* StGB, § 263 Rdnr. 150).

In Fällen dieser Art ist auf den **richtigen Ansatz** zu achten: Für den Schaden des A ist nicht in erster Linie das *Ausbleiben der sittenwidrigen Gegenleistung,* sondern der Umstand maßgebend, daß dieser **um 200 DM ärmer geworden** ist. B wird auch nicht etwa dafür bestraft, daß er es unterlassen hat, dem N die Scheiben einzuwerfen, sondern deshalb, weil er **den A** *in Bereicherungsabsicht* **geschädigt** und „um sein gutes Geld gebracht" hat.

> Ebenso verhält es sich, wenn eine **Straßendirne** ihren „Freier" zur Vorauszahlung veranlaßt, ohne ihrerseits erfüllungsbereit zu sein (vgl. zu diesem, oft mit dem Tatbestand der *Erpressung* bzw. der *Nötigung* einhergehenden Fragenkreis auch BGHSt 17, 328; OLG Hamburg NJW 66, 1525; *Cramer,* JuS 66, 472). Für den umgekehrten Fall, daß der mit Falschgeld zahlende „Freier" die Dirne um den vereinbarten Lohn prellt, soll es nach BGHSt 4, 373 dagegen am objektiven Tatbestand des § 263 fehlen, weil die *körperliche Hingabe* keine Vermögensverfügung sei und „dem Geschlechtsverkehr für das Recht kein in Geld zu veranschlagender Wert zukomme" (kritisch dazu *Kohlhaas,* JR 54, 97). Dabei hat der BGH freilich übersehen, daß eine irrtumsbedingte Vermögensverfügung der Dirne insofern vorliegt, als sie es **unterläßt,** auf einer Vorauszahlung in *echtem* Geld zu bestehen und eine **tatsächliche Erwerbsaussicht** dieses Inhalts zu realisieren. Die Frage ist dann, ob sich *daraus* eine Vermögensbeschädigung i.S. des § 263 ergibt (vgl. nachfolgend Fall 51).

Ansprüche, die gemäß §§ 134, 138 BGB **rechtlich keinen Bestand** haben, können Gegenstand eines Betruges sein, wenn ihnen im Einzelfall ein **wirtschaftlicher Wert beizumessen** ist. Dies hängt nach h.M. davon ab, ob der andere Teil aus besonderen Gründen **zu ihrer Erfüllung bereit und imstande** ist (näher BGH MDR 80, 986 bei *Holtz* zu § 266; *Lenckner,* JZ 67, 105; zur Gegenmeinung siehe LK-*Lackner,* StGB, § 263 Rdnr. 132).

> Fall 51: A und B haben bei einem Einbruchsdiebstahl Schmuck von hohem Wert erbeutet, den A zu Geld machen soll; von dem Erlös sollen beide vereinbarungsgemäß je 50 % erhalten. A erzielt 3 000 DM, übergibt dem B indessen nur 1 000 DM mit der Behauptung, „mehr habe er nicht herausholen können". Der leichtgläubige B fällt darauf herein.
> Hat A den B in strafbarer Weise betrogen?

B hat es infolge der Täuschung **unterlassen,** den vollen Anteil am wirklich erzielten Erlös zu fordern und seinen (gemäß § 138 I BGB nichtigen, rechtlich also nicht

§ 13 II 4

durchsetzbaren) „Anspruch" auf Zahlung der restlichen 500 DM gegen A geltend zu machen. Einen **Schaden** i.S. des § 263 hat er jedoch nur erlitten, wenn dieser Anspruch irgendeinen **wirtschaftlichen Wert** für ihn besaß.

Zumeist sind nichtige Forderungen **wirtschaftlich wertlos**, weil es an der Leistungsbereitschaft des „Schuldners" fehlt. Das *kann* aber anders sein, wenn **besondere Bindungen** (z.B. aus enger Freundschaft usw.) zwischen den Beteiligten bestehen, die erwarten lassen, daß der andere Teil die **Leistung aus freien Stücken erbringen** wird. Dann liegt eine rein **tatsächliche Erwerbsaussicht** vor, die bei hinreichender Konkretisierung Schutz i.S. des § 263 genießt (vgl. BGHSt 17, 147).

> Für den hier zu beurteilenden Fall eines sog. **Komplizenbetruges** hat der BGH (BGHSt 2, 364) ein *Indiz* zugunsten des wirtschaftlichen Wertes der nichtigen Forderung darin gefunden, daß A sich der Erfüllung des Erlösabkommens nicht schlechthin entzogen, sondern immerhin einen Teilbetrag an B gezahlt habe. Ob diese Schlußfolgerung stichhaltig ist, erscheint allerdings zweifelhaft. Man kann nämlich aus dem Verhalten des A ebensogut schließen, daß er hinsichtlich der *gesamten* Forderung bzw. des **Mehrbetrages von 500 DM gerade nicht leistungswillig** war (vgl. *Lenckner*, JZ 67, 105, 109 Fußn. 27).
>
> **Betrug** in bezug auf **nichtige Ansprüche** ist somit möglich; praktisch bedeutsam wird das insbesondere in Fällen, in denen ein **Dritter** dem „Anspruchsinhaber" die Forderung gegen einen leistungswilligen Schuldner abschwindelt (näher *Bruns*, Mezger-Festschr. S. 335; *Franzheim*, GA 1960, 269; LK-*Lackner*, StGB, § 263 Rdnr. 240–242).

b.5) Die h.M. erkennt als Vermögensbeschädigung auch eine **konkrete Vermögensgefährdung** an, sofern sie bereits mit einer Verschlechterung der gegenwärtigen Vermögenslage verbunden ist (BGHSt 21, 112; 15, 24; Sch-Sch-*Cramer*, StGB, § 263 Rdnr. 143 ff.). In Betracht kommt das vor allem im Bereich des **Kreditbetruges** und des **Gutglaubenserwerbes**.

> Fall 52: Für die Dauer eines Krankenhausaufenthaltes übergibt der Sammler S seine wertvolle Briefmarkensammlung dem Bekannten B zur Aufbewahrung. Als dieser wenige Tage später dringend Geld für eine Autoreparatur benötigt, veräußert er einige Sammelstücke als angeblich ihm gehörend an den gutgläubigen Erwerber E, der den üblichen Kaufpreis entrichtet.
>
> Hat B einen Betrug gegenüber E begangen?

Daß B den E durch Täuschung zu einer Vermögensverfügung bewogen hat, liegt klar auf der Hand. Problematisch erscheint allein die Frage der **Vermögensbeschädigung**. Da die veräußerten Briefmarken dem S nicht im Sinne des § 935 BGB *abhandengekommen* waren, hat E an ihnen *kraft guten Glaubens* **Eigentum erworben** (§§ 929, 932 BGB). Gleichwohl ist zweifelhaft, ob dieser Vermögenszuwachs die Zahlung des vereinbarten Kaufpreises an B **wirtschaftlich voll ausgleicht**, da sich nicht ausschließen läßt, daß S dem E Bösgläubigkeit vorwirft (vgl. § 932 II BGB), mit dieser Begründung die Wirksamkeit der Veräußerung leugnet und den E möglicherweise sogar mit einem Prozeß überzieht.

Im Falle einer solchen Herausgabeklage (§ 985 BGB) läge das **Prozeßrisiko** allerdings bei S, da ihn gemäß § 932 BGB die **Beweislast** für die Behauptung treffen würde, daß E beim Erwerbe **nicht in gutem Glauben** gehandelt habe. Mit Rücksicht darauf hat das Reichsgericht ursprünglich einen Schaden des gutgläubigen Erwerbers verneint (RGSt 49, 16). Später hat es sich jedoch von dieser zivilrechtlichen Betrachtungsweise gelöst und den Standpunkt vertreten, ein Gutglaubenserwerb sei zumeist **wirtschaftlich** weniger wert als der Erwerb vom Berechtigten. Dies folge daraus, daß der Gutgläubige u.U. Aufwendungen zur Verteidigung seines Erwerbes machen müsse und sich ggf. an einer beabsichtigten Weiterveräußerung der Sache gehindert sehe; zudem sei ein Erwerb vom Nichtberechtigten mit einem *„sittlichen Makel"* behaftet (RGSt 73, 61). Der Bundesgerichtshof ist dieser neueren Linie unter dem Blickwinkel der schadensgleichen **konkreten Vermögensgefährdung** gefolgt, stellt dabei jedoch ganz auf die **Besonderheiten des Einzelfalles** und rein wirtschaftliche Erwägungen ab (BGHSt 3, 370; 15, 83 mit einer deutlichen Absage an die sog. *Makeltheorie*). Ob eine Vermögensbeschädigung i.S. des § 263 zu bejahen oder zu verneinen ist, soll danach wesentlich von den **beteiligten Personen**, der **Art des Vertragsobjekts** und den **sonstigen Umständen** abhängen, unter denen sich Veräußerung und Erwerb abgespielt haben (zum *Prozeßrisiko* vgl. insoweit BGHSt 21, 112).

> Im Schrifttum hat diese Rechtsprechung Kritik wie Zustimmung gefunden (vgl. LK-*Lackner*, StGB, § 263 Rdnr. 201; Sch-Sch-*Cramer*, StGB, § 263 Rdnr. 111). In engen Grenzen wird man ihr folgen können; die Beurteilung im Fall 52 ist daher Tatfrage.

b. 6) Weitere **Einzelfälle**, in denen zweifelhaft sein kann, ob der Betrugstatbestand erfüllt ist, müssen aus Raumgründen dem **Selbststudium** überlassen bleiben. Hinzuweisen ist vor allem auf die Problematik

> des sog. **Anstellungsbetruges**: BGHSt 5, 358; 17, 254; BGH NJW 78, 2042; LK-*Lackner*, StGB, § 263 Rdnr. 235 ff.; *Miehe*, JuS 80, 261;
>
> des Erschwindelns einer **Aufrechnungslage**: BGH NJW 53, 1479; LK-*Lackner*, StGB, § 263 Rdnr. 277;
>
> des Mißbrauchs einer **Einziehungsermächtigung** oder eines **Abbuchungsauftrags**: OLG Hamm JZ 77, 610;
>
> des Betruges bzw. Betrugsversuchs gegenüber einem **Makler**: BGHSt 31, 178; *Bloy*, Anm. JR 84, 123; *Lenckner*, Anm. NStZ 83, 409; *Maaß*, JuS 84, 25;
>
> und der unzulässigen **Preisabsprachen** bei öffentlichen **Ausschreibungen**: BGHSt 16, 367 (= Verneinung des § 263); *Bruns*, NStZ 83, 385.
>
> Den Meinungsstreit über die strafrechtliche Beurteilung des **Scheck- und Kreditkartenmißbrauchs** (Untreue, Betrug und das Vorliegen einer Strafbarkeitslücke standen hier zur Diskussion; vgl. BGHSt 24, 386; 33, 244; *Wessels*, BT-2, 8. Aufl. S. 129) hat das 2. WiKG durch Schaffung eines Sondertatbestandes beendet (§ 266b; näher unten § 18 V).
>
> Zum **Tanken ohne Zahlungsbereitschaft** an Benzinzapfsäulen mit Selbstbedienung siehe oben § 2 IV 4h mit Nachweisen; für § 263 ist hier nur bei einer Täuschung des Tankstellenpersonals durch den Täter Raum (= sog. Besitzbetrug hinsichtlich des Kraftstoffs; näher BGH NJW 83, 2827). Zur Anwendbarkeit des § 255 bzw. des § 240 beim Zufahren auf den im Wege stehenden Tankwart, um mit dem betrügerisch erlangten Benzin das Weite zu suchen, siehe BGH NJW 84, 501 sowie unten § 17 II 4b.

III. Subjektiver Tatbestand

1. Der **Vorsatz** muß sich auf alle Merkmale des objektiven Tatbestandes unter Einschluß der sie verbindenden Kausalbeziehung erstrecken. Eventualvorsatz genügt (BGH MDR 75, 22 bei *Dallinger*), soweit es sich nicht um das Vorspiegeln einer die eigene Person betreffenden inneren Tatsache handelt (RGSt 30, 333; OLG Hamm GA 1957, 220). Daß der Täter sich unter dem Geschädigten eine andere Person als die wirklich benachteiligte vorstellt, schließt den Vorsatz nicht aus (BGH MDR 72, 571 bei *Dallinger*). Nach h.M. muß der Tatbestandsvorsatz auch die Rechtswidrigkeit des vom

§ 13 III 2, 3

Täter erstrebten Vorteils umfassen (BGH MDR 56, 10 bei *Dallinger;* BGHSt 3, 160; *Dreher-Tröndle,* StGB, § 263 Rdnr. 40, 43).

Wer irrig annimmt, daß auf den erstrebten Vermögensvorteil ein fälliger, rechtlich begründeter Anspruch bestehe, befindet sich im Tatbestandsirrtum und handelt in dieser Hinsicht gemäß § 16 I 1 nicht vorsätzlich (vgl. *Lackner,* StGB, § 263 Anm. IX 2b m.w.N.).

2. Die **Absicht,** sich oder einem Dritten einen rechtswidrigen Vermögensvorteil zu verschaffen, ist gegeben, wenn es dem Täter **auf die Erlangung des Vorteils ankommt,** mag dieser von ihm auch nur als Mittel zu einem anderweitigen Zweck erstrebt werden (= sog. *Bereicherungsabsicht* als zielgerichteter Erfolgswille). Nicht erforderlich ist, daß die Vorteilserlangung die eigentliche Triebfeder, das Motiv oder das *in erster Linie* erwünschte Ziel seines Handelns ist (vgl. BGHSt 16, 1 mit kritischer Besprechung *Welzel,* NJW 62, 20; beachte auch BGHSt 18, 246, 248).

Hinsichtlich dieses **Absichtsmerkmals** genügt ein dem *dolus eventualis* entsprechendes Wissen und Wollen nicht, vielmehr muß der Täter den Vorteil für sich oder für einen Dritten **erstreben** (BGHSt 16, 1, 5; BGH MDR 75, 22 bei *Dallinger*). Eventualvorsatz reicht aber *insoweit* aus, als es sich um die **Rechtswidrigkeit** des erstrebten Vorteils handelt (lehrreich dazu BGHSt 31, 178, 181 und OLG Bamberg NJW 82, 778).

Als **Vermögensvorteil** i.S. des § 263 ist **jede günstigere Gestaltung der Vermögenslage** anzusehen, gleichgültig, ob diese in einer Vermehrung der Aktivposten oder im Nichterbringen einer geschuldeten Leistung besteht (vgl. RGSt 50, 277; OLG Stuttgart NJW 62, 502).

§ 263 setzt nicht voraus, daß der Täter den erstrebten Vorteil auch wirklich erlangt. **Vollendet** ist der *vorsätzlich* und in *Bereicherungsabsicht* begangene Betrug schon mit dem **Eintritt der Vermögensbeschädigung** (BGH NJW 84, 987).

3. Der erstrebte Vermögensvorteil muß **objektiv rechtswidrig** sein. Das ist der Fall, wenn auf ihn kein rechtlich begründeter Anspruch besteht (BGHSt 3, 160; 19, 206, 215; 20, 136; OLG Bamberg NJW 82, 778).

Fall 53: Der Gläubiger G hat dem Schuldner S ein Darlehen in Höhe von 800 DM gewährt. Bei Rückzahlung dieses Betrages hat S eine Quittung erhalten, es aber versäumt, sich den Schuldschein von G zurückgeben zu lassen. Einige Zeit darauf ist G verstorben. Sein Alleinerbe E entdeckt den Schuldschein im Nachlaß und besteht gutgläubig auf dessen Einlösung. Schließlich verklagt er den S, der in seinen Unterlagen vergeblich nach der Quittung sucht, auf Rückzahlung des Darlehens. Um die 800 DM nicht noch einmal zahlen zu müssen, stellt S eine unechte Quittung mit der Unterschrift des G her, die er im Prozeß vorlegt. Da niemand an der Echtheit der Quittung zweifelt, wird die Klage des E abgewiesen.

Hat S sich strafbar gemacht?

S hat zur Täuschung im Rechtsverkehr eine unechte Urkunde hergestellt (§ 267; vgl. *Wessels,* BT-1 § 18 III, Fall 46). Fraglich ist, ob auch ein Betrug zum Nachteil des E vorliegt (= sog. *Prozeßbetrug*). Durch Vorlage der unechten Quittung hat S den Richter getäuscht und zur Abweisung der Klage, d.h. zur Vornahme einer irrtumsbedingten Verfügung über das Vermögen des E veranlaßt. Ohne die Täuschungshandlung des S hätte E mit seiner Klage Erfolg gehabt, weil der Besitz des Schuldscheins eine ihm günstige Prozeßlage geschaffen hatte und S nicht imstande war, den ihm obliegenden Beweis für die Rückzahlung des Darlehens zu erbringen. Da zum Vermögen auch wirtschaftliche Werte gehören können, die man **zu Unrecht** innehat, liegt der **Schaden** des E darin, daß seine *prozessuale Erfolgschance* und die damit verbundene *reale Erwerbsaussicht* mit Abweisung der Klage zunichte gemacht wurde. Diesen Erfolg hat S vorsätzlich und in der Absicht herbeigeführt, seine eigene Vermögenslage durch Abwendung seiner Verurteilung günstiger zu gestalten. Gleichwohl entfällt der subjektive Tatbestand des § 263, weil S für sich **keinen „rechtswidrigen" Vorteil** erstrebt hat. Maßgebend dafür, ob ein Vermögensvorteil objektiv rechtswidrig ist oder nicht, ist **allein das sachliche Recht.** Materiellrechtlich war die Klage des E gegen S jedoch **unbegründet,** weil dieser das Darlehen schon zurückgezahlt hatte (vgl. §§ 607, 362 I BGB). Das von S verfolgte Ziel (= Abwendung seiner Verurteilung zur nochmaligen Rückzahlung) stand also mit dem **materiellen Recht** in Einklang. Es wurde seinerseits nicht dadurch rechtswidrig, daß S sich bei seiner Verwirklichung *unerlaubter Mittel* bediente (BGHSt 3, 160; 20, 136; BGH NJW 82, 2265).

Strafbarkeitslücken im Bereich des sog. *Prozeßbetruges* entstehen dadurch nicht, weil die §§ 153 ff. und 267 ff. bei einer Täuschung des Richters für einen ausreichenden Schutz sorgen. Im Fall 53 hat S sich somit nur der **Urkundenfälschung** (§ 267 I) schuldig gemacht.

4. Der Täter muß den rechtswidrigen Vermögensvorteil in der Weise erstreben, daß er **unmittelbar** zu Lasten des **geschädigten Vermögens** geht; der Vorteil muß gewissermaßen die Kehrseite des Schadens bilden (= sog. *„Stoffgleichheit").* Diese **Unmittelbarkeitsbeziehung** ist dann gegeben, wenn Schaden und Vorteil sich in der Weise entsprechen, daß sie **durch einunddieselbe Vermögensverfügung vermittelt** werden, also nicht auf jeweils verschiedene Verfügungen zurückzuführen sind (näher BGHSt 6, 115; 21, 384; OLG Braunschweig NJW 61, 1272; OLG Saarbrücken NJW 68, 262; LK-*Lackner*, StGB, § 263 Rdnr. 265 ff.).

Praktische Bedeutung gewinnt dies vor allem dort, wo **Provisionsvertreter** Kunden mittels Täuschung zu Bestellungen veranlassen, um von ihrer Firma für die angeblich ordnungsgemäß erlangten Aufträge vorschußweise Provision zu kassieren. Betrug zum Nachteil der **Kunden** ist hier unschwer zu begründen, wenn man beachtet, daß der Täter (auch) in der Absicht handelt, zunächst **seiner Firma** einen rechtswidrigen Vermögensvorteil in Gestalt der **erschlichenen Bestellungen** zu verschaffen (= sog. *fremdnütziger* Betrug, bei dem die Bestellung seitens der Kunden auf der einen Seite den Schaden und auf der anderen Seite den Vermögensvorteil bewirkt; vgl. BGHSt 21, 384; OLG Braunschweig NJW 61, 1272).

IV. Strafbarkeit und Verfolgbarkeit

1. **Mitbestrafte Nachtat** ist ein Betrug, wenn er nur die bereits aus einem Eigentums- oder Vermögensdelikt erlangten Vorteile sichern soll, ohne daß der Täter einen neuen selbständigen Vermögensschaden verursacht. Dies gilt insbesondere dort, wo der Vortäter durch falsche Angaben gegenüber dem Verletzten die Geltendmachung von Rückgewähr- oder Schadensersatzansprüchen vereitelt (= sog. **Sicherungsbetrug:** BGH GA 1957, 409; 1958, 369, 1961, 83; LK-*Lackner*, StGB, § 263 Rdnr. 334 ff.; *Schröder,* MDR 50, 398).

2. In **besonders schweren Fällen** droht § 263 III (ohne Nennung von Regelbeispielen) Freiheitsstrafe von einem Jahr bis zu zehn Jahren an. Maßgebend dafür ist, ob das gesamte Tatbild unter Einschluß der subjektiven Momente und der Täterpersönlichkeit vom Durchschnitt der gewöhnlich vorkommenden Fälle derart abweicht, daß die

§ 13 IV 3; V 1

Anwendung des verschärften Strafrahmens geboten erscheint. In Betracht kommt das u.a. bei *gewerbsmäßigem* Handeln oder bei einer *fortgesetzten* Tat, wenn die Zahl der Einzelakte, die Art der Begehung, die Höhe des angerichteten Schadens oder der Umfang von Verschleierungsmaßnahmen auf eine gesteigerte kriminelle Energie schließen läßt (vgl. BGH NStZ 81, 391). Die Tat bleibt auch hier Vergehen (§ 12 III). Die Ausschlußklausel des § 243 II gilt entsprechend (§ 263 IV).

3. Zum **Strafantragserfordernis** beim sog. *Bagatellbetrug* sowie beim Haus- und Familienbetrug vgl. § 263 IV. Im letztgenannten Fall kommt als Antragsberechtigter nur der Geschädigte, nicht auch der davon personenverschiedene Getäuschte in Betracht (vgl. RGSt 74, 167).

V. Computerbetrug

1. § 263a ist durch das 2. WiKG vom 15. 5. 1986 (BGBl I 721) in das StGB eingefügt worden. Die Vorschrift stellt neue Manipulationsformen zum Nachteil fremden Vermögens unter Strafe, deren Besonderheit im Vergleich zum Betrug (§ 263) darin besteht, daß hier nicht ein Mensch getäuscht und zu einer irrtumsbedingten Vermögensverfügung veranlaßt wird. § 263a übernimmt infolgedessen aus § 263 zwar den kompletten subjektiven Tatbestand und das Merkmal der Vermögensbeschädigung, ersetzt die dort vorgesehene Täuschungshandlung jedoch durch eine Reihe weit gefaßter Computermanipulationen.

> Nach § 263a wird bestraft, wer vorsätzlich und in der Absicht, sich oder einem Dritten einen rechtswidrigen Vermögensvorteil zu verschaffen, das **Vermögen** eines anderen dadurch **beschädigt**, daß er das **Ergebnis eines Datenverarbeitungsvorganges** durch unrichtige Gestaltung des Programms, durch Verwendung unrichtiger oder unvollständiger Daten, durch unbefugte Verwendung von Daten oder sonst durch unbefugte Einwirkung auf den Ablauf **beeinflußt.** Der Versuch ist mit Strafe bedroht; nach § 263a II gilt § 263 II–V entsprechend.

Den recht allgemein gehaltenen Begriff des „Datenverarbeitungsvorganges" erläutert das Gesetz nicht. Er ist weit auszulegen; seine Klärung im einzelnen ist Aufgabe von Rechtsprechung und Wissenschaft. Eine „Beeinflussung" seines Ergebnisses liegt vor, wenn die in § 263a genannten Tathandlungen in den Verarbeitungsvorgang des Computers Eingang finden, seinen Ablauf irgendwie (sei es auch nur in zeitlicher Hinsicht) mitbestimmen und eine Vermögensdisposition auslösen. Unmittelbare Folge der in dieser Weise beeinflußten Vermögensdisposition muß die Beschädigung fremden Vermögens sein. In subjektiver Hinsicht deckt § 263a sich mit der in § 263 getroffenen Regelung. Der Wille des Täters muß hier darauf gerichtet sein, gerade durch das Ergebnis des manipulierten Datenverarbeitungsvorganges einen rechtswidrigen Vermögensvorteil zu erlangen (= sog. „Stoffgleichheit" zwischen dem erstrebten Vorteil und der Vermögensbeschädigung).

> § 263a erfaßt insbesondere die unrichtige Gestaltung des Computerprogramms, dessen Verfälschung sowie sonstige Einwirkungen auf den Arbeitsablauf durch Unbefugte unter Einschluß der mißbräuchlichen Verwendung von Daten. Beispiele: Jemand bewirkt durch eine entsprechende Computermanipulation, daß auf von ihm eingerichtete Konten Kindergeld-, Gehalts- oder Rentenbeträge für nicht existierende Personen überwiesen werden. Oder: Ein Lohnbuchhalter, der sich regelmäßig Vorschüsse auf sein Gehalt zahlen läßt, programmiert den Computer so, daß dieser allmonatlich die Tilgung der betreffenden Vorschüsse ausweist (lehrreich dazu *Sieg*, Jura 86, 352).

Der Tatbestand des § 263a ist dagegen mangels erstrebter Vermögensverschiebung nicht erfüllt, wenn ein von der Konkurrenz bestochener Programmierer die Datenverarbeitungsanlage durch eine Fehlprogrammierung vorsätzlich lahmlegt, oder wenn der Vermögensschaden darin besteht, daß der Computer infolge der Manipulation falsche Arbeitsergebnisse liefert, die gerade ihrer Mangelhaftigkeit wegen unverwertbar sind. In Fällen dieser Art bedarf es der Prüfung, ob andere Strafvorschriften (wie z. B. § 303b) eingreifen.

2. § 263a erfaßt jetzt auch den schon oben (§ 2 IV 4f) erörterten **Mißbrauch von Geldautomatenkarten.** Dies hat der Gesetzgeber dadurch klargestellt, daß er die ursprüngliche Entwurfsfassung um die Modalität der **unbefugten Verwendung von Daten** erweitert hat (BT-Drucks. 10/5058 S. 30). Daten im Sinne des § 263a sind zweifelsfrei die dem Kontoinhaber zugeteilte Geheimnummer und die im Magnetstreifen der Karte gespeicherten Informationen. **Beeinflußt** wird das Ergebnis des Datenverarbeitungsvorganges nicht nur, wenn es sich in Form eines Widerspruchs zwischen Ist- und Sollbeschaffenheit als inhaltlich unrichtig erweist, sondern auch dann, wenn **sein Zustandekommen** von der unbefugten Datenverwendung abhängt. Zweck dieser Tatbestandsmodalität ist es gerade, einem solchen **Computermißbrauch** vorzubeugen und fragwürdige Ersatzkonstruktionen, zu denen Amts- und Landgerichte gegriffen haben, künftig entbehrlich zu machen (zur umstrittenen Anwendbarkeit des § 242 bzw. des § 246 siehe insoweit z. B. AG Gießen NJW 85, 2283; AG Hamburg NJW 86, 945; LG Karlsruhe NStZ 86, 71; zutreffend dagegen u.a. *Huff,* NJW 86, 902).

Die Bedenken, die unlängst *Kleb-Braun* (JA 86, 249, 259) gegen die Anwendbarkeit des § 263a auf Fälle dieser Art geäußert hat, sind unbegründet. Sie lassen sich insbesondere nicht daraus herleiten, daß § 263a aufgrund der im Gesetzgebungsverfahren erfolgten Erweiterung seiner Fassung jetzt auch die vertragswidrige, unbefugte Verwendung der Geldautomatenkarte **durch den Kontoinhaber selbst** mit Strafe bedroht, sofern dieser den ihm eingeräumten Kreditrahmen bereits ausgeschöpft hatte und ein Versagen der vom Geldinstitut getroffenen Sicherheitsvorkehrungen vorsätzlich mit dem Ziel ausnutzt, sich über Geldautomaten soviel Bargeld wie möglich zu verschaffen (vgl. als Beispiele dazu den Sachverhalt in den Entscheidungen LG Karlsruhe NStZ 86, 71 und AG Hamburg NJW 86, 945). Daran, daß auch ein vom Kontoinhaber begangener Computermißbrauch Strafe verdient, kann man ernsthaft nicht zweifeln.

Der Sondertatbestand des § 263a erfaßt des weiteren die mißbräuchliche, zu einer Vermögensbeschädigung führende und zu Bereicherungszwecken erfolgende Benutzung des sog. Btx-Systems (vgl. BT-Drucks. 10/5058 S. 30; näher zum Ganzen *Möhrenschlager,* wistra 86, 128).

§ 14 ABGRENZUNG ZWISCHEN BETRUG UND DIEBSTAHL

Fall 54: A klingelt bei Frau F an der Etagentür. Als sie öffnet, überrascht er sie durch die Mitteilung, daß sie im letzten Rechnungsjahr zuviel Lichtgeld bezahlt habe und mit einer Rückzahlung rechnen könne, weil ihr Stromzähler beim Einschalten bestimmter Geräte infolge eines Defekts einen zu hohen Verbrauch anzeige; er komme im Auftrag des E-Werkes, um den Zähler zu überprüfen. Aufgrund dieser frei erfundenen Angaben verschafft A sich Zutritt zur Wohnung. Während F nach seinen Anweisungen auf dem Flur den Zähler beobachtet und ihn durch Zuruf über Lauf oder Stillstand der Zählerscheibe unterrichtet, schaltet A in den einzelnen Räumen alle Lichtquellen und Elektrogeräte ein und aus. Dabei sucht er rasch nach Geld, Schmuck und sonstigen Wertgegenständen; was er für mitnehmenswert hält, steckt er ein. Mit dem Hinweis, daß ein neuer Zähler eingebaut werden müsse, den er noch im Laufe des Tages besorgen werde, entfernt er sich schließlich. Erst geraume Zeit später entdeckt F, daß sie auf einen Schwindler hereingefallen ist und einen erheblichen Verlust erlitten hat.

Ist F einem Betrug oder einem Diebstahl zum Opfer gefallen?

I. Sachbetrug und Trickdiebstahl

1. Die Abgrenzung zwischen dem sog. **Sachbetrug** und dem mit einer Täuschung verbundenen sog. **Trickdiebstahl** betrifft die Frage nach dem Vorliegen einer **Vermögensverfügung** i.S. des § 263 oder einer **Wegnahme** i.S. des § 242. Kennzeichnend für den Betrug ist, daß die Vermögensbeschädigung auf einer **Vermögensverfügung** beruht, die das Ergebnis eines irrtumsbedingten, durch Überlistung erschlichenen **Willensentschlusses** des Getäuschten ist und die sich *ohne weitere deliktische Handlung des Täters* unmittelbar vermögensmindernd auswirkt. Im Gegensatz dazu wird der Schaden des Verletzten beim Diebstahl durch den **eigenmächtigen Zugriff** des Täters auf die Sache, d.h. durch deren **Wegnahme** und den damit eintretenden Gewahrsamsverlust herbeigeführt. Daraus folgert die h.M., daß ein einheitlicher tatsächlicher Vorgang in bezug auf dieselbe Sache und gegenüber demselben Vermögensträger nicht Betrug und vollendeter Diebstahl zugleich sein kann, daß sich diese Tatbestände vielmehr **gegenseitig ausschließen**.

> Grundlegend BGHSt 17, 206; 18, 221; *Geppert*, JuS 77, 69; LK-*Lackner*, StGB, § 263 Rdnr. 101–116; *Otto*, Zur Abgrenzung von Diebstahl, Betrug und Erpressung bei der deliktischen Verschaffung fremder Sachen, ZStW 79, 59; *Rengier*, JuS 81, 654; *Roxin/Schünemann*, JuS 69, 372, 376. Zur Gegenansicht, die Tateinheit zwischen Betrug und Diebstahl für möglich hält, siehe *Herzberg*, ZStW 89, 367; *Joecks*, Zur Vermögensverfügung beim Betrug, 1982, S. 122, 137; *Lenckner*, Anm. JZ 66, 320, 321; *Schröder*, Über die Abgrenzung des Diebstahls von Betrug und Erpressung, ZStW 60, 33; SK-*Samson*, StGB, § 263 Rdnr. 200. Vgl. zu diesem Fragenkreis auch *Backmann*, Die Abgrenzung des Betrugs von Diebstahl und Unterschlagung, 1974 (berechtigte Einwände gegen dessen Konzeption bei *Gössel*, JA 76, 463 und bei *Maiwald*, ZStW 91, 923).

Im einzelnen kommen im Grenzbereich zwischen §§ 263, 242 für die rechtliche Einordnung der Tat folgende **Kriterien** in Betracht: Das Vorliegen einer **Vermögensverfügung, die Unmittelbarkeitsbeziehung** zwischen ihr und dem Schadenseintritt, die Art und Weise ihres **Zustandekommens** sowie das Vorhandensein einer **Obhuts-** oder **Nähebeziehung** des Getäuschten zu der Sache, um deren Erlangung es dem Täter geht. Letzteres wird insbesondere bei der Unterscheidung zwischen Betrug und Diebstahl in mittelbarer Täterschaft bedeutsam.

> Im Fall 54 hat A die F erfolgreich getäuscht. Darin allein, daß diese ihm den Zutritt zu ihrer Wohnung gestattet hat, liegt jedoch noch **keine Vermögensverfügung** im Sinne eines auf ihre wirtschaftlichen Güter einwirkenden Verhaltens. Darüber hinaus ist F auch erst durch ein **weiteres eigenmächtiges Handeln** des A (= Wegnahme des Geldes und der sonstigen Wertsachen) **geschädigt** worden. A hat daher keinen Betrug, sondern einen **Diebstahl** begangen (= sog. *Trickdiebstahl*). Lehrreich dazu BGH MDR 74, 15 bei *Dallinger*.

Diebstahl statt Betrug ist ferner dann anzunehmen, wenn das Verhalten des Getäuschten in der Aushändigung einer Sache **ohne vollständigen Gewahrsamswechsel** besteht, so daß die fortbestehende Gewahrsamsbeziehung des Berechtigten vom Täter noch durch ein **weiteres eigenmächtiges Handeln** beseitigt werden muß.

Fall 55: Der arbeitsscheue A hat sich eine Schirmmütze mit der Aufschrift „Gepäckträger" besorgt, die er bei passender Gelegenheit aufsetzt, um Reisenden auf dem Weg vom Bahnsteig zum Wartesaal seinen „kostenlosen Trägerdienst" anzubieten. Auf diese Weise und durch die wahrheitswidrige Behauptung, daß sie ihr Gepäck nicht in den Wartesaal mitnehmen dürfe, veranlaßt A die Reisende R, ihren Koffer in einem Schließfach der Bahnhofshalle unterzubringen. Nachdem R ihm eine 0,50-DM-Münze zum Einwerfen übergeben hat, stellt A ihren Koffer in ein Fach mit der Nr. 700, zieht den Schlüssel ab und händigt der ahnungslosen R den Schlüssel zu einem anderen (leeren) Schließfach aus. Während R sich im Wartesaal aufhält, holt A ihren Koffer aus dem Schließfach und verschwindet damit.
Betrug oder Diebstahl hinsichtlich des Koffers?

Ihren Gewahrsam am Koffer hat R nicht dadurch verloren, daß der Schließfachschlüssel in der Hand des A verblieben ist und sie es (unbewußt) unterlassen hat, die Herausgabe des richtigen Schlüssels zu verlangen. Unter den hier gegebenen Umständen ist lediglich eine **Gewahrsamslockerung** eingetreten. Das irrtumsbedingte Verhalten der R hat dem A nur die **Möglichkeit** verschafft, den Koffer im Wege des nachfolgenden Gewahrsamsbruchs an sich zu bringen und die R durch diese Wegnahmehandlung zu schädigen. Selbst wenn man in dem Unterlassen der R rein begrifflich eine Vermögensverfügung erblickt, fehlt es an der erforderlichen **Unmittelbarkeitsbeziehung** zwischen diesem Verhalten und der Vermögensbeschädigung. Demnach hat A sich nicht des Betruges, sondern des **Diebstahls** schuldig gemacht (näher BGH MDR 66, 199 bei *Dallinger* mit weiteren Beispielen; BGH MDR 68, 772).

Ebenso verhält es sich im **Brieftaschenfall** (OLG Köln MDR 73, 866), dem folgender Sachverhalt zugrunde lag: Im Foyer eines Konzerngebäudes wollte A sich eine Zigarette anzünden und begann, in seinen Taschen danach zu suchen. Dabei nahm er seine Brieftasche mit 38 000 DM aus dem Jackett. Da er in der anderen Hand einen Gegenstand hatte, bat er seinen Bekannten B, die Brieftasche für einen Moment zu halten. B kam dieser Bitte nach, faßte aber sogleich den Entschluß, sich das Geld des A anzueignen. Unter dem Vorwand, er müsse mal eben telefonieren, komme aber sofort zurück und werde dann auch Zigaretten mitbringen, entfernte er sich, ohne daß A Veranlassung sah, sich die Brieftasche zurückgeben zu lassen. B begab sich zum Ausgang, eilte zum Flugplatz und flog mit seiner Beute nach Italien. Später wurde er gefaßt und in erster Instanz wegen Betruges zum Nachteil des A verurteilt. Auf seine Revision änderte das OLG Köln den Schuldspruch zutreffend dahin ab, daß ihm ein **Diebstahl** zur Last falle (= Wegnahme der Brieftasche mit Inhalt durch Aufhebung des fortbestehenden, lediglich *gelockerten* Gewahrsams des A; anders, indessen fehlgehend *Bittner*, JuS 74, 156; richtig dagegen *Blei*, JA 74, 318).

Um einen Diebstahl und nicht um einen Betrug handelte es sich auch im **Autowäscherfall** (BGH VRS 48, 175), in welchem der Getäuschte seinen Pkw in die Tiefgarage eines Kaufhauses gefahren und dort einem angeblichen Kaufhausangestellten auf dessen Behauptung hin ausgehändigt hatte, daß die Kaufhaustankstelle gerade eine kostenlose „Wasch-Werbewoche" durchführe. Während der anschließenden Spazierfahrt, um deren Ermöglichung es ihm (ohne Rückführungswillen) allein ging, verursachte der Täter mit dem Pkw des in dieser Weise geprellten Eigentümers mehrere Unfälle, bis er ihn schließlich irgendwo stehen ließ. Zu der Frage, ob hier eine Weggabe (= § 263) oder eine Wegnahme (= § 242) vorgelegen habe und ob der Betroffene mit einem etwaigen Gewahrsamswechsel einverstanden gewesen sei, führt der BGH (nach dem Hinweis, daß auch ein *erschlichenes* Einverständnis den Tatbestand des § 242 ausschließen könne) u.a. folgendes aus: „Das durch Täuschung erlangte Einverständnis muß sich jedoch auf die erstrebte Gewahrsamsänderung in ihrem *vollen* Umfang erstrecken. Willigt der Getäuschte nur in eine **Lockerung** seines Gewahrsams ein und muß der Täter daher noch durch eine weitere, *eigenmächtige* Handlung den vorbehaltenen Gewahrsamsrest brechen, so liegt darin eine **Wegnahme** der Sache. Die ihr vorausgegangene *Vermögensgefährdung* durch Ermöglichung des Diebeszugriffs ist nicht schon als **Schaden** im Sinne des Betrugstatbestandes anzusehen." (Der BGH führt a.a.O. dann weiter aus, daß die Übergabe der Fahrzeugschlüssel an den Täter hier keinen Gewahrsamswechsel am Pkw bewirkt, sondern nur eine **Gewahrsamslockerung** zur Folge gehabt habe).

Probleme ähnlicher Art wirft auch das Stellen einer sog. **Wechselgeldfalle** auf, wo es indessen einer differenzierten Betrachtungsweise bedarf (bitte dazu lesen: RG JW 19, 321 mit Anm. *Köhler;* OLG Celle NJW 59, 1981; *Roxin/Schünemann,* JuS 69, 372).

2. Bei einer **vorgetäuschten Beschlagnahme** durch angebliche Kriminalbeamte usw. ist nicht das *äußere Erscheinungsbild* des Gebens oder Nehmens, sondern allein die Frage entscheidend, ob die irrtumsbedingte Hingabe der Sache oder die Duldung ihrer Wegnahme **auf einer innerlich freien Willensentschließung des Getäuschten beruht** oder nicht.

Fall 56: Der Kassenbote B hat im Auftrag des Firmeninhabers F Lohngelder bei einer Bank abzuholen. Als er die Bank wieder verläßt, tritt A auf ihn zu, gibt sich als Kriminalbeamter aus und fordert ihn unter Vorzeigen einer gefälschten Dienstmarke auf, ihm die Aktentasche mit den Lohngeldern in Höhe von rd. 20 000 DM auszuhändigen, da diese „wegen des Verdachts der Steuerhinterziehung beschlagnahmt" seien. B erwidert, er könne der Aufforderung ohne vorherige Rückfrage bei F nicht nachkommen. Dem Hinweis des A, daß alles vom Polizeipräsidium aus geklärt werde und daß er ihm dorthin folgen müsse, schenkt B Glauben. Im Präsidium durchquert A mit B mehrere Abteilungen; schließlich weist er ihn an, auf der Bank vor dem Dienstzimmer des Polizeipräsidenten Platz zu nehmen, ihm die Aktentasche zu übergeben und zu warten, bis er hereingerufen werde. B tut, was A von ihm verlangt. Dieser selbst geht durch eine Flügeltür weiter und verschwindet sodann mit seiner Beute durch einen Notausgang.
Betrug oder Diebstahl?

Hier könnte man geneigt sein, in der Übergabe der Aktentasche an A eine *Verfügung* des B über das Vermögen des F zu erblicken, weil damit ein *vollständiger Gewahrsamswechsel* verbunden war und das äußere Erscheinungsbild auf das Vorliegen einer Gewahrsamsübertragung hindeutet. Dem steht jedoch entgegen, daß B sich nur der Staatsgewalt und dem vermeintlich von ihr ausgehenden Zwang hat fügen wollen. Ist der Getäuschte (wie B) mit dem Gewahrsamsverlust **nicht** *aus freien Stücken* **einverstanden,** nimmt er ihn vielmehr nur unter dem **Druck der Vorstellung** hin, daß **Widerstand nicht zulässig oder zwecklos** sei, so liegt keine *freiwillig* zustande gekommene Vermögensverfügung i.S. des § 263, sondern eine **Wegnahme** i.S. des § 242 vor. Daran ändert sich auch dann nichts, wenn der Getäuschte an der Gewahrsamsänderung durch aktives Tun selbst mitwirkt (z.B. durch Öffnen von Behältnissen, Hingabe der *„beschlagnahmten"* Sache usw.). Maßgebend ist allein, daß sein diesbezüglicher Beitrag **nicht das Ergebnis eines innerlich freien Willensentschlusses,** sondern eine Folge des ihn bedrängenden **Zwanges** ist (näher BGHZ 5, 365; BGH NJW 52, 796 Nr. 26; 53, 73; OLG Hamburg HESt 2, 19 mit gleichzeitiger Verneinung einer Erpressung; LK-*Lackner,* StGB, § 263 Rdnr. 101; Sch-Sch-*Cramer,* StGB, § 263 Rdnr. 63 m.w.N.).

§ 14 I 2

> Rechtsprechung und Rechtslehre begründen die Verneinung eines Betruges hier zumeist damit, daß es an einer *freiwilligen* Vermögensverfügung i.S. des § 263 fehle (vgl. BGHZ 5, 366; *Geppert*, JuS 77, 69; *Küper*, Anm. NJW 70, 2235). Die Entscheidung BGHSt 18, 221 (223) formuliert diesen Standpunkt wie folgt: „Es trifft zu, daß die innere Willensrichtung des Verletzten für die Grenzziehung zwischen Betrug und Diebstahl maßgebend sein kann. Duldet dieser die Wegnahme, so kann darin eine Verfügung i.S. des Betrugstatbestandes nur gesehen werden, wenn das Dulden auf einem freien Willensentschluß beruht, mag er auch durch einen Irrtum beeinflußt sein. Wird dagegen der Gewahrsam *ohne sein Einverständnis* aufgehoben, so liegt nicht Betrug, sondern Diebstahl vor. Einen solchen nimmt die Rechtsprechung deshalb auch dann an, wenn der Täter durch die falsche Behauptung einer behördlichen Beschlagnahme die Herausgabe einer fremden beweglichen Sache fordert und sie erreicht, selbst wenn das Opfer die Wegnahme nicht nur duldet, sondern die Sache dem Täter auf dessen Verlangen aushändigt; denn hier ist für einen eigenen, *freien* Willensentschluß des Opfers, das sich dem Zwang fügt, kein Raum."

Diese Verknüpfung des Kriteriums der *Freiwilligkeit* mit dem Verfügungsbegriff des § 263 läßt sich indessen, so einleuchtend und sachgerecht sie in den *Beschlagnahmefällen* auch sein mag, nicht ohne weiteres verallgemeinern und auf anders geartete Sachverhalte übertragen (kritisch insoweit *Arzt/Weber*, BT/3 Rdnr. 426; *Herzberg*, JuS 72, 570; *Rengier*, JuS 81, 654). Zwar ist es richtig, daß es *freiwillige* und *unfreiwillige* Vermögensverfügungen gibt und daß am objektiven Tatbestand des § 263 nicht zu zweifeln ist, wenn jemand einer Täuschung zum Opfer fällt und aufgrund eines innerlich freien, irrtumsbedingten Entschlusses einen Gegenstand aus seinem Vermögen weggibt. Aus diesem regelmäßig oder doch häufig anzutreffenden Erscheinungsbild des Betruges darf aber nicht gefolgert werden, daß es stets und unter allen Umständen an einer Vermögensverfügung i.S. des § 263 fehle, wenn die Willensentschließung des Getäuschten nicht *frei von innerem Zwang* gewesen ist.

> Das beweist die Entscheidung BGHSt 7, 197 mit folgendem Sachverhalt: Frau F hatte zu dem in bestem Rufe stehenden Kaufmann K ehebrecherische Beziehungen unterhalten, aus denen ein (kurz nach der Geburt gestorbenes) Kind hervorgegangen war. Um das Ansehen des K zu schonen, hatte F den im Jahre 1944 gefallenen B (einen Bruder ihrer Freundin) als Erzeuger angegeben. In der Absicht, ihren Vater und sich auf Kosten des K zu bereichern, spiegelte F dem K nach dem Ende des Krieges vor, der als gefallen gemeldete B sei plötzlich zurückgekehrt und verlange jetzt von ihr Schweigegeld; er habe ihr angedroht, im Weigerungsfalle alles an die Öffentlichkeit zu bringen und insbesondere die Familie des K über das Vorgefallene zu informieren. K glaubte der F und zahlte an sie insgesamt 16 000 Reichsmark Schweigegeld, um die ihm peinlichen Enthüllungen seitens des B abzuwenden. Der BGH hat hier die Auffassung der Strafkammer gebilligt, daß F sich nicht der Erpressung, sondern des Betruges zum Nachteil des K schuldig gemacht habe. Eine Drohung i.S. des § 253 habe nicht vorgelegen, weil F nicht den Eindruck erweckt habe, daß der Eintritt des Übels von *ihrem* Willen abhängig sei (vgl. dazu *Wessels*, BT-1 § 8 III 3). F habe vielmehr die Rolle einer Hilfesuchenden gespielt, die selbst vor der Ausführung einer erpresserischen Drohung habe geschützt werden wollen. Daß F durch die Täuschung in K die Vorstellung eines ihm (angeblich von B) drohenden Übels hervorgerufen und ihn so **in eine Zwangslage versetzt** habe, genüge nicht zur Bestrafung wegen Erpressung, lasse aber eine Bestrafung **wegen Betruges** zu.

Wenn die Anwendbarkeit des § 263 hiernach nicht daran scheitert, daß der Täter (ohne dabei zu den Mitteln des § 253 zu greifen) sein Opfer durch Täuschung in eine psychische Zwangslage versetzt, läßt sich die These, daß § 263 eine *freiwillige* Vermögensverfügung voraussetzt, nicht ohne Einschränkung durchhalten. Infolgedessen erscheint es in den **Beschlagnahmefällen** empfehlenswert, das allgemein für richtig gehaltene Ergebnis (= Bestrafung **wegen Diebstahls** statt wegen Betruges) primär aus den Merkmalen des Diebstahlstatbestandes abzuleiten, die Lösung somit beim **Wegnahmebegriff** des § 242 und nicht lediglich bei dem schillernden, in vielfacher Hinsicht umstrittenen Verfügungsbegriff des § 263 zu suchen (so auch OLG Hamburg HESt 2, 19). Maßgebend ist dann, nunmehr freilich unter dem Blickwinkel des tatbestandsausschließenden Einverständnisses und einer eventuellen Zustimmung des Betroffenen zur Gewahrsamsänderung, die *Freiwilligkeit* oder *Unfreiwilligkeit* des **Gewahrsamsverlustes**. Zur Bejahung einer **Wegnahme** genügt es anerkanntermaßen, daß der Gewahrsam ohne den Willen des Gewahrsamsinhabers aufgehoben wird, der Gewahrsamswechsel also **ohne dessen Einverständnis** erfolgt. Wer eine angebliche Beschlagnahme duldet oder daran in der Weise aktiv mitwirkt, daß er Türen oder Behältnisse öffnet, den Aufbewahrungsort bestimmter Sachen nennt oder diese dem Täter gar auf dessen Verlangen aushändigt, erklärt dadurch aber nicht etwa sein Einverständnis zu dem, was geschieht, sondern beugt sich nur dem vermeintlichen Zwang in der Vorstellung, Widerstand sei nicht zulässig und daher zwecklos. Bejaht man so die *Unfreiwilligkeit* des Gewahrsamsverlustes und das Vorliegen einer Wegnahme i.S. des § 242, ist für einen Rückgriff auf § 263 kein Raum mehr (vgl. BGHSt 17, 206, 209), das Ergebnis somit zugleich auch in jener Hinsicht vorgezeichnet.

Die Empfehlung, bei **Beschlagnahmefällen** in Übungs- und Examensarbeiten nicht von § 263 auszugehen, sondern erst § 242 zu prüfen (*Arzt/Weber*, BT/3 Rdnr. 427, 429), hat demnach einiges für sich. Entscheidend ist freilich nicht der Lösungsweg als solcher, sondern das klare, vollständige **Erfassen des Sachproblems**. Erst das bewahrt den Bearbeiter davor, sich mit einer *schematischen* Subsumtion des Sachverhalts unter die eine oder andere Gesetzesvorschrift zu begnügen und seine Gedanken zu Papier zu bringen, bevor er sich durch eine **Kontrollüberlegung** in *beiden* Richtungen (d.h. zu § 242 und zu § 263) Gewißheit darüber verschafft hat, daß sein Ergebnis einer kritischen Überprüfung standhält (siehe dazu *Wessels*, AT § 19 II 3).

II. Diebstahl in mittelbarer Täterschaft und sog. Dreiecksbetrug

Fall 57: A ist aus Langeweile auf den Bahnsteig des Hauptbahnhofs gegangen, um dem dortigen Treiben zuzuschauen. Dabei beobachtet er, daß der Reisende R sich zu einem Verkaufsstand begibt und seinen Koffer unbeaufsichtigt zurückläßt. Auf diesen Koffer zeigend, erteilt A dem gerade vorbeikommenden Gepäckträger G den Auftrag, ihm „seinen" Koffer zum Ausgang zu tragen, was auch geschieht. Dort entlohnt A den gutgläubigen G und macht sich mit seiner Beute aus dem Staube.

Fall 58: A hat durch Zufall erfahren, daß Frau F das Pelzhaus P telefonisch beauftragt hat, ihren Persianermantel abzuholen und um 20 cm zu verlängern. Er wartet ab, bis F das Haus verläßt. Sodann meldet er sich bei dem Hausmädchen H, gibt sich als Bote des P aus und läßt sich von der gutgläubigen H den Pelzmantel der F übergeben, den er umgehend in Hehlerkreisen absetzt.

Betrug oder Diebstahl in mittelbarer Täterschaft?

1. Beim Betrug kann die Verfügung des Getäuschten sein eigenes Vermögen oder das eines Dritten schädigen. Verfügender und Geschädigter brauchen nicht identisch zu sein (siehe oben § 13 II 3).

Nur *Getäuschter* und *Verfügender* müssen personengleich sein, weil es sonst an der durchlaufenden Kausalkette zwischen den objektiven Tatbestandsmerkmalen des § 263 fehlen würde (vgl. oben § 13 I).

Daraus ergibt sich die Möglichkeit eines sog. **Dreiecksbetruges,** an dem drei Personen beteiligt sind (= der Täter, der irrtumsbedingt Verfügende und der Geschädigte), dessen Konstruktion aber voraussetzt, daß der Getäuschte **rechtlich** oder (aufgrund einer besonderen Nähebeziehung zum betroffenen Vermögen) **rein tatsächlich** imstande war, über das Vermögen des Dritten zu **verfügen** (vgl. BGHSt 18, 221; BayObLG GA 1964, 82; *Geppert*, JuS 77, 69; *Herzberg*, ZStW 89, 367; LK-*Lackner*, StGB, § 263 Rdnr. 65; Sch-Sch-*Cramer*, StGB, § 263 Rdnr. 65). Die Abgrenzung eines solchen Dreiecksbetruges vom **Diebstahl in mittelbarer Täterschaft** im Bereich der *listigen* Sachverschaffung stößt auf Schwierigkeiten und hat zahlreiche Kontroversen ins Leben gerufen. Veranlaßt der Täter den von ihm Getäuschten beispielsweise zur Hingabe einer Sache, die einem Dritten gehört, so hängt die rechtliche Beurteilung und deliktische Einordnung der Tat davon ab, ob man das Vorliegen einer **Vermögensverfügung** i.S. des § 263 bejaht (Beispiel: BGHSt 18, 221) oder ob man annimmt, der Getäuschte habe nur die Rolle des *gutgläubigen Werkzeugs* bei einem **Gewahrsamsbruch** und einer (vom Hintermann inszenierten) **Wegnahme** i.S. des § 242 gespielt (vgl. dazu OLG Stuttgart JZ 66, 319 mit zust. Anm. *Lenckner,* wo die ahnungslose Zimmerwirtin die Fahrzeugschlüssel zum Volkswagen ihrer gerade abwesenden Untermieterin aus deren Zimmer geholt und sie an eine Schwindlerin ausgehändigt hatte, der lediglich ein Verstoß gegen § 248b zur Last fiel, weil sie den fremden VW nach eintägigem Gebrauch wieder zurückgeben wollte und dies auch getan hat).

Nach allgemein anerkannter Auffassung liegt keine Wegnahme, sondern eine **Vermögensverfügung** i.S. des § 263 vor, wenn der Getäuschte bei seiner Einwirkung auf das fremde Vermögen Rechtshandlungen vornimmt oder Gewahrsamsdispositionen trifft, zu denen er kraft Gesetzes, behördlichen Auftrags, Rechtsgeschäfts oder einer zumindest stillschweigend erteilten Ermächtigung **rechtlich befugt** war (z.B. als Konkursverwalter, Testamentsvollstrecker, gesetzlicher Vertreter, Bevollmächtigter oder im Rahmen einer damit vergleichbaren Stellung). Ist die Sachüberlassung, um deren Beurteilung es geht, durch eine derartige Handlungsbefugnis gedeckt, so schließt das **Einverständnis des Getäuschten mit dem Gewahrsamsübergang** eine *Wegnahme* in derselben Weise aus wie das Einverständnis des Sacheigentümers. Fraglich und umstritten ist indessen, ob das Verhalten des Getäuschten dem Vermögensinhaber nur in Fällen dieser Art, d.h. ausschließlich dann (wie eine eigenhändige Weggabe) zugerechnet werden darf, wenn es sich auf eine entsprechende Ermächtigungsgrundlage stützen kann (so die von einer Mindermeinung vertretene **Ermächtigungs-** oder **Befugnistheorie:** *Amelung*, GA 1977, 1, 14; *Backmann*, Die Abgrenzung des Betrugs von Diebstahl und Unterschlagung, 1974, S. 127 ff.; *Joecks*, aaO. S. 131, 135; *Krey*, BT/2 Rdnr. 413, 417; *Schünemann*, GA 1969, 46; SK-*Samson*, StGB, § 263 Rdnr. 92 ff.; ähnlich, aber weniger streng *Otto*, ZStW 79, 59, 84). Diese zivilrechtlich orientierte Befugnistheorie paßt jedoch nicht zu dem *wirtschaftlich* ausgerichteten Vermögens- und Verfügungsbegriff des § 263. Gegen sie spricht, daß sie der Vermögensverfügung im Abgrenzungsbereich zur Wegnahme zu enge Grenzen setzt und im konkreten Fall zur Frage nach der Reichweite einer etwaigen Ermächtigung (etwa bei Hausangestellten oder sonstigen Hilfskräften) keinesfalls klarere Lösungen ermöglicht als die herrschende Meinung. Es kann auch (gegen *Joecks*, aaO. S. 86, 114, 129) keine Rede davon sein, daß § 263 nicht dem *Bestandsschutz* diene, sondern nur die „Vermögensnutzung" bzw. „Vermögensmehrung" sichern wolle und daß die Überlistung eines Gewahrsamshüters mit einer bloßen „Bewacherfunktion" von § 263 nicht erfaßt werde, weil „es keinen Unterschied begründe, ob der Täter einen Tresor aufbreche oder einen Nachtwächter überliste". Einschränkungs- und Umdeutungsversuche dieser Art finden im Gesetz keine Stütze. Andererseits ginge es aber zu weit, die Anwendbarkeit des § 263 schon dann bejahen zu wollen, wenn der Getäuschte *rein tatsächlich in der Lage* war, über das Vermögen des Geschädigten zu verfügen. Hier würde es an einem tauglichen Abgrenzungskriterium zum Diebstahl in mittelbarer Täterschaft fehlen, der ebenfalls voraussetzt, daß das gutgläubige Werkzeug des Täters zur Einwirkung auf das fremde Vermögen imstande war.

Wo in Dreiecksfällen eine **fremde Sache** den Gegenstand der Tat bildet, ist mit der h.M. eine klare Grenzziehung zwischen *Vermögensverfügung* und *Wegnahme* nur zu gewinnen, wenn man für den fremdschädigenden **Dreiecksbetrug** neben dem rein **tatsächlichen Verfügenkönnen** ein besonderes **Näheverhältnis** des Getäuschten zu dem betroffenen Vermögen voraussetzt, das schon vor der Tat bestanden haben muß und den Getäuschten in eine *engere* Beziehung zum Vermögenskreis des Geschädigten bringt als irgendeinen beliebigen Außenstehenden (vgl. BGHSt 18, 221; *Eser*, Strafrecht IV, S. 127; *Geppert*, JuS 77, 69; *Herzberg*, ZStW 89, 367, 407; LK-*Lackner*, StGB, § 263 Rdnr. 110, 114; *Lenckner*, Anm. JZ 66, 320; Sch-Sch-*Cramer*, StGB, § 263 Rdnr. 66).

> Bedeutung hat das vor allem, wo Mitgewahrsamsinhaber, Angestellte, Verkäuferinnen, Hausmädchen, Dienstboten und andere Gewahrsamshüter vom Täter in eine Sachverschiebung eingeschaltet werden.

2. Hiernach ist **Diebstahl** in mittelbarer Täterschaft anzunehmen, wenn der Getäuschte vor der Tat **in keinerlei Obhutsbeziehung** zu der Sache gestanden hat, um deren Erlangung es dem Täter geht, auf sie vielmehr – ebenso wie der Täter selbst – **von außen her** zugreifen muß und daher als Werkzeug ihrer **Wegnahme** erscheint.

> So liegt es im Fall 57, wo der Gepäckträger G in keiner engeren oder näheren Beziehung zum Koffer des R stand als der das Geschehen planmäßig lenkende A. Hier ist **Diebstahl** in mittelbarer Täterschaft zu bejahen, da A den gutgläubigen G als Werkzeug zur Ausführung der Wegnahmehandlung einsetzt (ähnlich und im Ergebnis zutreffend OLG Stuttgart JZ 66, 319 mit Anm. *Lenckner* im **VW-Schlüsselfall**).

3. Im Gegensatz dazu handelt es sich um die Herbeiführung einer irrtumsbedingten **Vermögensverfügung** und einen Fall des **Dreiecksbetruges**, wenn der Getäuschte aufgrund einer schon vorhandenen **Obhutsbeziehung** zur Sache – *bildlich gesprochen* – „im Lager des Geschädigten" stand (= sog. *Lagertheorie*), beim Vollzug der Vermögensverschiebung also faktisch als „Repräsentant" des Sachherrn tätig geworden ist und sich dabei **subjektiv** in den Grenzen des ihm zukommenden Tätigkeitsbereichs hat halten wollen (BGHSt 18, 221; überzeugend LK-*Lackner*, StGB, § 263 Rdnr. 113, 114 m.w.N.).

> Daraus folgt zugleich, daß nicht § 263, sondern § 242 eingreift, wenn ein Gewahrsamshüter die ihm durch seinen Aufgabenbereich gesetzten Grenzen **bewußt** überschreitet und den Gewahrsamswechsel *eigenmächtig* herbeiführt (vgl. LK-*Lackner*, StGB, § 263 Rdnr. 114; *Otto*, ZStW 79, 59, 81; anders *Rengier*, JZ 85, 565).

Für das erwähnte Näheverhältnis genügt es freilich nicht, daß der Getäuschte *irgendwo* „im Lager" des Geschädigten gestanden hat und in dessen Herrschaftssphäre in irgendeiner Weise beschäftigt war. Eine *engere* Beziehung zum betroffenen Vermögen existiert nur, wenn der Getäuschte gerade zum konkreten Tatobjekt eine **Obhutsbeziehung** und **Hüterstellung** gehabt hat; allein das rechtfertigt es, ihn hinsichtlich der erschlichenen Weggabe und des Einverständnisses mit dem Gewahrsamsübergang als **Repräsentanten** des Sachherrn zu behandeln und den Vorgang dem Anwendungsbereich des § 263 zuzuordnen.

So ist die Obhut über die Garderobe und Wäsche der Chefin zwar einem Hausmädchen, nicht jedoch dem Hausgärtner anvertraut. Wird dieser durch Täuschung veranlaßt, den Pelzmantel der Hausfrau in Befolgung eines ihm vorgespiegelten Auftrags herauszugeben, wird er zum gutgläubigen Werkzeug eines Angriffs auf fremdes Eigentum (§ 242), trifft aber keine Vermögensverfügung i.S. des § 263 (vgl. *Herzberg*, ZStW 89, 367, 408). Das gleiche gilt für eine studentische Hilfskraft in einem Universitätsinstitut, soweit es sich um die persönliche Habe des Institutsdirektors (Mantel mit Brieftasche) in dessen Dienstzimmer handelt.

Auf der anderen Seite kann jemand, der nicht im Herrschaftsbereich des Sacheigentümers tätig ist, in einem besonderen Näheverhältnis zu dessen Vermögen stehen, sofern sich zu einzelnen Vermögensgegenständen eine konkrete Obhutsbeziehung bejahen läßt.

Dies gilt insbesondere, wenn der Betreffende Allein- oder Mitgewahrsam an der fremden, in seiner Obhut stehenden Sache hat, wie es für den Finder gemäß § 966 I BGB zutrifft oder im **Sammelgaragenfall** (BGHSt 18, 221) bei dem von der Garagenverwaltung eingesetzten Wächter der Fall war, der zu jedem eingestellten Fahrzeug den Zweitschlüssel verwahrte.
Im Fall 58 wird man davon ausgehen dürfen, daß es (wie im Regelfall üblich) zum Aufgabenkreis des Hausmädchens H gehörte, bei Abwesenheit der F die Obhut über deren Habe auszuüben und bei der Erledigung von Aufträgen mitzuwirken, die F im Rahmen dieses Tätigkeitsbereichs erteilt hatte. Vom Standpunkt der h.M. aus hat A sich somit nicht des Diebstahls, sondern allein des **Betruges** schuldig gemacht.
Nach OLG Hamm NJW 78, 2209 (= bloßer Leitsatz; mit Gründen abgedruckt in OLGSt § 263 S. 165) ist ebenfalls nicht Diebstahl, sondern **Betrug** zu Lasten des Geschäftsinhabers anzunehmen, wenn jemand als Käufer in einem Selbstbedienungs-Warenlager einen Karton mit darin verpackten Babywindeln (zum Preis von 13 DM) öffnet, ihn anstelle der Windeln mit mehreren Stangen Zigaretten (zum Preis von 1751 DM) füllt, mit Klebestreifen wieder verschließt und den Karton sodann zwecks Bezahlung und Übereignung (zum darauf angegebenen Preis für die Windelpackung) an der Kasse vorlegt. Die bewußte und willentliche Übergabe „des Kartons samt Inhalt" durch die Kassiererin enthält nach Ansicht des OLG eine irrtumsbedingte **Vermögensverfügung** i.S. des § 263, so daß für eine *Wegnahme* i.S. des § 242 kein Raum bleibt.

Der Grundsatz, daß **Vermögensverfügung** und **Wegnahme** einander begrifflich und aus sachlich-systematischen Gründen ausschließen, soweit es um einunddenselben Tatvorgang geht, gilt auch für den Dreiecksbetrug (vgl. BGHSt 17, 206, 209; LK-*Lackner*, StGB, § 263 Rdnr. 116). Maßgebend dafür ist, daß der Getäuschte aufgrund seiner Obhuts- und Hüteraufgabe als **Repräsentant** des geschädigten Sachherrn fungiert und daß die Annahme einer mit § 263 in Tateinheit stehenden *Wegnahme* dem Sinn des Geschehens nicht gerecht würde. Rechnet man nämlich dem Sachherrn oder dem entfernteren Mitgewahrsamsinhaber das Verhalten eines solchen Repräsentanten wie eigenes Verhalten zu, so entfällt für den Betroffenen die Möglichkeit, sich insoweit auf das Fehlen seines Einverständnisses zu berufen und die durch Überlistung erschlichene **Weggabe** der Sache außerdem als eine *Wegnahme* i.S. des § 242 zu deklarieren.

Eine Mindermeinung hält dagegen im Sammelgaragenfall (BGHSt 18, 221) und in ähnlich liegenden Fällen Tateinheit zwischen Betrug und Diebstahl für möglich, weil der geschädigte Sacheigentümer mit dem Verlust seines (Allein- oder Mit-) Gewahrsams nicht einverstanden gewesen sei (*Herzberg*, ZStW 89, 367, 387; *Lenckner*, Anm. JZ 66, 320; *Schröder*, ZStW 60, 33, 80; Sch-Sch-*Cramer*, StGB, § 263 Rdnr. 67; *Seier*, JA-Übungsblätter 79, 161, 188). Zustimmung verdient diese Ansicht (abgesehen von den oben genannten Gründen) auch deshalb nicht, weil sie den Anwendungsbereich des räuberischen Diebstahls (§ 252) auf typische Betrugssachverhalte erweitert (wie die Fallbesprechung von *Seier*, a.a.O. S. 190 verdeutlicht).

Ob eine besondere, schon vor der Tat begründete **Nähebeziehung** des Getäuschten zum Vermögen des Geschädigten auch dort zu fordern ist, wo es nicht um die Abgrenzung zwischen *Sachbetrug* und *Diebstahl* (also zwischen Verfügungsbegriff und Wegnahme), sondern um die Möglichkeit eines „Dreiecksbetruges" in bezug auf **Forderungen, Rechte** oder tatsächliche **Erwerbsaussichten** geht, ist umstritten und noch nicht abschließend geklärt.

Die h. M. in Rechtsprechung und Lehre verneint diese Frage stillschweigend oder ausdrücklich (vgl. BGHSt 17, 147 für Bauausschreibungs- und Vergabefälle; 24, 386 zum Scheckkartenmißbrauch; *Maurach-Schroeder*, BT § 46 II A 3b m.w.N.). Zur Gegenansicht siehe *Schröder*, Anm. JZ 72, 707, 709; SK-*Samson*, StGB, § 263 Rdnr. 96–98). Den Vorzug dürfte eine *vermittelnde* Ansicht verdienen, die darauf abzielt, die an das Näheverhältnis zu stellenden Anforderungen für *diesen* Problembereich in sachgerechter Weise zu reduzieren (näher dazu LK-*Lackner*, StGB, § 263 Rdnr. 115).

§ 15 VERSICHERUNGSBETRUG UND ERSCHLEICHEN VON LEISTUNGEN

I. Versicherungsbetrug

Fall 59: Der hoch verschuldete Transportunternehmer T benötigt dringend einen neuen Lkw, hat aber weder Geld noch Kredit. An einem Wochenende zündet er seinen zum Neuwert gegen Brand versicherten Lkw an, um die Feuerversicherungssumme zu kassieren. Dazu kommt es aber nicht, weil er sogleich als Täter entlarvt wird.
a) Strafbarkeit des T?
b) Wie liegt es, wenn S, der 16jährige Sohn des T, die Tat ohne dessen Wissen aus eigenem Antrieb begangen hat, um dem Vater finanziell zu helfen?

1. Brandstiftungsdelikte scheiden aus, weil der Lkw kein taugliches Tatobjekt i.S. der §§ 306 ff. war. Zu prüfen ist das Vorliegen eines **Versicherungsbetruges** (§ 265).

Schutzgut des § 265, der Vorbereitungshandlungen zum Betrug selbständig unter Strafe stellt und die Tat als **Verbrechen** ausgestaltet hat, ist neben dem **Vermögen** vornehmlich die dem allgemeinen Nutzen dienende **soziale Leistungsfähigkeit** des Versicherungswesens im Bereich der **Feuer-** und **Schiffsunfallversicherung** (im einzelnen umstritten, vgl. BGHSt 11, 398; 25, 261; LK-*Lackner*, StGB, § 265 Rdnr. 1; Sch-Sch-*Lenckner*, StGB, § 265 Rdnr. 1, 2; zusammenfassend *Ranft*, Jura 85, 393; zur Reformbedürftigkeit *Geerds*, Welzel-Festschr. S. 841).

2. **Gegenstand** der Tat kann jede gegen Feuergefahr versicherte Sache oder ein Schiff sein, das als solches oder in seiner Ladung oder in seinem Frachtlohn versichert ist. Auf

die Eigentumsverhältnisse kommt es nicht an. **Versichert** ist die betreffende Sache, wenn über sie ein Versicherungsvertrag abgeschlossen und förmlich zustandegekommen ist, mag er auch anfechtbar oder nach § 51 III VVG nichtig sein (BGHSt 8, 343).

Im Fall 59 war der Lkw des T ein taugliches Tatobjekt i.S. der *ersten* Alternative des § 265 I. Das Bestehen einer kombinierten Sachversicherung reicht aus, soweit der Vertrag das **Brandrisiko** einschließt und die Tat sich auf einen Mißbrauch gerade dieser Versicherungsart bezieht (vgl. BGHSt 25, 261). Verfolgt der Täter statt dessen ein anderes Ziel, will er z. B. den angezündeten Kraftwagen als gestohlen melden und die Versicherung wegen des angeblichen Diebstahlsschadens in Anspruch nehmen, kommt nicht § 265, sondern § 263 in Betracht (BGH StrVert 83, 504; BGHSt 32, 137; siehe dazu auch *Meurer*, JuS 85, 443).

3. In Brand gesetzt ist die feuerversicherte Sache, wenn sie derart vom Feuer ergriffen ist, daß dieses auch nach dem Entfernen oder Erlöschen des Zündstoffes selbständig weiterbrennen kann (vgl. §§ 306, 308 und BGHSt 16, 109; 18, 363; 20, 246). Der Tatbestand kann durch aktives Tun wie durch ein pflichtwidriges Unterlassen in Garantenstellung verwirklicht werden (vgl. BGH NJW 51, 204; LK-*Lackner*, StGB, § 265 Rdnr. 3).

Im Fall 59 ist ein *Inbrandsetzen* erfolgt. Zum **Sinken-** und **Strandenmachen** i.S. der *zweiten* Alternative des § 265 I genügt, daß der Täter eine Teilüberflutung des Schiffes unter Verlust der Lenkbarkeit oder dessen Auflaufen auf den Strand usw. herbeiführt (RGSt 35, 399).

4. Die Tat muß *vorsätzlich* und in *betrügerischer Absicht* begangen werden. Wie ein Vergleich mit § 263 lehrt, ist diese **Absicht** gegeben, wenn der Täter für sich oder einen Dritten in Gestalt der Versicherungssumme einen **objektiv rechtswidrigen Vermögensvorteil** erstrebt. Sie fehlt dagegen, wenn es ihm lediglich darum geht, dem Versicherungsnehmer – sei es auch auf widerrechtliche Art und Weise – **eine ihm von Rechts wegen zustehende** Versicherungsleistung zu verschaffen (BGHSt 1, 209; BGH NJW 76, 2271; näher dazu *Gössel*, Anm. JR 77, 391; *Wagner*, JuS 78, 161).

Im Fall 59a hat T in der Absicht gehandelt, sich einen **rechtswidrigen** Vermögensvorteil zu verschaffen. Dies folgt daraus, daß die Versicherungsgesellschaft gemäß § 61 VVG von ihrer Verpflichtung zur Leistung **frei geworden** ist, weil **T als Versicherungsnehmer den Versicherungsfall vorsätzlich herbeigeführt** hat. Vollendet war die Tat schon mit dem *Inbrandsetzen* des Lastkraftwagens. T hat sich somit nach § 265 strafbar gemacht.

Mit der Strafbarkeit des S im Fall 59b verhält es sich anders: Da die Tat hier ohne Wissen des T ausgeführt wurde und S nicht *Versicherungsnehmer* ist, würde § 61 VVG zugunsten des Versicherers nur dann eingreifen, wenn S im versicherungsrechtlichen Sinne „**Repräsentant**" des T gewesen wäre. Als Repräsentanten sieht die neuere Rechtsprechung (auch im Verhältnis von Ehegatten zueinander) jeden an, der aufgrund eines tatsächlichen Vertretungsverhältnisses die Obhut über die versicherte Sache ausübt oder der sonst innerhalb des versicherten Risikos befugt ist, in einem nicht ganz unbedeutenden Umfange selbständig für den Betriebsinhaber zu handeln und dabei dessen Rechte und Pflichten als Versicherungsnehmer wahrzunehmen (näher BGH NJW 76, 2271 m.w.N. – bitte lesen!). Da S diese Voraussetzungen nicht erfüllt, fehlt es im Fall 59b am **subjektiven Tatbestand** des § 265. S hat seinem Vater keinen *rechtswidrigen* Vermögensvorteil, sondern nur das verschaffen wollen, was T aufgrund des Versicherungsvertrages bei Eintritt des Versicherungsfalles **von Rechts wegen zu**

§ 15 I 5; II 1

beanspruchen hatte. Daß er dieses Ziel auf *rechtswidrige Art und Weise* durchzusetzen suchte, macht den zugunsten des T erstrebten Vermögensvorteil **nicht als solchen** rechtswidrig (vgl. BGHSt 1, 209; 3, 160; 20, 136). S hat sich somit nur der **Sachbeschädigung** i.S. des § 303 schuldig gemacht (= Antragsdelikt).

Schutz genießt die Feuerversicherung in Fällen dieser Art gemäß § 67 VVG: Der Schadensersatzanspruch des T gegen S (§ 823 I BGB) geht auf die Versicherungsgesellschaft über, soweit diese dem T den Schaden ersetzt. Die Ausschlußklausel des § 67 II HalbS. 1 VVG kommt hier nicht zum Zuge, weil S den Schaden **vorsätzlich** verursacht hat (§ 67 II HalbS. 2 VVG).

5. Zwischen § 265 und §§ 306 ff. ist Tateinheit möglich (BGHSt 1, 209). Das Verhältnis zu § 263 ist umstritten; die h.M. nimmt Tatmehrheit an (BGHSt 11, 398; *Dreher-Tröndle*, StGB, § 265 Rdnr. 8; LK-*Lackner*, StGB, § 265 Rdnr. 11; für die Annahme von Tateinheit dagegen Sch-Sch-*Lenckner*, StGB, § 265 Rdnr. 16). Die Mindermeinung sieht in dem nachfolgenden Betrug eine mitbestrafte Nachtat (*Blei*, BT § 62 I 5; *Maurach-Schroeder*, BT § 46 IV C).

II. Erschleichen von Leistungen

Fall 60: Durch Überklettern eines Zaunes verschafft A sich unter Umgehung der Kasse ohne Eintrittskarte Zugang zu einem noch nicht ausverkauften Fußballspiel der Bundesliga. Innerhalb des Stadions wirft er ein Falschgeldstück, dessen Unechtheit er erst nach Empfang erkannt hatte, in einen Zigarettenautomaten. Da der Münzprüfer nicht richtig funktioniert, fällt eine Schachtel Zigaretten in die Ausgabevorrichtung, so daß A sie an sich nehmen kann.

Wie ist der Sachverhalt strafrechtlich zu beurteilen?

Bei dem ordnungswidrigen Betreten des Stadions unter Ersparung des Eintrittsgeldes hat A niemanden getäuscht; für die Annahme eines Betruges (§ 263) ist daher kein Raum. In Betracht kommt aber ein Verstoß gegen § 265a und § 123.

Hinsichtlich des weiteren Verhaltens erfüllt das Einwerfen des Falschgeldstücks in den Automaten alle Merkmale des § 147 (näher dazu *Wessels*, BT-1 § 20 III). Ob hier außerdem § 265a anzuwenden ist oder ob diese Vorschrift durch § 242 (= *Diebstahl der Zigaretten?*) verdrängt wird, bedarf im Anschluß an die Erörterung zum ersten Tatkomplex genauerer Prüfung.

1. Die durch Gesetz vom 28. 6. 1935 (RGBl I 839) eingefügte Bestimmung des § 265a enthält drei **Auffangtatbestände,** die innerhalb des Vermögensschutzes gegenüber dem Betrug (§ 263) Lücken schließen sollen und die im Verhältnis zu **schwereren Delikten mit gleicher Schutzrichtung** (= zu allen Eigentums- und Vermögensstraftaten) nur **subsidiär** gelten (LK-*Lackner*, StGB, § 265a Rdnr. 13; *Maurach-Schroeder*, BT § 46 V 1; Sch-Sch-*Lenckner*, StGB, § 265a Rdnr. 14). Im einzelnen erfaßt § 265a die Erschleichung der **Beförderung durch ein Verkehrsmittel,** des **Zutritts** zu einer **entgeltlichen Veranstaltung oder Einrichtung** sowie der **Leistung eines Automaten** oder eines öffentlichen Zwecken dienenden **Fernmeldenetzes.**

Zur Abgrenzung zwischen **Beförderungserschleichung** und **Betrug** bei fehlender bzw. vorliegender Täuschung einer Kontrollperson vgl. RGSt 77, 32; BGHSt 16, 1; *Bilda*, MDR 69, 434; *Dreher-Tröndle*, StGB, § 263 Rdnr. 37.

§ 265a bezieht sich nur auf **entgeltliche** Leistungen, Veranstaltungen und Einrichtungen (= Theatervorstellungen, Konzerte, Fernsprechverkehr, Schwimmbäder, Tiergärten usw.). Unter den Begriff der **Einrichtung,** der hier sehr weit zu ziehen ist, fällt jede Sachgesamtheit, die der Befriedigung menschlicher Bedürfnisse dienen soll und der Allgemeinheit oder einem größeren Kreis von Personen zur Verfügung steht. Ob die betreffende Einrichtung (wie etwa ein Parkhaus, ein Museum, eine Gemäldegalerie, ein Planetarium oder eine Toilettenanlage) eine vermögenswerte Leistung, einen Kunstgenuß oder einen Vorteil sonstiger Art bietet, ist belanglos. Infolgedessen kann auch ein dem Zug- und Reiseverkehr dienender **Bahnsteig,** für dessen Benutzung ein Entgelt zu entrichten ist, eine Einrichtung i.S. des § 265a sein (a.A. OLG Hamburg NJW 81, 1281 mit abl. Anm. *M. Schmid,* JR 81, 391; vgl. dazu auch BGH NJW 82, 1655).

> Wer sich als nicht zugelassener Teilnehmer auf ordnungswidrigem Wege den Zutritt zu einer **unentgeltlichen** Veranstaltung verschafft, macht sich nicht nach § 265a, wohl aber u.U. nach § 123 strafbar.

2. Die **Tathandlung** wird für alle Tatbestände des § 265a durch das Merkmal des **Erschleichens** umschrieben. Dieser Begriff setzt nach einhelliger Meinung weder eine Täuschung noch ein *„Einschleichen"* voraus, ist im übrigen aber umstritten. Zum Teil wird darunter jede unbefugte Inspruchnahme der Leistung verstanden (OLG Stuttgart MDR 63, 236). Nach anderer Auffassung bedarf es eines Verhaltens, das den Charakter des Verheimlichens oder der Erweckung des Anscheins einer ordnungsmäßigen Benutzung aufweist (BayObLG NJW 69, 1042; *Bockelmann,* BT/1 S. 118). Richtigerweise ist im Hinblick auf die deliktstypischen Besonderheiten der Einzeltatbestände des § 265a wie folgt zu **differenzieren:**

a) Beim **Automatenmißbrauch** und beim Erschleichen von **Fernmeldeleistungen** genügt jede unbefugte, der Entgeltshinterziehung dienende Inanspruchnahme der Leistung durch eine **ordnungswidrige Benutzung** der technischen Vorrichtungen.

> Davon erfaßt wird auch die **Ausnutzung technischer Defekte** an Automaten sowie das Herstellen einer telefonischen Verbindung zu dem Zweck, den Hörer nach dem „Durchklingeln" (entsprechend der vorherigen Verabredung mit dem Partner oder aus Gründen der nächtlichen Ruhestörung) rasch wieder aufzulegen, um die Rückgabe der eingeworfenen Geldmünzen zu erreichen oder sonst die anfallende Gebühr zu ersparen (vgl. LG Hamburg MDR 54, 630; *Brauner/Göhner,* NJW 78, 1469; *Herzog,* GA 1975, 257 ff.; a.A. LK-*Lackner,* StGB, § 265a Rdnr. 3; Sch-Sch-*Lenckner,* StGB, § 265a Rdnr. 10).

b) Bei der **Beförderungs-** und **Zutrittserschleichung** setzt der Begriff des **Erschleichens** dagegen ein Verhalten voraus, das sich entweder mit dem **äußeren Anschein der Ordnungsmäßigkeit** umgibt oder die vorhandenen **Kontrollmaßnahmen umgeht oder ausschaltet** (Beispiel: Man nimmt im Bus Platz, als sei man im Besitz eines gültigen Fahrausweises; vgl. BayObLG NJW 69, 1042; LK-*Lackner,* StGB, § 265a Rdnr. 8; kritisch dazu unter dem Blickwinkel des modernen Massenverkehrs *Alwart,* JZ 86, 563). Letzteres ist auch durch *kollusives Zusammenwirken* mit einer vom Veranstalter eingesetzten Aufsichtsperson möglich; hier tritt § 265a aber zurück, falls darin eine Anstiftung oder Beihilfe zur Untreue (§ 266) liegt.

> Wer im Rahmen einer **Protestdemonstration** gegen eine angekündigte **Fahrpreiserhöhung** einen Straßenbahnwagen ausschließlich zum Verteilen von Flugblättern betritt und das auch nach dem Anfahren bis zur nächsten Haltestelle *ohne Fahrschein* fortsetzt, erschleicht keine Beförderungsleistung, sondern begeht Hausfriedensbruch (BayObLG NJW 69, 1042).

3. Der **Vorsatz** muß sich insbesondere auf die **Entgeltlichkeit** der Leistung erstrecken; wer irrig annimmt, daß es sich um eine *unentgeltliche* Veranstaltung handele, befindet sich im Tatbestandsirrtum (§ 16 I 1). Hinzukommen muß die **Absicht,** das Entgelt nicht oder nicht in voller Höhe zu entrichten.

Für den **Absichtsbegriff** als solchen gilt das zu § 263 Gesagte sinngemäß (BayObLG NJW 69, 1042; vgl. oben § 13 III 2).

4. Der **Versuch** ist mit Strafe bedroht. Eines **Strafantrags** bedarf es gemäß § 265a III nur unter den in §§ 247, 248a genannten Voraussetzungen.

5. Im Fall 60 hat A die Eingangskontrollen umgangen und sich den Zutritt zu dem Bundesligaspiel dadurch verschafft, daß er die Stadionumzäunung in der Absicht überklettert hat, das Eintrittsgeld nicht zu entrichten. Dieses Verhalten erfüllt alle Merkmale der **Zutrittserschleichung** (§ 265a I).

Außerdem liegt ein **Hausfriedensbruch** (§ 123) vor, weil A in ein **befriedetes Besitztum** widerrechtlich und schuldhaft eingedrungen ist. Daß der Fußballverein als Veranstalter die vorhandenen Zuschauerplätze nur **zutrittsberechtigten Gästen** zur Verfügung stellen, andere dagegen fernhalten will, versteht sich von selbst.

Zwischen § 265a und § 123, die verschiedene Rechtsgüter schützen, besteht nach allgemeiner Ansicht **Tateinheit** (§ 52). Zum **Strafantragserfordernis** siehe §§ 265a III, 123 II.

6. Bei einem **Automatenmißbrauch** ist im Rahmen des § 265a zwischen **Leistungs-** und **Warenautomaten** zu unterscheiden. Zu den letztgenannten gehören alle Geräte, die Waren, Wertzeichen, Fahrscheine, Eintrittskarten und dergleichen verabfolgen. Leistungsautomaten sind u.a. Fernsprechgeräte, Spielautomaten und Musikboxen. Der Tatbestand des § 265a erfaßt zwar beide Arten von Automaten. Aufgrund der **Subsidiaritätsklausel** ist jedoch nicht nach dieser Vorschrift, sondern wegen **Diebstahls** (§ 242 in Verbindung mit § 248a) zu bestrafen, wer durch den **Einwurf von Falschgeld** oder in anderer Weise den Mechanismus eines **Warenautomaten** mißbräuchlich auslöst und sich so die Möglichkeit verschafft, Waren ohne Entgelt zu entnehmen (= *Wegnahme* in Zueignungsabsicht: BGH MDR 52, 563; BayObLGSt 1955, 120; LK-*Lackner*, StGB, § 265a Rdnr. 2).

Die hiergegen gerichteten Bedenken von *Dreher* (Anm. MDR 52, 563), der eine Wegnahme i.S. des § 242 verneint, sind nicht stichhaltig, da es erkennbar am **Willen** des Automatenaufstellers **fehlt,** Gewahrsam und Eigentum an denjenigen zu übertragen, der den Mechanismus des Gerätes **ordnungswidrig** in Gang setzt. Das gilt auch, wenn jemand **Geld** aus einem *Spielautomaten* entwendet, indem er dessen Antriebsauslöser durch einen technischen Trick überlistet (lehrreich BayObLGSt 1955, 120; BayObLG NJW 81, 2826 mit zust. Anm. *Meurer,* JR 82, 292; OLG Koblenz NJW 84, 2424; OLG Stuttgart NJW 82, 1659; *Albrecht,* JuS 83, 101; a.A. AG Lichtenfels NJW 80, 2206 mit abl. Anm. *Seier,* JA 80, 681 und *Schulz,* NJW 81, 1351); zur Anwendbarkeit des § 243 I Nr. 2 bei *weiteren* Einwirkungen von außen **auf das Spielwerk** des Automaten siehe oben § 3 II 2.

Nach einer Mindermeinung (*Arzt/Weber,* BT/3 Rdnr. 185) soll in den vorgenannten Fällen nicht ein Diebstahl, sondern eine Unterschlagung vorliegen, weil es für die Bejahung einer *Weggabe* bzw. einer Übergabe (anstelle einer Wegnahme i.S. des § 242) keinen Unterschied machen könne, ob eine **Person** (wie im Bereich des § 263) oder „ein die Person ersetzender Automat" auf Falschgeld hereinfalle. Diese Argumentation ist jedoch aus den schon erwähnten Gründen nicht schlüssig (näher *Meurer,* Anm. JR 82, 292, 293). § 246 ist lediglich dann anzuwenden, wenn jemand *versehentlich* (also ohne Wegnahmevorsatz) eine falsche oder eine ausländische Münze einwirft und seinen Irrtum erkennt, ehe er sich sodann die durch den Automaten ausgeworfene Ware oder das als Gewinn erzielte Geld nach erfolgtem Spiel zueignet.

Im Fall 60 hat A sich vom Standpunkt der h.M. aus im zweiten Tatkomplex des **Inverkehrbringens von Falschgeld** (§ 147) und des **Diebstahls** (§§ 242, 248a) schuldig gemacht. Da das Einwerfen des Falschgeldes schon der Beginn des Wegnehmens liegt, stehen beide Delikte in **Tateinheit** (§ 52).

§ 16 SUBVENTIONS-, KAPITALANLAGE- UND KREDITBETRUG

Fall 61: Der Frühinvalide F, der stundenweise einen kleinen Süßwarenkiosk betreibt, lebt in sehr ärmlichen Verhältnissen. Auf seinen Antrag hat das Sozialamt der Stadt S ihm zu Beginn der winterlichen Jahreszeit eine Unterstützung aus dem Sozialhilfefonds gewährt. Später stellt sich heraus, daß F, ohne vorsätzlich zu handeln, wesentliche Umstände aus grober Nachlässigkeit nicht oder nicht vollständig angegeben hatte.

Hat F sich strafbar gemacht?

I. Subventionsbetrug

Ein Betrug (§ 263) zum Nachteil der Stadt S unter dem Blickwinkel der *Fehlleitung zweckgebundener Sozialmittel* scheidet schon deshalb aus, weil F **nicht vorsätzlich** gehandelt hat. **Leichtfertigkeit** ist nur im Bereich des **Subventionsbetruges** gemäß § 264 I Nr. 1, 2, III mit Strafe bedroht. Zu prüfen ist, ob die dort genannten Voraussetzungen gegeben sind.

1. § 264 ist durch das 1. WiKG vom 29. 7. 1976 (BGBl I 2034) als neuer Straftatbestand eingeführt worden. Die Vorschrift schützt in erster Linie das **Allgemeininteresse** an einer **wirkungsvollen staatlichen Wirtschaftsförderung durch Subventionen,** deren Bewilligung und Gewährung von jeder **mißbräuchlichen Inanspruchnahme** frei bleiben soll (ebenso OLG Hamburg NStZ 84, 218; *Lackner,* StGB, § 264 Anm. 1; ähnlich LK-*Tiedemann,* StGB, § 264 Rdnr. 8; Sch-Sch-*Lenckner,* StGB, § 264 Rdnr. 4). Daneben ist auch das **Vermögen** der öffentlichen Hand, das durch eine ungerechtfertigte Inanspruchnahme der nur in begrenztem Umfange zur Verfügung stehenden Mittel und die damit verbundene Vereitelung des Vergabezwecks Schaden erleidet, mitgeschützt.

Die vom Gesetzgeber gewählte Bezeichnung als **Subventionsbetrug** ist ungenau und irreführend, da § 264 gegenüber § 263 eine **selbständige und abschließende Sonderregelung** enthält, bei der es auf eine Verwirklichung der Betrugsmerkmale gerade nicht ankommt. Seinen Mindestvoraussetzungen nach setzt der Tatbestand des § 264 I weder die *Verletzung* noch die *konkrete Gefährdung* eines Angriffsobjekts voraus; die Tat bildet ein **abstraktes Gefährdungsdelikt** (*Dreher-Tröndle,* StGB, § 264 Rdnr. 4, 5, *Lackner,* StGB, § 264 Anm. 1; Sch-Sch-*Lenckner,* StGB, § 264 Rdnr. 4; anders LK-*Tiedemann,* StGB, § 264 Rdnr. 13, der in § 264 ein *schlichtes Tätigkeitsdelikt* erblickt). Näher zum 1. WiKG und zu den Reformzielen *Hack,* Probleme des Tatbestandes Subventionsbetrug, § 264 StGB, 1982; *Heinz,* GA 1977, 193, 225; *Löwer,* JZ 79, 621.

Ergänzt und ausgefüllt wird § 264 durch die im 1. WiKG (Art. 2) normierten Vorschriften des **Subventionsgesetzes** (SubvG), die u.a. die Bezeichnung der subventionserheblichen

§ 16 I 2, 3

Tatsachen seitens des **Subventionsgebers** gegenüber dem **Subventionsnehmer** (§ 2 SubvG) und dessen Offenbarungspflicht bei der Inanspruchnahme von Subventionen (§ 3 SubvG) näher regeln.

2. **Subventionen** i.S. des § 264 sind nach der Legaldefinition in Absatz 6 dieser Vorschrift nur Leistungen aus **öffentlichen Mitteln** nach Bundes- oder Landesrecht oder nach dem Recht der Europäischen Gemeinschaften an **Betriebe** oder **Unternehmen,** die wenigstens zum Teil ohne marktmäßige Gegenleistung gewährt werden und die der **Förderung der Wirtschaft** dienen sollen (umfassend dazu *Schmidt*, GA 1979, 121).

Sozialleistungen an **Privatpersonen** (z.B. in Form des Wohngeldes, des Kindergeldes oder der Ausbildungsförderung) und öffentliche Leistungen, die nicht wenigstens teilweise zur Förderung der Wirtschaft, sondern für **andere Zwecke,** insbesondere für *kulturelle* Aufgaben, Bildungseinrichtungen und dergleichen bestimmt sind, werden von § 264 **nicht** erfaßt. Das Erschleichen solcher Leistungen ist nur im Rahmen des § 263 mit Strafe bedroht. Da die Anwendbarkeit des § 264 im Fall 61 somit schon den Grundvoraussetzungen nach zu verneinen ist, hat F sich nicht strafbar gemacht.

Subventionen, die aufgrund **steuerrechtlicher Vorschriften** gewährt werden, fallen nach der gesetzgeberischen Grundkonzeption und dem prinzipiellen **Vorrang des Steuerstrafrechts** auch dann nicht unter § 264, wenn sie in Geldleistungen statt in einer bloßen Steuerermäßigung bestehen (vgl. *Lackner*, StGB, § 264 Anm. 2b, 10; LK-*Tiedemann*, StGB, § 264 Rdnr. 134).

Zur Abgrenzung einer Steuervorteilserschleichung i.S. der Abgabenordnung gegenüber dem Betrug und dem Subventionsbetrug siehe *Fuhrhop*, NJW 80, 1261.

3. Die in § 264 I Nr. 1–3 umschriebenen **Täuschungshandlungen** (= unrichtige oder unvollständige Angaben, pflichtwidriges In-Unkenntnis-lassen und Gebrauchen einer durch unrichtige oder unvollständige Angaben erlangten Bescheinigung im Subventionsverfahren) müssen sich auf **subventionserhebliche Tatsachen** i.S. des § 264 VII in Verbindung mit § 2 SubvG beziehen, wobei § 264 I Nr. 3 auch eine Bescheinigung über die *Subventionsberechtigung* als solche genügen läßt (näher *Müller-Emmert/Maier*, NJW 76, 1657, 1659; *Schmidt-Hieber*, NJW 80, 322; BGH JR 81, 468 mit krit. Anm. *Tiedemann;* BayObLG NJW 82, 2202). Das Merkmal des Handelns „für einen anderen" in § 264 I Nr. 1 ist weit auszulegen; es genügt, daß die Angaben *zugunsten* des Subventionsnehmers gemacht werden. Täter kann daher u.U. auch der in das Subventionsverfahren eingeschaltete Amtsträger sein, sofern ihm nicht die Erteilung des Bewilligungsbescheides obliegt (BGHSt 32, 203; OLG Hamburg NStZ 84, 218).

Da § 264 nicht nur das Vorfeld des Betruges abdecken, sondern auch die Fälle der **erfolgreichen Subventionserschleichung** erfassen will, entspricht seine *Strafdrohung* derjenigen des Betrugstatbestandes. Für *besonders schwere Fälle* sieht § 264 II unter Aufzählung von Regelbeispielen Freiheitsstrafe von 6 Monaten bis zu 10 Jahren vor. **Tätige Reue** wird gemäß § 264 IV in Anlehnung an § 24 I durch Gewährung von Straffreiheit belohnt. Bei der Beteiligung mehrerer ist der Grundgedanke des § 24 II sinngemäß anzuwenden (*Lackner*, StGB, § 264 Anm. 8; Sch-Sch-*Lenckner*, StGB, § 264 Rdnr. 69).

Wo eine Bestrafung nach § 264 entfällt, bleibt ein Rückgriff auf § 263 bzw. §§ 263, 22 zulässig (BGH NJW 82, 2453); im übrigen wird ein Verstoß gegen § 263 durch die

Bestrafung gemäß § 264 I mit abgegolten (näher LK-*Tiedemann*, StGB, § 264 Rdnr. 134, 111; Sch-Sch-*Lenckner*, StGB, § 264 Rdnr. 87, 88).

Praktische Bedeutung hat § 264 in zahlreichen Strafverfahren bei der Inanspruchnahme von Investitionszulagen nach § 4b des Investitionszulagengesetzes (BGBl 1975 I 528) aufgrund von Schein- und Umgehungsgeschäften gewonnen (näher dazu BayObLG NJW 82, 457; OLG Koblenz JZ 80, 736; *Findeisen*, JZ 80, 710; *Tiedemann*, NJW 80, 1557).

II. Kapitalanlagebetrug

Zur Bekämpfung des Anlageschwindels hat das 2. WiKG den Straftatbestand des § 264a geschaffen, der wie die §§ 264, 265b im **Vorfeld des Betruges** angesiedelt ist. Über den individuellen Vermögensschutz hinaus soll diese neue Vorschrift dazu dienen, einer Erschütterung des allgemeinen Vertrauens in den Kapitalmarkt vorzubeugen. Daraus erklärt sich, daß das Gesetz hier nur Angaben in Prospekten, Darstellungen und Übersichten über den Vermögensstand gegenüber einem **größeren Kreis von Personen** erfaßt, nicht aber Unredlichkeiten in Verhandlungen mit Einzelpersonen, die aus dem Schutzbereich der Norm ausgeklammert sind und für die es weiterhin bei § 263 bleibt. Bei der Ausgestaltung des § 264a hat der Gesetzgeber auf das Erfordernis einer Vermögensbeschädigung und des dazu gehörenden Opferverhaltens (= Vornahme einer irrtumsbedingten Vermögensverfügung) verzichtet; das gleiche gilt in subjektiver Hinsicht für die bei § 263 unerläßliche Bereicherungsabsicht. § 264a I, II bedroht schon das bloße **Aufstellen unrichtiger vorteilhafter Angaben** sowie das **Verschweigen nachteiliger Tatsachen** hinsichtlich der für die Anlageentscheidung erheblichen Umstände in einer bestimmten Angebotssituation mit Strafe.

Aufklärungspflichtig sind danach alle Umstände, die Einfluß auf den Wert, die Chancen und die Risiken einer Kapitalanlage haben. Zu den Einzelheiten der gesetzlichen Regelung im übrigen siehe § 264a I und II. § 264a III belohnt „tätige Reue" unter den dort genannten Voraussetzungen mit Straffreiheit. Näher zum Ganzen *Achenbach*, NJW 86, 1835; *Joecks*, wistra 86, 142.

III. Kreditbetrug

Die durch das 1. WiKG eingefügte Vorschrift des § 265b betrifft bestimmte Täuschungshandlungen im **Vorfeld des Betruges.** Ihr Anwendungsbereich beschränkt sich aber auf Kreditgeschäfte, bei denen Kreditgeber und Kreditnehmer ein **Betrieb** oder **Unternehmen** i.S. des § 265b III Nr. 1 sind.

Kredite, die *an* Privatpersonen oder die *von* Privatpersonen gewährt werden, scheiden hiernach aus (für sie gilt lediglich § 263). **Täter** eines **Kreditbetruges** i.S. des § 265b I Nr. 1, 2 kann allerdings jedermann, also auch eine Privatperson sein. Zur Begriffsbestimmung des **Kredits** vgl. § 265b III Nr. 2. Zur Vereinbarkeit des § 265b I Nr. 1a mit dem Bestimmtheitsgrundsatz (Art. 103 II GG) siehe BGHSt 30, 285.

Die Tat ist ein **abstraktes Gefährdungsdelikt.** Schutzgut ist neben dem **Vermögen** des einzelnen Kreditgebers auch das **Allgemeininteresse** an der Verhütung von Gefahren, die sich aus dem Kreditschwindel für die Wirtschaft im ganzen ergeben. Anders als § 264 geht § 265b dem § 263 nicht vor, vielmehr kommt u.U. **Tateinheit** zwischen § 265b und § 263 in Betracht (insbesondere im Verhältnis zum Betrugsversuch; näher *Lackner*, StGB, § 265b Anm. 1, 6; LK-*Tiedemann*, StGB, § 265b Rdnr. 9, 13).

In subjektiver Hinsicht ist stets **Vorsatz** erforderlich. Einen *Leichtfertigkeitstatbestand* kennt § 265b im Gegensatz zu § 264 III nicht.

§ 17 I 1, 2

Die Regelung zur **tätigen Reue** (§ 265b II) deckt sich im wesentlichen mit derjenigen des § 264 IV.

Näher zum Ganzen *Lampe*, Der Kreditbetrug (§§ 263, 265b StGB), 1980.

§ 17 ERPRESSUNG UND RÄUBERISCHE ERPRESSUNG

Fall 62: Der Dieb D hat aus der Villa des E ein Gemälde von sehr hohem Wert gestohlen, das als Werk eines bekannten Meisters nur schwer abzusetzen ist. Daher verfährt D wie folgt: Mit der Androhung, daß E sein Gemälde nie wiedersehen werde, wenn er die Polizei einschalte oder nicht zahle, bietet er dem E das unersetzliche Kunstwerk gegen ein Lösegeld von 20 000 DM zum Rückerwerb an. Um Schlimmeres zu verhüten, geht E auf den Handel ein. Zu nächtlicher Stunde gibt eine vermummte Gestalt ihm am vereinbarten Treffpunkt das sorgfältig verpackte Gemälde gegen Zahlung von 20 000 DM zurück.

Liegt eine *Erpressung* oder nur ein Fall der *Nötigung* vor?

I. Erpressung

1. **Erpressung** (§ 253) ist die durch Nötigung und in Bereicherungsabsicht begangene Schädigung fremden Vermögens. In ihrer tatbestandlichen Struktur ähnelt diese Straftat dem Betrug, mit dem sie den Charakter eines **Vermögensverschiebungsdelikts** teilt. Der wesentliche Unterschied zwischen ihnen liegt darin, daß der Eintritt des Vermögensschadens bei der **Erpressung** auf einer durch Nötigung *erzwungenen* Handlung, Duldung oder Unterlassung beruht, während die Vermögensbeschädigung beim **Betrug** die unmittelbare Folge einer durch Täuschung *erschlichenen* **Vermögensverfügung** sein muß. Typisch für die Erpressung ist ihr **Freikaufcharakter**; das Opfer erkauft sich durch die ihm abgenötigte Leistung (= Vermögensverfügung) die Beendigung der Zwangswirkung und die künftige Freiheit von Zwang (lehrreich *Rengier*, JuS 81, 654).

Der Erpresser benutzt den Angriff auf die persönliche Entschlußfreiheit des Opfers als Mittel zur Herbeiführung der erstrebten Vermögensverschiebung. Den Schwerpunkt der Rechtsgutsverletzung bildet der Angriff auf das fremde Vermögen. Die Tat in ihrer Gesamtheit ist daher ein Vermögensdelikt. **Geschützte Rechtsgüter** sind das **Vermögen** und die **persönliche Entscheidungsfreiheit** (BGHSt 19, 342, 343). Systematisch stehen § 253 und § 255 zueinander im Verhältnis von **Grundtatbestand** und **Qualifikation**.

2. Zum **äußeren Tatbestand** des § 253 gehört, daß ein anderer durch Gewalt oder Drohung mit einem empfindlichen Übel zu einer Handlung, Duldung oder Unterlassung **genötigt** und dadurch dem **Vermögen** des Genötigten oder eines Dritten **ein Nachteil zugefügt** wird.

Bezüglich der **Nötigungselemente** des § 253 kann auf die früheren Ausführungen zu § 240 verwiesen werden (siehe *Wessels*, BT-1 § 8 III sowie BGH NStZ 85, 408). Im Hinblick darauf, daß sich das abgenötigte Verhalten nach zutreffender Ansicht als **Vermögensverfügung** darstellen muß, kommt abweichend von § 240 als **Gewalt** i.S. des § 253 jedoch nur **vis compulsiva**, d.h. die *willensbeugende* Gewalt, nicht dagegen *vis absoluta* in Betracht (so – näher nachfolgend – die h.L. im Gegensatz zur Rechtsprechung).

Im Mittelpunkt der Diskussion um den Tatbestand der Erpressung steht die Frage, ob die Anwendbarkeit der §§ 253, 255 davon abhängt, daß die durch Nötigung erzwungene Handlung, Duldung oder Unterlassung eine **Vermögensverfügung** ist. Praktische Bedeutung gewinnt dies vor allem bei der gewaltsamen *Wegnahme* von Sachen zum Zwecke des vorübergehenden Gebrauchs (BGHSt 14, 386 mit abl. Anm. *Schnellenbach*, NJW 60, 2154) und bei einer gewaltsamen Pfandkehr (RGSt 25, 435), wo der Nötigungsakt nicht von § 255, sondern nur von § 240 erfaßt wird, falls man die umstrittene Frage mit der h.L. bejaht.

Aufgrund der parallelen Struktur zwischen § 263 und § 253 wird in der Rechtslehre überwiegend die Auffassung vertreten, daß der Tatbestand der Erpressung eine **Vermögensverfügung** des Genötigten voraussetzt (*Bockelmann*, BT/1 S. 124; *Dreher-Tröndle*, StGB, § 253 Rdnr. 11; *Haft*, BT S. 161; *Krey*, BT/2 Rdnr. 305; LK-*Lackner*, StGB, § 253 Rdnr. 7; *Maurach-Schroeder*, BT § 45 II 1d; *Otto*, ZStW 79, 59, 85; *Rengier*, JuS 81, 654; SK-*Samson*, StGB, § 253 Rdnr. 5; Sch-Sch-*Eser*, StGB, § 253 Rdnr. 8; *Schröder*, ZStW 60, 33, 83; ebenso, aber unter Verzicht auf die *unmittelbar* vermögensmindernde Wirkung der Verfügung *Tenckhoff*, JR 74, 489).

Im Gegensatz dazu hält die Rechtsprechung das Vorliegen einer Vermögensverfügung bei §§ 253, 255 nicht für unbedingt notwendig. In dem Bestreben, alle als gleich gefährlich beurteilten Verhaltensweisen auch gleich schwer zu bestrafen, sucht der BGH jede durch Gewalt gegen eine Person oder durch Drohung mit gegenwärtiger Gefahr für Leib oder Leben herbeigeführte Vermögensverschiebung entweder über den Tatbestand des **Raubes** (§ 249) oder den der **räuberischen Erpressung** (§ 255) zu erfassen. Demnach soll es ggf. genügen, daß der Täter zur **vis absoluta** greift und sich so die Möglichkeit verschafft, die **vermögensschädigende Handlung** – z.B. durch *Wegnahme* einer Sache – **selbst vorzunehmen** (BGHSt 14, 386; 25, 224; zustimmend *Arzt/Weber*, BT/3 Rdnr. 362; *Blei*, BT § 64 II; *Geilen*, Jura 80, 50; LK-*Herdegen*, StGB, § 249 Rdnr. 24; *Seelmann*, JuS 82, 914; *Schünemann*, JA 80, 486; eingehend *Lüderssen*, GA 1968, 257). Von diesem Standpunkt aus läge in jedem Raub zugleich eine räuberische Erpressung; im Verhältnis zur generellen Regelung des § 255 wäre § 249 dann das *speziellere* Gesetz (so BGHSt 14, 386, 390). Wer nicht Räuber i.S. des § 249 ist, weil er *ohne Zueignungsabsicht* und nur mit dem Willen zur Gebrauchsanmaßung gehandelt hat, würde dennoch über § 255 „gleich einem Räuber" bestraft.

Wollte man der Rechtsprechung folgen, wäre der Tatbestand des Raubes (§ 249) gegenüber § 255 überflüssig; denn daß jemand zu den Mitteln des Raubes greift, um *völlig wertlose* Sachen oder Liebhaberstücke „unter voller Werterstattung" an sich zu bringen (so die Gegenargumente von *Schünemann*, JA 80, 486, 488), kommt in der Praxis nicht vor. Andererseits würde der ausfernde Rückgriff auf § 255 für eine Reihe von Delikten (z.B. im Bereich der §§ 248b, 289, 292) **Möglichkeiten der Strafschärfung** schaffen, die das Gesetz dort nicht vorsieht. Das **System der Wertstufenbildung** innerhalb des Strafrahmens der einzelnen Vermögensdelikte könnte dadurch weitgehend unterlaufen werden. Das kann aber schwerlich im Sinne des Gesetzes sein. Den Vorzug verdient daher die herrschende Lehre, die den Tatbestand der **Erpressung** als **selbständigen Deliktstyp** behandelt, dem die Aufgabe zufällt, diejenigen Vermögensverletzungen zu erfassen, die nicht schon als Eigentums- oder Vermögensdelikte anderen Charakters im StGB geregelt sind. Entsprechend ihrer Parallelstruktur unterscheiden Betrug und Erpressung sich somit nur dadurch, daß die vermögensschädigende Verfügung dort durch *Täuschung erschlichen* und hier durch *Nötigung erzwungen* wird (lehrreich dazu *Rengier*, JuS 81, 654 und JZ 85, 565).

Ein **unbewußtes Unterlassen** kann allerdings nicht Vermögensverfügung i.S. des § 253 sein, weil es zum Wesen der Willensbeugung durch kompulsive Gewalt oder Drohung

§ 17 I 3

gehört, daß der Genötigte zu einem willensgesteuerten, *bewußten* Verhalten bestimmt wird.

Der herrschenden Lehre wird häufig entgegengehalten, bei fehlender Zueignungsabsicht (Beispiel: Wegnahme eines Taxis mit Raubmitteln zum Zwecke des vorübergehenden Gebrauchs unter alsbaldiger Rückgabe an den Berechtigten; vgl. BGHSt 14, 386) begünstige sie den brutalen, zur *vis absoluta* greifenden Gewalttäter, indem sie dessen Nötigungshandlung nur über § 240 erfasse, während sie denjenigen, der lediglich mit gegenwärtiger Gefahr für Leib oder Leben *drohe* und so eine Vermögensverfügung (= Übertragung des Sachbesitzes an sich) erzwinge, gemäß §§ 253, 255 wegen räuberischer Erpressung bestrafe (vgl. *Geilen*, Jura 80, 50, 51; *Schünemann*, JA 80, 486, 488). Diese Bedenken hätten Gewicht, wenn *vis absoluta* im Vergleich zur Drohung stets das brutalere Nötigungsmittel wäre. Davon kann aber keine Rede sein. Ein Taxifahrer, der dem Täter seinen Kraftwagen überläßt, weil er mit einer geladenen und entsicherten Schußwaffe bedroht wird, hat beispielsweise eine gefährlichere Situation zu bestehen als ein anderer, den der Täter durch rasches Abschließen der Tür im Warteraum des Taxenstandes einsperrt (= *vis absoluta*, vgl. BGHSt 20, 194; BGH GA 1965, 57; 1981, 168) und der so zur Duldung der Wegnahme gezwungen wird. Richtig ist allein, daß der strafrechtliche Vermögensschutz im hier erörterten Bereich verbesserungsbedürftig ist und daß bei der augenblicklichen Gesetzeslage weder die Auffassung der Rechtsprechung noch die herrschende Lehre zu vollauf befriedigenden Ergebnissen führen. Während die letztere sich auf die besseren *dogmatischen* Gründe stützen kann, muß man der Rechtsprechung zugestehen, daß sie aus *kriminalpolitischer* Sicht bei der Bekämpfung der Gewaltkriminalität nicht ohne Vorzüge ist (vgl. dazu LK-*Herdegen*, StGB, § 249 Rdnr. 21, 24).

Genötigter und **Verfügender** müssen **personengleich** sein, während *Genötigter* und *Geschädigter* nicht identisch zu sein brauchen. Wie im Falle des Betruges kann der Nachteil auch das Vermögen eines Dritten treffen, zu welchem der Genötigte derart in Beziehung steht, daß er tatsächlich in der Lage ist, darüber zu verfügen.

Im Fall 62 hat D den objektiven Tatbestand des § 253 I verwirklicht: Die Ankündigung, daß E sein wertvolles Gemälde „nie wiedersehe", wenn er sich dem Ansinnen des D nicht beuge, enthält die **Drohung** mit einem empfindlichen Übel (näher *Wessels*, BT-1 § 8 III 3). Dadurch ist E zur Zahlung des Lösegeldes, d.h. zu einer sein Vermögen *unmittelbar* schädigenden Handlung (= Vermögensverfügung) genötigt worden. Zu prüfen bleibt, ob es an einem **Vermögensnachteil** im Hinblick darauf fehlen könnte, daß E gegen Hingabe des Geldes das Gemälde zurückerhalten hat. Diesen Standpunkt, wonach hier nur für § 240 statt für § 253 Raum bliebe, hat das OLG Hamburg in der Tat eingenommen (JR 74, 473; ebenso *Trunk*, JuS 85, 944). Dem ist der BGH (BGHSt 26, 346) jedoch mit Recht entgegengetreten. Denn da D gemäß §§ 985, 861 BGB zur **unentgeltlichen Rückgabe** der Diebesbeute verpflichtet war, gleicht die Wiedererlangung des Kunstwerkes durch E nur den *schon vorher angerichteten Diebstahlsschaden* aus, nicht aber den Verlust des Lösegeldes in Höhe von 20 000 DM. In *dieser* Hinsicht fehlt es an einem *anrechenbaren* Gegenwert und an den Voraussetzungen für eine Einbeziehung in die Schadensberechnung. Im Verhältnis zum **Lösegeldschaden** bildet die Rückgabe des Diebesgutes, die auf einer schon vorher entstandenen *gesetzlichen* Verpflichtung beruht, kein **kompensationsfähiges Äquivalent** (vgl. dazu auch oben § 13 II 4b, b.1).

3. In **subjektiver Hinsicht** setzt die Erpressung *Vorsatz* und die *Absicht* voraus, sich oder einen Dritten **zu Unrecht zu bereichern.** Trotz der anderen sprachlichen Fassung entspricht dies sachlich der beim Betrug geforderten Absicht, sich oder einem Dritten einen **rechtswidrigen Vermögensvorteil** zu verschaffen (BGH MDR 72, 197 zu § 253 bei *Dallinger*). Auf die diesbezüglichen früheren Ausführungen kann daher verwiesen werden (vgl. oben § 13 III 2–4).

Rechtswidrig ist der erstrebte Vermögensvorteil, wenn der Täter oder der Dritte nach materiellem Recht auf ihn **keinen Anspruch** hat. Besteht dagegen ein solcher Anspruch und ist er fällig und einredefrei, so wird der **Vorteil** nicht dadurch rechtswidrig, daß seine Erlangung im Wege der Nötigung oder sonstwie *mit unerlaubten Mitteln* durchgesetzt wird (vgl. BGHSt 3, 160; 20, 136; BGH NJW 82, 2265 zur **eigenmächtigen Inpfandnahme** von Wertgegenständen, um den Betroffenen zur Zahlung seiner Schulden zu veranlassen; lehrreich dazu *Bernsmann*, NJW 82, 2214). Wer irrig annimmt, daß auf die erstrebte Bereicherung ein *rechtlich begründeter Anspruch* bestehe, befindet sich im **Tatbestandsirrtum**, so daß § 253 entfällt; u.U. kommt dann eine Bestrafung wegen Nötigung in Betracht (vgl. BGHSt 4, 105; BGH NJW 86, 1623).

Im Fall 62 hat D **vorsätzlich** und in der **Absicht** gehandelt, sich in Gestalt der 20 000 DM, auf die er keinerlei Anspruch hatte, einen **rechtswidrigen Vermögensvorteil** zu verschaffen. Diese Besserstellung seiner Vermögenslage bildet die Kehrseite des dem E zugefügten Schadens; an der sog. „**Stoffgleichheit**" zwischen Vorteil und Nachteil, die durch *einunddieselbe Vermögensverfügung vermittelt* worden sind, besteht hiernach kein Zweifel (vgl. RGSt 67, 200; BGH MDR 80, 106 bei *Holtz*). Damit ist auch der **subjektive Tatbestand** des § 253 I gegeben.

4. Die **Rechtswidrigkeit der Tat im ganzen** ist nach der **Zweck-Mittel-Relation** des § 253 II zu beurteilen, die mit der in § 240 II getroffenen Regelung übereinstimmt; das zur *Nötigung* Gesagte gilt hier also entsprechend (näher insoweit *Wessels*, BT-1 § 8 III 6). Zur Frage der **Verwerflichkeit**, insbesondere bei Verfolgung eines an sich erlaubten Zwecks, siehe BGHSt 17, 329.

Im Fall 62 sind alle Voraussetzungen des § 253 II erfüllt. Da auch Schuldausschließungsgründe nicht ersichtlich sind, hat D sich gemäß § 253 strafbar gemacht.

5. Zur **Vollendung** der Erpressung genügt es, daß die abgenötigte Vermögensverfügung den **Nachteil** unmittelbar herbeigeführt hat. Daß der Täter die erstrebte Bereicherung wirklich erreicht, ist nicht erforderlich (BGHSt 19, 342).

Der **Versuch** beginnt mit dem unmittelbaren Ansetzen zur Nötigungshandlung (z.B. mit dem Absenden des Drohbriefes). Das erfolglose Bemühen, in das Haus des zu Erpressenden zu gelangen, reicht für sich allein nicht aus; hier fehlt es noch am Beginn einer *Einwirkung auf den Willen* des Opfers (BGH MDR 75, 21 zu §§ 22, 30 II bei *Dallinger*).

6. Das **Verhältnis** des § 253 **zu anderen Tatbeständen** ist umstritten. Tateinheit mit **Betrug** bei einem Zusammentreffen von Drohung und Täuschung kommt nur in Ausnahmefällen, wie etwa dann in Betracht, wenn die zur Willensbeeinflussung eingesetzten Mittel voneinander unabhängig sind und die darauf beruhende Vermögensverfügung sowohl dem Einfluß der Drohung als auch dem Einfluß der Täuschung zuzuschreiben ist (RG HRR 1941, 169). Ein Beispiel dafür bildet die Hingabe von Geld als Darlehen aus Furcht vor der Drohung mit einer Strafanzeige und im Vertrauen auf die außerdem vorgespiegelte, in Wirklichkeit aber fehlende Rückzahlungsbereitschaft des Täters (BGHSt 9, 245, 247). Dient die Täuschung jedoch lediglich dem Zweck, die Ausführbarkeit der Drohung vorzuspiegeln, deren Wirkung zu verstärken oder das in Aussicht gestellte Übel in einem besonders grellen Licht erscheinen zu lassen, so bildet sie einen Bestandteil der Drohung und geht in dieser auf mit der Folge, daß der Täter nur wegen Erpressung oder räuberischer Erpressung zu bestrafen ist und eine Bestrafung wegen Betruges entfällt (BGHSt 23, 294).

Die Begründung für dieses fast einhellig anerkannte Ergebnis (anders i.S. von Tateinheit *Puppe*, Idealkonkurrenz und Einzelverbrechen, 1979, S. 350) ist allerdings nicht einheit-

§ 17 II 1

lich: Neben der Ansicht, daß hier für § 263 schon *tatbestandlich* kein Raum bleibe (vgl. BGHSt 23, 294), weil das Opfer nicht *freiwillig* verfüge und keine *unbewußte* Selbstschädigung vorliege (*Küper*, Anm. NJW 70, 2253; *Otto*, BT S. 255; *Seelmann*, JuS 82, 915), oder daß es einer differenzierten Betrachtungsweise bedürfe (*Günther*, ZStW 88, 960), steht die Auffassung, daß die Problemlösung auf der **Konkurrenzebene** zu suchen sei (*Herzberg*, JuS 72, 570; *Krey*, BT/2 Rdnr. 315, 317; LK-*Lackner*, StGB, § 263 Rdnr. 330; Sch-Sch-*Eser*, StGB, § 253 Rdnr. 37; SK-*Samson*, StGB, § 253 Rdnr. 21). Diese letztgenannte Meinung verdient den Vorzug. Bei einer **Kombination** zwischen **Täuschung** und **Drohung** ist neben § 253 auch der Tatbestand des § 263 erfüllt, wenn *beide* Mittel für die Willensentschließung des Adressaten ursächlich sind, dieser also in vermögensschädigender Weise verfügt, weil er sich irrt und das angedrohte Übel fürchtet. Dem Opfer bleibt auch gerade verborgen, daß es den mit seiner Leistung verfolgten Zweck, die Zwangswirkung zu beenden und sich in dieser Hinsicht freizukaufen, nicht erreichen kann. Andererseits zeigt die Täuschung in der Drohung als deren wesentlicher Bestandteil auf, so daß der in Betracht kommende Betrug durch eine Bestrafung des Täters nach § 253 bzw. § 255 **mit abgegolten** ist und *konsumiert* wird (vgl. *Wessels*, AT § 17 V 3). Nur auf dieser Beurteilungsgrundlage läßt sich die durchaus sachgerechte Entscheidung BGHSt 11, 66 halten, wonach ein Gehilfe, der von der Drohung des Haupttäters nichts weiß und der bloß die Täuschung fördern will, wegen **Beihilfe zum Betrug** zu bestrafen ist.

Wer einen anderen durch Drohung mit einem empfindlichen Übel zur Begehung eines Diebstahls nötigt, um sich die dabei erlangte Beute aushändigen zu lassen, macht sich der *Anstiftung zum Diebstahl* (§§ 242, 26) in Tateinheit mit *Nötigung* (§ 240) schuldig, begeht aber keine Erpressung (§ 253), wenn der Genötigte nicht bereits **vor der Tat** in einem **besonderen Näheverhältnis** zu dem betroffenen Vermögen stand, vielmehr **von außen her** darauf einwirkt (vgl. oben § 14 II zur Abgrenzung zwischen Betrug und Diebstahl).

Wer in Bereicherungsabsicht **vortäuscht**, daß er selbst von einem anderen erpreßt werde, und auf diese Weise den Getäuschten unter Hinweis auf eine ihm angeblich drohende Enthüllung zur Zahlung eines Schweigegeldes veranlaßt, macht sich nicht der Erpressung, sondern allein des **Betruges** schuldig (näher BGHSt 7, 197; LK-*Lackner*, StGB, § 263 Rdnr. 330).

Zur Problematik der sog. Dreieckserpressung siehe *Rengier*, JZ 85, 565.

II. Räuberische Erpressung

Fall 63: Im Ruhrgebiet ist der Sohn eines bekannten Industriellen entführt worden. Ehe die wirklichen Täter in Erscheinung treten, gibt A sich wahrheitswidrig als Entführer aus und verlangt telefonisch mit dem Hinweis, daß die Eltern ihr Kind sonst nicht lebend wiedersähen, ein Lösegeld von 200 000 DM. Alles weitere verläuft so, wie A es arrangiert. Unmittelbar nach der Übergabe des Lösegeldes wird er jedoch gestellt und verhaftet. Strafbarkeit des A?

1. Wird eine Erpressung durch **Gewalt gegen eine Person** oder unter Anwendung von **Drohungen mit gegenwärtiger Gefahr für Leib oder Leben** begangen, so ist der Täter als **räuberischer Erpresser** „gleich einem Räuber" zu bestrafen. Diese Verweisung in § 255 bezieht sich nicht nur auf den Strafrahmen des § 249, sondern auch auf die **Erschwerungsgründe** des Raubes (§§ 250, 251; vgl. BGHSt 27, 10).

Das Erfordernis der *Leibes- oder Lebensgefahr* betrifft nur die **Drohung** und nicht etwa die vom Täter verübte Gewalt (BGHSt 18, 75). Zur **Gegenwärtigkeit** der Gefahr vgl. BGH MDR 57, 691 Nr. 46.

Während der **Räuber** (§ 249) sein Opfer zur Duldung der *Wegnahme* von Sachen zwingt, nötigt der **räuberische Erpresser** (§ 255) den Betroffenen, selbst eine vermögensmindernde Handlung vorzunehmen, eine vermögenserhaltende Tätigkeit zu unterlassen oder ein vermögensschädigendes Tun zu dulden, das über die Wegnahme einer Sache hinausgeht oder von anderer Art ist als diese (BGHSt 18, 75).

Anders als bei der Abgrenzung zwischen Betrug und Diebstahl in Fällen einer vorgetäuschten Beschlagnahme (vgl. oben § 14 I 2) soll es nach Auffassung der Rechtsprechung (BGHSt 7, 252) bei der Abgrenzung zwischen Raub und räuberischer Erpressung **nicht auf die innere Willensentschließung** des Opfers, sondern allein auf das **äußere Erscheinungsbild** des Gebens (= dann § 255) oder Nehmens (= dann § 249) ankommen.

Im Gegensatz dazu stellt die h.L. bei der Abgrenzung zwischen § 255 und § 249 auf das Vorliegen oder Fehlen einer *willensgesteuerten* **Vermögensverfügung** mit der Folge ab, daß *vis absoluta* im Rahmen des § 255 als Gewaltmittel ausscheidet (näher *Lackner*, StGB, § 255 Anm. 2a; Sch-Sch-*Eser*, StGB, § 249 Rdnr. 2). Zur räuberischen **Sacherpressung** gehört daher eine **Willensbeugung** und eine darauf beruhende Mitwirkung des Opfers in Gestalt einer *willentlichen* Gewahrsamsübertragung, deren Vorliegen durch das äußere Erscheinungsbild des „Hingebens" indiziert wird (zutreffend *Rengier*, JuS 81, 654, 657; kritisch dazu *Schlehofer*, Einwilligung und Einverständnis, 1985, S. 35).

> Die bloße Preisgabe eines Verstecks oder anderer Geheimnisse (z. B. über die Zahlenkombination des Tresors), mit deren Hilfe dem Täter sodann die geplante Wegnahme von Wertsachen gelingt, ist kein „Vermögensnachteil" i. S. der §§ 253, 255, reicht also nicht aus, diese Vorschriften anstelle des § 249 anzuwenden (BGH MDR 84, 276 bei *Holtz*).

2. Im Fall 63 hat A die Eltern des von anderen Tätern entführten Kindes unter Anwendung von **Drohungen** *mit gegenwärtiger Gefahr für Leib oder Leben* zur Zahlung des verlangten Lösegeldes, d.h. zu einer ihr Vermögen unmittelbar schädigenden Verfügung genötigt. Daß die von ihm ausgehende Drohung nicht realisierbar und die Möglichkeit ihrer Verwirklichung nur vorgetäuscht war, ist belanglos. Maßgebend ist allein, daß der Bedrohte die Ausführung der Drohung, die ihn oder – wie hier – eine ihm nahestehende Person betrifft, *für möglich* hält, infolgedessen in Furcht versetzt und dadurch zu einer entsprechenden Willensentschließung bestimmt wird (BGHSt 23, 294; 26, 309; BGH JZ 85, 1059 mit Anm. *Zaczyk*).

> Dem Begriff der **Drohung** ist somit ein denkbarerweise hinzutretendes *Täuschungselement* nicht fremd, sondern wesensgemäß. Daraus folgt, daß eine Täuschung des Opfers, die sich lediglich auf die Ausführbarkeit der Drohung bezieht und diese erst ermöglichen oder in ihrer Wirkung verstärken soll, **wesentlicher Bestandteil der Drohung** ist, so daß die tatbestandlich gegebene Verwirklichung des § 263 hinter die §§ 253, 255 zurücktritt und durch die Bestrafung des Täters wegen **räuberischer Erpressung** mit abgegolten ist (= Gesetzeskonkurrenz in Form der Konsumtion; näher oben I 6).
>
> Da im Fall 63 auch alle subjektiven Tatbestandserfordernisse erfüllt sind und am Vorliegen der sonstigen Strafbarkeitsvoraussetzungen kein Zweifel besteht, ist A wegen **räuberischer Erpressung** zu bestrafen (§§ 253, 255).

3. Wer eine **fortwirkende,** zunächst ohne Nötigungsvorsatz und Bereicherungsabsicht erfolgte **Drohung** *mit gegenwärtiger Leibes- oder Lebensgefahr* aufgrund eines neugefaßten Tatentschlusses dazu benutzt, das eingeschüchterte Opfer zur Herausgabe seiner

§ 17 II 4

Geldbörse zu bestimmen, macht sich der räuberischen Erpressung schuldig (lehrreich OLG Frankfurt NJW 70, 342).

4. Fälle aus dem Bereich der räuberischen Erpressung bilden beliebte Examensthemen; die nachfolgend genannten Entscheidungen sollten daher zu Vertiefungszwecken durchgearbeitet werden:

a) Nach BGH NJW 84, 501 begeht nicht eine räuberische Erpressung, sondern lediglich eine Nötigung, wer sich **einen durch Betrug erlangten Vorteil** in der Weise sichert, daß er aufgrund eines neu gefaßten Entschlusses den Geschädigten mit Gewalt gegen eine Person an der Durchsetzung seiner Forderung hindert. In dem betreffenden Fall hatte der Angeklagte an einer **Selbstbedienungstankstelle** Benzin im Wert von rund 150 DM in der vorgefaßten Absicht getankt, ohne Bezahlung davonzufahren. Zu diesem Zweck hatte er falsche Kennzeichen an seinem Auto angebracht. Als der Tankwart sich ihm in den Weg stellte, um ihn am Davonfahren zu hindern, fuhr er mit Vollgas auf ihn zu, so daß dieser zur Seite springen mußte. Der BGH führt aus, § 255 greife zwar ein, wenn jemand aufgrund eines entsprechenden Tatplans nach vorausgegangener Täuschung unmittelbar anschließend zur Gewaltanwendung übergehe, um das Opfer zur endgültigen Hinnahme der erzwungenen Vermögensbeschädigung zu nötigen. Deshalb liege eine räuberische Erpressung vor, wenn es einem Taxifahrer im Rahmen eines vom Täter spätestens während der Fahrt gefaßten Entschlusses bei Beendigung der Fahrt durch Anwendung von Gewalt unmöglich gemacht werde, seine Fahrpreisforderung durchzusetzen (BGHSt 25, 224). So habe der Fall hier jedoch nicht gelegen, da der Angeklagte den Entschluß zur Gewaltanwendung *erst nach Abschluß der betrügerischen Handlung* spontan gefaßt habe. Der Angeklagte habe sich unter den gegebenen Umständen den bereits durch Betrug erlangten Vorteil gesichert, dem Betroffenen dadurch aber keinen weiteren Schaden zugefügt, auch nicht in Form einer Vertiefung oder Verfestigung des durch den Betrug entstandenen Schadens. Das Tatbestandselement der Vermögensschädigung, das den Betrug begründet habe, dürfe dem Angeklagten nicht zur Begründung des Erpressungstatbestandes erneut angelastet werden (siehe dazu auch *Kienapfel,* Anm. JR 84, 388 sowie *Seier,* JA 84, 321).

b) Nach BGHSt 32, 88 kann sich der räuberischen Erpressung schuldig machen, wer ein Hotel unter Anwendung von Gewalt gegenüber dem Hotelportier mit seinem Gepäck verläßt, weil er nicht mehr in der Lage ist, die Hotelrechnung zu bezahlen. Der Vermögensnachteil kann in einem solchen Fall in der **Beeinträchtigung des gesetzlichen Pfandrechts des Gastwirts** (§ 704 BGB) liegen. Voraussetzung dafür ist, daß die eingebrachten Sachen des Gastes der Pfändung unterliegen (§ 704 Satz 2 in Verbindung mit § 559 S. 3 BGB). In dem betreffenden Fall hatte das Landgericht diesen Anknüpfungspunkt nicht erkannt, die auf § 255 gestützte Verurteilung vielmehr damit begründet, das Vermögen der Hotelleitung sei geschädigt, weil der Angeklagte den Portier genötigt habe, das *Verlassen des Hotels ohne Bezahlung* zu dulden. Der BGH beanstandet diese Begründung zu Recht mit dem Hinweis, die Forderung des Hoteliers auf Begleichung der Rechnung sei durch die gegen den Portier verübte Gewalt nicht geschmälert oder in ihrer Durchsetzbarkeit beeinträchtigt worden. Insoweit fehle es an der notwendigen Kausalität zwischen der Nötigungsfolge und dem in Betracht kommenden Nachteil. Geeigneter Ansatz für § 255 könne hier allein das in § 704 BGB normierte Pfandrecht sein; in dieser Hinsicht bedürfe der Sachverhalt weiterer Aufklärung (näher dazu *Jakobs,* Anm. JR 84, 385; *Otto,* Anm. JZ 84, 143; *Sonnen,* JA 84, 319 ff.).

9. Kapitel: Untreue und untreueähnliche Delikte

§ 18 DIE TATBESTÄNDE DER UNTREUE UND DER ÜBRIGEN DELIKTE

Fall 64: Die Hausfrau F, die an einem Schreibmaschinenkursus teilnimmt, hat von dem Büroausstatter B eine Schreibmaschine gemietet, auf der sie fleißig übt. Als F später erfährt, daß B wegen Rauschgifthandels in Untersuchungshaft genommen worden sei, veräußert sie die Schreibmaschine als angeblich ihr gehörend für 200 DM an den gutgläubigen Erwerber E, um mit dem Erlös Rechnungsrückstände für Strom- und Gasverbrauch zu tilgen.

Hat F sich zum Nachteil des B der Untreue schuldig gemacht?

I. Übersicht

1. **Untreue** (§ 266) ist die Schädigung fremden Vermögens durch vorsätzliche Verletzung einer Vermögensbetreuungspflicht. **Geschütztes Rechtsgut** ist nach h.M. allein das **Vermögen** (vgl. LK-*Hübner*, StGB, § 266 Rdnr. 19; *Maurach-Schroeder*, BT § 47 I A; Sch-Sch-*Lenckner*, StGB, § 266 Rdnr. 1). Da § 266 im Gegensatz zu §§ 253, 263 kein Bereicherungsstreben des Täters voraussetzt, ist die Untreue kein Vermögensverschiebungsdelikt, sondern ein reines **Schädigungsdelikt**.

> Die heutige Regelung, die an die Stelle der unzulänglichen Kasuistik des § 266 a.F. getreten ist und dem früheren Meinungsstreit zwischen der **Mißbrauchs-** und **Treubruchstheorie** durch deren Vereinigung ein Ende gesetzt hat (näher dazu RGSt 69, 58; LK-*Hübner*, StGB, § 266 Rdnr. 2–6), beruht auf der Gesetzesnovelle vom 26. 5. 1933 (RGBl I 295). Das EGStGB hat den § 266 III erweitert; er sieht jetzt die entsprechende Anwendung der §§ 243 II, 247 und 248a vor.

2. § 266 I umfaßt zwei Tatbestandsgruppen: den **Mißbrauchs-** und den **Treubruchstatbestand**. Der letztgenannte enthält wiederum zwei Varianten, die sich dadurch unterscheiden, daß die erste von einer rechtlich begründeten Vermögensbetreuungspflicht ausgeht, während die zweite ein rein tatsächliches Treueverhältnis als Grundlage dieser Pflicht ausreichen läßt. Wie der **Mißbrauchs-** und der **Treubruchstatbestand** sich zueinander verhalten, ist umstritten. Die Mindermeinung beurteilt beide als selbständig und begrifflich verschieden (BGH NJW 54, 1616; Sch-Sch-*Lenckner*, StGB, § 266 Rdnr. 2). Zustimmung verdient jedoch die h.M., die im Mißbrauchstatbestand nur einen enger und präziser gefaßten, *speziell* geregelten Anwendungsfall des Treubruchstatbestandes erblickt, ihm also gegenüber dem letzteren den **Vorrang** als *lex specialis* einräumt (vgl. BGH JR 83, 515; OLG Hamm NJW 68, 1940; *Lackner*, StGB, § 266 Anm. 7b; LK-*Hübner*, StGB, § 266 Rdnr. 5, 17; zu den daraus folgenden Aufbaufragen siehe *Kohlmann*, JA 80, 228).

> Im Anschluß an die neuere Rechtsprechung (BGHSt 24, 386; 33, 244, 250) hat sich inzwischen die Auffassung durchgesetzt, daß die Verletzung einer **Vermögensbetreuungspflicht** nicht nur im **Treubruchstatbestand**, sondern auch im **Mißbrauchstatbestand** vorausgesetzt wird (vgl. *Arzt/Weber*, BT/4 Rdnr. 106; *Lackner*, StGB, § 266 Anm. 2b; LK-*Hübner*, StGB, § 266 Rdnr. 5 ff.; näher *Dunkel*, Erfordernis und Ausgestaltung des Merkmals „Vermögensbetreuungspflicht" im Rahmen des Mißbrauchstatbestandes der Untreue, 1976). Dieser Ansicht ist beizupflichten, da sie der allgemein anerkannten Notwendigkeit Rechnung trägt, einer Ausuferung des § 266 vorzubeugen und seinen Anwendungsbereich durch eine **restriktive Auslegung** sachgerecht zu begrenzen. Die

Diskussion dazu ist noch nicht abgeschlossen. Zur Kritik an der h.M. mit neuen Lösungsvorschlägen siehe *Sax*, JZ 77, 663 ff., dessen Konzeption bei LK-*Hübner*, StGB, § 266 Rdnr. 12, 13 jedoch mit überzeugenden Gründen verworfen wird. Ebenfalls kritisch zur sog. „neuen Lehre", *Labsch*, Untreue (§ 266 StGB), 1983; *derselbe*, NJW 86, 104.

II. Mißbrauchstatbestand

1. Der **Mißbrauchstatbestand** des § 266 ist erfüllt, wenn der Täter die ihm durch Gesetz, behördlichen Auftrag oder Rechtsgeschäft eingeräumte **Befugnis**, über fremdes Vermögen zu verfügen oder einen anderen zu verpflichten, **mißbraucht** und dadurch dem, dessen **Vermögensinteressen er zu betreuen hat, Nachteil zufügt.**

In Betracht kommt hier vor allem die **Vermögensfürsorgepflicht** der Eltern gegenüber ihren Kindern (§ 1626 BGB), die Vertretungsbefugnis des Vormundes (§ 1793 BGB), des Testamentsvollstreckers (§ 2205 BGB), des Konkursverwalters (§ 6 KO) und des Gerichtsvollziehers (§§ 753, 814 ff. ZPO; vgl. dazu BGHSt 13, 274) sowie die rechtsgeschäftlich begründete Vertretungsmacht von Bevollmächtigten (§§ 164 ff. BGB, § 54 HGB), Prokuristen (§ 48 HGB) und der gesellschaftsrechtlichen Organe.

2. **Gegenstand** der **Vermögensbetreuungspflicht** muß die *Geschäftsbesorgung für einen anderen* in einer nicht ganz unbedeutenden Angelegenheit mit einem Aufgabenkreis von einigem Gewicht und einem gewissen Grad von Verantwortlichkeit sein (vgl. BGHSt 33, 244, 250; 24, 386; 13, 315; OLG Hamm JZ 77, 610; *Lackner*, StGB, § 266 Anm. 2b; LK-*Hübner*, StGB, § 266 Rdnr. 21 ff.; *Schreiber/Beulke*, JuS 77, 656). Die Anforderungen, die § 266 in dieser Hinsicht stellt, lassen sich nicht in eine allgemeingültige Formel zwängen; sie können für den schärfer umrissenen Mißbrauchstatbestand im Einzelfall weniger streng sein als innerhalb des wegen seiner Weite bedenklichen Treubruchstatbestandes. Ihnen ist um so eher Genüge getan, je größer das Maß an Selbständigkeit, Bewegungsspielraum und Entscheidungsfreiheit für den Betreuungspflichtigen ist.

3. Ein **Mißbrauch** i.S. der *ersten* Alternative des § 266 I ist nur in der Form des **rechtsgeschäftlichen** oder **hoheitlichen Handelns** möglich. Untreuehandlungen *rein tatsächlicher* Art (z.B. die widerrechtliche Verwendung fremder Gelder für eigene Zwecke, das Verkommenlassen von Gegenständen durch mangelnde Pflege usw.) fallen nicht unter den Mißbrauchs-, sondern unter den Treubruchstatbestand. Die Rechtsprechung ist in dieser Hinsicht nicht frei von Widersprüchen (kritisch dazu *Heinitz*, H. Mayer-Festschr. S. 433; vgl. auch *Arzt*, Bruns-Festschr. S. 365). Den Angelpunkt für die Anwendbarkeit der *ersten* Alternative des § 266 I im konkreten Fall bildet der Vergleich zwischen dem **Innen-** und **Außenverhältnis** der Vertretungsmacht; entscheidend sind dabei die oft unterschiedlichen Rechtsschranken zwischen dem *internen* **Dürfen** und dem *externen* **Können**. Ein **Mißbrauch** der Verpflichtungs- oder Verfügungsbefugnis liegt vor, wenn der Täter im Rahmen seines rechtsverbindlich wirkenden **Könnens** die Grenzen des im *Innenverhältnis* einzuhaltenden **rechtlichen Dürfens** bewußt überschreitet (vgl. BGH JR 85, 28 mit Anm. *Otto*).

Am besten läßt sich das anhand der §§ 49, 50 HGB verdeutlichen, die für den **Prokuristen** den Umfang seines **rechtlichen Könnens im Außenverhältnis** in der Weise regeln, daß abweichende Vereinbarungen und Einschränkungen **nur für das Innenverhältnis** Bedeutung haben. Handelt ein Prokurist z.B. der ihm erteilten Weisung, den Wareneinkauf bis zur Behebung eines finanziellen Engpasses zu drosseln und vorerst ohne Zustimmung des Firmenchefs keine neuen Wechselverbindlichkeiten einzugehen, vorsätzlich zuwider, so mißbraucht er seine **Verpflichtungsbefugnis**. Die Wirksamkeit der Wechselverpflichtung im Verhältnis zu Dritten bleibt davon gemäß §§ 49, 50 HGB unberührt. Erwächst der Firma daraus durch Wechselproteste, Vollstreckungsmaßnahmen von Wechselgläubigern usw. ein Nachteil, bezüglich dessen der Prokurist zumindest mit *dolus eventualis* gehandelt haben müßte, so ist der **Mißbrauchstatbestand** der Untreue erfüllt.

Ähnliche Regelungen wie §§ 49, 50 HGB sieht das Gesetz auch anderswo vor (vgl. § 126 HGB, § 37 GmbHG und § 82 AktG). Wie weit die Befugnisse des Betreuungspflichtigen im Innenverhältnis reichen und was seine Pflicht ihm konkret gebietet oder verbietet, richtet sich (soweit nicht Gesetz oder Satzung vorgehen) nach den mit dem Vermögensinhaber getroffenen Vereinbarungen und nach der Sorgfalt, die ein ordentlicher und gewissenhafter Geschäftsführer zu beobachten hat.

Näher BGHSt 3, 23 zu Untreuehandlungen des **Geschäftsführers** einer noch nicht eingetragenen GmbH; BGH NStZ 84, 118 zur Untreue des Geschäftsführers einer GmbH in bezug auf die Rückzahlung eines Bankkredits (kritisch dazu *Labsch*, JuS 85, 602); BGH GA 1977, 342 zu Risikogeschäften eines **Testamentsvollstreckers**; BGHSt 30, 247 zur mißbräuchlichen Verfügung über zweckgebundene Geldmittel durch Mitglieder des **Allgemeinen Studentenausschusses** bei Inanspruchnahme eines *allgemeinpolitischen* Mandats (vgl. dazu auch OLG Hamm NJW 82, 190); BGH NStZ 82, 331 zur Verpflichtung des **Notars**, ihm zur Verwahrung anvertraute Gelder sofort einem *Anderkonto* zuzuführen; BGH NJW 75, 1234 zur Hingabe von Vereinsgeldern im Rahmen des **Bestechungsskandals** in der Fußball-Bundesliga (ausführlich dazu *Weise*, Finanzielle Beeinflussungen von sportlichen Wettkämpfen durch Vereinsfunktionäre – Überlegungen zur Mißbrauchsuntreue auf der Grundlage des sog. Bundesliga-Skandals, Diss. Gießen 1982). Zu Untreuehandlungen zum Nachteil einer **Kommanditgesellschaft** siehe *Schäfer*, NJW 83, 2850.

Die Zustimmung des Vermögensinhabers zu geschäftlichen Dispositionen, die ein *gesteigertes* Wagnis enthalten und als sog. **Risikogeschäfte** die Gefahr eines verlustreichen Fehlschlags in sich bergen, kann zu einer entsprechenden **Erweiterung** der im Innenverhältnis maßgebenden **Grenzen des rechtlichen Dürfens** führen. Demzufolge fehlt es an einer Pflichtverletzung und damit an einer Verwirklichung des Mißbrauchstatbestandes, wenn und soweit der Abschluß des riskanten Geschäfts durch eine *wirksame* Einwilligung des Vermögensinhabers gedeckt war (vgl. BGHSt 3, 23; LK-*Hübner*, StGB, § 266 Rdnr. 87).

In der Rechtslehre wird eine solche **Einwilligung** vielfach mit dem *tatbestandsausschließenden Einverständnis* gleichgesetzt (so *Arzt/Weber*, BT/4 Rdnr. 125; *Hillenkamp*, NStZ 81, 161, 165; *Sch-Sch-Lenckner*, StGB, § 266 Rdnr. 21; anders BGHSt 9, 203, 216 = *rechtfertigende* Einwilligung). Diese Bezeichnung, mit der die *tatbestandliche* Relevanz der betreffenden Einwilligung betont werden soll, kann indessen zu Mißverständnissen führen und bedarf zumindest der Klarstellung, daß § 266 (ganz anders als z.B. § 240 und § 177) den Unrechtsgehalt der Tathandlung nicht primär aus dem *fehlenden Einverständnis* des Betroffenen, sondern aus einer **Pflichtverletzung** dessen herleitet, der die fremden Vermögensinteressen wahrzunehmen hat. § 266 gehört nicht zu der Gruppe von Delikten, bei denen der entgegenstehende Wille des Opfers ein Merkmal des gesetzlichen Tatbestandes ist. Infolgedessen hat die Einwilligung des Vermögensinhabers hier *normativen* Charakter und (anders als das tatbestandsausschließende Einverständnis bei § 240 oder § 177) nicht lediglich *rein tatsächliche* Bedeutung. Nicht schon das Einverständnis als solches (d.h. die bloße Tatsache seines Vorliegens), sondern nur eine *wirksame* Einwilligung des Vermögensinhabers bzw. seines gesetzlichen Vertreters schließt eine **Pflichtverletzung** i.S. des § 266 aus.

§ 18 II 3

Im Rahmen des § 266 kann die *Wirksamkeit* der Einwilligung (ähnlich wie bei Eingriffen in die körperliche Unversehrtheit) nicht ohne Rücksicht auf die **Einwilligungsfähigkeit** (vgl. BGHSt 9, 203, 216), auf etwaige **Willensmängel**, eine evtl. fehlende Aufklärung über außergewöhnlich hohe Risiken eines in Aussicht genommenen Geschäfts und die vorhandene oder mangelnde Erfahrung des Einwilligenden in kommerziellen Angelegenheiten beurteilt werden.

> Beispiel: Die reiche, aber geschäftlich unerfahrene Fabrikantenwitwe F hat ihrem Bekannten B, den sie mit einer Generalvollmacht austattet, die Verwaltung ihres Privatvermögens übertragen. Nach einigen gewinnbringenden Aktienkäufen kann B der Versuchung, sich mit dem Geld der F an einer höchst riskanten Börsenspekulation zu beteiligen, nicht widerstehen. Zuvor hat F sich auf sein Drängen mit dem betreffenden Vorhaben einverstanden erklärt, ohne dessen Risiken auch nur andeutungsweise erkannt zu haben. Daß F nicht zu überblicken vermochte, worauf sie sich einließ, war dem B vor Einholung ihrer Zustimmung klar. In einem solchen Fall stünde bei einem Fehlschlagen des Spekulationsgeschäfts gewiß außer Zweifel, daß die (auf fehlender Aufklärung, irrigen Vorstellungen und mangelnder geschäftlicher Erfahrung beruhende) Einwilligung der F das Vorliegen einer **Pflichtverletzung** i.S. des Mißbrauchstatbestandes nicht ausschließt, weil F (wie B wußte) nicht imstande war, die **Tragweite ihrer Entscheidung** zu erfassen und das ihr drohende Risiko sachgerecht einzuschätzen. Sinn der Bestellung des B zum Vermögensverwalter war es ja gerade, die F wegen ihrer geschäftlichen Unerfahrenheit vor Fehlentscheidungen dieser Art zu bewahren. War die Einwilligung der F aus den genannten Gründen aber unwirksam, blieb B im Innenverhältnis an die Sorgfaltsregeln gebunden, die ein ehrlicher und gewissenhafter Vermögensverwalter zu beachten hat und die es nicht gestatten, das zu betreuende Vermögen bei Spekulationsgeschäften mit einer außergewöhnlich hohen Verlustgefahr aufs Spiel zu setzen (vgl. BGH wistra 82, 148; GA 1977, 342; LK-*Hübner*, StGB, § 266 Rdnr. 87).

Dieses Beispiel zeigt, daß die **Wirksamkeit** einer Einwilligung des Vermögensinhabers im Bereich der Untreue bei der Frage, ob sie das Vorliegen einer *Pflichtverletzung* und damit bereits den Tatbestand des § 266 ausschließt, im Prinzip nach den gleichen Grundsätzen zu beurteilen ist, wie dies bei einer *rechtfertigenden* Einwilligung zu geschehen pflegt (vgl. dazu *Wessels*, AT § 9 I 2). Insoweit gelten hier andere Voraussetzungen als z.B. im Bereich der §§ 177, 178, 235 – 237, 240 beim *dort* maßgebenden *Einverständnis* (möglicherweise könnte das der Grund für den BGH gewesen sein, in BGHSt 9, 203, 216 von einer *rechtfertigenden* Einwilligung zu sprechen).

> Die **Wirksamkeit** der Einwilligung kann ferner daran scheitern, daß sie selbst **gesetzwidrig** ist oder eine **Pflichtverletzung** i.S. des § 266 darstellt. Das gilt insbesondere für die ungetreue Zustimmung von Aufsichtsorganen einer Aktiengesellschaft zu Untreuehandlungen des Vorstandes (siehe dazu auch BGHSt 3, 23; *Dreher-Tröndle*, StGB, § 266 Rdnr. 14; LK-*Hübner*, StGB, § 266 Rdnr. 87).

Die Frage nach dem Vorliegen einer wirksamen Einwilligung zu Risikogeschäften und dergleichen taucht in der Regel nur außerhalb einer *weisungsgebundenen* Geschäftsführung auf. Wer nämlich als Betreuungspflichtiger Weisungen unterworfen ist und bei riskanten geschäftlichen Dispositionen nach Erfüllung der ihm obliegenden Beratungspflicht (siehe dazu BGH JZ 84, 682) lediglich eine **verbindliche Weisung** seines Geschäftsherrn befolgt, handelt nicht pflichtwidrig, sondern pflichtgemäß. Ein *Mißbrauch* seiner Verpflichtungs- oder Verfügungsbefugnis i.S. des § 266 ist insoweit nicht denkbar; nur *weisungswidriges* Verhalten könnte hier den Untreuetatbestand erfüllen. Führt die Befolgung einer verbindlichen Weisung zu Vermögenseinbußen und Verlusten, trifft die Verantwortung dafür (kraft seiner Weisungsbefugnis) allein den Geschäftsherrn.

Mißbrauch und Pflichtverletzung müssen sich jeweils aus **Art** und **Inhalt** des Geschäfts ergeben. Wer z.B. als Vertreter oder Inkassobevollmächtigter Forderungen *auftragsgemäß* einzieht, dabei jedoch in der Absicht handelt, das Geld für eigene Zwecke zu verwenden, mißbraucht seine Verfügungsbefugnis nicht (BGH wistra 84, 143; Sch-Sch-*Lenckner*, StGB, § 266 Rdnr. 19; anders LK-*Hübner*, StGB, § 266 Rdnr. 71 mit dem nicht überzeugenden Hinweis, der *böse Wille* begründe bereits das Vorliegen einer bösen Tat). Der **Verbrauch des Geldes** entgegen der Ablieferungspflicht kann indessen den Treubruchstatbestand des § 266 erfüllen.

> Die Hingabe eines **ungedeckten Schecks** im Betrage bis zu 400 DM unter Verwendung einer Scheckkarte enthält im Hinblick auf die dadurch begründete Einlösungsverpflichtung der betroffenen Bank eine **Mißbrauchshandlung** i.S. der *ersten* Alternative des § 266 I. Die Bejahung einer Untreue scheidet aber deshalb aus, weil ein Bankkunde im Verhältnis zu seiner Bank **keine Vermögensbetreuungspflicht** i.S. des § 266 hat (BGHSt 24, 386; OLG Hamburg NJW 83, 768; OLG Köln JR 78, 467; LK-*Hübner*, StGB, § 266 Rdnr. 38; Sch-Sch-*Lenckner*, StGB, § 266 Rdnr. 12; *Vormbaum*, JuS 81, 18; a.A. *Heimann-Trosien*, JZ 76, 549; *Krey*, BT/2 Rdnr. 558).
>
> Nach den Scheckkartenbedingungen wird die Euroscheckkarte im **Interesse des Kunden** ausgestellt und ausgehändigt. Macht der Kunde von ihr Gebrauch, besorgt er kein Geschäft der Bank, vielmehr nimmt diese bei der späteren Einlösung des Schecks Vermögensinteressen des Kunden wahr. Die Verpflichtung des Kunden, Euroschecks nur im Rahmen seines Bankguthabens und des ihm vorher eingeräumten Überziehungskredits auszustellen, begründet lediglich eine **Unterlassungspflicht**, die über die *allgemeine* und ohnehin selbstverständliche *Pflicht zur Vertragstreue* nicht hinausgeht. Um eine Vermögensbetreuungspflicht i.S. des § 266 handelt es sich insoweit nicht (ebenso BGHSt 33, 244, 250 zum Kreditkartenmißbrauch). Seit dem 1. 8. 1986 wird der Mißbrauch von Scheck- und Kreditkarten durch deren berechtigten Inhaber von § 266b erfaßt (siehe dazu unten V 2).

Eine **Befugnis** i.S. der *ersten* Alternative des § 266 I kann u.U. auch durch ein **Unterlassen** mißbraucht werden, wie etwa durch Schweigen im Falle des § 362 HGB oder durch das Unterlassen einer Mängelrüge (§ 377 II HGB; näher LK-*Hübner*, StGB, § 266 Rdnr. 72). Zum Verjährenlassen einer Forderung durch den mit ihrer Geltendmachung beauftragten Rechtsanwalt siehe BGH JR 83, 515 mit Anm. *Keller*.

> Im Fall 64 war F zwar imstande, dem gutgläubigen E nach §§ 929, 932 BGB Eigentum an der Schreibmaschine des B zu verschaffen. Die rechtliche Möglichkeit dazu war jedoch nur eine **Folge der Schutzwirkung**, die das BGB zugunsten eines redlichen Dritten mit dem Besitz einer Sache und dem dadurch erzeugten **Rechtsschein** verbindet (vgl. § 1006 I BGB). Eine **Befugnis**, über den betreffenden Gegenstand zu verfügen, läßt sich daraus nicht herleiten (BGHSt 5, 61). Infolgedessen ist hier von vornherein kein Raum für die Annahme, daß F eine ihr im Verhältnis zu B zustehende *Befugnis* i.S. des § 266 mißbraucht haben könnte. Der Tatbestand der **Untreue** in all seinen Erscheinungsformen entfällt im Fall 64 außerdem deshalb, weil die Obhutspflicht des Sachmieters als *bloße Nebenpflicht* keine „**Vermögensbetreuungspflicht**" begründet (vgl. BGHSt 22, 190; LK-*Hübner*, StGB, § 266 Rdnr. 27, 44; *Maurach-Schroeder*, BT § 47 II A 2b). F hat sich daher lediglich der **veruntreuenden Unterschlagung** schuldig gemacht (§ 246 I *zweite* Alternative).

4. Durch die Mißbrauchshandlung muß demjenigen, dessen Vermögensinteressen der Täter zu betreuen hat, ein **Nachteil** (= Vermögensschaden) zugefügt werden. Näher nachfolgend zu III 3.

III. Treubruchstatbestand

Fall 65: In einem kleinen Bahnhof obliegt dem im Schalterdienst tätigen S die alleinige Verwaltung der Fahrkartenkasse. Die Tageseinnahmen sind von ihm bei Dienstschluß mit der Endsumme in ein Ablieferungsbuch einzutragen und gegen Quittung der Sammelkasse zuzuführen. Zweimal monatlich erfolgt eine Gesamtabrechnung. Um persönliche Schulden zu begleichen, hat S Geld aus der Kasse entnommen, das Ablieferungsbuch unrichtig geführt und den Fehlbetrag dadurch verschleiert, daß er spätere Einnahmen unter falschen Daten verbucht hat.

Strafbarkeit des S?

1. Das Verhalten des S erfüllt alle Merkmale der *veruntreuenden* Unterschlagung (vgl. oben § 5 III zu Fall 20). Fraglich ist, ob darin zugleich eine **Untreue** liegt. Der Mißbrauchstatbestand des § 266 I entfällt mit Rücksicht darauf, daß S zur eigenmächtigen Verfügung über die ihm anvertrauten Gelder nicht befugt ist und daß Pflichtwidrigkeiten *rein tatsächlichen* Charakters allein vom **Treubruchstatbestand** des § 266 I erfaßt werden.

Für den Mißbrauchstatbestand ist (entgegen einem *obiter dictum* in BGHSt 13, 315, 316) auch dann kein Raum, wenn ein **Schalterbeamter** Fahrkarten unter dem amtlich festgesetzten Preis verkauft, denn seine Rechtsmacht *im Außenverhältnis* reicht in dieser Hinsicht nicht weiter als seine *interne* Befugnis. Wo **Können** und **Dürfen** sich decken, der Täter also zugleich seine Vertretungsmacht im Außenverhältnis überschreitet, greift anstelle des Mißbrauchstatbestandes der **Treubruchstatbestand** ein (vgl. *Heinitz*, H. Mayer-Festschr. S. 433, 434; LK-*Hübner*, StGB, § 266 Rdnr. 70; *Maurach-Schroeder*, BT § 47 II A 1c; *Welzel*, Lb S. 358).

2. Den **Treubruchstatbestand** verwirklicht, wer die ihm kraft Gesetzes, behördlichen Auftrags, Rechtsgeschäfts oder aufgrund eines faktischen Treueverhältnisses obliegende **Pflicht zur Wahrnehmung fremder Vermögensinteressen verletzt** und dadurch dem, dessen Vermögensinteressen er zu betreuen hat, **Nachteil zufügt**. Der Gefahr, daß die fast uferlose Weite dieses Tatbestandes nahezu jede Vertragsverletzung pönalisieren könnte, sucht die Rechtsprechung durch relativ **strenge Anforderungen an die Vermögensbetreuungspflicht** zu begegnen: Vorausgesetzt wird, daß die Pflicht zur Wahrnehmung fremder Vermögensinteressen den *typischen* und *wesentlichen* Inhalt des rechtlich begründeten oder faktisch bestehenden Treueverhältnisses bildet, also dessen **Hauptgegenstand** und nicht eine *bloße Nebenpflicht* ist (BGHSt 1, 186; 22, 190).

Die allgemeine Pflicht, einen Vertrag zu erfüllen und dabei auf die Interessen des anderen Teils Rücksicht zu nehmen, ist keine „*Vermögensbetreuungspflicht*" i.S. des § 266 (BGHSt 33, 244, 251). Infolgedessen genügt das Nichterfüllen einfacher Vertragspflichten bei Kauf-, Miet-, Werk- oder Arbeitsverträgen den Anforderungen des Treubruchstatbestandes nicht (vgl. BGHSt 22, 190; BGH MDR 86, 273 bei *Holtz*). Auch eine Sicherungszession im Rahmen einer Kreditgewährung begründet für den Kreditnehmer im allgemeinen nur Nebenpflichten, während die Hauptpflicht sich darauf beschränkt, den gewährten Kredit zurückzuzahlen (BGH wistra 84, 143). Vermögensbetreuungspflichten bestehen demgegenüber häufig bei Geschäftsbesorgungsverträgen (§ 675 BGB) sowie bei Auftrags-, Speditions- und Kommissionsverhältnissen, sofern die nachstehend erörterten Mindestvoraussetzungen erfüllt sind (vgl. BGHSt 1, 186, 189; BGH NStZ 82, 201).

Rein *mechanische Tätigkeiten* wie die Erledigung von Botendiensten oder Schreibarbeiten begründen ebensowenig ein Treueverhältnis i.S. des § 266 wie Verwandtschaft, Freundschaft oder alte Bekanntschaft als solche (vgl. RGSt 69, 58, 279). **Mindestvor-**

aussetzung der Betreuungspflicht ist stets, daß es sich nach den **gesamten Umständen** des Einzelfalles (RGSt 71, 90) um eine nicht ganz unbedeutende Angelegenheit mit einem Aufgabenkreis von einigem Gewicht und einem gewissen Grad von Verantwortlichkeit handelt (vgl. oben II 2). **Anzeichen** dafür sind Art, Umfang und Dauer der jeweiligen Tätigkeit, ein etwaiger Entscheidungsspielraum des Verpflichteten und das Maß seiner Selbständigkeit. Beim Einkassieren, Verwalten und Abliefern von Geld für andere kann auch die Höhe der anvertrauten Mittel und der Umstand eine Rolle spielen, ob zur Kontrolle der Einnahmen Bücher zu führen oder Abrechnungsunterlagen zu erstellen sind (näher BGHSt 13, 315; BGH GA 1979, 143; enger LK-*Hübner*, StGB, § 266 Rdnr. 32 ff.; ähnlich Sch-Sch-*Lenckner*, StGB, § 266 Rdnr. 23, 24). Ein hinreichendes Maß an Selbständigkeit fehlt, wenn die zu erfüllenden Pflichten angesichts ihrer untergeordneten Bedeutung in allen Einzelheiten vorgegeben sind und keinerlei Dispositionsbefugnis besteht. So ist beispielsweise für § 266 kein Raum, wenn ein Bankangestellter nur das *von anderen* vereinnahmte ausländische Geld einzusortieren und das von anderen herauszugebende Geld bereitzulegen hat (BGH NStZ 83, 455).

Das Einziehen des „*Brötchengeldes*" durch einen Bäckerjungen oder die Entgegennahme des Kaufpreises für Gegenstände des täglichen Lebens durch ein Lehrmädchen, das diese Dinge nebst Quittung überbringt, entspricht den Anforderungen des § 266 nicht; hier reicht der Schutz des § 246 völlig aus. Anders verhält es sich beim Einziehen von Gewerkschaftsbeiträgen durch Angestellte (BGHSt 2, 324), von Gebühren und Nachnahmebeträgen durch Postbeamte (RGSt 73, 235) sowie bei der Inkassotätigkeit von Schalterbeamten der Post und der Bahn (BGHSt 13, 315; abweichend LK-*Hübner*, StGB, § 266 Rdnr. 32, 37).

> Im Fall 65 ist daher schon im Hinblick auf den *Grad seiner Verantwortlichkeit* und das *Maß seiner Selbständigkeit* bei der Kassenverwaltung einschließlich des Führens der zur Kontrolle dienenden Bücher eine **Vermögensbetreuungspflicht** des S zu bejahen. Diese Pflicht hat S dadurch verletzt, daß er sich einen Teil des Geldes rechtswidrig zugeeignet hat (näher BGHSt 13, 315).

Von Untreue i.S. des § 266 kann keine Rede sein, wenn jemand gesetz- oder sittenwidrigen Abreden, die er mit einem anderen getroffen hat, lediglich nicht nachkommt (vgl. BGH MDR 79, 456 bei *Holtz*). Da es im Bereich der Vermögensdelikte jedoch keine wegen ihrer Herkunft oder ihres Verwendungszwecks schlechthin ungeschützten Vermögenswerte gibt, begeht derjenige **Untreue** (§ 266 I *zweite* Alternative), der sich abredewidrig **an Geldern bereichert,** die sein Auftraggeber ihm zur Verwendung für gesetzwidrige Zwecke anvertraut hatte (BGHSt 8, 254; LK-*Hübner*, StGB, § 266 Rdnr. 79; *Maurach-Schroeder*, BT § 47 II A 2a; a.A. Sch-Sch-*Lenckner*, StGB, § 266 Rdnr. 32).

3. **Folge** des pflichtwidrigen Handelns oder Unterlassens muß die Zufügung eines **Nachteils** zu Lasten desjenigen sein, dessen Vermögensinteressen der Täter zu betreuen hat (= Identität der *zu schützenden* und der *verletzten* Interessen erforderlich). Der Begriff des **Nachteils** in § 266 I hat dieselbe Bedeutung wie die **Vermögensbeschädigung** in § 263 (RGSt 71, 155, 158). Die dortigen Grundsätze der Schadensberechnung gelten demnach sinngemäß. So fehlt es an einem Nachteil, wenn der eingetretene Verlust durch gleichzeitig erlangte **Vorteile,** die *unmittelbar* auf dem pflichtwidrigen Verhalten beruhen, **wirtschaftlich voll ausgeglichen** wird (BGHSt 31, 232, 234; LK-*Hübner*, StGB, § 266 Rdnr. 91; Sch-Sch-*Lenckner*, StGB, § 266 Rdnr. 41).

An dem bei §§ 253, 263 strikt durchgeführten Grundsatz, daß **gesetzliche Ersatzansprüche** gegen den Täter im Rahmen der Schadensermittlung nicht zu berücksichtigen, d.h. **nicht kompensationsfähig** sind, hält die Rechtsprechung in **Untreuefällen** nicht uneingeschränkt fest. So hat BGHSt 15, 342 (= JR 61, 267 mit Anm. *Schröder*) bei konkursfremden Verfügungen durch einen **Konkursverwalter** eine Nachteilszufügung unter der Voraussetzung verneint, daß der zum Ausgleich gewillte Täter „eigene flüssige Mittel in entsprechender Höhe zum Ersatz ständig bereithält" (zustimmend *Maurach-Schroeder*, BT § 47 II A 3a m.w.N.). Unerläßlich ist dabei natürlich die fortwährende Zahlungsbereitschaft des Täters (BGH MDR 83, 281 bei *Holtz*).

4. Der **Vorsatz** des Täters muß neben der Pflichtverletzung die Zufügung des Vermögensnachteils umfassen. Eventualvorsatz genügt. An seine Bejahung stellt die Rechtsprechung, vor allem bei sog. **Risikogeschäften** und in Fällen, in denen es an einem eigensüchtigen Handeln fehlt, mit Recht strenge Anforderungen (vgl. BGH NJW 75, 1234; GA 1956, 154; LK-*Hübner*, StGB, § 266, Rdnr. 102).

Vorsätzlich ungetreu handelt demnach nur, wer die ihm obliegende Vermögensbetreuungspflicht kennt, ihr wissentlich und willentlich zuwiderhandelt und dabei voraussieht oder sich zumindest damit abfindet, daß er durch sein Verhalten dem seiner Betreuung anvertrauten Vermögen Schaden zufügt (BGH wistra 86, 25). Soweit die Einwilligung des Vermögensinhabers *tatbestandsausschließende* Wirkung haben würde (siehe oben II 3), schließt die irrige Annahme seines Einverständnisses gemäß § 16 I 1 den Pflichtverletzungsvorsatz aus (näher LK-*Hübner*, StGB, § 266 Rdnr. 103; Sch-Sch-*Lenckner*, StGB, § 266 Rdnr. 49; a.A. *Maurach-Schroeder*, BT § 47 II A 4).

Nachteilszufügung durch S und Vorsatz in bezug auf alle Merkmale des objektiven Unrechtstatbestandes sind im Fall 65 ohne Schwierigkeit festzustellen. Insgesamt hat S sich daher der **Untreue** (§ 266 I *zweite* Alternative) in Tateinheit (§ 52) mit **veruntreuender Unterschlagung** (§ 246 I *zweite* Alternative) schuldig gemacht (zur Konkurrenzproblematik siehe oben § 5 III 3).

5. **Vollendet** ist die Untreue mit **Eintritt des Vermögensnachteils** oder der schadensgleichen Vermögensgefährdung. Der Versuch ist nicht mit Strafe bedroht. **Täter** oder Mittäter dieses Sonderdelikts kann nur sein, wer selbst vermögensbetreuungspflichtig ist.

Aus dem Kreis der **Rechtfertigungsgründe** können die *mutmaßliche* Einwilligung und der *rechtfertigende* Notstand (§ 34) hier praktische Bedeutung gewinnen (vgl. BGHSt 12, 229 mit Anm. *Bockelmann*, JZ 59, 495; *Küper*, JZ 76, 515).
Zu den **Konkurrenzfragen** siehe die Übersicht bei LK-*Hübner*, StGB, § 226 Rdnr. 107. Tateinheit ist beispielsweise möglich zwischen Untreue und Betrug (BGHSt 8, 254, 260), Diebstahl (BGHSt 17, 361), Unterschlagung (BGHSt 13, 315, 320; 24, 218, 221) und Urkundenfälschung (BGHSt 18, 312, 313), u.U. auch zwischen Bankrott und Untreue, soweit die vom Täter verfolgten Interessen nicht ausschließlich in die eine oder in die andere Richtung weisen (BGHSt 28, 371; 30, 127; BGH wistra 82, 148; MDR 84, 277 bei *Holtz*). Handlungen eines **GmbH-Geschäftsführers** werden nur dann von § 283 erfaßt, wenn sie für die Gesellschaft und in deren Interesse vorgenommen werden, während § 266 eingreift, wenn die vermögensschädigende Handlung *gesellschaftsfremden* Zwecken dient, vom Geschäftsführer also aus *eigennützigen* Beweggründen oder *im Interesse Dritter* vorgenommen wird. Gegen das bisherige Konkurrenzverständnis zwischen § 266 und anderen Delikten wendet sich *Labsch*, Untreue S. 225, 229 ff.

IV. Vorenthalten und Veruntreuen von Arbeitsentgelt

1. § 266a ist durch das 2. WiKG in das StGB eingefügt worden. In den Absätzen 1, 3 und 4 faßt das Gesetz die bisher verstreuten Normen über das **Vorenthalten von Sozialversicherungsbeiträgen** zu einem neuen Straftatbestand zusammen, der den **Schutz der Solidargemeinschaft** bezweckt und dem Ziel dienen soll, das Beitragsaufkommen der Sozialversicherungsträger und der Bundesanstalt für Arbeit strafrechtlich zu gewährleisten (näher *Martens*, wistra 86, 154).

> Hiernach können jetzt auch Fälle geahndet werden, in denen Arbeitgeber und Arbeitnehmer im Wege des einvernehmlichen Handelns verabredet haben, bei Lohnzahlungen keine Sozialversicherungsbeiträge abzuführen.
>
> Eine Neuerung stellt § 266a V dar, der nach dem Modell der steuerstrafrechtlichen Selbstanzeige (§§ 371, 378 III Abgabenordnung) in bestimmten wirtschaftlichen Engpaßsituationen ein **Absehen von Strafe** ermöglicht.

2. Einen anderen Komplex regelt § 266a II, bei dem es sich um ein untreueähnliches Verhalten des Arbeitgebers zum Nachteil seines Arbeitnehmers handelt. Zum Tatbestand gehört hier ein zweifaches Unterlassen des Arbeitgebers: das Nichtabführen einbehaltener Teile des Arbeitsentgelts an einen Gläubiger des Arbeitnehmers und dessen mangelnde Unterrichtung hiervon im Zeitpunkt der Fälligkeit oder unmittelbar danach.

> In Betracht kommen hier *einbehaltene* Teile des Arbeitsentgelts bei vermögenswirksamen Leistungen, bei einer freiwilligen Höher- oder Weiterversicherung, bei einer Lohnabtretung oder Pfändung und dergleichen. Mit Rücksicht auf die bereits in der Abgabenordnung vorhandene Regelung (§§ 370, 378, 380) ist die Lohnsteuer in § 266a II 2 ausgeklammert worden.

V. Mißbrauch von Scheck- und Kreditkarten

1. Ob bei einem **Scheckkartenmißbrauch** durch den Karteninhaber für § 263 oder § 266 Raum ist oder ob im Regelfall weder die eine noch die andere Vorschrift eingreift, war in Rechtsprechung und Rechtslehre umstritten.

> Untreue (§ 266) scheidet hier aus, weil dem Scheckkarteninhaber im Verhältnis zu seiner Bank oder Sparkasse **keine Vermögensbetreuungspflicht** im dort vorausgesetzten Sinne obliegt. Betrug (§ 263) scheitert zumeist daran, daß es im Hinblick auf die Garantiezusage des Geldinstituts beim Schecknehmer an einem **Irrtum** über das Vorhandensein einer ausreichenden Deckung fehlt. Die anderslautende, wegen Betruges strafende Praxis (vgl. BGHSt 24, 386; OLG Hamburg NJW 83, 768) hat in der Rechtslehre keinen Anklang gefunden (vgl. u.a. *Otto*, Jura 83, 16; *Steinhilper*, Jura 83, 401; *Vormbaum*, JuS 81, 18).

Für den Fall des **Kreditkartenmißbrauchs** (z.B. von Kreditkarten der Firmen American Express und Diners Club) durch den Karteninhaber, der wußte, daß er die monatlich anfallenden Abrechnungen mangels verfügbarer Geldmittel nicht unverzüglich begleichen konnte, hat der BGH dagegen eine Strafbarkeitslücke angenommen, soweit es an einer betrügerischen Erlangung der Kreditkarte fehlte (BGHSt 33, 244).

> Kritisch zu dieser Entscheidung *Labsch*, NJW 86, 104.

2. Dem Meinungsstreit hat das 2. WiKG durch § 266b ein Ende gesetzt. Nach dieser neuen Vorschrift macht sich strafbar, wer die ihm durch die Überlassung einer Scheck- oder Kreditkarte eingeräumte Möglichkeit, den Aussteller zu einer Zahlung zu veran-

§ 19 I 1,2

lassen, **mißbraucht** und diesen **dadurch schädigt**. Nach § 266b II gilt § 248a hier entsprechend. Der Täterkreis ist auf *berechtigte* Karteninhaber eingegrenzt; für Nichtberechtigte bleibt es bei der Anwendbarkeit des § 263.

> Das Mißbrauchsmerkmal entspricht der ersten Alternative des § 266 I; der Täter hält sich nach außen im Rahmen seines rechtlichen Könnens, überschreitet im Innenverhältnis zum Aussteller der Karte aber die Grenzen seines rechtlichen Dürfens. Ein Mißbrauch der **Scheckkarte** liegt beispielsweise vor, wenn deren Inhaber einen Scheck hingibt, dessen Einlösung zwar durch seine Bank oder Sparkasse garantiert ist, für den auf seinem Konto aber keine Deckung oder kein ausreichender Kredit vorhanden ist. Bei der **Kreditkarte** handelt es sich um einen vermögensschädigenden Mißbrauch, wenn der Täter mit der Verwendung der Karte gegen die aus dem Kreditkartenvertrag resultierenden Pflichten verstößt, also z.B. durch Wareneinkäufe oder Inanspruchnahme von Dienstleistungen Verpflichtungen eingeht, obwohl er weiß, daß seine finanzielle Lage den Kontoausgleich nicht gestattet. Ist der Täter dagegen bei einer gelegentlichen Kontoüberziehung bereit und in der Lage, unverzüglich für ausreichende Deckung zu sorgen, dürfte der Eintritt eines Vermögensschadens, zumindest aber der Schädigungsvorsatz zu verneinen sein (näher dazu *Otto*, wistra 86, 150).

10. Kapitel: Begünstigung und Hehlerei

§ 19 BEGÜNSTIGUNG

Fall 66: Beim Einbruch in einen Juwelierladen hat A Schmuck und Uhren erbeutet. Noch in der Tatnacht gibt er seiner Mutter M eine wertvolle Herrenarmbanduhr mit dem Auftrag, sie am nächsten Tag seinem Bekannten B als Geschenk zu überbringen. M weiß, daß die Uhr gestohlen ist und daß A dem B aus einem bestimmten Anlaß Dank schuldet. Am anderen Morgen wird A verhaftet; dabei findet die Polizei auch einen Teil der Diebesbeute. Im Laufe des Tages führt M den ihr erteilten Auftrag aus. Zwar kann sie den B nicht leiden; ihr geht es aber darum, die Interessen ihres Sohnes zu fördern, dem an der Beziehung zu B sehr viel liegt.

Hat M sich strafbar gemacht?

I. Übersicht

1. In erster Linie ist hier an das Vorliegen einer **Begünstigung** (§ 257) zu denken. Dieser Sachbereich ist im Zuge der Strafrechtsreform umgestaltet worden. Das EGStGB hat die frühere Zusammenfassung der *persönlichen* und *sachlichen* Begünstigung in § 257 a.F. beseitigt. Während die persönliche Begünstigung unter der neuen Bezeichnung „Strafvereitelung" in §§ 258, 258a ihren Platz gefunden hat (vgl. dazu *Wessels*, BT-1 § 16 III), beschränkt § 257 sich jetzt auf die sachliche Begünstigung (näher zur Reform *Stree*, JuS 76, 137; kritisch *Hruschka*, JR 80, 221).

> Neuerungen gegenüber dem bisherigen Recht enthalten § 257 III bezüglich der Strafbarkeit von Vortatbeteiligten und § 257 IV hinsichtlich der dort genannten Strafverfolgungsvoraussetzungen, wie insbesondere des Antragserfordernisses (unter gleichzeitiger Einbeziehung des § 248a; umfassend zum jetzt geltenden Recht *Geppert*, Jura 80, 269, 327). Die Tat ist Vergehen; der Versuch ist nicht mit Strafe bedroht.

2. Die **Begünstigung** (§ 257) besteht darin, daß der Täter einem anderen in der Absicht **Hilfe leistet,** ihm die aus einer *rechtswidrigen* Tat (§ 11 I Nr. 5) erlangten Vorteile zu

sichern. Diese Vortat muß sich nicht unbedingt gegen fremdes Vermögen gerichtet haben; so kann beispielsweise die Erschleichung der Approbation als Arzt durch Urkundenfälschung genügen (vgl. Sch-Sch-*Stree*, StGB, § 257 Rdnr. 5). Auch der Vorteil, dessen Sicherung die Tat bezweckt, braucht kein Vermögensvorteil zu sein. In aller Regel ist das jedoch der Fall, so daß der Begünstiger zumeist – ebenso wie der Vortäter – fremde Vermögensinteressen verletzt (praktisch bedeutsam wird das u.a. für die Frage, wer im Rahmen der §§ 247, 257 IV 1 *strafantragsberechtigt* ist; vgl. nachfolgend II 1). Das rechtfertigt es, die Begünstigung trotz ihrer Doppelnatur (= Straftat gegen die Rechtspflege mit stark vermögensbezogenem Einschlag) darstellungsmäßig bei den Vermögensdelikten, d. h. dort einzuordnen, wo der Schwerpunkt ihres Anwendungsbereichs liegt (vgl. BGHSt 23, 360; E 1962, Begründung S. 455; *Bockelmann*, BT/1 S. 171).

Ihrem Wesen nach schützt die Strafbestimmung des § 257 **Individual-** wie **Allgemeininteressen.** Belange des einzelnen sind betroffen, soweit der Begünstiger durch die **nachträgliche Unterstützung der Vortat** eine Entziehung der daraus gewonnenen Vorteile und die noch gegebene Möglichkeit der Schadensbeseitigung zu vereiteln sucht. Um einen **Angriff auf die Rechtspflege** handelt es sich in jedem Falle, da es deren Aufgabe ist, den durch die Vortat beeinträchtigten **gesetzmäßigen Zustand wiederherzustellen** (vgl. BGHSt 24, 166; *Amelung*, JR 78, 227, 231; *Zipf*, JuS 80, 24; a.A. SK-*Samson*, StGB, § 257 Rdnr. 5).

II. Der Unrechtstatbestand

1. **Vortat** i.S. des § 257 kann nur eine **bereits begangene** Tat sein. Sie muß den objektiven und subjektiven Tatbestand eines Strafgesetzes erfüllen, rechtswidrig sein (§ 11 I Nr. 5) und dem Vortäter einen Vorteil verschafft haben, dessen Sicherung Gegenstand der Begünstigung ist.

Vollständig abgeschlossen braucht die Vortat nicht zu sein. Begünstigung ist auch vor deren Beendigung, also z.B. zu einem Zeitpunkt möglich, in welchem die Diebesbeute nach soeben vollendeter Wegnahme noch nicht in Sicherheit gebracht ist (BGHSt 4, 132). Hier kann es zu Abgrenzungsschwierigkeiten und Überschneidungen zwischen **Begünstigung** und **Beihilfe zur Vortat** kommen. Ob dann das eine oder das andere anzunehmen ist, hängt von den Umständen des Einzelfalles ab und ist im wesentlichen Tatfrage. Die h.M. richtet sich dabei nach der Vorstellung und Willensrichtung der Beteiligten (BGHSt 4, 132; *Dreher-Tröndle*, StGB, § 257 Rdnr. 4; ausführlich dazu *Geppert*, Jura 80, 269, 273). Eine Unterstützung, die noch der **Vortat selbst** zugute kommt und **ihre erfolgreiche Beendigung fördern** soll, ist jedoch mit Rücksicht auf § 257 III als Beihilfe zu bestrafen; ein etwaiger Verstoß gegen § 257 I tritt dahinter zurück (vgl. *Laubenthal*, Jura 85, 630; Sch-Sch-*Stree*, StGB, § 257 Rdnr. 8; *Vogler*, Dreher-Festschr. S. 405, 417).

Die Vortat muß **tatsächlich begangen** worden sein; es reicht nicht aus, daß der Täter dies nur irrtümlich annimmt. Auf ihre **Verfolgbarkeit** kommt es dagegen nicht an (wichtig bei Eintritt der Verjährung oder beim Fehlen eines erforderlichen Strafantrags).

Ist die Vortat ein Antragsdelikt, so bedarf es allerdings nach § 257 IV 1 zur **Strafverfolgung wegen Begünstigung** eines **Strafantrags,** sofern der Begünstiger als *fiktiver* Täter oder Beteiligter der Vortat nur auf Antrag verfolgt werden könnte. War die Vortat z.B. ein Haus- und Familiendiebstahl (§ 247), hängt die Strafverfolgung wegen Begünstigung gemäß § 257 I, IV 1 von einem Strafantrag des Bestohlenen ab, wenn dieser *Angehöriger* des Begünstigers ist oder mit ihm in *häuslicher Gemeinschaft* lebt.

§ 19 II 2–4

2. Als **Tathandlung** genügt nach h.M. jede **Hilfeleistung, die objektiv geeignet** ist, die durch die Vortat erlangten oder entstandenen Vorteile dagegen zu sichern, daß sie dem Vortäter **zugunsten des Verletzten entzogen** werden (BGHSt 4, 122, 221; 24, 166; *Dreher-Tröndle*, StGB, § 257 Rdnr. 6; *Lackner*, StGB, § 257 Anm. 3; LK-*Ruß*, StGB, § 257 Rdnr. 13; *Vogler*, Dreher-Festschr. S. 405, 421; *Zipf*, JuS 80, 24).

> Daß die Lage des Vortäters dadurch tatsächlich verbessert und das Handlungsziel erreicht wird, ist nicht notwendig. Auf der anderen Seite reicht die irrige Vorstellung des Täters, sein Ziel durch eine objektiv untaugliche Beistandsleistung erreichen zu können, nicht aus (BGH JZ 85, 299; a.A. *Bockelmann*, BT/1 S. 175).

An der **objektiven Eignung** des Handelns im vorgenannten Sinn fehlt es, wenn der Vortäter sich des Vorteils bereits endgültig entäußert hatte (BGHSt 24, 166), ihn aus anderen Gründen nicht mehr innehat (BGH JZ 85, 299) oder ihn von Rechts wegen behalten darf (z.B. deshalb, weil er den Verletzten inzwischen beerbt hat).

> Beispiele für Begünstigungshandlungen sind das Aufbewahren oder Mitwirken beim Verbergen der entwendeten Gegenstände, das Unkenntlichmachen gestohlener Kraftwagen durch Umlackieren, das Abheben des Geldes von einem durch Diebstahl erlangten Sparbuch (RGSt 39, 236), das Leisten von Hilfe beim Absetzen der Deliktsbeute (BGHSt 2, 362; 4, 122), falsche Angaben gegenüber den Ermittlungsbehörden (RGSt 54, 41) und dergleichen.

Aus der Schutzfunktion des § 257 ergibt sich, daß die Hilfeleistung darauf abzielen muß, dem Vortäter die aus der Vortat gewonnenen Vorteile **gegen ein Entziehen zugunsten des Verletzten** zu sichern. Handlungen, die lediglich der **Sacherhaltung** (Beispiel: Füttern gestohlener Tiere), dem Schutz gegen Naturgewalten (bei Hochwasser, Sturm usw.) oder der Abwehr rechtswidriger Angriffe dienen, liegen außerhalb des Begünstigungstatbestandes (RGSt 60, 273, 278; 76, 31, 33).

> Hilfe i.S. des § 257 kann u.U. auch durch ein pflichtwidriges **Unterlassen** in Garantenstellung geleistet werden, wie etwa dann, wenn Eltern nichts dagegen unternehmen, daß ihre minderjährigen Kinder gestohlene oder gehehlte Sachen ins Haus schaffen und dort aufbewahren (vgl. RG DR 43, 234; LK-*Ruß*, StGB, § 257 Rdnr. 15; Sch-Sch-*Stree*, StGB, § 257 Rdnr. 17).

3. Der in subjektiver Hinsicht erforderliche **Vorsatz** muß – zumindest in der Form des *dolus eventualis* – die Vorstellung umfassen, daß der in Betracht kommende Vorteil *unmittelbar* aus einer rechtswidrigen Vortat i.S. des § 11 I Nr. 5 stammt. Nähere Einzelheiten zur Person des Vortäters, zur Art der Vortat und zur Beschaffenheit des Vorteils brauchen dem Begünstiger nicht bekannt zu sein (BGHSt 4, 221; RGSt 76, 31). Etwaige Fehlvorstellungen in der Hinsicht, ob eine für den Vortäter versteckte Kassette Bargeld oder Schmuck enthält und ob sie nebst Inhalt durch Diebstahl oder Hehlerei in dessen Hand gelangt ist, sind bedeutungslos. Ein Irrtum, der die Art der Vortat betrifft, ist allerdings dann beachtlich, wenn er aus der Sicht des Hilfswilligen die Möglichkeit einer Vorteilssicherung ausschließt (näher BGHSt 4, 221).

4. Zum subjektiven Tatbestand des § 257 I gehört außerdem die **Absicht**, dem Begünstigten die Vorteile der rechtswidrigen Vortat zu sichern.

a) Ob der Sicherungserfolg erreicht wird, ist belanglos; es genügt, daß der Täter ihn erstrebt. **Beabsichtigt** i.S. des § 257 I ist die Vorteilssicherung immer dann, wenn es dem Hilfeleistenden darauf ankommt, im Interesse des Vortäters die Wiederherstellung des gesetzmäßigen Zustandes zu verhindern oder zu erschweren. Diese Zielsetzung muß sein Verhalten im wesentlichen bestimmt haben, braucht aber weder der einzige Zweck des Handelns noch dessen Beweggrund gewesen zu sein (näher BGHSt 4, 107; BGH GA 1985, 321; OLG Düsseldorf NJW 79, 2320 für den Fall des Rückkaufs *zugunsten des Bestohlenen* unter Wahrung der finanziellen Interessen des Vortäters; *Lackner,* StGB, § 257 Anm. 5; LK-*Ruß,* StGB, § 257 Rdnr. 18; *Zipf,* JuS 80, 24; anders Sch-Sch-*Stree,* StGB, § 257 Rdnr. 22, wonach *Wissentlichkeit* in bezug auf den Begünstigungseffekt ausreichen soll).

b) Der Vorteil, um dessen Sicherung es dem Hilfeleistenden geht, muß **unmittelbar** aus der rechtswidrigen Vortat erwachsen sein (BGHSt 24, 166; RGSt 76, 31, 32). Die h.M. dehnt den Begriff der Unmittelbarkeit im Bereich der Begünstigung (§ 257) *weiter* aus als im Falle der Hehlerei (§ 259); begründet wird dies damit, daß § 257 anders als § 259 nicht von „erlangten Sachen", sondern ganz allgemein nur von den „Vorteilen der Tat" spreche (vgl. zu den divergierenden Ansichten LK-*Ruß,* StGB, § 257 Rdnr. 11; *Miehe,* Honig-Festschr. S. 91; Sch-Sch-*Stree,* StGB, § 257 Rdnr. 23). Geldbeträge, die aus strafbaren Handlungen stammen, sollen z.B. auch dann noch als „unmittelbar" aus der Vortat erlangt gelten, wenn sie über Bankkonten geleitet worden sind (vgl. RGSt 76, 31; OLG Hamm HESt 2, 35).

Ob § 257 darüber hinaus alle „unmittelbaren Ersatzvorteile" wie etwa den Verkaufserlös für strafbar erworbene Sachen oder eingewechseltes Geld anstelle des konkret veruntreuten Betrages erfaßt, ist zweifelhaft und umstritten (verneinend RGSt 58, 117, 154; bejahend dagegen *Dreher-Tröndle,* StGB, § 257 Rdnr. 9; LK-*Ruß,* StGB, § 257 Rdnr. 11; *Maurach-Schroeder,* BT § 99 II 3). Die letztgenannte Auffassung erweckt Bedenken, soweit nicht die Umtauschaktion ihrerseits eine rechtswidrige Tat (z.B. Betrug gegenüber dem Erwerber der Deliktsbeute) darstellt. Die mit ihr verbundene Ausweitung des Begünstigtatbestandes bildet aber jedenfalls die **äußerste Grenze** des Strafbarkeitsbereichs und kann nicht nochmals auf weitere „Transaktionen" ausgedehnt werden (vgl. *Maurach,* JR 72, 69, 71).

> Im Fall 66 sind die objektiven und subjektiven Merkmale des § 257 I erfüllt. Nach der neueren Rechtsprechung (BGHSt 2, 362; 4, 122) muß die Hilfe des Begünstigers nicht unbedingt darauf gerichtet sein, dem Vortäter den **Besitz** der gestohlenen Sache zu erhalten. Denn der Vorteil, den ein Diebstahl vermittelt, liegt vor allem in der Möglichkeit, über die entwendete Sache nach Belieben *wie ein Eigentümer* zu verfügen. Infolgedessen ist die Begünstigung nicht auf die Sicherung des Sachbesitzes beschränkt; sie kann auch die **Sicherung der angemaßten eigentümerähnlichen Verfügungsgewalt** durch ein Mitwirken beim Absetzen oder Verschenken der Sache zum Ziel haben (näher BGHSt 4, 122). Im Fall 66 hat M sich daher der **Begünstigung** (§ 257 I) schuldig gemacht. Ob außerdem Hehlerei in Betracht kommt (Tateinheit zwischen § 257 und § 259 ist möglich), hängt u.a. davon ab, ob man den Begriff des *Absetzens* und des *Absetzenhelfens* in § 259 mit BGH auf die *entgeltliche* Veräußerung beschränkt (vgl. RGSt 32, 214; BGH NJW 76, 1950 m.w.N.; anders Sch-Sch-*Stree,* StGB, § 259 Rdnr. 32; näher unten § 20 III 3b, c). Fraglich wäre zudem, ob M *in Bereicherungsabsicht* gehandelt hat (= hier: eine Bereicherung des B erstrebt) hat.

5. Vollendet ist die Tat bereits mit dem **Hilfeleisten** in Begünstigungsabsicht; auf den Eintritt des angestrebten Erfolges kommt es nicht an. Die h.M. läßt zur Tatvollendung schon das *unmittelbare Ansetzen* zu einer Unterstützungshandlung ausreichen, die objektiv geeignet ist, dem Vortäter die Vorteile der Tat gegen ein Entziehen zugunsten des Verletzten zu sichern (näher Sch-Sch-*Stree,* StGB, § 257 Rdnr. 15; SK-*Samson,* StGB, § 257 Rdnr. 20; kritisch dazu *Geppert,* Jura 80, 269, 275). Was sich noch im

§ 19 III 1, 2; IV 1, 2

Stadium bloßer Vorbereitung bewegt, genügt danach zur Tatbestandsverwirklichung nicht. Eine analoge Anwendung der für gewisse Unternehmensdelikte geltenden speziellen Rücktrittsregelung (vgl. §§ 83a, 316a II) auf die Begünstigung ist nicht möglich, da insoweit keine planwidrige Gesetzeslücke besteht (zutreffend *Lackner*, StGB, § 257 Anm. 6; anders Sch-Sch-*Stree*, StGB, § 257 Rdnr. 27).

III. Selbstbegünstigung und Begünstigung durch Vortatbeteiligte

1. § 257 I bedroht nur die **Fremdbegünstigung** mit Strafe; die dort umschriebene Hilfe muß „*einem anderen*" geleistet werden. Die **Selbstbegünstigung** als solche ist nicht tatbestandsmäßig und daher nicht nach § 257 I strafbar. Wer durch die Handlung, die eine Selbstbegünstigung enthält, jedoch zugleich **einen anderen Straftatbestand** verwirklicht (z.B. den der Falschverdächtigung oder der Urkundenfälschung), bleibt in *dieser* Hinsicht natürlich nicht straffrei.

2. Wegen Begünstigung wird nach der neuen Regelung in § 257 III nicht bestraft, wer wegen **Beteiligung an der Vortat strafbar** ist. Dies gilt jedoch nicht für Vortatbeteiligte (= Täter, Mittäter oder Teilnehmer), die einen an der Vortat **Unbeteiligten** zur Begünstigung **anstiften**.

Der Strafausschluß in § 257 III 1 läßt die Tatbestandsmäßigkeit und Rechtswidrigkeit des Verhaltens unberührt. Er beruht auf der Erwägung, daß die **Begünstigung** als **nachträgliche Unterstützung der Vortat** durch eine Bestrafung wegen Beteiligung an eben jener Vortat abgegolten ist. Dieser Grundgedanke der *mitbestraften Nachtat* greift aber nur dann durch, wenn der Begünstiger wegen der Vortatbeteiligung auch **wirklich strafbar** ist. Er versagt dagegen, wenn der Begünstiger wegen seiner Mitwirkung an der Vortat nicht bestraft werden kann (z.B. deshalb nicht, weil insoweit zu seinen Gunsten ein Schuldausschließungsgrund eingreift oder weil sich eine strafbare Beteiligung an der Vortat nicht zweifelsfrei feststellen läßt). Näher Sch-Sch-*Stree*, StGB, § 257 Rdnr. 31, 32.

§ 257 III 2 enthält eine fragwürdige Regelung: Ein Vortatbeteiligter, der auf Unbeteiligte einwirkt, kann **Anstifter** zu einer Begünstigung sein, die *ihm selbst* zugute kommt. Kritisch dazu Sch-Sch-*Stree*, StGB, § 257 Rdnr. 33.

IV. Verfolgbarkeit

1. Unter den in § 257 IV 1 genannten Voraussetzungen wird die dem Vortäter gewährte Begünstigung nur auf Antrag, mit Ermächtigung oder auf Strafverlangen verfolgt. Maßgebend ist insoweit die objektive Sachlage, nicht die Vorstellung des Begünstigers.

2. Die Bedeutung der Verweisung auf § 248a in § 257 IV 2 ist umstritten (vgl. *Lackner*, StGB, § 257 Anm. 9 gegen *Stree*, JuS 76, 137, 139). Dem Sachzusammenhang nach kann die sinngemäße Anwendung des § 248a nicht auf den Charakter und das Gewicht der Vortat, sondern allein auf den **Vorteil selbst** bezogen werden, um dessen Sicherung es geht. Daraus folgt, daß die Verweisung auf § 248a nur dann aktuell wird, wenn die Begünstigungshandlung der Sicherung eines **Vermögensvorteils** von objektiv **geringem Wert** dienen soll.

§ 20 HEHLEREI

I. Schutzgut und Wesen der Tat

1. Der Tatbestand der **Hehlerei** (§ 259) ist durch das EGStGB geringfügig geändert und sprachlich neugefaßt worden. So wird die Vortat nicht mehr als *„strafbare Handlung"*, sondern als eine *gegen fremdes Vermögen gerichtete* **„rechtswidrige Tat"** i.S. des § 11 I Nr. 5 bezeichnet. Die Tathandlung des „Verheimlichens" (vgl. dazu BGHSt 2, 135, 138; RG GA Bd. 51, 400) ist entfallen; sie hat nur noch im Rahmen des § 257 Bedeutung. Die jetzige Fassung: Wer eine Sache ... „ankauft oder sonst **sich oder einem Dritten verschafft**", deckt ohne sachliche Änderung den bisherigen Bereich des „Ankaufens, Ansichbringens und Zum-Pfande-Nehmens" ab. Das *„Mitwirken zum Absatz"* kehrt in der sachlich unklaren und überaus umstrittenen Formulierung **„absetzt oder absetzen hilft"** wieder (vgl. dazu BGHSt 27, 45 gegen BGH NJW 76, 1698). Schließlich ist die Absicht, **sich oder einen Dritten zu bereichern,** an die Stelle der früheren *Vorteilsabsicht* getreten.

> Innerhalb des subjektiven Tatbestandes ist die den **Vorsatz** betreffende *Beweisregel* (= „Wer Sachen, von denen er weiß *oder den Umständen nach annehmen muß*, daß sie mittels einer strafbaren Handlung erlangt sind, ...") gestrichen worden. Neu ist zudem, daß § 259 II die sinngemäße Anwendbarkeit der §§ 247, 248a (= Strafantragserfordernis) auf die Hehlerei ausdehnt.

2. Die jetzige Fassung des § 259 stellt in Übereinstimmung mit der bislang h.M. klar, daß **geschütztes Rechtsgut** das **Vermögen** (und nicht ein *aus der Rechtsordnung als solcher* herzuleitender „Restitutionsanspruch") ist. Die Hehlerei ist somit ein **Vermögensdelikt** (näher *Arzt,* NStZ 81, 10; *Berz,* Jura 80, 57; *Rudolphi,* JA 81, 1 und 90). Ihr Wesen besteht in der **Aufrechterhaltung** der durch die Vortat geschaffenen **rechtswidrigen Vermögenslage** durch **einverständliches Zusammenwirken** mit dem Vortäter oder dessen Besitznachfolger (= sog. *Aufrechterhaltungs-* oder *Perpetuierungstheorie:* BGHSt 7, 134 GrS; 27, 45; OLG Düsseldorf JZ 78, 35).

> Davon abweichende Lehren, wie die Theorie der *Restitutionsvereitelung* (vgl. *Schröder,* MDR 52, 68), die *Nutznießungs-* oder *Ausbeutungstheorie* (vgl. *Geerds,* GA 1958, 129) und die Auffassung von einem *alle* Rechtsgüter schützenden Verbot der Nachtathilfe (so *Miehe,* Honig-Festschr. S. 91), sind durch die Neufassung des § 259 gegenstandslos geworden (vgl. *Eser,* Strafrecht IV, S. 189; *Lackner,* StGB, § 259 Anm. 1).
> Der Anteil der Hehlerei an der erfaßten **Gesamtkriminalität** liegt bei 0,5 %; die Aufklärungsquote von fast 100 % läßt auf eine hohe Dunkelziffer schließen. Im Volksmund ist „der Hehler genau so schlimm wie der Stehler"; dem entspricht die allgemeine Überzeugung, daß viele Diebstähle und Raubüberfälle nicht begangen würden, wenn den Tätern nicht die Absatzwege des Hehlergewerbes offenstünden. Vor allem die Diebstähle von Kunstgegenständen aus Kirchen und Sammlungen, von Orientteppichen und Antiquitäten, von hochwertigen Kraftfahrzeugen und Versandgütern der unterschiedlichsten Art gehen auf **organisierte Banden** zurück. Auf deutschen Straßen verschwinden mitunter ganze Lastkraftwagenladungen wertvoller Waren; während die Fahrzeuge später irgendwo leer aufgefunden werden, bleibt die Ladung verschollen. Zwei Drittel der in der Bundesrepublik entwendeten und nicht wieder herbeigeschafften Kraftwagen landen, frisiert und mit falschen Papieren versehen, im Vorderen Orient; im Austausch dafür gelangt häufig Rauschgift nach hier (näher *H. J. Schneider,* Das organisierte Verbrechen, Jura 84, 169, 172).

II. Gegenstand und Vortat der Hehlerei

Fall 67: A hat dem Barbesucher B einen 1 000-DM-Schein entwendet und damit im Lederwarengeschäft des L eine Handtasche für 400 DM erworben. Diese Handtasche nebst einem 100-DM-Schein aus dem von L erhaltenen Wechselgeld schenkt A unmittelbar anschließend seiner Freundin F, nachdem er sie zuvor über alle Einzelheiten des Geschehens informiert und ihre Bewunderung genossen hat.
Liegt in der Annahme des Geschenks durch F eine Hehlerei?

1. **Tatobjekt** der Hehlerei kann allein eine **Sache** (= ein körperlicher Gegenstand), nicht eine Forderung, ein Recht oder ein *wirtschaftlicher Wert* als solcher sein. Das StGB kennt nur eine **Sachhehlerei**, keine Werthehlerei.

Papiere, die Rechte oder Ansprüche verkörpern, wie Wechsel, Schecks, Sparbücher, Fahrkarten oder Gepäckscheine, sind „Sachen", fallen also unter § 259 (BGH NJW 78, 170; BayObLG JR 80, 299).

Gleichgültig ist, ob es sich um eine bewegliche oder unbewegliche (vgl. RGSt 56, 335), um eine fremde, herrenlose oder eigene Sache des Täters oder Vortäters handelt. Im Gegensatz zu den Zueignungsdelikten (§§ 242 ff.) ist der Anwendungsbereich des § 259 nicht auf *fremde bewegliche* Sachen beschränkt (wenngleich hier in der Praxis das Schwergewicht liegt).

Hehlerei ist z.B. an gewilderten **herrenlosen** Tieren (§§ 292, 293; vgl. RGSt 63, 35, 38) ebenso möglich wie an **eigenen** Sachen des Täters, die ein anderer zu dessen Gunsten im Wege der Pfandkehr (§ 289: RGSt 18, 303) in seinen Besitz gebracht hat.

2. Das Gesetz nennt als **Gegenstand** der Hehlerei **Sachen**, die „ein *anderer* gestohlen oder sonst durch eine gegen fremdes Vermögen gerichtete **rechtswidrige Tat erlangt"** hat. Um ein Vermögensdelikt im *engeren* Sinne braucht es sich dabei nicht zu handeln. Als eine gegen fremdes Vermögen gerichtete Vortat i.S. des § 259 ist vielmehr jede (den Anforderungen des § 11 I Nr. 5 entsprechende) Tat anzusehen, die unter **Verletzung fremder Vermögensinteressen** zu einem deliktischen Sacherwerb und *unmittelbar dadurch* zu einer **rechtswidrigen Vermögenslage** geführt hat.

Vortat zur Hehlerei kann somit nicht nur ein Zueignungsdelikt (§§ 242 ff.), ein Vermögensverschiebungsdelikt (§§ 253, 263: vgl. dazu RGSt 59, 128), Untreue (§ 266), Wilderei (§§ 292, 293), Pfandkehr (§ 289) oder **Hehlerei** (= sog. *Kettenhehlerei*: BGHSt 27, 45; BGH GA 1957, 176), sondern u.U. auch eine Urkundenfälschung (§ 267: vgl. BGH NJW 69, 1260; RGSt 52, 95), Begünstigung (§ 257: RGSt 39, 236) oder Nötigung (§ 240: BGH MDR 72, 571 bei *Dallinger*) sein. Andererseits scheiden die Geldfälschungsdelikte (§§ 146 ff.), die Bestechungstatbestände (§§ 331 ff.) und Verstöße gegen die öffentliche Ordnung als solche (vgl. BGH MDR 75, 543 bei *Dallinger*) hier ebenso aus wie bloße Ordnungswidrigkeiten.

Die **Vortat** muß (zumindest in Form des Versuchs: RG GA Bd. 61, 126; OLG Braunschweig HESt 2, 320) den objektiven und subjektiven Tatbestand eines Strafgesetzes verwirklicht haben (näher BGHSt 4, 76), rechtswidrig begangen und in bezug auf die Sacherlangung **rechtlich abgeschlossen** sein (BGHSt 13, 403; RGSt 55, 145; 59, 128).

Ob den Vortäter ein *persönlicher Schuldvorwurf* trifft oder ob ein solcher mangels Schuldfähigkeit, infolge eines unvermeidbaren Verbotsirrtums oder im Hinblick auf das Eingreifen eines Entschuldigungsgrundes entfällt, ist unerheblich (BGHSt 1, 47; *Lackner*, StGB, § 259 Anm. 3a; LK-*Ruß*, StGB, § 259 Rdnr. 3; Sch-Sch-*Stree*, StGB, § 259 Rdnr.

10; z.T. abweichend *Bockelmann*, NJW 50, 850 und BT/1 S. 162). Es kommt auch nicht darauf an, ob der Vortäter sich auf einen *persönlichen Strafausschließungsgrund* berufen kann und ob die Vortat *verfolgbar* ist oder nicht.

Im Verhältnis zur Vortat bildet die Ausführungshandlung des Hehlers eine sog. **Anschlußtat.** In dieser Hinsicht bringt die Fassung des § 259 klar zum Ausdruck, daß die **Sacherlangung durch den Vortäter** der Hehlereihandlung **rechtlich und zeitlich vorausgehen** muß. Die betreffende Sache muß den **Makel des strafrechtswidrigen Erwerbs** bereits an sich tragen, ehe sie Gegenstand einer Hehlerei sein kann (RGSt 55, 145; 59, 128). Wo die beiderseits maßgebenden Verhaltensweisen dicht beieinander liegen oder gar zeitlich zusammenfallen, können sich Abgrenzungsschwierigkeiten zwischen **Beteiligung an der Vortat** und **Hehlerei** ergeben. Praktisch bedeutsam wird das vor allem im Bereich der Zueignungsdelikte, insbesondere bei der Unterschlagung (§ 246).

> Die Rechtsprechung macht die **Bestrafung wegen Hehlerei** (ggf. in Tateinheit oder Tatmehrheit mit Beihilfe zur Vortat) hier davon abhängig, daß die deliktische Sacherlangung durch den Vortäter **rechtlich und zeitlich abgeschlossen** war, bevor die von § 259 erfaßte Tathandlung (insbesondere der Erwerb eigener Verfügungsgewalt im Falle des „Sichverschaffens") erfolgte. Hinsichtlich der Zeitspanne, die zwischen der jeweiligen Betätigung liegen muß, begnügt sie sich jedoch mit so minimalen Anforderungen, daß beide unmittelbar aufeinander folgen und nahezu ineinander übergehen können (so BGHSt 13, 403 im *Schrottentwendungsfall* und BGH NJW 59, 1377 zum Verhältnis zwischen §§ 246, 259 für den *Treibstoff-Abfüllvorgang* in einem Tanklager). Die h.L. stimmt dem zu (vgl. LK-*Ruß*, StGB, § 259 Rdnr. 11; *Maurach-Schroeder*, BT § 50 II 1d), während die Mindermeinung es ausreichen läßt, daß die Vortat durch eine *Verfügung zugunsten des Hehlers* begangen wird (*Eser*, Strafrecht IV, S. 193; *Sch-Sch-Stree*, StGB, § 259 Rdnr. 15 unter Hinweis auf eine Entscheidung des OLG Stuttgart in JZ 60, 289, deren unnötig *weiter* Leitsatz aaO. S. 290 von *Maurach* zu Recht kritisiert wird). Eine „Beendigung" der Vortat, insbesondere des Diebstahls (§ 242), ist allerdings auch vom Standpunkt der h.M. aus nicht zu fordern (unrichtig insoweit OLG Hamburg NJW 66, 2226 ff. und *Dreher-Tröndle*, StGB, § 259 Rdnr. 10).

3. **Erlangt** i.S. des § 259 kann eine Sache auch dann sein, wenn sie sich bei Begehung der Vortat schon im Alleingewahrsam des Vortäters befunden, dieser sodann aber (wie etwa im Falle der Unterschlagung) seinen bisherigen *Fremdbesitz* in *Eigenbesitz* umgewandelt hat (RGSt 55, 145; 58, 230; Sch-Sch-*Stree*, StGB, § 259 Rdnr. 13).

a) Nach h.M. ist Hehlerei nur an solchen Sachen möglich, die **unmittelbar** durch die Vortat **erlangt** sind und hinsichtlich derer die dadurch begründete **rechtswidrige Vermögenslage** im Augenblick der Hehlereihandlung **noch fortbesteht**. Dies bedeutet, daß die *gehehlte* Sache mit der durch die Vortat *erlangten* Sache **körperlich identisch** sein muß (BGH NJW 69, 1260; RGSt 23, 53; 26, 317; 58, 117; *Stree*, JuS 61, 50 m.w.N.).

> Im Fall 67 hat F nicht den von A gestohlenen 1 000-DM-Schein, sondern die damit gekaufte **Handtasche** sowie einen Teil des von L erlangten **Wechselgeldes** als Geschenk angenommen. An derartigen **Surrogaten** (= Ersatzsachen), die *wirtschaftlich* an die Stelle einer gestohlenen Sache getreten sind, setzt die Rechtswidrigkeit der Vermögenslage (= auch „Bemakelung" genannt) sich nicht fort. **Taugliches Objekt** der Hehlerei können solche **Ersatzsachen** nur dann sein, wenn **ihr Erwerb** im Rahmen der „Umtauschaktion" auf einer **erneuten rechtswidrigen Tat** beruht (vgl. die o.a. Zitate sowie *Lackner*, StGB,

§ 259 Anm. 3d; LK-*Ruß*, StGB, § 259 Rdnr. 14, 15; *Maurach-Schroeder*, BT § 50 I C 3; Sch-Sch-*Stree*, StGB, § 259 Rdnr. 14). Letzteres wäre beispielsweise der Fall, wenn A Handtasche und Wechselgeld durch Betrug (§ 263) gegenüber L erlangt hätte. Daran fehlt es hier indessen, weil L kraft guten Glaubens gemäß §§ 929, 932, 935 II BGB **Eigentum am 1 000-DM-Schein** erhalten, durch Hingabe der Handtasche und des Wechselgeldes somit keinen Vermögensschaden i.S. des § 263 erlitten hat (vgl. oben § 13 II 4b).

Von den vorgenannten Grundsätzen ist im Fall 67 auch bezüglich des **Wechselgeldes** keine Ausnahme zu machen. Die Mindermeinung, die das befürwortet, indem sie von der *Sachqualität* des Geldes absieht und den **Wertsummengedanken** auf § 259 überträgt (*Roxin*, H. Mayer-Festschr. S. 467; ebenso *Blei*, BT § 72 III; *Eser*, Strafrecht IV, S. 192; *Rudolphi*, JA 81, 1, 4), löst die tatbestandlichen Grenzen der Hehlerei auf und ist mit der **Aufrechterhaltungstheorie** nicht zu vereinbaren (näher RGSt 23, 53; 26, 317; OLG Braunschweig NJW 52, 557; *Berz*, Jura 80, 57, 61).

Demnach hat F im Fall 67 keine Hehlerei begangen.

b) **Anders** verhält es sich mit Rücksicht auf die in § 935 I BGB getroffene Regelung, wenn nicht *gestohlenes Geld* eingewechselt oder sonst umgesetzt, sondern eine **gestohlene Sache anderer Art** veräußert und zu Geld gemacht wird.

Fall 68: A hat dem Barbesucher B einen goldenen Ring aus dem Jackett entwendet und für 500 DM an den gutgläubigen E, der ihn für den Eigentümer hielt, veräußert. Von dem Erlös überläßt A seiner Freundin F, die in alles eingeweiht ist, zwei 100-DM-Scheine als Geschenk.

Sind diese Geldscheine taugliches Objekt einer Hehlerei?

A hat dem E vorgespiegelt, ihm Eigentum an dem Ring verschaffen zu können. In Wirklichkeit war er dazu nicht in der Lage (vgl. § 935 I BGB), so daß E bei Abwicklung des Kaufvertrages 500 DM gezahlt hat, ohne dafür ein *vollwertiges Äquivalent* erhalten zu haben. Der Bestohlene B, dessen Eigentum fortbesteht, kann von E jederzeit Herausgabe des Ringes fordern (§ 985 BGB). Die 500 DM, die A als Erlös erzielt und von denen F 200 DM in Kenntnis ihrer Herkunft an sich gebracht hat, waren somit **durch Betrug** (§ 263) erlangt, d.h. *ihrerseits* taugliches Objekt der Hehlerei. Zwar hatte E dem A diese Geldscheine gemäß § 929 BGB übereignet. Unter den hier gegebenen Umständen berührt das die Anwendbarkeit des § 259 jedoch nicht, weil es sich **nicht um einen Eigentumserwerb von Bestand,** sondern lediglich um einen *anfechtbaren* Erwerb gehandelt hat, der dem A seitens des E gemäß §§ 123 I, 823 II, 826 BGB wieder entzogen werden kann. Die insoweit bestehende **widerrechtliche Vermögenslage** hat F im einverständlichen Zusammenwirken mit A *vorsätzlich* und in *Bereicherungsabsicht* aufrechterhalten, so daß ihrer Bestrafung wegen Hehlerei (§ 259) nichts im Wege steht.

Zum Merkmal des „Sichverschaffens" (= Annahme der 200 DM als Geschenk) vgl. nachfolgend unter III 1.

c) Eine fehlerhaft erlangte Sache bleibt aber nicht zwangsläufig und nicht unbedingt für die gesamte Zeit ihrer Existenz taugliches Objekt der Hehlerei. Sie hört vielmehr auf, es zu sein, sobald die **Widerrechtlichkeit der Vermögenslage wegfällt** und ihre „Bemakelung" durch einen **Eigentumserwerb von Bestand endet.**

Fall 69: In der irrigen Annahme, es mit einem Markthändler zu tun zu haben, hat der gutgläubige Gastwirt G gegen Zahlung des üblichen Kaufpreises von W einen Rehbock erworben, den dieser tags zuvor im Revier des J gewildert hatte. Kurz nach dem Weggang des W erfährt G von dem bei ihm einkehrenden Landarbeiter L, woher der Rehbock wirklich stammt. Da er sich scheut, in seinem Betrieb gewilderte Tiere zu verarbeiten, bietet er dem L den Rehbock für ein Drittel des Preises, den er an W hat zahlen müssen, zum Kauf an. Nach kurzem Zögern geht L darauf ein.

Strafbarkeit nach § 259?

W hatte den Rehbock gewildert (§ 292), ihn somit als *herrenlos* bleibende Sache (vgl. §§ 960 I, 958 II BGB und oben § 11 I 4c) durch eine rechtswidrige Vortat erlangt. Im Augenblick seiner Veräußerung an G handelte es sich um ein taugliches Tatobjekt i.S. des § 259. G hat aber keine Hehlerei begangen, weil er *gutgläubig* war und sein Verhalten den subjektiven Tatbestand des § 259 I nicht erfüllt. Im Gegensatz dazu war L als Zweiterwerber über die Herkunft des Rehbocks voll im Bilde. Die Frage, ob *er* sich im Wege des „Sichverschaffens" der Hehlerei schuldig gemacht hat, ist jedoch ebenfalls zu verneinen, und zwar deshalb, weil im Zeitpunkt *seines* Erwerbs **kein taugliches Tatobjekt** i.S. des § 259 mehr vorhanden war. Denn die rechtswidrige Vermögenslage hinsichtlich des gewilderten Rehbocks hatte mit dem **Gutglaubenserwerb** des G gemäß §§ 929, 932 BGB **ihr Ende gefunden** (für § 935 I ist *hier* kein Raum; wildlebende Tiere in der Freiheit stehen in niemandes Besitz, können dem Jagdberechtigten im Falle des Wilderns also nicht „abhanden kommen"). Bei einem **unanfechtbaren Eigentumserwerb von Bestand** entfällt die bisherige „*Bemakelung*" der Sache. Sie lebt auch dann nicht wieder auf, wenn diese Sache später in die Hand eines Zweit- oder Dritterwerbers gelangt, der die *ursprüngliche* Fehlerhaftigkeit des Verschaffungsakts gekannt hat. Im Fall 69 scheidet eine Bestrafung wegen Hehlerei somit für G wie für L aus (unter den gegebenen Umständen kommt bei L auch die Annahme eines *untauglichen Versuchs* i.S. der §§ 259, 22 nicht in Betracht; vgl. dazu *Wessels,* AT § 14 III 2c).

Ähnlich liegt es, wenn ein Kunstmaler Leinwand und Farbe stiehlt, daraus ein **Gemälde** herstellt und dieses einem anderen, der jede Einzelheit kennt, entgeltlich oder unentgeltlich überläßt. Hier schafft § 950 BGB in der Person des „Herstellers" die Voraussetzungen für einen **Eigentumserwerb von Bestand,** so daß § 259 StGB bezüglich des Gemäldes unanwendbar ist (vgl. RGSt 57, 159; BayObLG JZ 79, 694).

Demgegenüber schließt die Entstehung von **Miteigentum** durch **Vermischung von Geldscheinen** (§ 948 BGB), die jemand teils *unterschlagen* und teils *als Gehalt* bezogen hat, die Möglichkeit der Hehlerei durch einen bösgläubigen Darlehensnehmer nicht aus, soweit der Betrag des ihm gewährten Darlehens *den Miteigentumsanteil des Vortäters* übersteigt (vgl. RGSt 29, 155; im Ergebnis ebenso, in der Begründung aber fragwürdig BGH JR 58, 466 mit krit. Anm. *Mittelbach*). In einem solchen Fall ist der *Mehrbetrag* zwangsläufig mit den durch Unterschlagung erlangten Geldscheinen identisch; an ihnen besteht die **Widerrechtlichkeit der Vermögenslage** trotz der Vermischung fort (zutreffend RGSt 29, 155).

III. Hehlereihandlungen

Die heutige Fassung des § 259 beschränkt sich bei den Hehlereihandlungen auf den die rechtswidrige Vermögenslage perpetuierenden Erwerbsvorgang und auf die dem **Sachabsatz** dienenden Tätigkeiten. Hiernach kann die **Tathandlung** des Hehlers darin bestehen, daß er die „*bemakelte*" Sache **ankauft** oder sonst **sich oder einem Dritten verschafft,** sie **absetzt** oder **absetzen hilft.** Alle diese Begehungsformen setzen das **einverständliche Zusammenwirken** zwischen dem Hehler und dem Vortäter oder dessen Besitznachfolger voraus; erst dieses Einvernehmen stellt die innere Verbindung zwischen Hehlerei und Vortat her (BGHSt 7, 134, 137; 10, 151, 152; 27, 45; kritisch dazu *Hruschka,* JR 80, 221).

Fall 70: Der Dieb D hat seinem ahnungslosen Bekannten B einen Posten gestohlener Autoreifen zur Aufbewahrung übergeben. Geraume Zeit später erfährt B, daß D als „Serieneinbrecher" verhaftet worden ist. Nach Durchsicht der einschlägigen Presseberichte wird ihm klar, daß es sich bei den Autoreifen um Diebesgut handelt. Diese Situation nutzt B in der Weise zu seinem Vorteil aus, daß er die Autoreifen paarweise veräußert und den Erlös – wie geplant – für sich verwendet.
Kann B als Hehler bestraft werden?

1. Die von D gestohlenen Autoreifen waren durch eine rechtswidrige Vortat i.S. des § 259 erlangt, also taugliche Objekte der Hehlerei. Als **Tathandlung** kann ein **Sichverschaffen** vorgelegen haben.

> „Sich oder einem Dritten verschaffen" entspricht sachlich dem Merkmal des „Ansichbringens" (§ 259 a.F.) in der Auslegung, die es in der neueren Rechtsprechung durch Einbeziehung des *für den Geschäftsherrn ankaufenden* **Gewerbegehilfen** erfahren hat (BGHSt 2, 355; 6, 59; vgl. auch *Arzt*, JA 79, 574).

a) Das **Verschaffen** muß in der bewußten und gewollten **Übernahme der tatsächlichen Verfügungsgewalt** *zu eigenen Zwecken* im Wege des **abgeleiteten Erwerbs** und des **einverständlichen Zusammenwirkens** mit dem Vortäter oder dem sonstigen Vorbesitzer bestehen (BGHSt 15, 53, 56; 27, 45, 46). Dabei bedarf es allerdings keines „kollusiven" Handelns in dem Sinne, daß auf beiden Seiten Unrechtsbewußtsein zu fordern wäre (OLG Düsseldorf JZ 78, 35; Sch-Sch-*Stree*, StGB, § 259 Rdnr. 42; *Waider*, Zum sog. „derivativ-kollusiven" Erwerb des Hehlers, GA 1963, 321, 332; a.A. *Bockelmann*, BT /1 S. 162). Es genügt vielmehr, daß das beiderseitige Einvernehmen sich auf die Erlangung der eigentümergleichen Verfügungsgewalt durch den Erwerber bezieht und daß es im Zeitpunkt des „Verschaffens" noch fortbesteht.

> In der Regel fällt der Vorgang des „Verschaffens" mit der Gewahrsamserlangung zeitlich zusammen. Unerläßlich ist das jedoch nicht. Möglich ist auch, daß zunächst nur der Gewahrsam als solcher erworben wird (z.B. bei einer Übergabe zur Ansicht oder zur Aufbewahrung sowie u.U. bei einem Tätigwerden von Hilfspersonen), während die Übernahme der Verfügungsgewalt *zu eigenen Zwecken* durch Herstellung des Einvernehmens mit dem anderen Teil später nachfolgt (BGHSt 5, 47, 49; 15, 53, 58; RGSt 64, 326). An dem Zustandekommen des beiderseitigen Einverständnisses fehlt es aber, wenn jemand eine gestohlene Sache, die ihm der Vorbesitzer mit dem Willen zur Verschaffung voller Verfügungsgewalt **heimlich zugesteckt** hat, *unerwartet* in seinem Besitz vorfindet und sich nach dieser Entdeckung entschließt, die Sache **nicht für eigene Zwecke zu verwenden**, sondern sie zu **vernichten** (BGHSt 15, 53 = bitte lesen!).

Das einverständliche Geben und Nehmen muß darauf angelegt sein, dem Erwerber eine vom Vorbesitzer unabhängige, **eigentümergleiche Verfügungs-** oder **Mitverfügungsgewalt** über die Sache *zu eigenen Zwecken* zu verschaffen (BGHSt 15, 53, 56; 33, 44, 46). **Zu eigenen Zwecken** wird die Verfügungsgewalt immer dann übernommen, wenn das Verhalten darauf abzielt, die Sache dem Vermögen des Täters oder des Dritten einzuverleiben, für den das Tätigwerden erfolgt. In dieser Hinsicht reicht die Annahme als **Pfand** oder **Darlehen** aus (BGH JR 58, 466), nicht aber die Gewahrsamserlangung zum Zwecke der Aufbewahrung, des Umarbeitens (BGHSt 10, 151), der Vernichtung (BGHSt 15, 53) oder des *bloßen Gebrauchs* als Entleiher oder Mieter (BGH MDR 69, 723 bei *Dallinger*; OLG Oldenburg MDR 48, 30). Der sog. Verkaufskommissionär, der die *„bemakelte"* Sache **für Rechnung des Vorbesitzers** veräußern soll, erlangt ebenfalls keine Verfügungsgewalt *zu eigenen Zwecken;* sein Handeln läßt sich daher nur der Begehungsform des „Absetzens" zuordnen (RGSt 55, 58; BGH GA 1983, 472; NJW 76, 1698).

Ein „Sichverschaffen" i.S. des § 259 liegt auch dann nicht vor, wenn jemand dem Dieb durch Zahlung von Lösegeld ein gestohlenes Kunstwerk „abkauft", **um es an den Berechtigten zurückzugeben** und im rein faktischen Sinne dessen *bisherige* Eigentümerposition wiederherzustellen (vgl. RGSt 40, 15 zu § 257; BayObLGSt 1959, 78).

An hinterlegten Sachen, die sich im Gewahrsam eines zur Herausgabe bereiten Dritten befinden, kann man sich die tatsächliche Verfügungsgewalt schon durch den Erwerb der entsprechenden **Legitimationspapiere** verschaffen (= Gepäckschein, Garderobenmarke, Pfandschein usw.; BGHSt 27, 160; LK-*Ruß*, StGB, § 259 Rdnr. 19; Sch-Sch-*Stree*, StGB, § 259 Rdnr. 21; a.A. *Maurach-Schroeder*, BT § 50 II 1e, aa; *Schall*, Anm. NJW 77, 2221). Das gleiche gilt für den **Schlüssel** zu einem Gepäckschließfach und ähnliche Fälle.

b) Umstritten ist, ob im bloßen **Mitverzehr** von Nahrungs- oder Genußmitteln ein „Sichverschaffen" i.S. des § 259 zu erblicken ist. Die h.M. lehnt dies mit Recht ab, soweit der zum Mitverzehr Eingeladene – wie in der Regel – **keine** vom Gastgeber *unabhängige* **Verfügungs-** oder **Mitverfügungsgewalt** an dem ihm Dargebotenen erlangt (BGHSt 9, 137; BGH NJW 52, 754 Nr. 24; *Dreher-Tröndle*, StGB, § 259 Rdnr. 15; *Lackner*, StGB, § 259 Anm. 4a, bb; LK-*Ruß*, StGB, § 259 Rdnr. 21; a.A. *Maurach-Schroeder*, BT § 50 II 1e, aa; Sch-Sch-*Stree*, StGB, § 259 Rdnr. 24).

Nicht der Eingeladene, sondern der Gastgeber pflegt zu bestimmen, *was* und *wieviel* zum gemeinsamen Verzehr bereitgestellt wird. Letztlich ist das aber Tatfrage. Im Einzelfall *kann* es durchaus so liegen, daß der Mitverzehrende neben den übrigen Beteiligten an der Verfügungsgewalt teilhat. Wo das zutrifft, ist die Anwendbarkeit des § 259 zu bejahen (vgl. BGH GA 1957, 176).

c) Das **Sichverschaffen** durch **abgeleiteten Erwerb** *im Einvernehmen* mit dem Vorbesitzer steht in deutlichem Gegensatz zu den Verschaffungsakten in anderen Straftatbeständen, bei denen die Erlangung der tatsächlichen Verfügungsgewalt über das Tatobjekt auf einem **eigenmächtigen Zugriff** des Täters beruht. Wer dem Vortäter beispielsweise eine gestohlene Sache widerrechtlich **wegnimmt**, kann sich je nach der Art seines Vorgehens des **Diebstahls** oder des **Raubes** schuldig machen, ist aber nicht Hehler.

Ein *abgeleiteter* Erwerb aufgrund einer **willentlichen Übertragung** der tatsächlichen Verfügungsgewalt zu eigenen Zwecken entfällt allerdings nicht schon dann, wenn der Täter die Willensentschließung des Vorbesitzers durch *Täuschung* (§ 263) oder durch *Drohung* (§ 253) beeinflußt und so eine *Vermögensverfügung* zu seinen Gunsten herbeiführt. Hier kommt vielmehr Tateinheit zwischen Hehlerei und Betrug oder Erpressung in Betracht (RGSt 35, 278; LK-*Ruß*, StGB, § 259 Rdnr. 17; Sch-Sch-*Stree*, StGB, § 259 Rdnr. 42; a.A. *Rudolphi*, JA 81, 1, 6, *Otto*, Jura 85, 148; SK-*Samson*, StGB, § 259 Rdnr. 33).

Im Fall 70 hatte B lediglich *Verwahrungsbesitz* im Einvernehmen mit D erworben. Die **eigentümergleiche Verfügungsgewalt** über die gestohlenen Autoreifen hat er sich dagegen erst durch einen **eigenmächtigen Zueignungsakt** in Form der *abredewidrigen* Veräußerung verschafft. Dieses Verhalten erfüllt den Tatbestand der einfachen **Unterschlagung** (§ 246 I), nicht den der Hehlerei (näher BGHSt 10, 151; 15, 53, 56; 27, 45, 46; zum Merkmal des „Anvertrautseins" i.S. der *zweiten* Alternative des § 246 I vgl. RGSt 40, 222 und oben § 5 II 1).

2. Das **Ankaufen** ist lediglich ein Beispielsfall des „Verschaffens", muß also dessen Erfordernissen voll entsprechen (vgl. BGHSt 5, 47, 49). Der Abschluß des obligatorischen Kaufvertrages verwirklicht somit für sich allein den Tatbestand des § 259 noch nicht (vgl. RGSt 73, 104).

3. Hehlerei begeht ferner, wer die *„bemakelte"* Sache **absetzt** oder **absetzen hilft**. Diese Begehungsformen sind seit der Neufassung des § 259 durch das EGStGB an die Stelle der früheren Tatmodalität „Mitwirken zum Absatz" getreten. Eine wesentliche Änderung oder Einschränkung des Hehlereitatbestandes war insoweit nicht beabsichtigt. Durch die Einfügung des **„Absetzens"** sollte lediglich klargestellt werden, daß Hehler auch derjenige ist, der die Sache zwar im Einverständnis mit dem Vortäter oder Vorbesitzer, aber **sonst völlig selbständig** *für dessen Rechnung* veräußert (BT-Drucksache 7/550 S. 252, 253).

a) **Absetzen** ist das Unterstützen eines anderen beim Weiterschieben der *„bemakelten"* Sache durch **selbständiges** Handeln (= Tätigwerden für fremde Rechnung, aber „in eigener Regie"). **Absetzenhelfen** ist dagegen die weisungsabhängige, **unselbständige** Unterstützung, die dem **Vortäter** (= dem Dieb, Räuber, Betrüger usw., aber auch dem sog. „Zwischenhehler") bei dessen Absatzbemühungen gewährt wird. Beide Begehungsformen des Hehlens betreffen zwar unterschiedliche Tätigkeiten, stehen innerhalb des § 259 aber **gleichgeordnet** nebeneinander. Zwischen ihnen besteht kein „Stufenverhältnis"; jede von ihnen verwirklicht den Tatbestand der Hehlerei im Wege des **täterschaftlichen Handelns** (BGHSt 26, 358, 362; 27, 45, 48).

Die Frage, warum der Gesetzgeber die dem Vortäter geleistete Absatzhilfe in § 259 **tatbestandlich verselbständigt** hat und wie diese **Hehlerei durch Absetzenhelfen** (= Täterschaft i.S. des § 259) sich von der bloßen **Beihilfe zur Hehlerei** eines anderen abgrenzen läßt, ist wie folgt zu beantworten: § 259 setzt ein *einverständliches Zusammenwirken* zwischen dem Vortäter oder dessen Besitznachfolger und dem Hehler voraus. Wer die Vortat selbst (= als Täter oder Mittäter) begangen hat, kann nicht mit sich in einer Person „zusammenwirken", also nicht sein eigener Hehler sein (BGHSt 33, 50; 7, 134, 137). *Seine* Bemühungen, die rechtswidrig erlangte Sache abzusetzen, werden vom Tatbestand des § 259 nicht erfaßt. Wer ihn dabei unterstützt, fördert ein insoweit *tatbestandsloses* Handeln und kann *mangels Haupttat* nicht wegen „Beihilfe zur Hehlerei" bestraft werden. Um diese kriminalpolitisch bedenkliche Lücke zu schließen, hat der Gesetzgeber das **Absetzenhelfen** (= früher das „Mitwirken zum Absatz") als **besondere Form des Hehlens** in den Tatbestand des § 259 aufgenommen, d.h. einen Fall des *bloßen Hilfeleistens* **tatbestandlich verselbständigt** (vgl. als Parallele dazu § 257 I). Daraus kann aber nicht entnommen werden, daß nunmehr jede Form der unselbständigen Absatzhilfe ohne Rücksicht darauf, *wem* sie zugute kommt und ob sie unmittelbar dem Vortäter oder lediglich dem Sacherwerber (= sog. Verschaffungshilfe) zuteil wird, **täterschaftliches Handeln** i.S. des „Absetzenhelfens" (§ 259) ist. Zu sachgerechten Ergebnissen führt allein die Auffassung, daß die Tatmodalität des *Absetzenhelfens* sich nur auf die (unter dem Blickwinkel des § 259 *tatbestandslosen* und insoweit nicht strafbaren) Absatzbemühungen des **Vortäters** unter Einschluß des *im Eigeninteresse* handelnden **Zwischenhehlers** bezieht. In dieser Hinsicht ist § 259 somit *restriktiv* auszulegen und auf diejenige Unterstützungstätigkeit zu beschränken, die mangels einer tatbestandsmäßigen Haupttat (vgl. § 27 I) sonst straflos bleiben müßte. Jede **anderweitige Absatzförderung** ist dagegen ebenso wie die „Verschaffungshilfe" als **Beihilfe zur Hehlerei** zu bestrafen (§§ 27, 259; ebenso BGHSt 26, 358, 362; 27, 45,

52 zu IIc der Entscheidungsgründe; vgl. auch BGHSt 33, 44, 49; Sch-Sch-*Stree*, StGB, § 259 Rdnr. 37). Praktische Konsequenzen hat dies für das sog. *Milderungsprivileg des Gehilfen* (§ 27 II 2) und die Straflosigkeit einer lediglich *versuchten* Beihilfe.

b) Heftige Kontroversen hat die Neufassung des § 259 durch das EGStGB zu der Frage heraufbeschworen, ob die Tatmodalitäten des *Absetzens* und des *Absetzenhelfens* nunmehr das **Gelingen des Absatzes** voraussetzen.

> Fall 71: Der Dieb D hat mehrere wertvolle Gemälde alter Meister gestohlen, die später im Besitz des A vorgefunden und dort polizeilich beschlagnahmt worden sind. A hatte sie in Kenntnis ihrer Herkunft übernommen, um sie als sog. Verkaufskommissionär für Rechnung des D zu veräußern, der ihm für den Fall des erfolgreichen Absatzes eine Belohnung in Höhe von 5 000 DM zugesagt hatte. Für alle Abmachungen mit den Kaufinteressenten sollte A freie Hand haben. Zur Beschlagnahme ist es erst gekommen, nachdem A die Kunstwerke einer Reihe von Interessenten, die ihm durch seine Bekannte B vermittelt worden waren, zur Besichtigung vorgeführt hatte.
>
> Haben A und B sich der Hehlerei schuldig gemacht?

Die Gemälde waren gestohlen, also durch eine rechtswidrige Vortat (§ 11 I Nr. 5) erlangt, die fremde Vermögensinteressen verletzt. Ein *„Sichverschaffen"* seitens des A scheidet aus, weil A die tatsächliche Verfügungsgewalt nicht zu *eigenen* Zwecken, sondern im Einvernehmen mit dem Vortäter zu dem Zweck übernommen hat, die Veräußerung **für Rechnung des D** vorzunehmen. In Betracht kommt allein ein **Absetzen** i.S. des § 259. Den Anforderungen dieses Merkmals ist dadurch Rechnung getragen, daß A den Absatz *in eigener Regie* organisieren und *selbständig* erledigen sollte (vgl. BGHSt 27, 45; BGH NJW 76, 1698). Da die beabsichtigte Veräußerung jedoch nicht gelungen ist, bleibt zu prüfen, ob die von A entwickelte Tätigkeit, insbesondere die Kontaktaufnahme zu den Kaufinteressenten ein **vollendetes Absetzen** im Sinne des Gesetzes darstellt oder nur Raum läßt für eine Bestrafung wegen *versuchter* Hehlerei (§§ 259 I, III, 22).

Für das Merkmal „Mitwirken zum Absatz" in § 259 a.F. ließ die h.M. zur **Deliktsvollendung** jede Tätigkeit genügen, die geeignet war, den Vortäter oder Vorbesitzer bei seinen Bemühungen um eine wirtschaftliche Verwertung der *„bemakelten"* Sache zu unterstützen, ohne Rücksicht darauf, ob der Absatz gelungen war oder nicht (BGHSt 22, 206; BGH NJW 55, 350; LK-*Ruß*, StGB, § 259 Rdnr. 24 m.w.N.; a.A. *Stree*, GA 1961, 33). Der Wortlaut der **neuen Gesetzesfassung** wurde dagegen überwiegend in dem Sinne verstanden, daß es nunmehr eines *erfolgreichen* Absatzes bedürfe, und zwar in *beiden* Tatmodalitäten (OLG Köln NJW 75, 987; *Blei*, JA 74, 527; *Küper*, JuS 75, 633; *Lackner*, StGB, § 259 Anm. 4b; Sch-Sch-*Stree*, StGB, § 259 Rdnr. 32, 38) oder zumindest dort, wo es um das **Absetzen** als solches gehe (so BGH NJW 76, 1698; *Bockelmann*, BT/1 S. 166). Nachdem der BGH aber zunächst für den Fall des **Absetzenhelfens** an der herkömmlichen Rechtsprechung festgehalten hatte (BGHSt 26, 358), kehrte er schließlich **insgesamt zur bisherigen Linie zurück** (BGHSt 27, 45; BGH NJW 79, 2621; GA 1983, 472; ebenso *Dreher-Tröndle*, StGB, § 259 Rdnr. 18, 19; *D. Meyer*, MDR 75, 721; die abweichende Ansicht in NJW 76, 1698 ist vom 2. Senat des BGH aufgegeben worden). Neben dem Hinweis, daß man unter „Absetzen" rein sprachlich durchaus die „darauf gerichtete Tätigkeit" verstehen könne, stützt der BGH sich vorwiegend auf das (nicht bestreitbare) Argument, mit der Neufassung des § 259 habe der **Gesetzgeber** insoweit am bisherigen Rechtszustand **nichts ändern wollen**.

§ 20 III 3

Diesen Standpunkt der Rechtsprechung wird man hinnehmen müssen, mag er in dogmatischer Hinsicht auch zu Zweifeln Anlaß bieten und in der Rechtslehre überwiegend abgelehnt werden (vgl. etwa *Berz*, Jura 80, 57, 65; *Maurach-Schroeder*, BT § 50 II 1c, bb; *Rudolphi*, JA 81, 90, 92; Sch-Sch-*Stree*, StGB, § 259 Rdnr. 32, 38). Mit dem Einwand allein, daß im **Absetzen** nur die Kehrseite des **Verschaffens** liege, daß beide Begehungsformen deckungsgleich ausgelegt werden müßten und daß der Absetzende eine Perpetuierung der durch die Vortat geschaffenen rechtswidrigen Vermögenslage erst bewirke, wenn die tatsächliche Verfügungsgewalt von ihm in eine andere Hand übergehe, läßt sich der Standpunkt des BGH jedenfalls nicht entkräften. Dabei wird nämlich übersehen, daß die rechtswidrige Besitzposition nicht erst in der Hand des Erwerbers, sondern schon in der Hand des Absetzenden aufrechterhalten wird und daß aus kriminalpolitischer Sicht kein Anlaß besteht, die *eigenständigen* Begehungsformen des Absetzens und des Absetzenhelfens in jeder Hinsicht mit dem „Verschaffen" gleichzusetzen. Die Wesenszüge des *hehlerischen Erwerbes* decken sich durchaus nicht mit denen des hehlerischen Absatzes. Während Erwerbsbemühungen erst einsetzen können, wenn ein Erwerbsinteressent vorhanden ist und ein konkreter Verschaffungsakt in die Wege geleitet wird, dessen einzelne Stadien (Vorbereitung, Versuch, Vollendung) einer klaren Abgrenzung zugänglich sind, liegt es beim Absetzen und Absetzenhelfen ganz anders. Hier muß erst in den verschiedensten Kreisen nach Erwerbsinteressenten Ausschau gehalten und vielerlei unternommen werden, um (unter fortwährender Aufrechterhaltung der rechtswidrigen Vermögenslage) die **wirtschaftliche Verwertung der Deliktsbeute** sicherzustellen. Wer die Realität der organisierten Hehlerbanden kennt, wird nicht bestreiten, daß es Formen der **Absatzhilfe** gibt, die dem Schuldgehalt und ihrer **Gefährlichkeit** nach andere Hehlereihandlungen erheblich übertreffen (man denke nur an das Zerlegen und Umschleifen unersetzlicher Kostbarkeiten, wie z.B. der Monstranzen aus dem seinerzeit entwendeten Kölner Domschatz, oder an das „Frisieren" gestohlener Kraftwagen durch hilfsbereite Handlanger; vgl. dazu BGH NJW 78, 2042). Die herrschende Lehre schafft für Absatzbemühungen in sehr fragwürdiger Weise ein weites Feld der Straflosigkeit, ehe sie bei § 259 die Zone des strafbaren Versuchs zu erreichen vermag. Dem Schutzzweck des Gesetzes wird sie nicht hinreichend gerecht.

> Hiernach hat A im Fall 71 eine **vollendete Hehlerei** in der Form des **Absetzens** begangen (zu den *subjektiven* Erfordernissen vgl. nachfolgend unter IV 1, 2).

Im einzelnen fällt unter den **Begriff** des **Absetzens** jede im Fremdinteresse, aber *selbständig* erfolgende **wirtschaftliche Verwertung** der *„bemakelten"* Sache durch deren entgeltliche Veräußerung an Dritte (BGH NJW 76, 1950; BGHSt 27, 45), u.U. sogar an den Verletzten selbst, sofern dies nicht zwecks Wiederherstellung seiner *ursprünglichen* Eigentümerposition geschieht (RGSt 30, 401; 54, 124; *Dreher-Tröndle*, StGB, § 259 Rdnr. 19; LK-*Ruß*, StGB, § 259 Rdnr. 27; a.A. Sch-Sch-*Stree*, StGB, § 259 Rdnr. 33). Gegenstand der Tat kann u.a. auch **Geld** sein (BGHSt 10, 1).

> Wer nicht für fremde Rechnung handelt, sondern eine zu eigener Verfügung erlangte Sache *im Eigeninteresse* absetzt, verwirklicht *insoweit* nie den Tatbestand des § 259.

c) Dadurch, daß sie dem A Kaufinteressenten zugeführt hat, kann B sich im Fall 71 der **Absatzhilfe** (§ 259) oder der **Beihilfe zur Hehlerei** des A (§§ 27, 259) schuldig gemacht haben.

Absetzenhelfen als Hehlereihandlung i.S. des § 259 ist nur die weisungsgebundene, *unselbständige* Unterstützung, die dem **Vortäter** aufgrund beiderseitigen Einvernehmens gewährt wird und die objektiv geeignet ist, dessen Bemühungen zur wirtschaftlichen Verwertung der *„bemakelten"* Sache zu fördern (BGHSt 26, 358; 27, 45).

> Beispiele: Hinweise auf Absatzmöglichkeiten, Vermittlung von Kontakten mit Interessenten, Bereitstellen von Räumen zur Durchführung der Verkaufsverhandlungen, Hinschaffen des Diebesgutes zum Abnehmer, Umwechseln gestohlenen Geldes, u.U. auch die tätige Förderung des Geldumsatzes durch Beraten des Vortäters (vgl. BGHSt 10, 1 mit krit. Anm. *Maurach,* JZ 57, 184), Umlackieren gestohlener Kraftwagen, Zerlegen von Schmuck, Umschleifen von Edelsteinen usw. (BGHSt 26, 358 am Ende). Das *bloße Mitverprassen* des erbeuteten Geldes ist dagegen keine Absatzhilfe (BGHSt 9, 137). Das Aufbewahren der Beute, um den späteren Absatz zu ermöglichen, genügt für sich allein ebenfalls nicht, erfüllt aber regelmäßig den Tatbestand der Begünstigung (§ 257; vgl. BGHSt 2, 135).

Im Überbringen gestohlener Sachen *als Geschenk* liegt nach h.M. nur dann ein Absetzenhelfen i.S. des § 259, wenn das „Verschenken" zur Abgeltung von Diensten oder in Erwartung einer Gegenleistung erfolgt, also wenigstens zum Teil *entgeltlichen* Charakter hat (RGSt 32, 214; LK-*Ruß,* StGB, § 259 Rdnr. 27; *Rudolphi,* JA 81, 90, 92; a.A. Sch-Sch-*Stree,* StGB, § 259 Rdnr. 32, wonach selbst *unentgeltliche* Verfügungen genügen sollen). Ggf. ist hier § 257 anstelle des § 259 zu prüfen (vgl. BGHSt 4, 122).

> Im Fall 71 hat B nicht dem *Vortäter* D, sondern dem A Hilfe zum Zwecke des Absetzens der Beute geleistet; mit D ist B gar nicht in Verbindung getreten. Insoweit entfällt daher eine Absatzhilfe i.S. des § 259.

Vortäter i.S des § 259, dem Absatzhilfe geleistet werden kann, ist zwar auch der sog. **„Zwischenhehler".** Dazu rechnen nach dem Sinn und Zweck der Vorschrift aber nur Hehler, die **sich die** *„bemakelte"* **Sache zu eigentümergleicher Verfügungsgewalt verschafft** haben und sie sodann **im Eigeninteresse** abzusetzen suchen, in bezug auf *diesen* Absatz also den Tatbestand des § 259 nicht verwirklichen (= kein Absetzen für *einen anderen* und für *dessen* Rechnung; vgl. BGH NJW 79, 2621; BGHSt. 33, 44, 48).

> Im Fall 71 ist A kein derartiger Zwischenhehler; als sog. Verkaufskommissionär des D ist er vielmehr Absetzer i.S. des § 259. Seine Absatzbemühungen verwirklichen den **Tatbestand der Hehlerei,** so daß Dritte daran in strafbarer Weise **teilnehmen** können. Die einem solchen **Absatzhehler** gewährte Unterstützung ist aber – wie eingangs zu III 3 dargelegt – nach allgemeinen Regeln als *Beihilfe zur Hehlerei* zu bestrafen. B hat sich daher im Fall 71 (nur) der **Beihilfe zur Hehlerei** des A schuldig gemacht, so daß ihr auch das in § 27 II 2 vorgesehene Milderungsprivileg zugute kommt (näher BGHSt 27, 45 am Ende).

IV. Subjektiver Tatbestand

1. Zum **Vorsatz** des Hehlers gehört neben dem Bewußtsein des einverständlichen Zusammenwirkens insbesondere die Vorstellung, daß die den Gegenstand der Tat bildende Sache durch eine *rechtswidrige* Vortat i.S. des § 259 erlangt ist und daß die Rechtswidrigkeit der Vermögenslage noch fortbesteht. Das erforderliche Vorsatzwissen braucht aber nicht in allen Einzelheiten konkretisiert zu sein; so reicht die Annahme irgendeiner gegen fremde Vermögensinteressen gerichteten Vortat aus (RGSt 55, 234; KG JR 66, 307). *Eventualvorsatz* genügt (BGH NStZ 83, 264; NJW 55, 350; RGSt 55, 204).

§ 20 IV 2; V

Erfährt der Täter erst *nach* der Gewahrsamserlangung, daß die Sache aus einer rechtswidrigen Vortat stammt, so hängt die Anwendbarkeit des § 259 davon ab, ob es im weiteren Verlauf des Geschehens zur Herstellung des unerläßlichen Einvernehmens mit dem Vortäter oder Vorbesitzer und zu einem tatbestandsmäßigen Verhalten (= Sichverschaffen, Absetzen oder Absetzenhelfen) kommt (vgl. BGHSt 2, 135, 138; 15, 53; BGH NJW 55, 350; RGSt 64, 326).

Fahrlässigkeit ist nur in § 5 EdelmetallG und in § 18 des Gesetzes über den Verkehr mit unedlen Metallen unter Strafe gestellt.

2. Der Hehler muß ferner in der **Absicht** handeln, sich oder einen Dritten zu **bereichern** (= Streben nach Gewinn in Gestalt eines Vermögensvorteils, sei es auch nur zugunsten des Vortäters; näher dazu BGH NJW 79, 2621 = JR 80, 213 mit krit. Anm. *Lackner/Werle*, die bei fremdnützigem Handeln den § 259 nur anwenden wollen, wenn die erstrebte Bereicherung nicht ausschließlich dem Vortäter zufließen soll; ebenso *Dreher-Tröndle*, StGB, § 259 Rdnr. 22; LK-*Ruß*, StGB, § 259 Rdnr. 38; zutreffend gegen diese Einschränkung Sch-Sch-*Stree*, StGB, § 259 Rdnr. 50). An diesem subjektiven Tatbestandsmerkmal kann es bei einem Austausch *gleichwertiger* Leistungen fehlen (vgl. BGH MDR 67, 369 bei *Dallinger*), wenngleich die Absicht, den üblichen Geschäftsgewinn zu erzielen, bereits genügt (RGSt 58, 122; Sch-Sch-*Stree*, StGB, § 259 Rdnr. 47). Der bloße Besitz gefälschter Ausweispapiere ist für sich allein kein *geldwerter* Vorteil; Hehlerei ist aber möglich, wenn der Täter mit der Besitzerlangung einen auf die Verbesserung seiner Vermögenslage hinauslaufenden Zweck verfolgt (BGH Strafverteidiger 83, 149). Rechtswidrig braucht der erstrebte Vermögensvorteil nicht zu sein (anders dagegen §§ 253, 263). Auch *Stoffgleichheit* zwischen Hehlereigegenstand und Vorteil ist hier nicht notwendig (*Lackner*, StGB, § 259 Anm. 6; Sch-Sch-*Stree*, StGB, § 259 Rdnr. 48; BayObLG JR 80, 299 mit Anm. *Paeffgen*; a.A. *Arzt*, NStZ 81, 10, 14; *Dreher-Tröndle*, StGB, § 259 Rdnr. 23).

Insbesondere beim *Absetzen* und *Absetzenhelfen* (vgl. dazu Fall 71) ist es belanglos, ob der Täter die ihm in Aussicht gestellte Belohnung aus der Deliktsbeute oder aus *externen* Mitteln erstrebt.

Das Handeln in Bereicherungsabsicht kennzeichnet den Unrechtsgehalt der Hehlerei, ist folglich **tatbezogen** und nicht zu den *besonderen persönlichen Merkmalen* i.S. des § 28 zu rechnen (näher *Stree*, JuS 76, 137, 144; *Wessels*, AT § 13 IV 1b).

V. Vollendung und Versuch

Fall 72: A hat bei seinem Bekannten B einen angeblich ihm gehörenden, in Wirklichkeit gestohlenen Reifen für einen Lastzug untergestellt. Wenig später informiert er den B darüber, daß der Diebstahl entdeckt worden sei. Zugleich schlägt er vor, B möge den Reifen aufbewahren, bis Gras über die Sache gewachsen sei; alsdann solle durch beiderseitiges Bemühen ein Abnehmer gesucht und der Erlös geteilt werden. B ist damit einverstanden. Zu mehr kommt es nicht, weil die Polizei schon am Tage darauf den Reifen sicherstellt.

Hat B sich der Hehlerei schuldig gemacht?

Für die Modalitäten des „Sichverschaffens" oder „Absetzens" ist hier kein Raum. Zu denken ist allenfalls an eine **Absatzhilfe** i.S. des § 259. In der bloßen Aufbewahrung der Diebesbeute mit dem Versprechen, sich *demnächst* um einen Abnehmer zu bemühen, liegt jedoch noch keine Verwirklichung dieses Hehlereimerkmals, auch nicht in der Form des gemäß § 259 III mit Strafe bedrohten **Versuchs** (BGHSt 2, 135). Die Grenze zwischen *Vorbereitung* und *Versuch* ist unter solchen Umständen erst überschritten, wenn weitere Umstände hinzukommen, die als **unmittelbares Ansetzen** zu einer den **Absatz fördernden Tätigkeit** anzusehen sind.

So wäre z.B. ein **Versuch** zu bejahen, wenn B sich bereits um einen Kaufinteressenten bemüht hätte oder in Verkaufsverhandlungen eingetreten wäre (BGH MDR 71, 546 bei *Dallinger*). Je nach dem, was der **Tatplan** vorsieht, kann ein **Beginn tätiger Absatzhilfe** u.U. aber auch schon in der Übernahme zur Aufbewahrung als solcher liegen, wie etwa dann, wenn der Verwahrer die „*bemakelte*" Sache zur nahe bevorstehenden Abholung durch einen bestimmten Erwerber bereithalten soll (vgl. Sch-Sch-*Stree*, StGB, § 259 Rdnr. 52).

Im Fall 72 ist B über die **reine Vorbereitung** des erst für eine *spätere Zeit* geplanten Absatzes nicht hinausgegangen. Die Voraussetzungen der Versuchsstrafbarkeit gemäß § 259 I, III sind daher nicht gegeben (näher BGHSt 2, 135). Sein Verhalten verwirklicht allerdings den Tatbestand der Begünstigung (§ 257 I); die Aufbewahrung des Diebesgutes bildet ein typisches Beispiel des dort geforderten und genügenden „Hilfeleistens" (siehe oben § 19 II 2 und Sch-Sch-*Stree*, StGB, § 257 Rdnr. 16).

VI. Täterschaft, Teilnahme und Konkurrenzen

Fall 73: Durch einen „todsicheren Tip" und den Hinweis, daß er zur Übernahme der Beute gegen gute Bezahlung bereit sei, hat A die Diebeskumpane D1, D2 und D3 zu einem nächtlichen Einbruch in die Werkstatt des Juweliers J bestimmt. Nach erfolgreichem Verlauf teilen D1, D2 und D3 eine Reihe von Schmuckstücken unter sich auf; den größeren Teil der Beute überbringen sie dem A, der jedem von ihnen den Anteil am Erlös sofort auszahlt. Auf dem Nachhauseweg kauft D1 dem D3 eine Perlenkette ab, die dieser bei der Aufteilung erhalten hat, die D1 jedoch seiner Mutter zum Geburtstag schenken will.

Strafbarkeit der Beteiligten?

D1, D2 und D3 haben sich des gemeinschaftlich begangenen Diebstahls in einem *besonders schweren Fall* schuldig gemacht (§§ 242, 243 I Nr. 1, 25 II). A ist in dieser Hinsicht als **Anstifter** (§ 26) zu bestrafen. Fraglich ist, ob A des weiteren wegen **Hehlerei** (= Sichverschaffen i.S. des § 259) zur Verantwortung zu ziehen ist, und ob das hinsichtlich der Perlenkette auch für D1 gilt.

1. **Täter** und **Mittäter der Vortat** können an den von ihnen erlangten Sachen nicht zugleich Hehlerei begehen. Zumindest der *erste* Hehler muß, wie § 259 n.F. jetzt ausdrücklich klarstellt, im Vergleich zu ihnen *„ein anderer"* sein.

Ob § 259 auch bei einem späteren Rückerwerb der Beute bzw. eines Beuteanteils entfällt, ist streitig (vgl. nachfolgend zu 3).

2. **Anstifter** und **Gehilfen** der Vortat, die im Anschluß an deren Begehung hehlerisch handeln, machen sich nach h.M. der **Hehlerei** schuldig, und zwar selbst dann, wenn die Vortatteilnahme von vornherein darauf abzielte, sich die Beute oder bestimmte Teile daraus zur eigentümergleichen Verwendung zu verschaffen (vgl. BGHSt 33, 50, 52).

In der Grundsatzentscheidung des *Großen Senats für Strafsachen* (BGHSt 7, 134) ist diese Auffassung mit stichhaltigen Argumenten näher begründet worden. Ihr folgt die h.L. (abweichend, aber in bezug auf die dort vorgeschlagene *Differenzierung* nicht überzeugend Sch-Sch-*Stree*, StGB, § 259 Rdnr. 56, 57).

Hiernach ist A im Fall 73 wegen **Anstiftung zum Diebstahl** in einem *besonders schweren Fall* (§§ 242, 243 I Nr. 1, 26) in **Tatmehrheit** (§ 53) mit **Hehlerei** (§ 259) zu bestrafen (zum Konkurrenzverhältnis vgl. BGHSt 22, 206).

3. Umstritten ist, ob **Vortäter** dann wegen Hehlerei zu bestrafen sind, wenn sie nach Aufgabe ihrer ursprünglichen Verfügungsgewalt die Beute bzw. einen Beuteanteil zurückerwerben oder zum Absatz mitwirken. Für den Fall, daß ein Mittäter den Anteil eines Mitbeteiligten **nach Beuteteilung** hinzuerworben hatte, hat der BGH zu § 259 a.F. das Vorliegen einer Hehlerei bejaht (BGHSt 3, 191 gegen RGSt 34, 304).

> Begründet wurde dies damit, daß auch der Dieb wiederum einen Diebstahl begehe, wenn er dem Erwerber die Beute wegnehme. Warum die Beurteilung zur Strafbarkeit seines Verhaltens anders ausfallen solle, wenn er die neue Verfügungsgewalt durch *Hehlerei* statt durch *Diebstahl* erlange, sei nicht einzusehen.

Seit der Reform des Hehlereitatbestandes läßt sich dieser Standpunkt des BGH nicht mehr aufrechterhalten, da der **Vortäter,** der allein oder als Mittäter **gestohlen** hat, nicht dadurch „*ein anderer*" i.S. des § 259 n.F. wird, daß er die Beute bzw. einen Beuteanteil später wiedererlangt oder zum Absatz mitwirkt. Hinzu kommt, daß es dem Charakter der Hehlerei als Vermögensdelikt nicht entsprechen würde, hier das Vorliegen einer *erneuten* Rechtsgutsverletzung seitens des Vortäters anzunehmen (vgl. dazu *Blei*, BT § 72 VI 1a; *Lackner*, StGB, § 259 Anm. 7; Sch-Sch-*Stree*, StGB, § 259 Rdnr. 54; anders *Preisendanz*, StGB, § 259 VI).

> Zumindest würde in Fällen dieser Art der Grundsatz der *mitbestraften Nachtat* durchgreifen (so *Eser*, Strafrecht IV, S. 193; *Krey*, BT/2 Rdnr. 578).

> Demnach ist D1 im Fall 73 bezüglich des Erwerbs der Perlenkette von D3 nicht wegen Hehlerei zu bestrafen.

VII. Verfolgbarkeit und Strafschärfung

1. Unter den Voraussetzungen der §§ 247, 248a hängt die **Strafverfolgung** wegen Hehlerei gemäß § 259 II von einem Strafantrag des Verletzten ab. Im Rahmen des § 248a kommt es lediglich darauf an, ob die **gehehlte Sache** von *geringem Wert* ist (vgl. BT-Drucksache 7/550 S. 253; *Stree*, JuS 76, 137, 144); daß auch die erstrebte Bereicherung geringwertig sein müsse, kann nicht zusätzlich verlangt werden (a.A. *Dreher-Tröndle*, StGB, § 259 Rdnr. 25; *Lackner*, StGB, § 259 Anm. 10).

2. Die **gewerbsmäßige Hehlerei** (§ 260) bildet einen **qualifizierten Fall** im Verhältnis zu dem in § 259 normierten Grundtatbestand. **Gerwerbsmäßig** handelt, wer sich aus der wiederholten Tatbegehung eine fortlaufende Einnahmequelle von einigem Umfang und einer gewissen Dauer verschaffen will (BGHSt 1, 383; BGH GA 1955, 212; BGH MDR 75, 725 bei *Dallinger*).

SACHREGISTER

Die Zahlen beziehen sich auf die §§ des Buches; fettgedruckte Zahlen geben die Hauptfundstelle an.

Abgeleiteter Erwerb 20 III 1a, c
Abgrenzung zwischen
 – Absatzhehlerei und Beihilfe zur Hehlerei 20 III 3c – Begünstigung und Beihilfe zur Vortat 19 II 1 – Betrug und Diebstahl 14 I, II – Betrug und Erpressung 17 I 6 – Diebstahl und Gebrauchsanmaßung 2 IV 3b – Diebstahl und Sachbeschädigung sowie Sachentziehung 2 IV 3a – Diebstahl und Unterschlagung 2 I 1, III 3f – Diebstahl und Jagdwilderei 11 I 4, 5 – Hehlerei und Teilnahme an der Vortat 20 II 2 – Raub und räuberischer Erpressung 17 II 1 – Sachbeschädigung und Sachentziehung 1 I 4
Ablationstheorie 2 III 4b
Absetzen 20 III 3a
Absetzenhelfen 20 III 3c
Absicht
 – Bereicherungsabsicht **13 III 2**; 17 I 3; 20 IV 2 – betrügerische Absicht 15 I 4 – A. der Befriedigungsvereitelung 12 II 3 – der Besitzerhaltung 9 I 3 – der Entgeltshinterziehung 15 II 3 – der Rechtsvereitelung 12 I 3 – der Vorteilssicherung 19 II 4 – rechtswidriger Zueignung **2 IV 2, 4**; 7 I 4
Affektionsinteresse 13 II 4b.3
Alleingewahrsam 2 III 3f
Amtsunterschlagung (früheren Rechts) 5 III 1
Aneignung 2 IV 3a
Aneignungsrechte
 – Verletzung von A. 11 I, III
Anfechtungsrecht 13 II 4b.1
Angehöriger 6 I
Angriff
 – räuberischer A. auf Kraftfahrer 9 II
Anmaßung
 – der Eigentümerrechte 2 IV 2b, 4b
Ankaufen 20 III 2
Anschlußtat 20 II 2
Ansichbringen 20 I 1, III 1
Ansprüche
 – aus sittenwidrigen oder nichtigen Geschäften 13 II 4a, 4b.4

Anstellungsbetrug 13 II 4b.6
Anvertrautsein 5 II 1, 2
Anwartschaften 13 II 4a
Apprehensionstheorie 2 III 4b
Arbeitsentgelt
 – Vorenthalten 18 IV
Arbeitskraft
 – betrügerische Bindung 13 II 4a
Aufklärungspflicht 13 II 1c
Aufrechnungslage
 – Erschwindeln einer A. 13 II 4b.6
Aufrechterhaltungstheorie 20 I 2
Ausgleich
 – von Kassenfehlbeträgen mit Fremdmitteln 5 III – des Schadens durch ein Äquivalent 13 II 4b.1
Auslegung
 – berichtigende 5 I 3
Ausnutzen
 – der Hilflosigkeit 3 II 6 – eines Irrtums 13 II 2b – der besonderen Verhältnisse des Straßenverkehrs 9 II 1c – einer fortwirkenden Zwangslage 7 II; 17 II 3
Ausschlußklausel
 – bei Regelbeispielen wegen Geringwertigkeit des Objekts 3 III; 13 IV 2
Aussonderung
 – von Gattungssachen 5 I 2
Austauschverträge 13 II 4b.3
Ausübung des Jagdrechts 11 I 1
Ausweispapiere 2 IV 4e
Automatenkarte 2 IV 4f; 13 V 2
Automatenmißbrauch 15 II 2a, 6

Bagatelltaten 3 III 1; 6 II; 13 IV 3; 19 IV 2; 20 VII 1
Bande 4 II 1
Bandendiebstahl 4 II
Bandenraub 8 I 4
Bankautomaten 2 IV 4f; 13 V 2
Bankrott 12 III
Bauwerk 1 II 2
Beendigung des Diebstahls 2 III 5

189

Befriedete Bezirke 11 I 1
Beförderungserschleichung 15 II 2b
Begründung neuen Gewahrsams 2 III 4b
Begünstigung 19 I, II
- Abgrenzung zur Vortatbeteiligung 19 II 1 - Selbstbegünstigung 19 III
Behältnis
- Begriff 3 II 2 - Gewahrsam am Inhalt 2 III 3g - als Schutzvorrichtung 3 II 2
Bemakelung einer Sache 20 II 3a
Beobachtung der Wegnahme 2 III 4b
Beiseiteschaffen 12 II 2b
Berechtigter
- beim unbefugten Fahrzeuggebrauch 10 I 2
Bereicherungsabsicht
- beim Betrug 13 III 2 - bei der Erpressung 17 I 3 - bei der Hehlerei 20 IV 2
Beschädigen 1 I 3
Beschlagnahme (Vortäuschung) 14 I 2
Besitz
- und Gewahrsam 2 III 3d; 5 I 3
Besitzdiener 2 III 3d
Besitzentziehung 1 I 4
Besonders schwere Fälle des Diebstahls 3 I, II
Besondere Verhältnisse des Straßenverkehrs 9 II 1c
Bestandteile des Vermögens 12 II 2b; 13 II 4a
Bestimmtheit des Unterschlagungsobjekts 5 I 2
Betätigung (Manifestation) des Zueignungswillens 5 I 4
Betreffen auf frischer Tat 9 I 2
Betrug
- Abgrenzung zum Diebstahl 14 I, II
- Abgrenzung zur Erpressung 17 I 6
- Aufbaumuster 13 I - Anstellungsbetrug 13 II 4b.6 - Bettelbetrug 13 II 4b.3 - Dreiecksbetrug 14 II 1, 3 - Eingehungs- und Erfüllungsbetrug 13 II 4b - Komplizenbetrug 13 II 4b.4 - in bezug auf die Kreditwürdigkeit 13 II 1a - Provisionsbetrug 13 III 4 - Prozeßbetrug 13 III 3 - Scheckkartenbetrug 13 II 4b.6 - Sicherungsbetrug 13 IV 1 - Spendenbetrug 13 II 4b.3
Beweglichkeitsbegriff 2 II 2

Bewußtseinserfordernis
- bei der Vermögensverfügung 13 II 3a
- in bezug auf deren vermögensmindernde Wirkung 13 II 3c
Bibliotheken 1 III 2
Bruch fremden Gewahrsams 2 III 1
Buchführungspflicht
- Verletzung 12 III 4

Computerbetrug 13 V
Computersabotage 1 IV 2

Datenveränderung 1 IV 1
Dereliktion 2 IV 4e
Diebstahl
- Abgrenzung zum Betrug 14 - zur Gebrauchsanmaßung 2 IV 3b - zur Sachbeschädigung und Sachentziehung 2 IV 3a - zur Unterschlagung 2 I 1, III 3f
- Grundtatbestand des D. 2 I bis IV
- besonders schwere Fälle 3 I
- Bandendiebstahl 4 II - D. mit Schußwaffen oder sonstigen Waffen 4 I - Haus- und Familiendiebstahl 6 I - D. geringwertiger Sachen 6 II; 3 III - D. in mittelbarer Täterschaft 14 II 2 - Trickdiebstahl 14 I
Dreiecksbetrug 14 II 1, 3
Dreieckserpressung 17 I 6
Drohen der Vollstreckung 12 II 2a
Drohung
- mit einem empfindlichen Übel 17 I 2
- mit gegenwärtiger Gefahr für Leib oder Leben 7 II 1, 3; 17 II 1

Eigentum 1 I 2; 2 II 3
Einbruchsdiebstahl 3 II 1b
Eingehungsbetrug 13 II 4b
Einsteigediebstahl 3 II 1c
Einverständliches Zusammenwirken 20 III 1a, c
Einverständnis 2 III 3f, 4a; 5 I 3; 18 II 3
Einwilligung (mutmaßliche) 2 IV 5
Entstellen von Tatsachen 13 II 1b
Erlangtsein (unmittelbares) 20 III 3
Enteignung 2 IV 3b, 4
Entziehung elektr. Energie 2 II 1
Erfüllungsbetrug 13 II 4b

190

Erpressung
- Abgrenzung zum Betrug 17 I 6
- Abgrenzung zum Raub 17 I 2
- Grundtatbestand der E. 17 I
- räuberische E. 17 II

Ersatzsachen (Hehlerei) 20 II 3a
Erschleichen von Leistungen 15 II
Erwerbsaussichten 13 II 4a
Exemplifizierende Methode 11 II 1

Falsche Schlüssel 3 II 1d
Falsche Tatsachen 13 II 1b
Familiendiebstahl 6 I
Fehlbuchung und Fehlüberweisung 13 II 2b
Fehlleitung zweckgebundener Mittel 13 II 4b.3
Finderlohn 2 IV 4g
Fischwilderei 11 III
Fremdheit von Sachen 1 I 2; 2 II 3
Fundunterschlagung 5 I 3a, b

Gattungsschulden
- eigenmächtige Befriedigung des Gläubigers 2 IV 5

Gebäude 3 II 1a
Gebrauchsanmaßung
- Abgrenzung zum Diebstahl 2 IV 3b, 4g
- Ingebrauchnahme von Fahrzeugen 10 I
- in bezug auf Pfandsachen 10 II

Gebrauchsfähigkeit
- von Schußwaffen 4 I 1 – Minderung der Gebrauchsfähigkeit als Sachbeschädigung 1 I 3a

Gebrauchsrechte 12 I 1
Geld (Hehlerei) 20 II 3a, b
Geldautomatenkarte 2 IV 4f; 13 V 2
Geldschulden 2 IV 5
Geldwechsel (Betrug) 13 II 1c; 14 I 1
Gelingen des Absatzes 20 III 3b
Gemeine Gefahr 3 II 6
Geringwertigkeit
- Begriff 3 III 2 – Irrtumsfälle 3 III 1a; 6 III

Gesamtsaldierung 13 II 4b
Gewahrsam
- Begriff 2 III 2 – Begründung 2 III 3a, 4b – Bruch fremden G. 2 III 1
- Inhaberschaft 2 III 3b – G. am Inhalt verschlossener Behältnisse 2 III 3g

- Gewahrsamsgehilfen und Gewahrsamshüter 2 III 3d – Mitgewahrsam 2 III 3e
- Lockerung und Verlust 2 III 3h
- Unter- und Überordnung 2 III 3e, f
- Willenserfordernisse des G. 2 III 3b

Gewährleistungsrechte 13 II 4b.1
Gewalt 7 I 2, II 1; 17 I 2, II 1
Gewerbsmäßigkeit 3 II 3; 20 VII 2
Gläubigerbegünstigung 12 III 5
Gläubigerrechte
- Gefährdung oder Vereitelung von G. 12

Gleichwertigkeit
- von Leistung und Gegenleistung 13 II 4b.1, 4b.3

Gottesdienst (dem G. gewidmet) 3 II 4

Handtaschenraub 7 I 6
Häusliche Gemeinschaft 6 I 2
Haus- und Familiendiebstahl 6 I
Hausgarten (= befriedeter Bezirk) 11 I 1
Haustiere 2 IV 4e
Hehlerei 20
- an Ersatzsachen 20 II 3a
- gewerbsmäßige H. 20 VII 2 – und Vortatteilnahme 20 II 2 – Zwischenhehler 20 III 3c

Herrenlose Sachen 2 II 3; 11 I 1, 2b
Hilfeleisten 19 II 2

Identität
- zwischen Getäuschtem und Verfügendem 13 I 3 – von bemakelter und gehehlter Sache 20 II 3a

Illationstheorie 2 III 4b
Inbrandsetzen 15 I 3
Ingebrauchnehmen 10 I 3
Irrtum
- Erregen oder Unterhalten 13 II 2a, b
- über die Eigentums- oder Gewahrsamsverhältnisse 2 IV 1 – über die Geringwertigkeit des Tatobjekts 3 III 1; 6 III im Rahmen der Jagdwilderei 11 I 5b, c – über die Rechtswidrigkeit der Zueignung 2 IV 5 über die Rechtswidrigkeit des erstrebten Vermögensvorteils 13 III 2, 3; 17 I 3

Jagdausübung 11 I 1
Jagdberechtigter 11 I 3
Jagdrecht 11 I 1, 3
Jagdwilderei 11 I, II

191

Juristischer Vermögensbegriff 13 II 4a
 – jur.-ökonomische Vermittlungslehre 13 II 4a

Kapitalanlagebetrug 16 II
Kassenfehlbeträge
 – Ausgleich mit Fremdmitteln 5 III
Kirchendiebstahl 3 II 4
Kollusives Zusammenwirken 20 III 1a
Komplizenbetrug 13 II 4b.4
Konkursstraftaten 12 III
Kontrektationstheorie 2 III 4b
Kraftfahrer
 – räuberischer Angriff auf K. 9 II
Kraftfahrzeug 10 I 1
Kreditbetrug 16 III
Kreditkarte 18 V
Kreditwürdigkeit (Vorspiegeln) 13 II 1a

Ladendiebstahl 6 II
Legitimationspapiere (Entwendung) 2 IV 4d
Leiche 2 II 1
Leichtfertigkeit
 – beim Raub mit Todesfolge 8 II 1
 – beim Subventionsbetrug 16 I

Makeltheorie 13 II 4b.5
Manifestation
 siehe Betätigung des Zueignungswillens
Mißbrauch
 – von Scheck- und Kreditkarten 18 V
Mißbrauchstatbestand
 – der Untreue 18 II
Mitbestrafte Nachtat
 – im Rahmen des Betruges 13 IV 1 – der Hehlerei 20 VI 3 – der Unterschlagung 5 IV 1
Mitgewahrsam 2 III 3c
Mitverzehr (Hehlerei) 20 III 1b

Nachschlüsseldiebstahl 3 II 1d
Nachstellen 11 I 2a
Nachtat (siehe mitbestrafte N.)
Nichtige Forderungen 13 II 4b.4
Nichtwissen *(ignorantia facti)* 13 II 2
Nutznießungsrechte 12 I 1

Objektiv-individuelle Schadensberechnung
 13 II 4b
Objektswechsel 3 III 3
Öffentliche Anlagen, Sammlungen usw. 1 III 2
Organisiertes Verbrechen 20 I 2

Personale Vermögenstheorie 13 II 4a
Persönlicher Schadenseinschlag 13 II 4b
Perpetuierungstheorie 20 I 2
Pfandkehr 12 I
Pfändungspfandrecht 12 I 1
Pfandsachen (unbefugter Gebrauch) 10 II
Provisionsbetrug 13 III 4
Prozeßbetrug 13 III 3

Raub
 – Abgrenzung zur räuberischen Erpressung 17 II 1 – Grundtatbestand 7 I
 – schwerer R. 8 I – R. mit Todesfolge 8 II
Räuberischer Angriff auf Kraftfahrer 9 II
Räuberischer Diebstahl 9 I
Räuberische Erpressung 17 II
Rechtswidrigkeit
 – der Vermögenslage 20 II 3a – des erstrebten Vermögensvorteils **13 III 3**; 17 I 3
 – der beabsichtigten Zueignung 2 IV 5
Regelbeispiele
 – Gesetzgebungsmethode 3 I – Versuch 3 I 2 – Teilnahme 3 I 4
Repräsentantenhaftung 15 I 4
Restitutionsvereitelung 20 I 2
Rückführungswille 2 IV 3b
Rücktritt 9 II 3

Sabotagehandlungen 1 IV 2
Sache
 – Begriff 1 I 2; 2 II 1 – anvertraute 5 II
 – bewegliche 2 II 2 – fremde 2 II 3 – herrenlose 1 I 2; 2 II 3; 11 I – öffentliche 1 III
Sachbeschädigung
 – einfache 1 I – gemeinschädliche S. 1 III
Sachentziehung 1 I 4
Sachherrschaft 2 III 2, 3

Sachwerttheorie 2 IV 2a
— Grenzen der S. 2 IV 4g
Sammlung (öffentliche) 1 III 2
Schaden
— Begriff 13 I 4b — Ausgleich, Kompensation des Sch. 13 II 4b.1 — Berechnung des Sch. 13 II 4b
Scheckkarte 13 II 4b.6; **18 V**
Scheindrohung 7 I 3
Scheinwaffe 4 I 2; 8 I 2
Schlüssel (falscher) 3 II 1d
Schuldnerbegünstigung 12 III 6
Schußwaffe 4 I 1; 8 I 1
Schutzvorrichtung 3 II 2
Schwerer Raub 8 I
Se ut dominum gerere 2 IV 2a, 4b
Selbstbegünstigung 19 III
Selbstschädigung
— bewußte und unbewußte 13 II 3c
Sicherungsbetrug 13 IV 1
Sicherungsetikett 3 II 2
Sicherungsübereignung 5 I 4
Sichverborgenhalten 3 II 1e
Sichverschaffen 20 III 1
Sichzueignen 2 IV 4a, b
Sinken- und Strandenmachen 15 I 3
Sittenwidrige Geschäfte 13 II 4b.4
Soziale Zweckverfehlung 13 II 3c
Sparbücher 2 IV 4d
Spendenbetrug 13 II 4b.3
Steuerstrafrecht 16 I 2
Stoffgleichheit 13 III 4; 20 IV 2
Substanztheorie 2 IV 2a
Substanzverletzung 1 I 1b
Subventionen 16 I 2
Subventionsbetrug 16 I
Subventionsgesetz 16 I 1

Tanken
— ohne Zahlungswillen 2 III 4a; 13 II 4b.6
Tatsachen
— innere und äußere 13 II 1a
— Vorspiegeln falscher T. 13 II 1b
Täuschung 13 I 1
— durch aktives Tun oder Unterlassen 13 II 1b, c
Teilnahme
— in Regelbeispielsfällen 3 I 4
Treubruchstatbestand 18 III

Trickdiebstahl 14 I
Todesfolge 8 II

Übersicht zu den Vermögensdelikten
— siehe Einleitung vor 1
Überschuldung 12 III
Umschlossener Raum 3 II 1a
Unbefugter Gebrauch
— von Fahrzeugen 10 I — von Pfandsachen 10 II
Unbrauchbarmachen 1 I 3b, IV 1, 2
Unglücksfall 3 II 6
Unmittelbarkeitsbeziehung
— bei der Begünstigung 19 II 4b — beim Betrug 13 II 3, III 4 — bei der Hehlerei 20 II 3a
Unternehmen eines Angriffs 9 II 1
Unterschlagung
— Abgrenzung zum Diebstahl 2 I 1, III 3f
— einfache 5 I — veruntreuende 5 II
— Verhältnis zur Untreue 5 III 3
Untreue
— Übersicht 18 I 1, 2
— Mißbrauchstatbestand 18 II
— Treubruchstatbestand 18 III
Ursächlicher Zusammenhang (Betrug) 13 II 3b

Vandalismus 1 I 1
Veräußerung 12 II 2b
Vereinigungslehre 2 IV 2a, b
Vereiteln der Zwangsvollstreckung 12 II
Verfügung 13 II 3
Verfügungsbewußtsein 13 II 3a
Vergessen
— und Verlieren von Sachen 2 III 3h
Verkehrsanschauung
— beim Gewahrsam 2 III 3c, 4 — im Rahmen der Schadensermittlung 13 II 4b
Verkehrswert 3 III 2; 6 II; 13 II 4b.2
Verletzung der Buchführungspflicht 12 III 4
Vermischung von Geld 5 I 4; 20 II 3c
Vermögen 12 II 2b; 13 II 4a
Vermögensbetreuungspflicht 18 II 2, III 2
Vermögensgefährdung 13 II 4b.5
Vermögensnachteil 17 I 2; 18 II 4, III 3
Vermögensschaden 13 II 4

Vermögensverfügung 13 II 3
- mehraktige 13 II 3d - als Merkmal der Erpressung 17 I 2
- Unmittelbarkeitsbeziehung 13 II 3, III 4

Vermögensvorteil 13 III 2; 17 I 3; 20 IV 2

Verpfändung 5 I 4

Versicherungsbetrug 15 I
- Repräsentantenhaftung 15 I 4

Verschaffen (Hehlerei) 20 III 1a

Vertretbare Sachen 2 IV 5

Verunstalten 1 I 3b

Veruntreuung 5 II

Verwarnungszettel 2 IV 4h

Verwertungshandlung
- siehe mitbestrafte Nachtat

Versuch in Regelbeispielsfällen 3 I 2

Vis absoluta
- und vis compulsiva 7 I 2; 17 I 2

Vollendung
- des Angriffs auf Kraftfahrer 9 II 2 - der Begünstigung 19 II 5 - des Betruges 13 III 2 - der Erpressung 17 I 5 - des Raubes 7 I 5 - des räuberischen Diebstahls 9 I 4 - des unbefugten Fahrzeuggebrauchs 10 I 4 - der Untreue 18 III 5 - der Wegnahme 2 III 4

Vorenthalten
- von Arbeitsentgelt 18 IV

Vorsatz- und Objektswechsel 2 IV 1; 3 III 3

Vorspiegeln falscher Tatsachen 13 II 1b

Vortäuschen einer Beschlagnahme 14 I 2

Vortat
- der Begünstigung 19 II 1 - der Hehlerei 20 II 2 - Beteiligung an der V. 19 III 2; 20 VI

Vorteilssicherung 19 II 4

Waffen (Beisichführen) 4 I; 8 I 1, 2

Wechsel
- des Gewahrsams 2 III 4 - des Vorsatzes beim Diebstahl 2 IV 1; 3 III 3

Wechselgeldfalle 14 I 1

Wegnahme
- Begriff 2 III; 12 I 2 - von Dienstgegenständen zum vorübergehenden Gebrauch

2 IV 4g - von Legitimationspapieren 2 IV 4d - eines Lotto- oder Verwarnungszettels 2 IV 4h - Vollendung der W. 2 III 4

Werkzeuge
- zum ordnungswidrigen Öffnen 3 II 1d - als Waffen 4 I 2; 8 I 2

Wertsummentheorie 2 IV 5; 20 II 3a

Wiederholbarkeit der Zueignung 5 IV

Wild 11 I 1, 2

Wilderei 11 I, III

Wildfolge 11 I 3

Wohnung 3 II 1a

Zahlungsbereitschaft 13 II 1a

Zahlungsunfähigkeit 12 III

Zerstören
- von Bauwerken 1 II - von Gegenständen der Kunst, Wissenschaft usw. 1 III 2
- sonstiger Sachen 1 I 3c

Zueignung
- Abgrenzung zur Gebrauchsanmaßung 2 IV 2, 3b - Abgrenzung zur Sachbeschädigung und Sachentziehung 2 IV 3a - Absicht der Z. 2 IV 2, 4 - Aneignung und Enteignung 2 IV 3 - Begriff 2 IV 2 - Betätigung des Zueignungswillens 5 I 4 - Z. bei beabsichtigter Rückveräußerung an den Sacheigentümer 2 IV 4c - in bezug auf Ausweispapiere 2 IV 4e - in bezug auf Sparbücher 2 IV 4d - in bezug auf Geldautomatenkarten 2 IV 4f - bei unentgeltlichen Zuwendungen 2 IV 4b - sonstige typische Zueignungsakte 5 I 4
- Rechtswidrigkeit der Z. 2 IV 5
- Wiederholbarkeit der Z. 5 IV

Zulassen der Pfändung 5 I 4

Zum-Pfande-Nehmen 20 I 1

Zurückbehaltungsrechte 12 I 1

Zwangslage
- Ausnutzung einer fortwirkenden Z. 7 II; 17 II 3

Zwangswirkung 7 I 2

Zwangsvollstreckung
- Drohen der Z. 12 II 2a - Vereiteln der Z. 12 II

Zweck-Mittel-Relation 17 I 4

Zweckverfehlung 13 II 3c, 4b.3

C. F. Müller
Großes Lehrbuch

Achterberg
Allgemeines Verwaltungsrecht

Von Prof. Dr. Norbert Achterberg, Universität Münster.
2., völlig neubearbeitete Auflage. 1986. XXXVIII, 789 Seiten. Gebunden.
Subskriptionspreis bis 30. 11. 1986 DM 148,– danach DM 168,–.
ISBN 3-8114-8685-3

Mit der Neuauflage wurde das Lehrbuch auf den neuesten Stand von Judikatur und Literatur gebracht. Die Neubearbeitung hält an der bisherigen Konzeption fest, um sie in einzelnen Abschnitten zu ergänzen und erweitern. Vertieft worden ist die Abgrenzung von Privatrecht und Öffentlichem Recht, wobei insbesondere das Verwaltungsprivatrecht eine ausführliche Behandlung erfährt. Eingehender untersucht sind Verwaltungslehre und Gesetzgebungs- sowie Rechtsprechungslehre in ihrem Verhältnis zueinander wie auch das Europäische Verwaltungsrecht und die Grundrechte in ihrer Verfassungsbezogenheit. Weitere Schwerpunkte der Neuauflage finden sich schließlich in den Abschnitten zur Selbstverwaltung und privatrechtsförmigen Verwaltung sowie im Verwaltungsverfahrensrecht und im Recht der Ersatzleistungen, nachdem das Bundesverfassungsgericht das Staatshaftungsgesetz für ungültig erklärt und damit eine neue, der bisherigen ähnliche Rechtslage geschaffen hat.

Besprechungen zur ersten Auflage:
„Achterberg hat ein großes Lehrbuch des allgemeinen Verwaltungsrechts geschrieben, das die verfassungsdogmatischen Grundlagen aufzeigt und zu beachtlichen Erkenntnissen führt. Es ist *ein Gewinn für das Verwaltungsrechtsdenken in Lehre und Praxis.*"

Dr. Hans Lisken in NJW 19/83

„Zusammenfassend ist festzustellen, daß das Lehrbuch entsprechend seiner Konzeption und umfassenden Durchdringung der Materie sowie unter Berücksichtigung einer didaktisch gelungenen Darstellungsweise.... schon in *seiner ersten Auflage als ein Standardwerk des Allgemeinen Verwaltungsrechts bezeichnet werden kann.* Es gehört deshalb in jede Verwaltungsbücherei. Dem Studenten und erfahrenen Verwaltungspraktiker kann seine Durcharbeitung sehr empfohlen werden."

Dr. Rolf Wiese in der städtetag 8/83

C. F. Müller Juristischer Verlag
Im Weiher 10 · Postfach 10 26 40 · 6900 Heidelberg 1

C.F. Müller Großes Lehrbuch

„Insgesamt kann dieses Buch nur rückhaltlos jedem Studenten empfohlen werden. Schon jetzt steht fest, daß es in kurzer Zeit zu den Standardwerken der deutschen Lehrbuchliteratur gehören wird."

JuS, Heft 1/84

Medicus
Allgemeiner Teil
des BGB

Ein Lehrbuch. Von Prof. Dr. Dieter Medicus, München. 2., neubearbeitete Auflage. 1985. XXI, 452 S. Ln. Großoktav. DM 49,-. ISBN 3-8114-2730-X

Mit der zweiten Auflage wird die Darstellung auf zusätzliche Sachprobleme erstreckt. Auch ist die Anschaulichkeit durch weitere Beispiele und Anwendungsfälle erhöht. Im übrigen gilt das zur Konzeption der ersten Auflage Gesagte unverändert fort: Im 1. Buch des BGB sind überwiegend die „vor die Klammer" gezogenen allgemeinen Regeln enthalten. Deren Bedeutung ergibt sich aber weithin erst aus der Anwendung auf die besonderen Problemlagen des Schuldrechts, des Sachenrechts usw. Erst aus den dort geltenden Ausnahmen folgt die Tragweite der Grundsätze des Allgemeinen Teils. Ein Lehrbuch muß diesen Zusammenhängen Rechnung tragen und ist darauf angewiesen, immer wieder die Querverbindungen zum Stoff des Besonderen Teils des BGB herzustellen. Es ist ein besonderes Anliegen des Autors, diese Verbindungen herauszuarbeiten und sie transparent zu machen. Die Darstellung genügt damit vor allem den Bedürfnissen des fortgeschrittenen Studenten. Sie will aber auch dem interessierten Anfänger verständlich sein und ihm neben der Kenntnis des Allgemeinen Teils auch frühzeitig Einblick in die Probleme der Besonderen Teile des BGB vermitteln.

„... gelingt es Medicus auch in dem neuen Lehrbuch, mit großer Sachkunde die Probleme klar und verständlich darzustellen. Durch die ständigen Weiterverweisungen auf die anderen Teile des BGB, die präzise Herausarbeitung von Streitfragen und die Bezugnahme auf sorgfältig ausgewählte höchstrichterliche Entscheidungen ist das Werk eine besondere Hilfe für die Examensvorbereitung. Aber auch in der Rechtsprechung und in der wissenschaftlichen Diskussion im Schrifttum wird es Beachtung finden."

Richter am BGH Dr. Alfred Walchshöfer, Karlsruhe

C. F. Müller Juristischer Verlag
Im Weiher 10 · 6900 Heidelberg 1